欧仁妮皇后（下）

一部法兰西第二帝国史

［法］伊伯特·圣阿曼德 著　杨丽华 译

EMPRESS EUGÉNIE

A HISTORY OF SECOND EMPIRE

人民东方出版传媒
People's Oriental Publishing & Media
東方出版社
The Oriental Press

第 18 章

克里米亚战争的起源

夏尔-路易·拿破仑·波拿巴坐上了法兰西皇帝的宝座，成为拿破仑三世，此事不仅得到了诸多欧洲强国的认可，而且沙皇尼古拉一世也认可拿破仑三世，承认拿破仑三世的官方声明，并且觉得是时候改变两国君主间的称呼方式了。在一封给杜伊勒里宫的官方信函中，俄国大使保罗·基斯列夫公爵称拿破仑三世为“老友”，而

保罗·基斯列夫公爵

不是"陛下"。称呼上的改变举足轻重，着实让巴黎的皇室成员感到吃惊。有一次，拿破仑三世说道："这种称呼显示俄国只是暂时认同新政府，并且把我这个新上任的统治者从欧洲的君主圈拉了出来。"与此同时，聪明的沙皇尼古拉一世挤出时间，极其热情地接待了法兰西驻圣彼得堡大使德·卡斯泰尔巴雅克。法兰西政府已经开始着手处理称呼事宜——虽然观点不一，但这个问题已经在内阁委员会的会议上被讨论了。以下是当时的内阁首脑阿希尔·福德先生所做的会议记录。

"德·佩尔西尼伯爵让-吉尔伯特·维克托·菲林情绪激动，非常生气，觉得这是对法兰西的一种蔑视。德·佩尔西尼伯爵让-吉尔伯特·维克托·菲林认为，应该'把俄国来信送回给使者'。然而，拿破仑三世和其他的内阁成员认为，直接忽视这个称呼才是明智之举。拿破仑三世非常平静地说：'如果我们因把这件事小题大做而破坏了和平，那么人民将会责备我过分重视个人利益却无视国家的利益。'拿破仑三世说完后，内阁成员们接受了他的这个看法。比如，内阁大臣巴罗切先生觉得，整件事情不过是一个礼节问题，不用太在意，而在欧洲其他国家看来，这件事只伤害了沙皇尼古拉一世，没有伤害法兰西和法兰西皇帝。然后，德·佩尔西尼伯爵让-吉尔伯特·维克托·菲林反驳道：'虽然我同意拿破仑三世的观点——如果一个称呼引得法兰西出现了严重分歧，那么真是非常不幸，但我觉得这种侮辱更多的是针对法兰西，而不是法兰西皇帝。我们的君主是一位臣子们认同的真正的君主，而这种称呼毫无疑问否定了我们的权利，以及这个国家可以自由地选择自己政府的形式的权利。何以见得这只是一个简单的礼节问题呢？我察觉到了其中的敌意，而这种敌意不仅不久后就会更明显，而且会在更加重要的事情上显现。虽然我同意拿破仑三世和委员会的意见，但请记住我的话——在不久的将来，我们和俄国会有一场战争。为这场战争好好准备吧——已经有前车之鉴了——俄国曾给我们带来重创，却被免于责罚，而它对我们怎会比对路易·菲利普一世更加仁慈呢？一开始，俄国对我们很傲慢，而接下来就是战争。然而，我要骄傲地说最后一点——我们的帝国不是热月王朝。'"

俄国大使保罗·基斯列夫公爵知道了内阁会议发生的事情。保罗·基斯列夫公爵习惯于对听到的事情保持微笑——即使他听到的是德·佩尔西尼伯爵让-吉尔伯特·维克托·菲林的评论。保罗·基斯列夫公爵周围常常有一些对第二帝国有敌意的人，而他曾对自己的朋友们说："法兰西政府并不坚定。我敢说，如果拿破仑三世想一展宏图的话，那么他周围的人很快就会打压他这种雄心壮志。"因此，1852年12月2日的壮举虽然对民众产生了很大的影响，但没有揭示出第二帝国真正的特点。后来，拿破仑三世曾就此说道："然而，那些老套的外交官习惯于分析国家的活力——以种树为例——他们认为，刚种下的树的树根无法让我们预测树木未来的长势和生命力。这些外交官们不仅把时间和好奇的天分用来研究树木的小瑕疵，比如木节结头、树皮的裂缝等，而且眼光短浅，视野没有离开过树干，并且没有看到树皮下的东西。"

有一次，拿破仑三世还说道："沙皇尼古拉一世从来无须隐藏自己的骄傲和自大。巴勒斯坦的圣墓争夺问题[①]引起了真正的复杂情况，而沙皇尼古拉一世虽然在国内也面临危险局势，但抓住这个机会展示了自己的胆识。法兰西从土耳其得到我

巴勒斯坦的圣墓

① 即伯利恒的圣墓究竟应该由天主教还是东正教保护，是引发克里米亚战争的重要因素。

们重视的对耶路撒冷的牧师和修道士的保护权后，俄国希望得到补偿，即得到对支持教会分裂的希腊人的保护权，而这些希腊人的人数占到了奥斯曼土耳其帝国人口的半数以上——这不啻报复性地搅起‘东方问题’！这不仅是一个小小的礼仪问题，而且在整个欧洲引起了轰动。我们在巴黎召开了一个特殊的内阁会议，讨论怎么处理这个问题。我赞成派遣一支舰队去萨拉米斯，并且在那里等待事情的转机。与此同时，我们草拟了一份发言提纲，而外交大臣德律安·德·鲁斯将在立法机构宣读这个发言。

“当时，我记录了这份发言大纲：‘德律安·德·鲁斯总结了俄国一百年来实施的各种政策和如何一步一步满足自己的巨大野心。随后，德律安·德·鲁斯指出我们已到了忍耐的极限并且准备采取行动。德律安·德·鲁斯进一步指出，奥斯曼土耳其帝国已经到了一种可悲的境地，不仅境内的希腊人和斯拉夫人神气了起来，叛乱随时可能出现，而且部分伊斯兰教徒也没做好准备抵抗来自发生骚乱的地区的攻击。另外，实力十分强大的俄国不会答应奥斯曼土耳其帝国的任何要求。俄国已

萨拉米斯

经在塞瓦斯托波尔集合了一支重要舰队，而这支载着军队的舰队已经准备下水并且前往君士坦丁堡。人人都知道俄国不仅在找借口干预奥斯曼土耳其帝国的事务，而且不希望欧洲其他国家参与。如果把奥斯曼土耳其帝国境内的希腊人的保护权给俄国，那么它一定会抓住这个机会对博斯普鲁斯海峡进行迅猛又可怕的袭击；如果没有欧洲其他国家的支持，那么奥斯曼土耳其帝国必定会被俄国攻击；如果奥斯曼土耳其帝国真的受袭，那么投降是必然的结果。’这就是外交大臣德律安•德•鲁斯谈及的主要话题。

“此外，我们了解到，沙皇尼古拉一世告诉英国驻圣彼得堡大使汉密尔顿•塞慕尔先生：‘灾难即将来临，我不会让君士坦丁堡被俄国、法兰西、英国或者其他国家共同占领。我不允许东罗马帝国复活或者希腊扩张，更加不允许奥斯曼土耳其帝国被分成许多小地区并且成为朱塞佩•马志尼、拉约什•科苏特和其他革命家的封

拉约什·科苏特

地。’汉密尔顿•塞慕尔先生回答道：‘陛下，您应该明白，任何人都不能占领奥斯曼土耳其帝国的任何一个地方，不能瓜分它的领土，直至得到一些妥善的安排。’沙皇尼古拉一世接着说道：‘这很困难——基督教徒和土耳其人有纷争。’汉密尔顿•塞慕尔先生说道：‘陛下，您一直在思考如何毁灭奥斯曼土耳其帝国，而我们在阻止它倒下。’沙皇尼古拉一世回答道：‘你说起话来很像卡尔•内斯尔罗德。然而，你必须知道，灾难不仅即将来临，而且来临的速度会比人们想象中的还要快！’

“我们还知道，这场重要的谈话提到了一些其他的国家。沙皇尼古拉一世说道：‘我不担心法兰西。虽然法兰西会让我们陷入争吵，但我如果可以和英国保持友好关系，那么不会在意其他国家。’汉密尔顿•塞慕尔先生问道：‘那奥地利呢？’‘适合奥地利的也适合俄国。’沙皇尼古拉一世答道。在这场重要的谈话中，

卡尔·内斯尔罗德

沙皇尼古拉一世似乎对苏丹不是很严苛——沙皇尼古拉一世认为苏丹只是一个不守信用的人。汉密尔顿·塞慕尔先生说道：‘然而，陛下，如果那些穷苦的土耳其人没有信守诺言，那么是因为他们害怕法兰西。’沙皇尼古拉一世不仅在整场谈话中都表现出迫切想和英国保持友好关系，而且为此给英国准备了很多礼物，其中之一就是在埃及和加拿大的自由行动权。汉密尔顿·塞慕尔先生告诉我们，当时，他回答道：‘这些都无关紧要——英国人想要的只是一条能从英国直达印度的便捷线路。’沙皇尼古拉一世以这些话结束了这次的会谈——‘给你的朝廷写一封信。请记住，我不是要谈判，而是绅士之间的承诺’。

“我知道这个提议对克拉伦登勋爵来说没有任何吸引力。克拉伦登勋爵继任英国外交办公室大臣，而他说话的语气和他的前任，即第一代罗素伯爵约翰·罗素很

约翰·罗素

像。克拉伦登勋爵重申，英国不希望奥斯曼土耳其帝国的命运像沙皇尼古拉一世预想的那样——维持现状才是明智的。如果有任何意想不到的变化出现，那么英国国会会采取措施。在这方面，俄国外交大臣卡尔·内斯尔罗德显得比沙皇尼古拉一世更加谨慎。通过在圣彼得堡的使者，我们了解到，卡尔·内斯尔罗德没有设想过瓜分还未获得的战利品，并且觉得为了以防万一，拟订一个协议会比较好。

“杜伊勒里宫的人都知道，谈到法兰西时，俄国驻法兰西大使的语气中有些怨恨。谈及法兰西在东方的地位时，俄国驻法兰西大使会习惯性地使用粗话。有一次，俄国驻法兰西大使说道：‘关于圣墓的争论，法兰西给土耳其宫廷带来了巨大的压力，导致土耳其背弃了对沙皇尼古拉一世做出的承诺。’我们都感觉到，俄国驻法兰西大使很聪明——发现不能从英国得到直接帮助时，他就想离间我们和英国的关系。后来，公众知道了这一切。我们知道沙皇尼古拉一世是不能依靠的。我虽然不习惯在杜伊勒里宫与大使们谈论这类问题，但有一个人例外——英国外交大臣，即第二代马姆斯伯里勋爵詹姆斯·霍华德·哈里斯。第二代马姆斯伯里勋爵詹姆斯·霍华德·哈里斯会从驻巴黎的英国使者那儿了解很多事情，或者在拜访我时直接和我交谈。最后，所有的阴谋都被刊登在了英国的官方报告上。与此同时，沙皇尼古拉一世正在准备自己的演讲。

“1853年2月底，驻土耳其的俄国代表欧兹洛夫告诉自己外交使团的同事，沙皇尼古拉一世的特使很快会到达君士坦丁堡。这着实让人吃惊，而让人更加吃惊的是这个特使不是别人，正是著名的亚历山大·谢尔盖耶维奇·门吉柯夫。法兰西驻土耳其宫廷的外交官们告诉了我们很多关于亚历山大·谢尔盖耶维奇·门吉柯夫的奇怪的事情。1853年3月1日，亚历山大·谢尔盖耶维奇·门吉柯夫到达君士坦丁堡。1853年3月2日，亚历山大·谢尔盖耶维奇·门吉柯夫穿着简单的晨袍，去土耳其宫廷见了格兰·维兹。然而，亚历山大·谢尔盖耶维奇·门吉柯夫拒绝去土耳其外交大臣福德·阿帆迪的公寓——亚历山大·谢尔盖耶维奇·门吉柯夫认为，在圣墓问题上，福德·阿帆迪偏袒了法兰西。为了避免不愉快，苏丹将福德·阿帆迪撤职并且让瑞法特·帕查担任外交大臣。与此同时，英国使者因请假而缺席，而我们的使者德·拉瓦索莱特侯爵被召回并且没有继任者——在君士坦丁堡，这些事情引起了更多的恐

亚历山大·谢尔盖耶维奇·门吉柯夫

慌。我们的代办樊尚·贝内代蒂伯爵非常忧虑，并且告诉我，英国代办罗斯给英国政府写了一封信，而这封信的内容主要是讲述亚历山大·谢尔盖耶维奇·门吉柯夫正在威胁奥斯曼土耳其帝国的独立性。因此，英国舰队在地中海的总指挥被派去周围的群岛巡航。我清楚地记得，这个军事行动给巴黎的商业圈带来了非常大的影响，导致证券交易所的指数掉了好几个点。据传，俄国正在寻求对希腊教堂的保护权——虽然不明确，但确有其事。杜伊勒里宫的人都知道，这个流言不是空穴来风。外交大臣德律安·德·鲁斯很快在内阁会议上得到通知并且对外发布声明，明确反对亚历山大·谢尔盖耶维奇·门吉柯夫执行的任务。我的记录本上这样写道：‘他的

樊尚·贝内代蒂伯爵

目的似乎不是谈判，而是发出最后通牒。大批军队集中在俄国中心地区，而塞瓦斯托波尔的军队正在进行特别训练——毫无疑问，圣彼得堡的内阁正在谋划和土耳其宫廷的战事。因此，我们最好提醒俄国政府1841年的国际公约仍然有效——在公约中，各国承诺共同保证奥斯曼土耳其帝国的独立性和完整性，而亚历山大·谢尔盖耶维奇·门吉柯夫的任务似乎完全违背了公约的精神和条款。’”

1853年5月21日，法兰西外交大臣德律安·德·鲁斯发表了声明。1853年5月23日，新上任的法兰西驻土耳其大使德·拉柯先生带着使命去了君士坦丁堡。与此同时，法兰西政府开始为可能发生的战事做准备。1853年5月23日，一支舰队离开了土伦。下面的摘录来自一位法兰西驻伦敦大使寄给欧仁妮皇后的信，体现了英吉利海峡另一边的英国官方是如何看待这个问题的。信中写道：

“在英国，似乎没有一个人感到危险正在逼近。对能让天主教激动的圣墓问题，英国的清教徒显得很冷漠。英国舰队没有离开马耳他，而克拉伦登勋爵告诉我们，他已经写了一封信给亚历山大·科隆纳·瓦莱斯基伯爵。在信中，克拉伦登勋爵表示，在他看来，给法兰西舰队下达命令似乎有点仓促。在英伦群岛，亚历山大·谢尔盖耶维奇·门吉柯夫对福德·阿帆迪的侮辱也传开了，而克拉伦登勋爵尝试尽量降低这些坏影响。一开始，英国的报社对我们很不友善，责备法兰西政府采取的措施激化了问题。后来，有些报纸上写道：‘如果英国认为这不是一个拿起武器的好机会，那么我们不知道为什么法兰西会如此急切地做些奇怪的事去冒犯俄国。似乎一切都被俄国玩弄于股掌之间——俄国还让卡尔·内斯尔罗德继续对汉密尔顿·塞慕尔先生做着一些很有吸引力的承诺以便离间英国和法兰西。’后来，我们了解到，汉密尔顿·塞慕尔先生曾问卡尔·内斯尔罗德：‘除了圣墓的问题，你对土耳其宫廷还有什么不满意的地方吗？’卡尔·内斯尔罗德回答道：‘没有，只有一些私人的诉求。’在伦敦，卡尔·内斯尔罗德不仅没有被认为是沙皇尼古拉一世的帮凶，而且被人们怀疑是否真的知道后者的秘密——沙皇尼古拉一世似乎只会对亚历山大·谢尔盖耶维奇·门吉柯夫将计划和盘托出。我们知道，卡尔·内斯尔罗德还给布鲁诺伯爵写过信——陛下应该记得，布鲁诺伯爵是俄国驻伦敦大使——信里说，俄国不仅没有妄图扩大自己的版图，而且没有夺取巴尔干地区的野心，而沙皇尼古拉一世唯一想做的事就是得到一个有利于希腊人和拉丁人的敕令。我知道，沙皇尼古拉一世虽然也说我们的好话，但仍然区别对待英国和法兰西，并且对英国的议会称赞有加——他没有体会过杜伊勒里宫制造的恐惧！”

几年后，在克里米亚战争爆发的前一天，拿破仑三世正在谈论这个动荡的时期。这时，欧仁妮皇后给拿破仑三世看了一封刚送给她的信。看过信之后，拿破仑三世做了这样的评价：“很明显，克拉伦登勋爵已经被卡尔·内斯尔罗德的花言巧语欺骗了。亚历山大·科隆纳·瓦莱斯基伯爵把樊尚·贝内代蒂伯爵从君士坦丁堡给我们的来信的内容告诉克拉伦登勋爵时，克拉伦登勋爵说：‘虽然俄国人告诉了我们同样的事，但我们没必要担心——这就是一个简单的圣墓问题。’然而，无论怎么样，斯特福德·德·瑞德克里夫都接到了回到君士坦丁堡的原岗位的命令。斯特福德·德·瑞德克里夫虽然在君士坦丁堡很有影响力，但俄罗斯人不喜欢他。1853年4月初，斯特福德·德·瑞德克里夫回到了君士坦丁堡，并且发现该地处于混乱之中，动荡不安。不仅土耳其的牧师和政府官员十分紧张不安，而且驻土耳其的外交官们也为奥斯曼土耳其帝国的未来担忧。”

拿破仑三世还有一份关于亚历山大·谢尔盖耶维奇·门吉柯夫所执行的任务的记录，而这份记录的摘录如下：

“如果土耳其人承认沙皇尼古拉一世是土耳其境内所有的希腊臣民的合法保护者，那么亚历山大·谢尔盖耶维奇·门吉柯夫将让苏丹成为沙皇尼古拉一世的同盟。巴尔干半岛和奥斯曼土耳其帝国的希腊臣民超过了一万两千人，苏丹怎么可能会接受这样一份契约呢？1853年5月20日，不出所料，由于有英国和法兰西的支持，苏丹拒绝了俄罗斯人的最后通牒。没有其他指望的亚历山大·谢尔盖耶维奇·门吉柯夫准备行动——瞬间，外交官亚历山大·谢尔盖耶维奇·门吉柯夫变成了海军上将，匆忙上船，并且准备开始战斗。俄罗斯人迅速占领了摩尔达维亚公国和达尔马提亚公国——其占领地区甚至远至多瑙河。自那时起，法兰西和英国公开支持土耳其，并且派舰队占领了达达尼尔海峡。俄国虽然没有宣战，但明白插足奥斯曼土耳其帝国的事务没有想的那么容易。与此同时，一些欧洲大国也开始醒悟，而这些国家所做出的反应也和俄罗斯人料想的不同。由于拒绝和俄国联盟，奥地利被俄罗斯指责忘恩负义。由于害怕招致奥地利的不满，普鲁士也没有与俄国联盟。因此，俄国完全处于孤立状态。我们希望西方国家的介入能阻止俄国的恶劣行径。在杜伊勒里宫，我们都希望俄国妥协，不希望欧洲发生战事，比起其他国家，法兰西更需要考虑自身在地中海的影响——这是法兰西的责任。在欧洲，法兰西不仅是有威望的国家，而且在必要时，会发挥重要作用，即与盟友结盟，并且在盟友同意的情况下采取行动。法兰西虽然不会优先考虑用武力解决问题，但在迫不得已的情况下，也会诉诸武力。

“卡尔·内斯尔罗德惹恼了英国。英国公开反对卡尔·内斯尔罗德的政策，而且支持我的立场。因此，英法两国一致同意各派一支舰队进入希腊海域。这就是那时的所有行动。与此同时，奥地利和普鲁士提议在维也纳举行会议，并且得到了我们和英国的同意。然而，在那个时候，我们都感觉到，战争可能是不可避免的。1854年2月27日，维多利亚女王和我联名给沙皇尼古拉一世寄出了一封措辞委婉的信，要求他从摩尔达维亚公国和达尔马提亚公国撤离，并且尊重奥斯曼土耳其帝国的领土完整。我们很痛心，沙皇尼古拉一世拒绝听取我们善意的劝诫。沙皇尼古拉一世如果真心希望避免战争，那么就必须做出让步。然而，沙皇尼古拉一世拒绝让步。英法两国各自的国会宣读了我和维多利亚女王联名的信函。毋庸置疑，国家主权受到侵犯意味着战争即将来到。各国都在谴责沙皇尼古拉一世时，法兰西做了积极的部署。德·佩尔西尼伯爵让-吉尔伯特·维克托·菲林强烈建议不要抛弃我们的同盟——我们当然不会那么做。我虽然不支持战争，但别无选择——我不仅在那个时候是这样认为的，而且现在也没有改变这个观点。事实上，毫不夸张地说，虽然当时有些地方的人不这么认为，但所有的历史学家们也持和我相同的观点。尤其是从长远来看，对我个人和我的政权的厌恶无法颠覆历史事实。

“主战的提议虽然在法兰西广受欢迎，但常常受到没有根据的否定。很多法兰西人认为，战争能彰显法兰西强大的军事力量，让法兰西在欧洲获得更加突出的地位。虽然战争难免会产生一些弊端，但后来的事实证明，在诸多方面，克里米亚远征都堪称辉煌。在后来的某个时期，人们看到了远征的阴影。想起远征军，人民只会想起它的血腥，想起它为胜利而付出的沉重代价，却似乎忘记了战争的必要性和很多英勇事迹。无论是在法兰西，还是在英国，新生代的历史学家都给了我们公允的评价。我相信，每个人以后都会得到公正的对待。”

我必须承认，欧仁妮皇后带着焦虑目睹了为这场战争所做的所有准备，而某些事情暗示她，这场战争可能会漫长又悲壮。虽然所有人都认为应该让圣阿诺德接任法兰西军队的总司令，但很可惜，在克里米亚战争中期，他因心脏病去世了，并且未能目睹战争结束。拿破仑三世对圣阿诺德的能力很有信心，对他的英年早逝深感痛心。对圣阿诺德的去世，欧仁妮皇后也感到难过，并且很希望战争能随着他的去世而结束。顺便说一下，在欧仁妮皇后的建议下，巴黎有一条街道和一座桥被以圣阿诺德获胜的战役命名。

圣阿诺德

圣阿诺德去世后，弗朗索瓦•马塞兰•德•康罗贝尔接替了他成为法兰西军队总司令。虽然弗朗索瓦•马塞兰•德•康罗贝尔和热格兰勋爵菲茨罗伊•萨默塞特之间有一些过节，但最后让前者决定辞去总司令一职的是博斯凯善妒的本性。由于知道弗朗索瓦•马塞兰•德•康罗贝尔等人都是有才华的军人，我不知道这件事有多少事实依据。我所知道的是，在很大程度上，弗朗索瓦•马塞兰•德•康罗贝尔辞职的决定的确与博斯凯的忌妒有关。在这种情况下，大家觉得弗朗索瓦•马塞兰•德•康罗

克里米亚战争期间的热格兰勋爵菲茨罗伊·萨默塞特（左）、欧默帕夏（中）和艾玛布勒－让－雅克·佩利西耶（右）

贝尔还是当某个部门的司令更合适。我认为弗朗索瓦·马塞兰·德·康罗贝尔把法兰西军队总司令之职移交给艾玛布勒-让-雅克·佩利西耶是明智之举。

以下内容来自拿破仑三世的备忘录，而里面包括了很多不同的观点。

“艾玛布勒-让-雅克·佩利西耶精力充沛、做事果断，而弗朗索瓦·马塞兰·德·康罗贝尔性格犹豫——前者举止唐突，而后者考虑周全。毫无疑问，艾玛布勒-让-雅克·佩利西耶虽然会是一个好指挥，但脾气很坏。我怕艾玛布勒-让-雅克·佩利西耶会不把巴黎来的命令放在眼里——事实表明，我没有说错。很快，我们和艾玛布勒-让-雅克·佩利西耶一起陷入了困境。虽然我打算亲自上克里米亚战场把问题处理好，但克拉伦登勋爵劝我不要做这样的打算。应维多利亚女王的要求，第二代马姆斯伯里勋爵詹姆斯·霍华德·哈里斯这位颇具能力的英国外交大臣在布伦和我见面了，而我们就英法两国的关系进行了长谈。我在国内最好的顾问们，如查理·德·莫尼伯爵、德·佩尔西尼伯爵让-吉尔伯特·维克托·菲林、德律安·德·鲁斯、弗勒里等，都反对我离开法兰西。基亚凡尼·皮亚农瑞谋杀我的意图，也给我的生活带来了很大的影响。虽然欧仁妮皇后没有参与这个问题的讨论，但我知道她认为我的决定并不明智。欧仁妮皇后的观点——尤其是在这个问题上，在我心里很有分量。我离开法兰西后，欧仁妮皇后需要摄政。以前，我曾认真地考虑过将艾玛布勒-让-雅克·佩利西耶换下来，并且让阿道夫·尼埃尔接替他。阿道夫·尼埃尔很有天分——他的报告措辞严谨，甚至可以当作此类报告的模板。然而，让·巴蒂斯特·菲利贝尔·怀兰特和弗勒里说服我让艾玛布勒-让-雅克·佩利西耶继续担任军队总司令。后来，艾玛布勒-让-雅克·佩利西耶的确展示了他的实力——1853年10月10日，当他把三色旗插在塞瓦斯托波尔的废墟上时，我不得不由衷地祝贺他，而这让我渴望已久的和平有了出现的可能。我知道，英国想继续和俄国战斗并且重创它。然而，我希望能宽恕俄国，达成协议。最后，我的建议被采纳了。”

欧仁妮皇后不仅反对拿破仑三世亲自上克里米亚战场，而且反对这次远征。《巴黎条约》的签署为战争画上了句号。有一天，拿破仑三世说道：“嗯。俄国归还了土耳其的卡尔斯，用比萨拉比亚的部分土地和多瑙河的河口换回了塞瓦斯托波

《巴黎条约》签订

尔，接受了黑海中立，放弃了对土耳其境内的基督徒的保护权的主张。然而，这一切值得吗？四个同盟国牺牲了如此多的生命，耗费了如此多的财富。毋庸赘言，俄国同样遭受了巨大的人员和钱财损失。”

第19章

意大利战争

拿破仑三世在意大利参战期间，作为摄政王的欧仁妮皇后掌握了所有的权力。这一时期，法兰西非常平静，不仅各个政治党派相安无事，而且美好的景象也似乎已经出现了。1859年5月底，议会解散了，而欧仁妮皇后因此获得了最高行政和立法权。参议院的主席用感人的口吻对欧仁妮皇后说道："受人爱戴的皇后，我们国家的希望啊！皇帝不在的这段时间里，不仅我们每个人都深深地依恋着您，而且皇帝信赖您，把法兰西所有的事情都托付给了您。"欧仁妮皇后欣慰地回复道："谢谢法兰西人民对我的信任。我很挂念皇帝，担心着他的安危，很想见到他。我亲爱的叔叔热罗姆·波拿巴给了我很多的建议，尤其是在困境中，他给我鼓励，给予我应对困境的力量。"立法机构主席查理·德·莫尼伯爵说道："虽然皇帝不在国内会导致那些不懂法兰西的人有些焦虑，但我们的民族慷慨大方、有勇有谋。皇帝在外远征，与士兵们同生死、共患难的情况只会让法兰西人民更加尊敬您，对您更加忠诚。"离开时，查理·德·莫尼伯爵和欧仁妮皇后握了手，暖心地说道："皇后陛下，您可以相信我们所有人对您的支持，以及对您作为摄政王或国母的认同。"欧仁妮皇后回答说她知道"法兰西人民永远不会对一个女人和她的孩子失责"。

战争虽然还在进行，但没有改变1859年的巴黎的春天和初夏的美丽景象。每年的这个时候，巴黎都如此生机勃勃。每天上下午，在布洛涅树林的小湖旁，都可以看到许多最新的军事装备和优秀的操作员们。虽然大事就要发生，但各个社会阶层还是出奇乐观。那时的巴黎人的头脑中没有想过战争有失败的可能——他们还在回味那些法兰西在战争中占领的意大利城市和村庄的名字，以及在地图上于交战过的地点插上的旗帜。巴黎人民相信，战争即将结束。由于受到了克里米亚战争的鼓励，法兰西人民认为自己的国家是不可战胜的。然而，我们现在知道，法兰西人差点就失败了。实际上，欧仁妮皇后没有那么乐观与满足——她虽然常常想那些英勇的行为，但会想到军队可能遭受的种种损失，以及战死的军人留下的妻儿。由于担心战争可能导致的种种后果和种种困难，以及意大利西北部的皮埃蒙特可能出现的更大的动荡和罗马可能出现的各种灾难，欧仁妮皇后一直都反对这场战争。然而，欧仁妮皇后将所有的担心都放在心底，尽心尽力地履行着她作为摄政王的职责。

在拿破仑三世远征期间，欧仁妮皇后和皇太子住在圣克卢宫的一间套房里。在这间套房里，欧仁妮皇后忙于研究各种政治问题。每周都有三次内阁会议，而其中两次会在杜伊勒里宫召开。虽然工作量很大，但欧仁妮皇后不觉得疲惫。相反，欧仁妮皇后看起来很适应新工作——摄政给了她从未体验过的新鲜感。夜晚，政界精英们，主要包括亚历山大·科隆纳·瓦莱斯基伯爵及其夫人，德·卡多雷侯爵，宫里的贵妇人，以及部分来自杜伊勒里宫的朋友，会聚集在安静的圣克卢宫，而大家的话题总是离不开战争。大家一边谈话，一边为前线受伤的士兵做软麻布。大家都在不耐烦地等待着前线的最新消息。终于，1859年6月5日下午，欧仁妮皇后收到了拿破仑三世发来的一封电报。大家胆战心惊地围着欧仁妮皇后，并且听着她读电报："到目前为止，在马真塔战役中，我们至少俘获了七千名俘虏，造成了两万多名奥地利人伤残，缴获了三枚大炮和两面旗帜，而我方损失了近三千名士兵。今天，军队正在调休。"欧仁妮皇后用颤抖的声音念完这几行字时，在场的人都如释重负。1859年6月5日20时，齐鸣的大炮向巴黎人民宣告了胜利的消息。1859年6月5日21时，欧仁妮皇后决定亲自去见一下民众。在拿破仑·热罗姆的妻子，即朱斯蒂娜·佩科里-苏亚雷斯的陪同下，欧仁妮皇后坐着敞篷马车穿过林荫大道，沿着里沃利大街一直向前。大街小巷都灯火通明。所到之处，欧仁妮皇后受到了人们的热烈欢迎。1859年6月7日，欧仁妮皇后、热罗姆·波拿巴、朱斯蒂娜·佩科里-苏亚雷斯和玛蒂尔德·波拿巴公主去了巴黎圣母院，并且唱起了庄严的赞美颂歌。这是让人记忆深刻的大事，永远都不会被遗忘。法兰西三色旗和撒丁国旗装点着街道，而街上满是熙熙攘攘

马真塔战役

的官兵和快乐的人群。连歌剧院也跟着庆祝战争胜利——玛丽写了一首歌，而丹尼尔·弗朗索瓦·埃斯普雷特·奥柏为其作曲。路易斯·盖马尔以当时最流行的方式在歌剧院表演了这首歌。后来，经过戏剧家圣乔治编写和雅克-弗朗索瓦-弗洛蒙塔尔-埃利·阿莱维润色，这首歌还曾以歌剧《意大利》的形式出现。《意大利》中的人物包括一位法兰西军官、一位法兰西老兵、一位义勇兵和一位意大利农妇，而其合奏和独奏都很受观众喜爱。整个巴黎都沸腾了。

路易斯·盖马尔（前）

拿破仑三世记挂着巴黎的摄政王欧仁妮皇后。离开米兰前，拿破仑三世派了人回巴黎并且给欧仁妮皇后带去了在马真塔战役中缴获的两面奥地利旗帜。1859年6月13日，斯密特到达了圣克卢宫。欧仁妮皇后很高兴见到斯密特，询问了马真塔战役的种种细节。欧仁妮皇后的耐心询问让人感动。不久后的1859年6月24日，来自拿破仑三世的另一份电报使巴黎的氛围变得更加轻松。拿破仑三世的这封电报的内容与索尔费里诺战役有关："激烈的战争带来了伟大的胜利。奥军已投降，而我们占领了所有的有利位置，缴获了许多枪支和旗帜，并且俘虏了很多士兵。索尔费里诺战役从8时开始一直持续到20时。"欧仁妮皇后虽然在电报传来时已经就寝了，但在收到电报后立即坐起身来，穿戴好并且与周围的人分享了这个好消息。随后，欧仁妮皇后去了杜伊勒里宫附近的军营，向军官和士兵们传达了这个好消息。听到消息后的士兵们士气高昂，为拿破仑三世、欧仁妮皇后和皇太子而欢呼——当时，可爱的皇太子正在杜伊勒里宫中睡觉呢。

对巴黎来说，1859年6月25日是另一个值得庆祝的日子。欧仁妮皇后感到前所未有的骄傲和自豪，并且与周围的人分享了自己的感受。后来，在给欧仁妮皇后的信中，有人曾这样写道："您对国家的宝贵意见同皇帝带来的胜利消息同样令人感动。您的一举一动已经渗透到法兰西人民心中和法兰西的土地中。您伟人的话语振奋了我们。"1859年7月2日，安德罗把先前在与奥地利人的战役中缴获的旗帜带给了欧仁妮皇后。1859年7月3日，教堂已经为唱赞美颂歌做好了准备。这次，欧仁妮皇后决定带着皇太子一起去。皇太子不仅很高兴，而且开始逐渐表现出对公众事件的兴趣——尽管他才三岁半，离成为一个男子汉还有很远的路。皇太子向自己的母亲和参加者提了几个问题，而这些问题虽然数量不多，但很有深度。

天气非常好，而一切都进展得很顺利。敞篷马车的一边坐着欧仁妮皇后和皇太子，而另一边坐着玛蒂尔德·波拿巴公主。一群高级军官在马车外面，身着精致的制服，昂首阔步，而孩子们饶有兴致地看着他们。皇太子不仅记得从杜伊勒里宫去巴黎圣母院的路，而且过去常说这是他记忆中的第一件大事。对欧仁妮皇后和皇太子母子两人来说，洒落在马车上的花朵不仅是最美好的礼物，而且是法兰西人民爱国主义精神的体现。

索尔费里诺战场上的拿破仑三世

索尔费里诺战场上冲锋的法军步兵

关于接下来教堂中的仪式，我的一个好友留有一份手稿：“在教堂的入口，枢机主教和牧师们正在等待着欧仁妮皇后。他们到达教堂后，欧仁妮皇后牵着皇太子的手走进了这栋古老的大型建筑。皇太子穿着白色的盛装，系着一条蓝色腰带。在主教的带领下，皇室成员们走上了中殿的一个大平台，而平台周围是被有金色刺绣的红色天鹅绒包裹着的大石柱。每个人手里都拿着法兰西和撒丁岛的武器、国旗、小旗帜或三角旗。仪式结束后，即将离开教堂时，德·拉奥斯泰因以守卫塞纳河的骑兵队的名义向欧仁妮皇后送上了一大捧鲜花和一顶镶了珍珠的金柱皇冠。在返回杜伊勒里宫途中，到处都是民众欢呼的声音。欧仁妮皇后不仅十分感动，而且后来甚至告诉我，在此之前，她从未如此感动过。法兰西最终取得了索尔费里诺战役的胜利，导致皇权回到了高峰，而整个法兰西都在为未来的皇位继承人，即年幼可爱的皇太子喝彩。”

在因庆祝索尔费里诺战役胜利而唱赞美颂歌的那天，拿破仑三世穿过明乔河并且与第十五军统帅拿破仑·热罗姆会合了。拿破仑·热罗姆将率军攻打骚乱不断的托斯卡纳——自1859年4月底开始，托斯卡纳的首府佛罗伦萨就一直处于动乱之中。虽然身处佛罗伦萨的撒丁岛大臣西格诺尔·本康帕尼先生策划了一场叛乱，但这场叛乱最终不仅得到了平息，而且没有造成流血事件。托斯卡纳军队归附于意大利，而雷奥普多大公被轻而易举地从佛罗伦萨带走的事没有引起一丝骚乱——当地人民毫不关心他和他的作为。雷奥普多大公被送到车站，大家都知道雷奥普多大公将得到他应有的惩罚。雷奥普多大公夫人告诉法兰西立法机构的秘书阿方斯·德·雷尼瓦尔伯爵，她能得到拿破仑三世的庇护。

1859年5月23日，拿破仑·热罗姆到达莱格霍恩，而身处佛罗伦萨的法兰西大臣费列雷·勒·威以尔侯爵已经在那里等着他。虽然费列雷·勒·威以尔侯爵完全反对合并托斯卡纳与撒丁岛的方案，但拿破仑·热罗姆赞同这个方案。大家都知道，拿破仑·热罗姆不仅误解过拿破仑三世的意图，而且曾滥用权力。当着西格诺尔·本康帕尼先生和费列雷·勒·威以尔侯爵的面，拿破仑·热罗姆宣布总部已经决定将托斯卡纳与撒丁岛合并并且提醒大家为此做好准备。费列雷·勒·威以尔侯爵表示自己坚决反对这个决定，并且会立即发电报给亚历山大·科隆纳·瓦莱斯基伯爵。亚历山大·科隆纳·瓦莱斯基伯爵立即发电报与拿破仑三世进行交流。1859年5月25日，亚历山大·科隆纳·瓦莱斯基伯爵给费列雷·勒·威以尔侯爵回了电报。法兰西外交办公室的原稿内容如下："在早上的电报中，针对我的问题，拿破仑三世回复，如果他的堂弟拿破仑·热罗姆作了你们电报中的陈述，那么拿破仑·热罗姆没有服从自己收到的命令。请你们告知拿破仑·热罗姆，在这件事上绝不能出半点差错。拿破仑三世前几天发给你们的电报的主旨与拿破仑·热罗姆告诉你们的完全不一致。"

1859年5月29日，拿破仑·热罗姆进入佛罗伦萨，并且受到了热烈欢迎。佛罗伦萨的街上传来了"皇帝万岁""为法兰西而骄傲""为法兰西军队而自豪"的呐喊声，而拿破仑·热罗姆在大剧院前出现时，民众喊得更加热烈了。然而，出现在佛罗伦萨的拿破仑·热罗姆非但没有停止，反倒加速了托斯卡纳与撒丁岛的合并进程——这与杜伊勒里宫的愿望恰恰相反。托斯卡纳的撒丁党人越来越大胆。1859年6月初，瑞卡索利男爵和律师萨尔瓦诺里告诉费列雷·勒·威以尔侯爵，教皇庇护九世的权利即将被剥夺——欧仁妮皇后一直担心的问题终于发生了。费列雷·勒·威以尔侯爵写信给欧仁妮皇后："我极力为意大利统一而制订这样的计划——在欧洲国家看来，剥夺教皇权利这种做法的危害太大了。我预见，不久后，一个强大的民族将在阿尔卑斯山脉出现，而它将和我们对立，并且反过来和英国结盟，帮助英国成为地中海的霸主。我觉得放弃萨瓦才是明智之举——这样一来，我们就可以减弱撒丁王国的野心，而不是帮撒丁王国扩张。萨丁王国如果不断扩张，那么会给我们的政治和宗教事务带来巨大的麻烦。我们都记得，从几个月前开始，亨利四世和黎塞留公爵被频繁地提及，而他们二人都施行不与法兰西周围的强国结盟的政策。"

费列雷·勒·威以尔侯爵的话不仅是正确的，而且与欧仁妮皇后的观点不谋而合——正是因为这样，所以欧仁妮皇后一开始就反对这场战争。尤其是在帕尔马、摩德纳及罗马涅，意大利的统一势头不仅越来越猛，而且看起来已经不可阻止。帕尔马公国的摄政王路易丝·玛丽·特丽丝公主虽然一直希望保住她的儿子即帕尔马公爵罗贝托一世对帕尔马公国的控制权，但看到奥地利军队撤离普拉森提尔时，她感觉一切都没了。1859年6月16日，皮埃蒙特政府派了一个官员去管理帕尔马公国。几

第十六代摩德纳公爵弗朗西斯科五世

天后，路易丝·玛丽·特丽丝公主去了瑞士。五年后，路易丝·玛丽·特丽丝公主离世了。皮埃蒙特政府的另一位官员接管了摩德纳公国。因此，第十六代摩德纳公爵弗朗西斯科五世不得不去布鲁塞罗堡。1859年6月12日，奥地利人撤离了罗马涅。在博洛尼亚立即形成了一个小团体，而该团体最有影响力的人便是若阿基姆·佩勃利侯爵。若阿基姆·佩勃利侯爵是若阿基姆·缪拉的外孙，并且娶了霍亨索伦家族的一位公主。这个团体提出让意大利国王维托里奥·埃马努埃莱二世任统治者。

这些消息最先传到了欧仁妮皇后耳中，然后才传到了还在意大利的拿破仑三世耳中。欧仁妮皇后总是会立即告诉拿破仑三世自己的观点，以及公众和周围的大臣们对这些事的看法，并且希望这些声音能帮助拿破仑三世在此种情形下做决断。

当然，欧仁妮皇后不赞同上述的种种办法——她倾向于枢机主教安东尼黎的做法。当时，安东尼黎是教皇庇护九世的外交大臣。安东尼黎认为“这是恐吓所有人的犯罪”。拿破仑三世仍然坚持联邦制时，欧仁妮皇后写信给他：“你能不能关注一下统一运动？如果可以根据皮埃蒙特政府在罗马涅采取的态度判断，那么注定会获得胜利。”不久后，奥地利军队完全撤出了意大利中部。拿破仑·热罗姆这个“捣乱者”——杜伊勒里宫的人暗地里给他取的绰号——收到了去参加拿破仑三世所在的部队的命令。

不仅早就出现了要和平的言论，而且欧仁妮皇后知道拿破仑·热罗姆虽然起初非常倡导战争，但其实也是和平的支持者之一。在给拿破仑三世的信中，欧仁妮

枢机主教安东尼黎

皇后写道：“来自普鲁士方面的危险正在接近我们。由于我们迅速获得的一个接一个的胜利惹恼了普鲁士，它正准备伺机而动并且与我们为敌。据我所知，因为普鲁士曾想利用明乔河作为保护普鲁士的屏障，而那道防线如今已经被攻破，所以普鲁士民众要求给予奥地利支持。普鲁士虽然此前一直很犹豫，但现在的态度已经很明确——普鲁士人也想抓住这个机会。现在，奥地利已被打败，而普鲁士希望奥地利皇帝弗朗茨·约瑟夫一世通过牺牲自己的一些利益来换取支援。一位外交大使告诉我，‘1859年6月25日，普鲁士在帝尔特动员了所有联邦军队，宣布将介入意大利战争。然而，这次动员不仅没有满足普鲁士，而且存在谁来掌管这支军队的问题。虽然普鲁士要求掌管这支军队，但奥地利表示反对。随后，普鲁士和奥地利召开了几次外交会议。然而，普鲁士立场坚定，表示要么让普鲁士摄政王子威廉·腓特烈·路德维希接手在帝尔特的联邦军队，要么普鲁士与联邦军队决裂。’我们知道，这是一个施普雷和美茵都在热议的问题，而与明乔河另一边的联系被切断可能会引发一场新的战争。”

在后来给拿破仑三世的信中，欧仁妮皇后还写道：“毫无疑问，英国正准备利用这件事。据说，英国舰队正在亚历山大港附近。在亚历山大港，英国不仅可以影响埃及的决定，而且准备介入调停。如你所知，由于担心这场战争到最后会变成一场革命，俄国极力倾向我们并且希望战争尽快结束。或早或晚，你会收到沙皇亚历山大二世关于这件事情的亲笔信。‘出于所有这些原因，’之前提到过的那位大使告诉我，‘此刻，欧洲国家——尤其是过于兴奋的普鲁士，是很不稳定的。1813年的那种感觉又回来了——没有什么和平的方式可以满足普鲁士，而普鲁士摄政王子威廉·腓特烈·路德维希甚至毫不犹豫地说法兰西皇帝正在欺骗大家，并且表示发动这场战争是所有普鲁士人和德意志人的必要责任。’

“我提笔写这封信时，从英国传来的有关英国公众的消息都很消极。亚历山大·科隆纳·瓦莱斯基伯爵已经与我交谈过这些消息的内容。当然，你也知道，1859年6月10日，托利党已经下台并且被辉格党取代了。现在，帕默斯顿勋爵亨利·约翰·坦普尔担任首相，而约翰·卢素勋爵担任外交大臣。毫无疑问，意大利人会猜想，如果这两个人在英国上台执政，那么意大利或许可以向英国寻求关于统一事业

帕默斯顿勋爵亨利·约翰·坦普尔

的帮助。甚至有人谣传，英国舰队正赶赴意大利去解放威尼斯。我猜得不错，意大利国王维托里奥·埃马努埃莱二世在罗马涅的代表马西莫·达泽里奥侯爵不仅很高兴看到伦敦的辉格党上台，而且甚至迫不及待地向帕默斯顿勋爵亨利·约翰·坦普尔解释了包括伦巴底、威尼西亚、罗马涅和公国领地在内的意大利王国的统一计划。我听说，听到这个计划后，帕默斯顿勋爵亨利·约翰·坦普尔说道：‘好吧。然而，问题是法兰西是否希望自己的南部边界上出现第二个普鲁士。’我个人觉得，帕默斯顿勋爵亨利·约翰·坦普尔回答得很好。”

另外，德·佩尔西尼伯爵让-吉尔伯特·维克托·菲林向帕默斯顿勋爵亨利·约翰·坦普尔提出了一个可以统筹这些事务的想法。德·佩尔西尼伯爵让-吉尔伯特·维克托·菲林认为，应该把皮埃蒙特和伦巴底交出去，然后通过为一位奥地利大公建立一个由威尼西亚和摩德纳构成的公国来满足奥地利。然而，帕默斯顿勋爵亨利·约翰·坦普尔不赞成这个提议。与此同时，得到了来自巴黎、德意志和其他地区的公众舆论的消息后，拿破仑三世开始担忧起未来了。接着，在写给欧仁妮皇后的信中，拿破仑三世说道："这里有许多得不到救治的受伤士兵。在战争中死了很多士兵，几位上将和一个英勇的军官，以及来前线寻找失联亲属的妻子和女儿。酷暑带来了各种疾病——一种斑疹症正威胁着我们。所有这些，以及其他一些原因，导致我们不得不对撒丁国王和主战派的要求视而不见。"

同时，帕默斯顿勋爵亨利·约翰·坦普尔坚决又不失礼貌地拒绝了法兰西政府的提议。帕默斯顿勋爵亨利·约翰·坦普尔写信给德·佩尔西尼伯爵让-吉尔伯特·维克托·菲林：拿破仑三世如果觉得战争持续得太久并且很难将其继续进行下去，那么就应该由自己向奥地利皇帝弗朗茨·约瑟夫一世提出正式请求，而不是让我们代替他去提出请求。帕默斯顿勋爵亨利·约翰·坦普尔可能没有想到拿破仑三世会立即采纳他的建议——后者发现自己不能对英国做任何指望。因此，在没有向任何人表露意图的情况下，拿破仑三世不仅下定决心单独行动，而且迅速做出了决定。寻找一种能立即带来和平的途径时，拿破仑三世通过故意增加战事准备成功地掩盖了自己的真实目的。驻扎在明乔河的法兰西军队每天都会得到一些新的增援——不仅拿破仑·热罗姆加入了这支军队，而且几乎每天都有从法兰西来的新的小分队加入。盟军认为，他们将对抗由佩斯基耶拉、曼图亚、维罗纳及莱尼亚戈四个乡镇组成的几乎坚不可摧的四边形方阵。与此同时，佩斯卡拉镇的围攻早就开始了。

从拿破仑三世寄给欧仁妮皇后和大臣们的信可以看出，他花费几天几夜的时间视察了明乔河边的炮兵和工程作业。从前线一位朋友那里，欧仁妮皇后收到了一封私信，而这封私信中提到了拿破仑三世的一些情况："我们看到，拿破仑三世每天都会镇静地踱着步子，看上去心情非常好，不仅对他的主帅非常和蔼，而且一直记挂着底层士兵。由于1859年7月初，我们的好几家医院和临时战争医院遇到了多达两千五百起病症，拿破仑三世很担心军队的卫生情况。许多的奥地利俘虏被送到了热那亚，而好心的拿破仑三世已经下令要友善地对待他们。奥地利皇帝弗朗茨·约瑟夫一世要求把温迪施格蕾茨亲王的尸体交给他们为此而派遣的大使处理，而这位大使受到了很好的接待。拿破仑三世请大使代为感谢奥地利皇帝弗朗茨·约瑟夫一世对法兰西俘虏的优待。”

所有事情似乎都指向一个事实，即拿破仑三世也讲究人情。然而，如果任务没有完全完成，那么拿破仑三世是不会放下武器的。也就是说，直到意大利在阿尔卑斯山脉和亚得里亚海一带完全获得自由了，拿破仑三世才会收手。实际上，不仅法兰西陆军正在准备，而且法兰西海军也准备加入这个计划。一支舰队已经到达了亚得里亚海，准备悄悄地封锁威尼斯。一支法兰西骑兵中队占领了威尼斯附近的一个小岛。恩里科·恰耳迪尼和朱佩塞·加里波第的军队将冲上山头，而其他人将从

恩里科 · 恰耳迪尼

海陆两个方向支援他们。威尼斯被占领了，而奥地利军队被迫撤退。我方将围攻维罗纳。1859年7月6日，身处瓦罗奇奥的拿破仑三世发出进军命令，并且下达了详细的包围佩斯基耶拉的任务。我在前线的一个朋友写道：“一场战争即将开始。1859年7月6日，虽然天气酷热得难以忍受，但在助理和弗勒里的陪同下，拿破仑三世考察了索马•坎帕尼亚山。拿破仑三世一行一回到瓦罗奇奥，让•巴蒂斯特•菲利贝尔•怀兰特就派人叫来弗勒里，并且告诉他拿破仑三世将交给弗勒里一个秘密任务。弗勒里去了拿破仑三世的住所，并且看到他正和意大利国王维托里奥•埃马努埃莱二世进行密谈。拿破仑三世给了弗勒里一份公文，说道：‘这是你要带给奥地利皇帝弗朗茨•约瑟夫一世的信。我将呼吁奥地利皇帝弗朗茨•约瑟夫一世发扬人道主义情怀，提议暂停敌对状态，进行外交协商并且和平相处。我需要一个会取悦人的、聪明的外交大臣。因此，弗勒里，我选择你去完成这项重要的任务。’”

弗勒里擅长外交，并且很有自己的方法。弗勒里的遗孀曾给我们看过他的私信，而这些信表明，如果战争继续，那么整个欧洲都将处于困境之中。弗勒里知道拿破仑三世希望尽快结束敌对状态。1859年7月7日7时，在助理德•韦迪埃斯、一位通讯员和一个手拿白旗的小号手的陪同下，弗勒里坐马车出发了。不久，弗勒里就到了维罗纳。这辆行驶在古老的街镇上的马车引来了种种议论。在奥地利皇帝弗朗茨•约瑟夫一世的宫殿，弗勒里受到了热情的接待。奥地利皇帝弗朗茨•约瑟夫一世虽然本来已经就寝了，但得知弗勒里已经到了宫殿时，便起身接见来者。虽然拿破仑三世的停战信一定会使奥地利皇帝弗朗茨•约瑟夫一世很高兴，但后者表示次日早上才能告诉弗勒里答案。

弗勒里很礼貌地指出，法兰西的陆军和海军虽然曾计划攻打威尼斯，但收到了上级发出的暂停作战计划的命令。在一封信中，弗勒里写道：“我对拿破仑三世的决定很满意，而我所做的将不会是徒劳。”1859年7月8日清晨，克莱门斯•冯•梅特涅先生会见了弗勒里，并且表示奥地利皇帝弗朗茨•约瑟夫一世将会在8时接见弗勒里。1859年7月8日上午，弗勒里得知不仅休战建议已被采纳，而且奥地利人提出让拿破仑三世选一个地方商议休战事宜。随后，弗勒里返回了瓦罗奇奥，而大家都在等待着他的归来。在那封信中，弗勒里继续写道：“当我说‘我带回了好消息’并且把手伸进口袋拿出了奥地利皇帝弗朗茨·约瑟夫一世的回信时，我看到拿破仑三世愁容消散，如释重负。”

1859年7月10日，在维罗纳和瓦罗奇奥之间的比利亚弗兰，法兰西和奥地利代表进行了会晤。经过商议，双方决定立即休战。这虽然对某些人仅仅意味着休战，但对另外一些人意味着永久的和平——欧仁妮皇后虽然知道这样的和平会在国内外受到批评，但仍然属于后者。就这个问题，欧仁妮皇后给拿破仑三世写了一封信，而拿破仑三世回复道："无论是法兰西人的震惊，还是皮埃蒙特人的失望，都不会让我吃惊——如果他们不这样，我反倒会吃惊。加富尔伯爵卡米洛·本索很愤怒，而我的好友意大利国王维托里奥·埃马努埃莱二世也意识到了注定要到来的事情。然而，如果奥地利不同意我们提出的条件的话，那么无论是什么积极的局面，都无法被开创。”1859年7月10日，拿破仑三世和奥地利皇帝弗朗茨·约瑟夫一世即将会晤。1859年7月9日，弗勒里写道："我认为年轻的奥地利皇帝弗朗茨·约瑟夫一世之所以同意这次会晤，一定是打算接受这个条件，而这是未来谈判的基础，并且意味着短暂的和平。这是个好消息，通过政治手段和平解决了问题。不仅两位君主似乎很高兴，而且其他人也很高兴。”

关于两位君主的会晤内容，弗勒里写道："会面在1859年7月10日9时于比利亚弗兰进行。为了表示对奥地利皇帝弗朗茨·约瑟夫一世的尊重，拿破仑三世第一个到达，并且在到达后没有于选定的地方等待，而是朝维罗纳的方向骑行。骑行了约半里路后，拿破仑三世看见了驱马疾驰的奥地利皇帝弗朗茨·约瑟夫一世——很快，他们二人就面对面了。两位君主骑着各自的马，互敬军礼，然后握了握手。拿破仑三世骑行在弗朗茨·约瑟夫一世的左边。在护卫的保护下，两位君主缓缓地骑向比利亚弗兰。在这个小镇的主街道上的西格诺尔·伽丁-莫来利先生的房子前，两位君主下马，并且迅速上了楼。在楼上，两位君主独处了一段时间，并且进行了一次重要的谈话。君主们下楼时，我们都暗自问自己，这次会面意味着和平，还是这场战争仍将继续——这可能会导致欧洲的一场大规模冲突。这次会晤时，拿破仑三世已经五十岁了，奥地利皇帝弗朗茨·约瑟夫一世只有二十九岁，他们取得了积极的成果。当时，拿破仑三世不仅被年轻的奥地利皇帝弗朗茨·约瑟夫一世的朝气、不幸和自尊感动，希望尽可能地为他营造轻松的氛围，而且充分地意识到了他们头上的王冠分量有多重。我们知道，奥地利皇帝弗朗茨•约瑟夫一世很欣赏拿破仑三世沉稳的行为举止和骑士精神。一位奥地利军官对我说道：‘拿破仑三世温和的语气和慈祥亲切的外表给我们的君主留下了深刻印象。’而另一个军官说道：‘两国的君主各自交换了意见，并且没有强加硬性条件。法兰西的君主只是表达了自己的想法。’这些想法是：把伦巴底割让给撒丁王国；创造一个由奥地利大公统治的威尼西亚王国；建立由教皇庇护九世统治的意大利联邦；对一些教堂进行改革；建立一个解决所有问题的国会。就这些问题，奥地利皇帝弗朗茨•约瑟夫一世回答道：‘我渴望和平，而为了让您相信我的和谈诚意，我在此声明自己可以做出让步的程度：我虽然已经失去了伦巴底，但不能亲手把它交给撒丁王国。我提议将伦巴底割让给法兰西，而你可以用你们认为最好的方式处理它。至于威尼西亚，它依然被我的军队控制，而我不会考虑放弃那些我管辖的地方。我不仅知道这些地方需要巨大的变革，而且会尽我最大的努力进行改革——除非我不了解情况，否则，最近的威尼西亚可没什么好抱怨的。’虽然拿破仑三世提议的由教皇庇护九世统治的意大利联邦中应包括威尼西亚，但由于这些想法都很不确定，他没有催促奥地利皇帝弗朗茨•约瑟夫一世割让威尼西亚。奥地利皇帝弗朗茨•约瑟夫一世继续说道：‘关于教堂急需改革的观点，我不仅赞成您，而且也准备与法兰西共同为这样的改革奉献力量。然而，我认为，在这个问题上，我们应该慢慢来——在将它公之于众之前，我们要找到一些实际的方法去贯彻落实我们的计划。’”

几年后谈及这次会议时，拿破仑三世对欧仁妮皇后说道：“一个关键点在于，我需要了解奥地利君主在乎哪些方面，以及会出现哪些巨大困难。我允诺两位奥地利大公，即托斯卡纳大公利奥波德二世和第十六代摩德纳公爵弗朗西斯科五世重登宝座。我觉得奥地利皇帝弗朗茨•约瑟夫一世希望能支持他的同盟者。正如我无法告诉奥地利皇帝弗朗茨•约瑟夫一世这些不幸的省份接下来会面临怎样的命运一样，我自然也不能允诺他任何积极的东西。然而，我确实告诉奥地利皇帝弗朗茨•约瑟夫一世，如果托斯卡纳大公利奥波德二世和第十六代摩德纳公爵弗朗西斯科五世能给予人民法律保障并且提供一个大赦令，那么我会通过利用我的权力尽可能让他们官复原职。我甚至向奥地利皇帝弗朗茨·约瑟夫一世保证我会支持帕尔马公国的自治。虽然我发现年轻的奥地利皇帝弗朗茨·约瑟夫一世对这些提议非常满意，但后来的事件证明维护公国的自治是不可能的。随后，奥地利皇帝弗朗茨·约瑟夫一世考虑其他问题，即我在公国这件事上的意向是否是不切实际的，或者说我是否会借助武器来实现自己的意向——当然，我没有打算走向极端。”

弗勒里继续叙述了这段会晤，而其内容如下：“虽然两国之间没有任何书面协议——协议只有写在纸上才能生效，但会晤已经要结束了。随后，法兰西和奥地利双方的人员相互认识了一下，而拿破仑三世对生于1788年的洪·赫斯尤其友好。拿破仑三世回顾了一些奥地利军队中的优秀士兵，而奥地利皇帝弗朗茨·约瑟夫一世也表示了对法兰西军队的尊敬。奥地利皇帝弗朗茨·约瑟夫一世特别喜欢我们的骑兵中队——骑兵中队和护卫队有着最帅气的军服。我十分认同奥地利皇帝弗朗茨·约瑟夫一世对骑兵中队的赞誉——骑兵都曾属于我的军队，而我严格训练过他们。奥地利皇帝弗朗茨·约瑟夫一世回赠了拿破仑三世的好意，陪他走了很长一段从比利亚弗兰回瓦罗奇奥的路，并且十分友好地道别了。因此，感谢拿破仑三世的智慧和克制——在一场已经造成太多受害者的血战之后，和平即将到来。”

对形势的改变，意大利国王维托里奥·埃马努埃莱二世感到很震惊。起初，意大利国王维托里奥·埃马努埃莱二世尝试不让拿破仑三世看出他的愤怒，只是感谢后者为意大利所做的一切。然而，我了解到，后来单独和加富尔伯爵卡米洛·本索在一起时，意大利国王维托里奥·埃马努埃莱二世怒不可遏——不仅他的期望只完成了一半，而且他不能再指望法兰西帮助他完成另一半。意大利国王维托里奥·埃马努埃莱二世下定决心，在得到自己想要的东西之前，他决不允许和平到来。然而，后来的事件表明，通过小心谨慎地激发公众的支持，他也可以得到以前只有通过战争手段才能得到的胜利。

拿破仑三世曾说道：“会晤期间，我和奥地利皇帝弗朗茨·约瑟夫一世什么也没有写。然而，到了瓦罗奇奥时，我快速地写下了我们当时的谈话，并且让拿破仑·热罗姆把这份文件带去维罗纳让奥地利皇帝弗朗茨·约瑟夫一世签名。虽然我选择的使者——拿破仑·热罗姆在有些方面做得不尽如人意，但我这次的选择是正确的。

我知道，与一位外国君主交流时，拿破仑•热罗姆会采用得体的态度和语言。我没有看错人——拿破仑•热罗姆很好地完成了这个任务。与此同时，德意志发生的事情对我造成了影响。有些评论家说道：‘普鲁士不会构成威胁。’然而，我们现在知道，普鲁士的威胁特别大。赫尔穆特•卡尔•贝恩哈特•冯•毛奇说道：‘普鲁士人不仅已经拿起了武器，而且调动了三分之二的军队加速去了前线。普鲁士军队已经开始向第一个集合点行军。显然，1859年7月15日，普鲁士人已经开始用火车将士兵运往莱茵河了——在短时间内，两万五千名士兵会聚集在那儿，而来自德意志其他各地的分队随时会加入他们。’

“1859年7月15日14时30分，拿破仑•热罗姆驾着四轮马车动身出发。我记得，大约两小时后，拿破仑•热罗姆就抵达了奥地利军队的指挥部。在奥地利军队的指挥部，奥地利皇帝弗朗茨•约瑟夫一世热情地接待了拿破仑•热罗姆，并且立即带他进了书房。后来，拿破仑•热罗姆告诉了我那次会面的细节，而这些细节可以总结如下：奥地利皇帝弗朗茨•约瑟夫一世说道：‘今天，我坦诚地告诉了拿破仑三世我的让步限度。如果你必须把公众意见纳入考虑，那么我也要做同样的事——在奥地利，公众意见会更加明确和严苛。对我而言，我必须做出各种牺牲。’随后，拿破仑•热罗姆和奥地利皇帝弗朗茨•约瑟夫一世拿起我写的文件并且一段一段地检查。文件的第一段陈述了‘两国将会支持成立一个意大利联邦’，而对这一点，奥地利皇帝弗朗茨•约瑟夫一世没有什么异议；第二段明确地写道：这个联邦组织会由国会来管理，并且由教皇做名誉上的统治者——虽然奥地利皇帝弗朗茨•约瑟夫一世起初反对使用‘名誉上的’这个词，但最终还是同意了；第三段写着将伦巴底割让给法兰西，并且由法兰西依照伦巴底人民的意愿决定是否将它交给撒丁国王，而弗朗茨•约瑟夫一世反对使用‘依照人民的意愿’这个句子——他说道：‘作为伦巴底的主人，我只承认在我们谈判中制定的法律。虽然由于被打败了，我同意放弃伦巴底并且将它割让给拿破仑三世，但在要签署的文件中，我不想签署所谓的违背人民意愿的文件——不仅我不同意，而且这些文件对革命的冲击太大了。你们虽然在与撒丁国王打交道时可能会使用这些文字，但应该很容易地理解作为奥地利的君主的我不能接受这样的措辞——拿破仑三世可以完全理解我。’拿破仑•热罗姆对奥地利皇帝弗朗茨·约瑟夫一世鞠了一躬，并且承认在这种情况下，后者的反对是完全合乎情理的。因此，我把奥地利皇帝弗朗茨·约瑟夫一世反对的句子删去了。

“接下来，有一些关于佩斯基耶拉和曼图亚的问题的讨论。奥地利皇帝弗朗茨·约瑟夫一世说道：‘我不能命令我的军队离开这些他们已经待了很久并且属于他们的大本营。如果贵方军队已经拿下了佩斯基耶拉，那么我能理解拿破仑三世的要求。然而，我的军队仍然在那里。请告诉拿破仑三世，我虽然就个人而言，也希望能照他说的做，但作为君主，无法答应他的要求——我不能放弃任何一个要塞。’

“涉及威尼西亚的这段条款的主要目的是让它成为意大利联邦中的一部分。威尼西亚依然处于奥地利皇权的管辖之下。虽然这段内容没有遭到任何人反对。然而，第五段内容遭到了反对。第五段内容如下：‘如果托斯卡纳大公利奥波德二世和第十六代摩德纳公爵弗朗西斯科五世同意提供大赦和法律保障，那么法兰西和奥地利的两位君主会尽最大的努力，并且通过非战争的方式拥护他们。’奥地利皇帝弗朗茨·约瑟夫一世反对使用‘通过非战争的方式’这样的字眼，认为这是对动乱的鼓励与暗示。奥地利皇帝弗朗茨·约瑟夫一世说道：‘我虽然能做出个人的牺牲，但不能也不会放弃我的亲属和忠诚的同盟。’我认为，在军队的帮助下，第十六代摩德纳公爵弗朗西斯科五世可以重新得到权力。此外，我得知，托斯卡纳大公利奥波德二世正要以一种友善的方式和自己的臣民共同处理国事。所以，此时似乎可以暂时不考虑这个问题。至于帕尔马公国，奥地利皇帝弗朗茨·约瑟夫一世说道：‘在初次谈判上，我们不需要谈论这件事情——帕尔马公国的摄政王路易丝·玛丽·特丽丝公主甚至根本不是我们家族的成员。我不能交出不属于我的地区。’

“第六段陈述了君主应该要求教皇在他管辖的地区进行必要的改革，而国会将决定立法机构是否应该从宗教机构中分离出来。随后，第六段还指出，所有交战区内的愿意做出妥协的人都应该得到特赦。

“这次会见持续了两个小时，而在所有关键点上，双方都达成了一致。最后，拿破仑·热罗姆对奥地利皇帝弗朗茨·约瑟夫一世说，由于向我做了承诺，他必须在当天22时前返回瓦罗奇奥。奥地利皇帝弗朗茨·约瑟夫一世回复说他会立即重新写一份协议。随后，奥地利皇帝弗朗茨·约瑟夫一世领着拿破仑·热罗姆去了餐厅——晚餐已经准备好了。拿破仑·热罗姆单独用了晚餐。1859年7月15日19时30分，奥地利皇帝弗朗茨·约瑟夫一世再一次会见了拿破仑·热罗姆并且带来了重新写好的协议。协议的修改之处包括在之前的会晤中定下来的最细微的修饰词。拿破仑·热罗姆因为觉得奥地利皇帝弗朗茨·约瑟夫一世做这些改变毫无必要，所以要求后者签署原文件。奥地利皇帝弗朗茨·约瑟夫一世反对道：'首先你要让我知道，拿破仑三世是否同意我在这份原始文件上做出的改动。'拿破仑·热罗姆说道：'如果您能现在就签名，那么我们可以节省很多时间。无论拿破仑三世是否同意，我都只能在明天早上把这份文件给您。'因此，奥地利皇帝弗朗茨·约瑟夫一世拿出自己的钢笔。签署这份文件时，奥地利皇帝弗朗茨·约瑟夫一世说道：'我正在做出巨大的牺牲——我割让了我统治下最好的一个地方。然而，如果我们能达成一致意见，那么在意大利的事务上，拿破仑三世和我，法兰西和奥地利将不会再有大的分歧。'奥地利皇帝弗朗茨·约瑟夫一世继续和拿破仑·热罗姆聊了几分钟，带他走到台阶处，并且和他握手道：'再见，拿破仑·热罗姆。我相信我们之间永远不会再有任何敌意。'"

关于这次谈判，拿破仑·热罗姆说道："1859年7月15日22时，我回到了瓦罗奇奥。看了奥地利皇帝弗朗茨·约瑟夫一世签署的文件后，拿破仑三世没有掩藏自己喜悦。放下文件后，拿破仑三世诚挚地拥抱了我。1859年7月16日早晨，拿破仑三世签署了这份文件并且把它和他的一封亲笔信一起派人交给了奥地利皇帝弗朗茨·约瑟夫一世。因此，一切和平结束。虽然法兰西没有满足撒丁王国的愿望，而没有解决的问题肯定会产生一些阴霾，但我认为，对人心惶惶的中欧人民来说，和平才是众望所归。至少在一段时间内，法兰西从巨大的旋涡中挣脱了出来。法兰西为意大利的统一付出的努力有了回报——尼斯和萨瓦被并入了法兰西。"

第 20 章

第二帝国与意大利统一

意大利统一问题不仅影响了第二帝国的外交事务，而且对法兰西的内部事务也有着重要的影响。拿破仑三世和欧仁妮皇后很关注意大利的统一——欧仁妮皇后关注这个问题的宗教意义，而拿破仑三世更多地关心政治意义。意大利战争的后果和由此产生的大大小小的麻烦让拿破仑三世感到厌烦——他常说："噢！这个复杂的意大利统一问题。我真希望自己从来没有碰过它。"在接下来的几页中，通过笔记、对话、回忆及对一些杰出人物的访谈，我将简单地谈谈意大利问题引发的一些后果。

由于意大利战争以胜利告终，法兰西的所有政党似乎都抛开了彼此间的怨恨，沉浸在军队带来的胜利当中。然而，解决意大利的政治问题的道路上依然充满了困难——不仅意大利的局势依然复杂，而且《比利亚弗兰协定》是否会被执行也不确定。年轻的意大利联邦的命运到底会如何？意大利国王维托里奥·埃马努埃莱二世会在自己的领土上重新振作起来吗？教皇庇护九世依然还会拥有权利吗？意大利的党派会满足于现在的收获吗，还是会要求更多？意大利会成立一个国会解决所有这些问题吗？这些萦绕在拿破仑三世心里的问题让他很焦虑。

后来，在一次私人谈话中，拿破仑三世清楚地表达了自己对许多问题的看法。一天，在英国，就《比利亚弗兰协定》，拿破仑三世说道："我向奥地利皇帝弗朗茨·约瑟夫一世保证过会信守诺言。或许是因为我抵抗住了皮埃蒙特政府和意大利联邦及其党羽施加的影响，或许是因为奥地利方面没有履行《比利亚弗兰协定》中的一些条款——这令我感到很不满意，人们说我扮演了双重角色并且不惜以意大利的利益为代价去追求法兰西的利益。这些说法都是一派胡言。实际上，我不仅很尊重意大利人民，而且尊重他们选择自己的国家制度的权利。‘人民的权利’是一个不容忽视的新概念。我甚至不反对这些倒台的意大利王子们重建政权——如果这能建立在不伤害人民的权利的基础上。意大利统一的梦想对我没有吸引力——我更加希望看到托斯卡纳能够维持自治。

“起初，意大利国王维托里奥·埃马努埃莱二世小心谨慎地假装执行了《比利亚弗兰协定》中的所有条款。在佛罗伦萨，重新掌权的托斯卡纳大公利奥波德二世的党派和意大利国王维托里奥·埃马努埃莱二世的党派又有一些骚动。我们所有人都对托斯卡纳大公利奥波德二世表示同情并且支持托斯卡纳的自治。然而，我们了解到，这个计划实施起来有困难。在写给我的信中，佛罗伦萨的一位大臣说道：‘改革的绳子拉得太紧并且伤害了国民的情感。’在这位大臣看来，没有法兰西军队的帮助，托斯卡纳大公利奥波德二世无法实现复辟。在同一封信中，这位大臣还说道：‘虽然托斯卡纳人民不欢迎托斯卡纳大公利奥波德二世复辟，但如果拿破仑·热罗姆不在佛罗伦萨，或者法兰西能够帮托斯卡纳维持两个月的自治，或者托斯卡纳的王子们没有被敌人抓住，那么托斯卡纳大公利奥波德二世可能已经成功复辟了。’虽然托斯卡纳自治党依然有非常多的成员，但他们都臣服于伟大的贝蒂诺·瑞卡索利男爵。贝蒂诺·瑞卡索利男爵有很高的人气——他的雄辩的口才给公众留下了深刻的印象，并且曾大胆地呼吁：‘武装反对那些在索尔费里诺被打败的人。’

“我希望托斯卡纳的人民知道我希望托斯卡纳大公利奥波德二世或他的儿子复位。然而，我的希望没什么用。贝蒂诺·瑞卡索利男爵召开了会议，而与会人员几乎一致支持皮埃蒙特与托斯卡纳合并。意大利国王维托里奥·埃马努埃莱二世会接受这个礼物吗？在这件事情上，我应该怎么做，而那些大国又会怎么想呢？一些这样的问题困扰着我和我的大臣们。都灵的大臣告诉我们，意大利国王维托里奥·埃马努埃莱二世的首要想法就是谢绝托斯卡纳与皮埃蒙特合并的请求，但周围的大臣们动摇了他的决定。意大利国王维托里奥·埃马努埃莱二世最后对托斯卡纳的代表团说的话让我感到很满意——‘只有对意大利的事务进行商议后，我们才能实现我们的一些愿景。你们赋予我的一些权力可以使我更强大，而在你们与外国政府，尤其是与法兰西往来时，我会支持你们。拿破仑三世已经为意大利做了太多了。就像支持希腊、比利时等国家一样，我相信欧洲也会支持托斯卡纳。’”

拿破仑三世和欧仁妮皇后对帕尔马公国特别感兴趣——当时，帕尔马公国的君主罗贝托一世只有十一岁，而他的母亲是路易丝·玛丽·特丽丝公主。路易丝·玛丽·特丽丝公主是第十一代贝利公爵夏尔-斐迪南及其夫人玛丽-卡罗琳的女儿，

路易丝·玛丽·特丽丝公主与罗贝托一世

德·尚博德伯爵的姐姐。1854年3月27日，由于丈夫理查三世被人谋杀，而路易丝·玛丽·特丽丝公主便从这天开始摄政。路易丝·玛丽·特丽丝公主和蔼可亲又迷人，并且有着自由派思想。有一次，拿破仑三世说道："我们很同情这位杰出的女性。力所能及地保护一个和法兰西的正统王朝关系密切的人，这是一个不错的主意。在路易丝·玛丽·特丽丝公主看来，解决意大利问题的最佳方式正是我和法兰西政府倡导的方法。换句话说，路易丝·玛丽·特丽丝公主希望看见伊比利亚半岛出现一个有秩序的联盟，而这个联盟能摆脱所有国外的影响。"帕尔马公国很早就变成了未来的意大利王国的一部分。

理查三世

第十五代摩德纳公爵弗朗切斯科四世

拿破仑三世对第十六代摩德纳公爵弗朗西斯科五世并不友好。第十五代摩德纳公爵弗朗切斯科四世不仅毫不妥协，具有反动思想，而且反对所有拿破仑一世统治期间的自由思想。第十五代摩德纳公爵弗朗切斯科四世抵制拿破仑一世颁布的《民法典》，从来不承认路易•菲利普一世的政府，并且公开表示了对三色旗的深深厌恶。第十六代摩德纳公爵弗朗西斯科五世继续着他父亲的错误道路，是一个严厉的专制主义者，对拿破仑三世和欧仁妮皇后的态度总是很冷漠和不信任。第十六代摩德纳公爵弗朗西斯科五世因怀恨在心，不允许那些曾经跟随过拿破仑一世的国民佩戴圣赫勒拿岛奖章。第十六代摩德纳公爵弗朗西斯科五世曾是奥地利皇帝弗朗茨•约瑟夫一世麾下忠心耿耿的中尉，非常憎恨支持意大利统一的人及党派。1859

年8月中旬，在摩德纳，皮埃蒙特的行政长官召开了一次会议，而与会人员一致认定第十六代摩德纳公爵弗朗西斯科五世的败落，导致萨丁岛吞并了摩德纳公国。

拿破仑三世曾说道："然而，我不仅不同意这个看法，而且支持摩德纳的自治。我不是对第十六代摩德纳公爵弗朗西斯科五世抱有同情，而是认为如果帕尔马公国和皮埃蒙特合并，那么摩德纳可能以后会被作为补偿赠给年轻的奥地利皇帝弗朗茨·约瑟夫一世。然而，后来，我发现这个计划很难实现——路易丝·玛丽·特丽丝公主认为自己不能接受一个以伤害她的妹夫——第十五代摩德纳公爵弗朗西斯科四世为代价而获益的提议。路易丝·玛丽·特丽丝公主记得，一直以来，第十五代摩德纳公爵弗朗西斯科四世都对她很仁慈。因此，我不得不放弃自己关于意大利问题的很多想法。"

在所有意大利问题中最困扰拿破仑三世和欧仁妮皇后的是罗马涅问题。教皇国的六个公使馆都在罗马涅。意大利战争开始时，法兰西军队的一个团占领了罗马，而当时，奥地利的军队正守卫着罗马涅。由于是中立国家，教皇国没有被卷入战争。因为法兰西军队的出现，所以在冲突期间，罗马没有出现骚乱。如果奥地利皇帝弗朗茨·约瑟夫一世没有让他的军队在1859年6月12日从公使馆撤离，那么罗马涅也不会出现骚乱。

拿破仑三世评论道："奥地利皇帝弗朗茨·约瑟夫一世坚决不从教皇国撤退。奥地利的行为导致其在教皇区和意大利中部的影响力画上了句号。与此同时，最粗心的观察者也能看得很清楚——自那以后，罗马涅不再受教皇掌控，而托斯卡纳、摩德纳、帕尔马的公爵们会被驱赶出他们的领地。奥地利的士兵一离开博洛尼亚，教皇庇护九世的武器就都被销毁了，而意大利国王维托里奥·埃马努埃莱二世宣称自己是统治者。由于拉文那、费拉拉、福尔利、法恩扎纷纷效仿博洛尼亚，教皇庇护九世永远失去了罗马涅。我反对这样的局面和暴力行动——这与《比利亚弗兰协定》是相悖的。虽然我要求皮埃蒙特的军队从博洛尼亚撤退，但没有人把我的规劝放在心上。"

欧仁妮皇后为罗马涅问题感到痛心，并且用尽一切办法阻止罗马涅被从教皇庇护九世手中夺走。很早之前，欧仁妮皇后就已经预见到了意大利战争可能带来的后

19 世纪 50 年代末的拿破仑三世

果。因此，从一开始，欧仁妮皇后就极力反对意大利战争。欧仁妮皇后不仅不相信撒丁国王和他的大臣们，而且确信教皇庇护九世将成为“独立斗争”的牺牲品之一。

拿破仑三世继续说道：“为了解决所有的这些麻烦，我曾提议成立意大利联盟并且让教皇庇护九世担任领袖。然而，我了解到，教皇庇护九世有点生我的气——我只提议让他做‘名誉’领袖。后来，有人告诉我，教皇庇护九世认为，‘名誉’领袖不仅只不过是虚无的奉承，而且隐藏着阴暗的计划，是‘一个纯粹的陷阱’。然而，教皇庇护九世从未告诉我们这些阴暗的计划究竟是什么。因此，教皇庇护九世没有答应我的提议，我非常伤心。”

谈及意大利的复杂情况时，拿破仑三世还说道：“虽然这种局面让我很头疼，但英国很高兴——战争的结果恰恰是英国想看到的意大利民族的完整统一。然而，

‘意大利民族的完整统一’正是我想要避免的情况——我曾希望意大利半岛不受外来影响和控制，增强皮埃蒙特政府的力量，而不是将整个意大利交至该政权。为此，我加快了与奥地利的和解，并且希望借此遏制迅猛发展的革命运动。另外，我还伺机想夺回皮埃蒙特。然而，一切都为时已晚——革命精神被唤醒后，我们很快就可以看见意大利的统一和法兰西宗教信徒们的不安。

“我一直认为，教皇庇护九世只有通过将政府世俗化才能重新夺得对罗马涅的统治权，而这可不是什么新想法。二十年来，这些公使馆脱离教皇统治并且青睐建立在现代文明基础上的政府。然而，在维也纳的国会再一次将这些公使馆划进了基督教的势力范围。一个开明进步的政治体制应该考虑它的具体处境。教皇无法再被赋予1797年以前他享受的特权了。我记得，1830年之前的弗朗索瓦-勒内·德·夏多勃里昂和之后的德·圣奥莱尔伯爵路易-克莱尔·德·波波尔都曾指出了教皇所采

弗朗索瓦－勒内·德·夏多勃里昂

德·圣奥莱尔伯爵路易－克莱尔·德·波波尔

取的体制的致命危害。我儿时的记忆一直延续到成年后。我在崇尚自由意志和对宗教虔诚的环境中长大。无论是儿时还是成年后，我所处社会环境中都充斥着各种各样的矛盾。我记得，1831年，在一次发言中，荷兰王后奥尔唐斯·德·博阿尔内说道：‘教皇如果能做出一些必要的让步，那么将在未来主导整个意大利——不仅可以支配欧洲的法律，而且能恢复宗教与自由结合的辉煌并且重现旧日的盛况。’这些话深深烙在我心上。1859年，不得不面对这个重要的问题时，我想起了这些话语。我关于让教皇庇护九世任意大利联邦首领的计划没有成功——这个计划本是为了圆我母亲的梦想，而其失败主要原因是教皇庇护九世不仅不愿意在他的统治下自由改革，而且也不愿意将他的一部分权利世俗化。在写给埃德加·内伊的公开信中，我谈及了这两个问题：一是人民的自由与教皇宝座的保障这对矛盾，二是行政权的世俗化。然而，由于太在意宝座，教皇庇护九世甚至会失去自己极尽所能保护的东西——在统治者身上，这样的盲目行为经常会发生。

“在这种情况下，人们很期待意大利国王维托里奥·埃马努埃莱二世会有所作为。人们有时会质疑，意大利国王维托里奥·埃马努埃莱二世是否认可这次仓促的合并——这样的合并可能会导致严重又复杂的情况。对提供给他新领地的代表们的发言，意大利国王维托里奥·埃马努埃莱二世小心翼翼，言辞谨慎，并且表达了作为‘天主教的王子’的他对教会领袖的尊重。意大利国王维托里奥·埃马努埃莱二世同样感谢了我的仁爱，并且清楚地看见了那些不可能顺利解决的重要问题，明白了欧洲在此事有最终的发言权。我们都认同这一观点。”

显然，这一切让欧仁妮皇后很焦虑——她一向公开反对这场意大利战争。正如我已经说过的，欧仁妮皇后已经预料到了可能的后果。灾难来临时，欧仁妮皇后对已经被推翻的君主同情万分。对教皇的抨击深深地伤害了欧仁妮皇后那强烈的宗教情感，而这伤口后来一直都未能愈合。在拿破仑三世统治期间，罗马问题一直是法兰西政府最担忧的问题之一，甚至比其他公共事务更严重——实际上，这一直是一个令第二帝国头疼的问题。

第二帝国的敌人常常批判拿破仑三世的意大利政策。第二帝国的敌人们表示，由于对教皇庇护九世的支持，拿破仑三世疏远了法兰西与“新意大利”及其人民的关系，以及法兰西与萨瓦王室的友好关系。这样的批评只能说部分正确。然而，第二帝国的敌人们知道这个问题有两面性，并且只说对自己有利的方面。法兰西是一个天主教国家。18世纪中叶的法兰西，不仅宗派之间的联系已经出现了，而且教皇和皇帝联系密切。因此，如果拿破仑三世在1859年彻底与教皇决裂，那么在法兰西境内，他会遭遇很大的反对声——甚至会对拿破仑三世及其政权产生致命威胁。虽然对拿破仑三世来说，唯一安全的方式就是置身于意大利错综复杂的局面之外，但往往说起来容易做起来难。欧仁妮皇后是虔诚的天主教徒，并且与教皇有着密切联系。从法兰西和意大利的角度来说，法兰西在欧洲很有影响，并且有必要介入意大利事务。从各方面来说，拿破仑三世必须介入意大利事务。卷入意大利战争后，拿破仑三世已经尽了全力，不仅要考虑意大利，而且要考虑法兰西国内民众——在这种情况下，没有人能全面成功。与欧仁妮皇后和大臣们交流时，拿破仑三世觉得自己尽到了责任，并且取得了期望的结果。

此外，拿破仑三世十分需要休养身心。虽然从战场归来后，在巴黎及法兰西其他各地，拿破仑三世和他的军队受到了热烈欢迎，但这不仅没有让他忘记那一幕幕残酷的场景，而且没能安抚他那疲惫的身心。在这种负荷下，如果想不倒下并且处理那些亟待解决的问题，那么拿破仑三世的身心都需要好好休息。在过去数月中，由于同样一直在焦虑不安中度过，欧仁妮皇后也需要好好休养和放松自己。拿破仑三世和欧仁妮皇后决定先去比利牛斯山呼吸新鲜空气，再去颇受他们青睐的避暑胜地比亚里茨。1859年8月17日，拿破仑三世一行离开了圣克卢并且去了法兰西南部。到塔布斯后，拿破仑三世与财政大臣阿希尔·福德先生聊了一晚，而谈话内容主要是意大利战争后的国家经济状况。边休闲边工作是拿破仑三世一直以来的习惯。不仅欧仁妮皇后在尽自己所能让拿破仑三世好好放松身心，而且阿希尔·福德先生也发现拿破仑三世很疲惫，因此和欧仁妮皇后一起让拿破仑三世暂时不要想国事，养精蓄锐。然而，欧仁妮皇后和阿希尔·福德先生的一切努力都是徒劳的。后来，在为纪念拿破仑三世写的回忆录中，阿希尔·福德先生写道："拿破仑三世不仅常常会回顾整个意大利问题，而且谈论起国事时，会显露出非凡的智慧。"

人民对拿破仑三世和欧仁妮皇后的热情让他们感到很欣慰。拿破仑三世不禁感叹道："人群的欢呼声抚慰了我的灵魂。这些欢呼来自南方人尤其让我感动——他们不仅十分真挚，而且毋庸置疑，与我们北方人相比，更加接近自然。"

1859年8月19日，拿破仑三世和欧仁妮皇后离开塔布斯，出发去了圣索维尔——比利牛斯山脉附近最别致的村庄之一。在圣索维尔，拿破仑三世和欧仁妮皇后不仅过了一段愉快安宁的生活，而且去了卢斯和加瓦尔尼等邻近风景迷人的地方。拿破仑三世亲自驾驶着一辆四轮马车，通过了险峻的山路。每到一处山上的小村庄，拿破仑三世和欧仁妮皇后都会受到人们的尊敬和友善对待。自第一天起，多姿的景色、迷人的山峦、蔚蓝的天空和清新的空气就给拿破仑三世和欧仁妮皇后的生活注入了新的活力。

然而，拿破仑三世不能长时间在乡间并且不理会国际政治。好在休养让拿破仑三世重新变得精力充沛。因此，在圣索维尔时，拿破仑三世就会见了两位名人。这两位名人似乎都焦虑不安——吉贝托·博罗梅奥·阿雷塞伯爵是为了意大利而来，查理·冯·梅特涅先生是为了奥地利而来。吉贝托·博罗梅奥·阿雷塞伯爵和查理·冯·梅特涅先生离开后，拿破仑三世微笑着向欧仁妮皇后说道，“在这空气如香槟一般令人神清气爽的山里，满足这两位造访者可不是一件简单的事情。”因此，拿破仑三世开了许多会。虽然这些会议时间很长，导致外交特使们脸色疲惫，但拿破仑三世的脸上毫无倦容。一天早上，欧仁妮皇后谈及外交特使们的疲惫时，拿破仑三世解释道，“也许他们没有得到想要的。然而，我也没有放弃自己所需的。”随后，拿破仑三世对欧仁妮皇后眨了眨眼——一种与自己最亲近的人在一起时才会有的沟通方式。

拿破仑三世和吉贝托·博罗梅奥·阿雷塞伯爵不仅年轻时就认识，而且曾一起在外流亡。在1836年的斯特拉斯堡事件后，当时还是夏尔-路易·拿破仑·波拿巴王子的拿破仑三世辗转去了美国，而吉贝托·博罗梅奥·阿雷塞去了利物浦。夏尔-路易·拿破仑·波拿巴王子不知道吉贝托·博罗梅奥·阿雷塞具体做的事情。后来，当吉贝托·博罗梅奥·阿雷塞踏上美国的土地时，夏尔-路易·拿破仑·波拿巴王子来到码头迎接并且一眼就看到了曾经的好友。因此，拿破仑三世和吉贝托·博罗梅奥·阿雷塞伯爵不仅有着深厚的友情，而且一直都有联系。自从意大利战役爆发以来——尤其是意大利战役突然结束后，为了意大利的利益，吉贝托·博罗梅奥·阿雷塞伯爵一直都与拿破仑三世有着通信往来。1859年7月，吉贝托·博罗梅奥·阿雷塞伯爵写道：“就像曾在阿伦堡和纽约一样，我对您实话实说，我对您的健康状况感到很焦虑——在这么大的身心压力下，您可能已经有点生病了。请务必告诉我一直与您共同承担着战争带来的各种问题的欧仁妮皇后的情况。”在信中，吉贝托·博罗梅奥·阿雷塞伯爵还证明了意大利对拿破仑三世的贡献表示感激：“请相信我。您知道我说的都是事实。在获得和平后，意大利开始重新振作了起来。意大利人民开始认识到并且感激您为意大利做出的贡献。意大利人民一直都将您视为最真诚的朋友，希望您能继续为这个不幸的民族做些什么。我希望您继续支持意大利的事业直到最后的胜利。如果这样，那么不仅意大利人民将会更加感激您，而且您也将获得更大的荣耀。”读到这些溢美之词时，拿破仑三世放下信，微微闭着眼睛说道：“这不像是吉贝托·博罗梅奥·阿雷塞伯爵写的——这封信的作者肯定另有他人，而他仅仅是誊写。当然，这封信也可能是吉贝托·博罗梅奥·阿雷塞伯爵和一个地位更高的人一起写的。我宁愿相信后者是正确答案。”

欧仁妮皇后对吉贝托·博罗梅奥·阿雷塞伯爵十分友善。1859年8月26日，由于不知道吉贝托·博罗梅奥·阿雷塞即将到达圣索维尔，欧仁妮皇后写信给他。当时，在信中，欧仁妮皇后这样写道：“我很努力地试图做一个真正的意大利人。虽然皇帝也想救意大利，但你不担心这对他而言并不是一个明智的举动吗？在意大利这件事情上，皇帝的期望与法兰西人民的期望是相反的，而只有获得法兰西人民的支持，皇帝才能行动。刚刚结束的意大利战争让法兰西和法兰西皇帝疲惫不堪。”

1859年8月30日，吉贝托·博罗梅奥·阿雷塞伯爵到达了圣索维尔。吉贝托·博罗梅奥·阿雷塞伯爵的一项特别任务就是了解拿破仑三世认为意大利国王维托里奥·埃马努埃莱二世该如何回复托斯卡纳代表团。吉贝托·博罗梅奥·阿雷塞伯爵不仅力图向拿破仑三世证明意大利中部被萨瓦王室吞并是不可避免的，而且就此问题和拿破仑三世深入交流了许久。然而，正如我们知道的，拿破仑三世小心翼翼，并且没有做出任何承诺。

吉贝托·博罗梅奥·阿雷塞伯爵刚走，由奥地利皇帝弗朗茨·约瑟夫一世派来的查理·冯·梅特涅先生就来到了圣索维尔。查理·冯·梅特涅先生指出，意大利应该遵守《比利亚弗兰协定》，并且说道，如果意大利不遵守公约，那么“奥地利会放弃慷慨地把威尼斯割让给意大利”。1859年9月5日，拿破仑三世写信给吉贝托·博罗梅奥·阿雷塞伯爵，告诉了他查理·冯·梅特涅先生造访一事，并且附上了给意大利国王维托里奥·埃马努埃莱二世的话：“在托斯卡纳代表团面前，我们希望意大利国王维托里奥·埃马努埃莱二世注意言辞。从长远看来，大家会发现《比利亚弗兰协定》将会使意大利获得真正的自由，而这也是我的期望。我打算在《政府公报》中写篇文章解释我做这件事的动机。”1859年9月9日。拿破仑三世的文章刊登在了《政府公报》上。这篇文章的原始注释与最终刊登的形式不一致——原始注释中有拿破仑三世对一些国际问题的个人看法，而这些国际问题在欧洲都是一些大事件。

“如果这些协定实施，”在用铅笔写的原稿中，拿破仑三世写道，“那么奥地利将不再会对意大利半岛不友好。相反，奥地利将成为一支帮助意大利实现统一的辅助力量。”随后，拿破仑三世继续谴责了那些给《比利亚弗兰协定》的实施制造麻烦，即不注重意大利的国家统一大业的人。拿破仑三世补充道：“那些制造麻烦的人如果爱国，那么不应该对奥地利说：‘你希望大公们离开他们的宝座。好，我们同意。然而，作为回报，我们希望你可以信守对威尼斯的承诺——它是意大利领土的一部分。’应该牢牢记住的是，如果有一条《比利亚弗兰协定》的条款没有实施，那么奥地利皇帝弗朗茨·约瑟夫一世就会觉得没有责任履行对威尼斯的承诺，导致意大利和奥地利两国之间的和平和协定破产，而取而代之的是两国之间的怀疑或甚至是仇恨——这就会造成新的问题甚至不幸。”

欧洲的几个大国召开了一次集体会议，商讨如何解决各种国际问题。在当时的记录中，就意大利的统一问题，拿破仑三世注释道：“对欧洲大国们的这次会议，不仅大家都很期待，而且我也十分同意。然而，我不认为这样的会议将对意大利的统一有很大的帮助。这次会议虽然能商讨出哪些做法是公正的、正确的，但让一个大国做出让步而不给予回馈的方式公正吗？我不这样认为。在意大利的统一问题上，法兰西的公众认为法兰西已经做了应该做的。”

在这些重要的政治协商后，拿破仑三世也该离开圣索维尔去比亚里茨了。1859年9月12日，拿破仑三世和欧仁妮皇后到达了欧仁妮皇后位于比亚里茨的别墅。在比亚里茨期间，拿破仑三世和欧仁妮皇后接待了一些欧洲皇室成员，其中包括比利时国王利奥波德一世和奥尔登堡大公彼得二世。拿破仑三世一行登上了崭新的游艇，享受了短暂的旅行。比亚里茨的别墅里的日常生活很简单，欧仁妮皇后最感兴趣的事情之一就是马德里的旧友们的来访——她可以和旧友们说西班牙语。与在圣索维尔一样，政治不仅仍然是大家，而且是拿破仑三世最喜欢的话题之一。后来，拿破仑三世又再次插手了意大利问题。

在比亚里茨，拿破仑三世一直担心着《比利亚弗兰协定》的实施。《比利亚弗兰协定》包含割让尼斯和萨瓦给法兰西的条款。1859年10月3日，拿破仑三世给吉贝托·博罗梅奥·阿雷塞伯爵写了一封信。以下内容是从拿破仑三世的原信中摘录而

比利时国王利奥波德一世

来的。在这封信中，拿破仑三世写道：“我今天寄给你的是我近期不断从意大利收到的众多报告之一，而这些报告都表明，在执行《比利亚弗兰协定》——尤其是与我们有关的条款时，皮埃蒙特政府缺乏力度。一个民族不可能通过点亮彩灯或播种花朵而获得重生。统治者处事必须公正有力。我十分希望你能引起你们的内阁对这件事足够的重视。与此同时，我也会写信给意大利国王维托里奥·埃马努埃莱二世。”很快，由于收到了一封来自米兰的信，拿破仑三世又给吉贝托·博罗梅奥·阿雷塞伯爵写了第二封信，并且把来自米兰的信的内容转告给了后者，并补充道：“我很遗憾看到撒丁政府的冷酷无情，而它的目的就是要挑起我们之间的嫌隙。你们的内阁应该知道，我投入意大利的统一事业是真心诚意的。”在另外一段中，拿破仑三世写道：“撒丁岛政府不能假装无法平息在萨瓦发生的反法活动。我虽然为了支持皮埃蒙特政府，曾经没日没夜地一直战斗，但由于现在受到如此对待，很不高兴。然而，这就是事实。说到这里，我感到很遗憾。”

欧仁妮皇后不仅知道，无论是在现在还是将来，这种状况都会带来麻烦，而且对意大利政府的两面性感到很不安。此外，罗马持续的躁动和骚乱让欧仁妮皇后十分忧虑。通过一些秘密渠道，欧仁妮皇后得知，教皇庇护九世如果没有收复罗马涅，那么不会接受任何形式的意大利联邦。在罗马涅问题上，罗马教廷和法兰西之间产生了矛盾。1859年10月10日，拿破仑三世和欧仁妮皇后离开比亚里茨并且返回了巴黎。路过波尔多时，拿破仑三世和富有智慧的枢机主教斐迪南·法朗索瓦·奥古斯特·多奈特进行了重要的私人谈话，而后来，这场谈话的梗概以官方的形式公开了。在这次谈话中，枢机主教斐迪南·法朗索瓦·奥古斯特·多奈特曾提及1851年

斐迪南·法朗索瓦·奥古斯特·多奈特

以前，即拿破仑三世还是总统时的情况。随后，枢机主教斐迪南•法朗索瓦•奥古斯特•多奈特对拿破仑三世说道：“人群的欢呼声使我们那年久失修的教堂的椽都在晃动并且快支撑不住了。过去，我和我的牧师们为人民祷福。今天，陛下，我们仍然在祈祷，祈祷上帝给您力量。意大利这桩可悲的政治事件没有让牧师们的希望破灭。我们的确相信您将会结束天主教世界的这件愁苦之事。”

枢机主教斐迪南•法朗索瓦•奥古斯特•多奈特不仅和拿破仑三世之间有着真挚的情感，而且他给予的鼓励令拿破仑三世深受感动。拿破仑三世对枢机主教斐迪南•法朗索瓦•奥古斯特•多奈特说道：“我很确定，如果人们认为教皇的权力与意大利的独立不矛盾，那么教会将开启一个辉煌的新时代。现在，教皇庇护九世焦虑于我们的军队将离开罗马。然而，我们的军队不可能在罗马待上十年——我们不可能无限期地待下去。我们的军队离开后，罗马将会是什么状态呢？是无政府、恐怖统治或者是和平安定呢？这些问题不仅很重要，而且让我和欧仁妮皇后两人的心中都惴惴不安。我想这不仅是我们对意大利，尤其是意大利国王维托里奥•埃马努埃莱二世和教皇庇护九世的责任，而且是需要大家共同解决的复杂问题。我们认为，在处理这件事情时，大家应该冷静地运用智慧，而不是通过采取挑起战争等富有男性激情的方式解决。”

1859年10月16日，返回圣克卢宫后，拿破仑三世接见了一个前来协商意大利问题的意大利代表团。因此，拿破仑三世结束了这次勉强可以称为“假期”的皇室旅游。实际上，这次假期的开始便意味着结束——假期的每一处都有政治介入。不了解皇室的人很难想象拿破仑三世的辛苦。在离开巴黎的不到两个月的日子里，拿破仑三世和欧仁妮皇后——尤其是前者——一直担心着意大利问题和很多其他需考虑的国事。抵达圣克卢宫后，拿破仑三世继续处理着意大利问题。

1859年秋季，法兰西皇室从圣克卢宫去了贡比涅宫，而意大利问题也跟着来到了贡比涅宫。1859年11月10日，法兰西、奥地利和撒丁岛之间签订了最终的协议。法兰西等三方将“尽一切手段支持创建由教皇担任名誉统治者的意大利邦联。意大利邦联的目的在于保持各邦的独立和不可侵犯性，确保各邦的利益，并且通过邦联军队保障意大利在物质和精神层面等各方面的安全。威尼斯虽然会成为意大利邦联的一个，但仍然受到奥地利皇帝弗朗茨·约瑟夫一世的庇护。威尼斯享有与其他各邦同样的权利、责任和义务。赋予托斯卡纳大公、摩德纳公爵和帕尔马公爵专属的领地”。法兰西代表弗朗索瓦-阿道夫·德·伯奎尼男爵参加了会议。在返回巴黎的路上，弗朗索瓦-阿道夫·德·伯奎尼男爵对拿破仑三世说这是一次休战，并且表示“虽然是和平，但不是我们期待的和平”。

《比利亚弗兰协定》初步执行后，拿破仑三世邀请查理·冯·梅特涅先生来法兰西。新的奥地利驻法兰西大使查理·冯·梅特涅先生和他的妻子注定要成为拿破仑三世和欧仁妮皇后的座上宾。在杜伊勒里宫，拿破仑三世和欧仁妮皇后不仅很快就和这对出色的夫妻建立了友谊，同时尽量不冒犯都灵宫。然而，做到不冒犯都灵宫可不是件简单的事。皮埃蒙特政府利用自己的权力将意大利中部各省，包括教皇的领地在内，都置于其代理人本康帕尼伯爵的统治下。拿破仑三世的手稿的整理员曾经写道：“解决现在的糟糕状况的唯一希望就是举行一场大国会议，而这正是拿破仑三世期望的。在1859年11月9日寄给意大利国王维托里奥·埃马努埃莱二世的信中，拿破仑三世写道：‘只有举办一次代表大会才能使我们免受所有动乱伤害。我们要通过积极地把握住这次机会来让民众感受到这个和平条约不只是空谈而已。如果我们不这样做，那么我会很担心意大利因此失利。’”然而，问题在于，这场会议要在哪里举行呢？关于这一点，各国没有达成一致意见，而这可能就是这场会议最终没有举行的主要原因。

整理员继续用第三人称讲述道：“拿破仑三世为皮埃蒙特政府的行为承担了一部分责任。虽然拿破仑三世没有直接反对意大利国王维托里奥·埃马努埃莱二世，但这也不代表他会赞同意大利国王维托里奥·埃马努埃莱二世的做法。然而，横亘在这种私下的不满和公开的反对之间的是一条鸿沟，而拿破仑三世并不想将其填满。”整理员陈述了罗马教廷如何强烈地抗议整个形势——罗马教廷不仅煽动主教们去反抗，宣称要禁止和公使馆的人接触，而且目中无人地说不会做出任何妥协。“由于已经有人在罗马捅了一个马蜂窝，我担心高级教士们会被蜇得很惨。总之，我的意思就是要与这些讨厌的小昆虫保持距离。”

在另一则记录里，整理员写道：“所有意大利中部地区的王子们都支持奥地

两西西里国王费迪南多二世

利，而奥地利皇帝弗朗茨·约瑟夫一世的妹夫两西西里国王费迪南多二世自然也站在即将失去土地的王子们这一边。两西西里国王费迪南多二世憎恨皮埃蒙特的领导者，并且把意大利国王维托里奥·埃马努埃莱二世看作是朱塞佩·马志尼的帮凶。此外，两西西里国王费迪南多二世还是俄国沙皇尼古拉二世的朋友。因此，在俄国和奥地利的支持下，两西西里国王费迪南多二世自然而然地将站在教皇和不幸的王子们这一边，这导致当时英国的态度成为一大焦点。如果按照两西西里国王费迪南多二世期望的那样，即英国会支持意大利实现统一，那么英国很可能就不会再对皮埃蒙特政府伸出援手、提供武器。然而，英国不想承担任何风险或做出任何牺牲。因此，事实就是，拿破仑三世虽然一开始赞成召开代表大会，但在困难重重的情况下，逐渐持相反观点。他唯恐对意大利的社会改革运动而言，这样的一场会议会弊大于利。”

这时，即所有这些问题引起公众注意时，拿破仑三世采用了自己一贯使用的方法——他试着弄清民众对这件事的真实看法。因此，拿破仑三世想到并且制作了一本小册子。在印刷后，这本小册子的手稿被保存了一段时间。我们如果将小册子的手稿和印刷版两相比较，那么可以看到，公布于世的印刷版与拿破仑三世的个人观点大相径庭。这里节选了一些原稿。

拿破仑三世写道："从政治角度来看，两亿天主教徒的领导者——罗马教皇不仅不应该屈从于任何人，不应该服从于任何权力，而且那令人敬畏的摄人心魂的手不应该被任何尘世的枷锁束缚。如何才能守护这种独立？现在的教皇庇护九世无法轻易得到世俗和精神的力量的支持。被上帝原谅和传播福音的人怎么能是法律惩治的罪人？把异教徒驱逐出教会的主教又怎么能成为保护人民自由意识的一国之首？总之，世俗和精神力量的结合如何能使世俗利益不损害天国利益，并且教皇如何才能不干扰到世俗统治者？一个伟大的国家不仅需要稳定的政治生活，而且需要在机构、习俗、思想上取得进步。虽然在一个有教皇统治的国家，不仅法律将被教义束缚，而且国家的基本活动将被传统观念阻碍和破坏，爱国主义将被宗教信仰谴责，但如果教皇的权力受到限制，那么这一切都将不再是问题。需要解决的问题不是教皇该拥有多少臣民或多少土地——他必须先在这两方面都得到满足才不会自我贬低，成为圣明的领袖。有至高无上的地位不一定就要担任某一政治角色——如果不这样，那么教皇会觉得自己处于一种奴役自己还是奴役人民的两难境地。因此，我认为，教皇的统治应仅被限制于罗马和永恒之城的管辖区——这些地方应该建立一个脱离政治生活的宗教中心。教皇的子民们组成一个大家庭，围绕在他身边，沉醉于冥想、宗教艺术、祷告和膜拜伟大的圣传。政治野心和私人利益应该被禁止进入这个宗教中心，而这里的人们只会在精神世界的平和、沉静的思考中感到愉悦。教皇依然是最高领袖，而天主教徒们尊敬他。在这个宗教中心，由于教皇不受政治干扰并且拥有自身内心和宗教世界的平静，引起罗马变革的危险也就不复存在。罗马涅发生的起义为实现上述改革提供了一个很好的机会。教皇也能轻易消除当前不必要的一些顾虑。我们有理由相信：如果我拟办的代表大会得以举行，那么教皇将如昔日的子民期望的一样，温和地接受自我权力的削弱。"

后来，谈到这本小册子时，拿破仑三世曾说道：“这很令人兴奋。事情在朝我们预期的方向发展。这本小册子中的提议确实非常残忍——有眼界的人都知道这是受明知不可为而为之的精神的驱使。我虽然认为不太可能实现，但还是提出了废除教皇的世俗权力的想法。以前从来没有过这样激进的改革。早在这本小册子出现之前，法卢伯爵弗雷德里克·阿尔弗雷德·皮埃尔、德·托克维尔先生、路易·朱托尔特·德·拉莫西埃和其他的法兰西知名人士就曾要求阻止罗马教宗政府滥用职权，并且呼吁进行许多必要、合理的改革。废除教皇的世俗权力的做法被多数罗马教宗权力的维护者们当作是一次大胆的补救——现实情况确实如此。然而，与此同时，我从来不觉得我们能得到想要的一切。我相信的是，通过这些手段，我们能让教皇庇护九世在他那古板守旧的教廷中进行一些非常必要的改变。

“正如我们预料的，法兰西的不同政党对这本册子做出了不同解释。在自由党阵营——他们的目标基本和册子一样——这本册子自然颇受赞扬。然而，也有些人认为这个小册子不够激进，他们不仅更加希望完全压制教皇的世俗权力，而且从来不从宗教角度关心这一做法的后果。在天主教阵营，由于政治和宗教界限不清，出现了许多争论。奥尔良派的费利克斯·安托万·菲利斯·杜潘卢普主教不仅发表了一篇愤愤不平的驳文，而且认为自己文中所言都言之有理。据我所知，费利克斯·安托万·菲利斯·杜潘卢普主教私下里将这个小册子称为‘不可原谅的涂鸦’。”

当然，欧仁妮皇后也十分在意这些事情。如前所述，由于已经预料到了结局，欧仁妮皇后一开始就反对意大利战争。欧仁妮皇后认为，如果将整个宗教问题提上台面，那么第二帝国政府和法兰西天主教党派就会因此产生巨大的隔阂并且导致巨大的损失。欧仁妮皇后不仅深信作为天主教在精神层面的绝对领袖的教皇庇护九世没有听到拿破仑三世在7月的真心诉求，即给罗马涅一个政治与宗教界限分明的政府，而且很肯定即使是那些曾经公开批评过教皇庇护九世的人，如路易·朱托尔特·德·拉莫西埃，也将聚在教皇庇护九世身边并且支持他，保护其不可剥夺的权力不受侵犯。和其他人一样，欧仁妮皇后也认为，如果主教们昂起高贵的头颅，那么天主教的报社就会立马改变腔调。因此，1859年9月30日的《罗马日报》上，梵蒂冈的一个机构宣称：“这本册子不仅只是为了怂恿教廷进行改革，而且其中阴险狡诈的理论妄图欺骗意志薄弱的人和那些对危机不敏感的人，使虔诚天主教徒遭受痛苦。”欧仁妮皇后认为应该让拿破仑三世注意到这篇由官方授意发表的文章。欧仁妮皇后发现，直到后来，拿破仑三世才明白了她的观点，即举办代表大会是不可能的。首先，欧仁妮皇后很清楚，由于这个外交使团的目的是见证教皇的权力被剥夺这一既定事实，教皇庇护九世不可能按要求派遣一位代表。其次，除了英国，一些非天主教国家都在直接或间接责备这本册子造成的动荡——尤其是在俄国，法兰西内阁遭到了十分严厉的批评。俄罗斯帝国外交事务官亚历山大·米哈伊洛维奇·戈尔恰科夫王子对法兰西大使德·蒙特贝罗公爵路易·拿破仑·兰纳斯说道：“在欧洲，这本小册子不仅破坏了和平，而且造成了极大的恐慌。”

亚历山大·米哈伊洛维奇·戈尔恰科夫王子

德·蒙特贝罗公爵路易·拿破仑·兰纳斯

拿破仑三世继续说道：“事情变得越来越复杂。问题之一在于仇视世俗权力的人中有很多反对教会的人，而很多自由党人借此打击天主教教义。在这种情况下，在保护自己的同时，教士们必须通过指出敌人的伎俩来获取更多帮助。然而，不幸的是，一些狂热的极端分子不仅不在乎文明的进步，不考虑变革人士的主张，而且不采纳教皇的几个挚友的建议。例如，阿方斯·德·雷尼瓦尔伯爵曾通过清晰有力的语言和无懈可击的事实揭露了教会管制下的国家在经济和政治上的颓势。”

1860年1月，教皇庇护九世会见了德·戈水。关于这次谈话，有一份送至杜伊勒里宫的记录。这份记录里原原本本地记录了教皇庇护九世和德·戈水对一些事的评论和看法。这份记录中写道：“教皇庇护九世找不到一种强有力的说法谴责那本小册子。教皇庇护九世说道，‘愿上帝唤醒拿破仑三世——只有这样，他才能更加坚定地踏上前方的荆棘之路。我希望拿破仑三世意识到那本小册子里的某些错误——它是伪善和矛盾的结合。无须用更强烈的词汇——那样说出来会不太好听。’”

在教皇庇护九世和德·戈水的谈话之前，拿破仑三世曾经给教皇庇护九世写了一封信。以下是那封信的复印本里的部分内容：

“无论是战争期间还是战争结束后，我最希望的都是保住教皇国的地位。我因为担心持续的战争会导致改革的趋势越来越明显，所以迅速缔结了《比利亚弗兰协定》。然而，就算是您，也必须正视这些事情之间的联系。由于在罗马有法兰西军队，我无法让自己和法兰西完全脱离这场由奥地利和意大利引发的国际运动。您可记得，在签订《比利亚弗兰协定》时，我写了封信给您并且告诉您要注意这个我十分肯定的计划——这是重获罗马涅的最好方式。我很遗憾您没有采纳我在这件事情上的建议。如果按照预期计划召开代表大会，那么不仅您对公使馆的权利就会得到认可，而且没有必要通过压迫获得人民的服从。然而，现在，这种反抗必定会导致外国军队长期侵占公使馆。谁能说出这样的做法会有什么后果？这一做法可能造成愤怒、不安，甚至是危机，而这样的结果正是欧洲方面极力避免的。要和您达成共识是多么难啊！因此，我想我必须坚定地要求您从教会真正的利益出发，放弃那些已经发生变革的省份。您如果真的想赐予欧洲人民渴望的和平，那么应该放弃那些省份。这不会是糟糕的交易，不仅欧洲人民会保障您的权利，而且有了这份保障后，教皇统治下的意大利也将迎来宁静。我相信您不会误解我向您提出这个建议的初衷。请您再想想过去我为教会和天主教教义做的贡献。我相信您会接受我的建议。”

后来评价这封信时，拿破仑三世说道：“直到那时，我仍然在尽力维持《比利亚弗兰协定》。然而，形势的变化使我对时局有了不同的观点——我不再像以前一样，即一边竭力攻击皮埃蒙特政府，一边维护不受皮埃蒙特政府管控的辖区的权利。我通过请求教皇庇护九世和意大利国王维托里奥·埃马努埃莱二世一起做出让步来帮助我想出一个行之有效并且能让所有党派接受的解决办法。当时，我的外交大臣是亚历山大·科隆纳·瓦莱斯基伯爵，而他是教皇权利的支持者，固执地坚持以前的做法，并且因此退出了外交部。另一位和我合拍的出色的外交官索维默勒先生继任了亚历山大·科隆纳·瓦莱斯基伯爵的职位。大概同一时间，加富尔伯爵卡米洛·本索再次执掌都灵。虽然1860年是第二帝国最繁荣的时期，但意大利问题仍亟待解决。”

当然，在意大利问题中，加富尔伯爵卡米洛·本索是一个主要人物。意大利战争结束后，拿破仑三世曾多次在自己的日记里提到加富尔伯爵卡米洛·本索。拿破仑三世写道：“1858年初夏发生了一件大事。然而，对这件大事，欧仁妮皇后的确是不知情的。就意大利同盟，欧仁妮皇后不仅坚决反对，而且从中只看到了它对法兰西和宫廷的危害。与欧仁妮皇后相反，我更倾向于通过各种权力手段来帮助撒丁国王并且加强意大利的民族性。虽然人们认为，我这么做是为了得到烧炭党和菲利斯·奥尔西尼的承诺，但实际上，我的行为是出于什么原因并不重要。我不仅执着于民族理论，而且很欣赏意大利的解放理念，即一点一点地从奥地利的束缚中解放出来，直到亚得里亚海也获得自由。我虽然是一名尊重教会权力的热诚的天主教徒并且和罗马教廷统治下的国家保持着良好关系，但在思想上，不认同这些国家。我反对俄国支持的两西西里王国。或许我也反对某些意大利封邑——吞并它们可能会危害到全面和平。然而，我很早就意识到，如果意大利国王维托里奥·埃马努埃莱二世和加富尔伯爵卡米洛·本索达成共识或意大利会给法兰西提供一些补偿，那么意大利就能自由地掌控其北部和中部地区。我希望这样能让自由舆论满意，能将意大利从漫长又艰苦的奴役中解放出来，让人们回归原本自由的状态，并且为我赢得这些人深深的感激。我一直守着这个秘密——我知道这种想法不仅和欧仁妮皇后和亚历山大·科隆纳·瓦莱斯基伯爵的观点相悖，而且亚历山大·科隆纳·瓦莱斯基非常反对加富尔伯爵卡米洛·本索的观点。

“卡米洛·本索，即后来的加富尔伯爵卡米洛·本索，不懈地帮助皮埃蒙特政府实现崛起。加富尔伯爵卡米洛·本索出生于都灵，现在大约有四十八岁了。加富尔伯爵卡米洛·本索的父亲是皮埃蒙特人，母亲是法兰西人，而他的家族曾自豪地宣称自身和罗马的天主教主教圣弗朗西斯有血缘关系。加富尔伯爵卡米洛·本索参加过都灵的一所军事学校，并且在那儿成为‘骑兵团’的一员。然而，由于在精神上十分独立，加富尔伯爵卡米洛·本索很快就离开了未来的撒丁国王卡洛·阿尔贝托的侍从班。1830年，即法兰西的七月革命爆发时，加富尔伯爵卡米洛·本索成了一名炮兵。查理·阿尔伯特对称自己为革命信徒的年轻炮兵军官感到很怀疑，而且因此将加富尔伯爵卡米洛·本索派往巴德要塞。在巴德要塞，加富尔伯爵卡米洛·本索不得不参与建造防御工事。由于觉得受到了羞辱，加富尔伯爵卡米洛·本索扔掉了调令并且过回了平民生活。韦尔切利附近有一处加富尔伯爵卡米洛·本索的父亲的地产。加富尔伯爵卡米洛·本索不仅在这处地产中整天忙于农业，实验研究农产品和人工有机肥等，而且练就了一副爱钻研又对经济敏感的头脑。由于在农业方面取得了前所未有的成功，加富尔伯爵卡米洛·本索获得了一笔巨大的财富。1847年，加富尔伯爵卡米洛·本索创办了一家报社和一份名为《复兴报》的报纸。

“在很长的一段时间里，加富尔伯爵卡米洛·本索不仅没有公开露面，而且对政治也不抱有任何兴趣。加富尔伯爵卡米洛·本索多次去英国、法兰西和瑞士旅游，和路易·菲利普一世在都灵的公使普罗斯珀·布吕吉埃·德·布朗特男爵和公使馆秘

普罗斯珀·布吕吉埃·德·布朗特男爵

书约瑟夫·德·豪森维尔伯爵变得越来越熟悉——这不仅为他提供了进入巴黎众多有趣的沙龙的入场券，而且使他成了阿尔伯特·德·布罗伊公爵、博尼法斯·德·卡斯特拉、锡尔库尔伯爵夫人和其他巴黎显赫家族的常客。在社交上，加富尔伯爵卡米洛·本索取得了巨大的成功。在我看来，加富尔伯爵卡米洛·本索不仅有着迷人的风度，而且可以说出流利的法语。我想，那应该就是我第一次遇见加富尔伯爵卡米洛·本索——当时，他支持阿尔伯特·德·布罗伊公爵、路易·马修·莫莱伯爵、弗朗索瓦·皮埃尔·纪尧姆·谷佐特及其政党的政治观点。加富尔伯爵卡米洛·本索虽然很欣赏英国人，但不支持他们的政治观点。加富尔伯爵卡米洛·本索一方面谴责英国人和查理·冯·梅特涅先生交好，另一方面又谴责英国人鼓励希腊、葡萄牙和西班牙的过激行为。毫无疑问，甚至在很早之前，加富尔伯爵卡米洛·本索就认为意大利自由党无法依靠英国并且只能向法兰西求助。如果我没记错，那么加富尔伯爵卡米洛·本索曾告诉我说这就是他那时的想法。

“1848年意大利革命后，加富尔伯爵卡米洛·本索开始上台执政。到1850年，加富尔伯爵卡米洛·本索虽然已经历任农业部、商务部、海军部的大臣，但只获得了意大利国王维托里奥·埃马努埃莱二世微弱的支持。加富尔伯爵卡米洛·本索曾告诉我一个事实，即一开始，意大利国王维托里奥·埃马努埃莱二世不仅在犹豫要不要任用他，而且甚至让其他的大臣警惕他的行为！然而，不久之后，加富尔伯爵卡米洛·本索的努力和智慧得到了同事的认可，而这为他在内阁赢得了一席之地。很快，加富尔伯爵卡米洛·本索又担任了财政部大臣一职——财政部不仅那时的地位甚至不亚于外交部，而且直到几年后才退出榜首。

“我总在想——这些想法也曾被刊登在当时欧洲的主流报刊上——加富尔伯爵卡米洛·本索是‘意大利问题’这一表述的提出者。加富尔伯爵卡米洛·本索不仅坚持自己的观点，而且总是不厌其烦地宣传自己的观点。很快，加富尔伯爵卡米洛·本索得到了来自意大利国王维托里奥·埃马努埃莱二世的大力支持。意大利国王维托里奥·埃马努埃莱二世和加富尔伯爵卡米洛·本索早已清楚地认识到，他们如果没有法兰西的帮助，那么最后什么也干不成。加富尔伯爵卡米洛·本索不止一次地告诉我，因为我会毫不掩饰地向他表述我的看法，所以他信赖我。和我一样，加富尔伯爵卡米洛·本索不仅依赖舆论的力量，而且不介意从间谍——而不是权威的外交人员——那里获取信息。不久前，加富尔伯爵卡米洛·本索得到我热心的协助。我和加富尔伯爵卡米洛·本索的这次合作虽然在一开始还有点不冷不热，但很快就变成了强强联合——如果没有彼此，那么我们在反奥外交上都束手无策。为了能够赢得更彻底，加富尔伯爵卡米洛·本索决定请求意大利国王维托里奥·埃马努埃莱二世派一支军队去参加克里米亚战争。虽然克里米亚战争没有影响皮埃蒙特人的利益，但加富尔伯爵卡米洛·本索认为，在不久的将来，即战争结束后，不仅代表大会一定会召开，而且这次远征将帮助他更好地在代表大会上阐述‘意大利问题’。

“那时，加富尔伯爵卡米洛·本索想过意大利半岛能够开创统一的政治局面吗？这不太可能。我和当时意大利问题的权威专家樊尚·贝内代蒂伯爵都相信加富尔伯爵卡米洛·本索的唯一目标就是解放意大利北部地区——自从政以来，加富尔伯爵卡米洛·本索没有表达过比这更强烈的愿望。迄今为止，由于从不期待所有意大利半岛的国家融为一体，在构思和提出的方案里，加富尔伯爵卡米洛·本索从来没有提及统一意大利。在巴黎讨论代表大会一事时，加富尔伯爵卡米洛·本索提出了诸多建议，而这些建议倾向于维持意大利半岛的领土形势。实际上，1856年的我不仅对意大利统一不抱有任何看法，而且唯一的希望就是从奥地利人手中解放伦巴底和威尼西亚并且以此换取萨瓦的支持。

“我十分热情地欢迎加富尔伯爵卡米洛·本索来巴黎。1856年2月21日，我邀请加富尔伯爵卡米洛·本索出席了在杜伊勒里宫举办的私人晚宴。在给朋友的信中，加富尔伯爵卡米洛·本索大胆地写道：‘在随行的外交官中，我带上了一位十分漂亮的女伯爵，而我鼓励她向拿破仑三世卖弄风情并且散发她的魅力。’

“对坎布拉瑞骑士而言，这句话不是无足轻重的。虽然德·卡斯蒂尔女伯爵确实接到了这种带有政治目的的任务，但我明白这种做法的危险性，并且坚决不让她得逞。

“1856年2月22日，加富尔伯爵卡米洛·本索接待了来访的康诺博士，而后者说自己已被授予担任法兰西和撒丁所有秘密谈话的中间人。很快，加富尔伯爵卡米洛·本索就了解到，英国驻巴黎的报社的记者已经被要求尽可能支持皮埃蒙特政府。加富尔伯爵卡米洛·本索虽然不仅很受鼓舞，而且想采取进一步行动，但已别无选择——除了在代表大会上提出‘意大利问题’，他没有其他收获。然而，这只是第一步。加富尔伯爵卡米洛·本索必须让自己感到满意。因此，加富尔伯爵卡米洛·本索动身去了都灵，并且希望法兰西人也能或多或少地体会到皮埃蒙特对奥地利的反感。与此同时，加富尔伯爵卡米洛·本索开始为战争做准备。加富尔伯爵卡米洛·本索早就确信，在适当的时候，他或许能依赖法兰西有效地援助意大利国王维托里奥·埃马努埃莱二世的政府。

“1857年8月31日，杜伊勒里宫委派拿破仑·热罗姆出席了仙尼斯峰铁路隧道的隆重的开工典礼。典礼过后，意大利国王维托里奥·埃马努埃莱二世和拿破仑·热罗姆去了尚贝里——那里举办了一场一百五十人的宴会。‘上帝拯救国王’‘上帝拯救皇帝’等呼喊声此起彼伏。在意大利国王维托里奥·埃马努埃莱二世陪同下，拿破仑·热罗姆到达了法兰西边境，而皇家游艇就停泊在法兰西海域。这些细节显示出意大利政府是多么急切地想和我们建立良好关系。然而，当时我对意大利的怜悯之

尚贝里

情有点不切实际。在1857年夏季于斯图加特进行的访问中，我才意识到，与奥地利不和的沙皇亚历山大二世正积极地鼓励两西西里国王费迪南多二世努力捍卫被皮埃蒙特政府威胁的王权。我很清楚，俄国政府将反对意大利的任何改革举措，而即将成功的加富尔伯爵卡米洛·本索会被迫放缓进程并且转战地下以实现其计划及愿望。随后的1858年1月发生了菲利斯·奥尔西尼事件。根据菲利斯·奥尔西尼在《皮埃蒙特公报》上发表的信来看，这次袭击事件看上去似乎不仅可能危害法兰西和皮埃蒙特之间良好的沟通和理解，而且牵引着当时的思潮往另一个方向转变。据说，只有经过我的授权，《皮埃蒙特公报》这种会对奥地利造成威胁的刊物才能出版和发行。当然，这些说法都有点夸大其词了。那些宣称我曾向菲利斯·奥尔西尼保证会解放意大利的人根本不知道，早在菲利斯·奥尔西尼之前，协商就已经开始了。真实的情况是，不仅我还没有下定决心解放意大利，而且加富尔伯爵卡米洛·本索也意向不明，仍然犹豫不决。1858年，在比利时的普隆比耶尔会议期间，我和加富尔伯爵卡米洛·本索只是表达了一种明确的态度。这一切都证明了一个事实，即当时的公众往往会用贬低的眼光看待一些政治主张。政治舞台上人们的性格和行为没办法正确地被理解——他们在正式的外交会议期间的所说所想常常没有准确地向公众传达。若干年后，这些文件被公开或会议记录被刊登出来时，聪明的历史学家才有可能对这件事进行一个大致准确的描述。”

在另一份关于普隆比耶尔会议的记录中，拿破仑三世写道：“在一些政治圈子里，虽然加富尔伯爵卡米洛·本索的观点是众所周知的，但人们不知道我对他的这些观点的认可程度。亚历山大·科隆纳·瓦莱斯基伯爵完全反对加富尔伯爵卡米洛·本索的观点，而欧仁妮皇后则毫不掩饰地说这些观点对政治和宗教的未来充满了威胁。然而，在这个场合，我没有征求其他人的意见。此外，我不习惯通过官方报纸来衡量公众舆论。

“由于决定好了在某些情况下该如何行事，我悄悄地展开了工作。1858年5月，由于完全信任康诺博士，我委托了一项重要任务给他。我派康诺博士去了都灵。在都灵，康诺博士见到了意大利国王维托里奥·埃马努埃莱二世和加富尔伯爵卡米洛·本索并且与他们进行了谈话。康诺博士不仅谈到了我对都灵宫廷的同情，而且说我打算

1858年7月去普隆比耶尔，希望在那能见到皮埃蒙特政府的总理，即加富尔伯爵卡米洛·本索。加富尔伯爵卡米洛·本索抓住了这个好机会，迅速回应称他也正打算好好地放松身心，并且告诉康诺博士自己先去瑞士，然后从瑞士再去普隆比耶尔。

“从那一刻起，加富尔伯爵卡米洛·本索就开始焦急不安，生怕自己期盼的普隆比耶尔会议泡了汤。1858年6月19日，在写给德·威拉马瑞那侯爵的信中，加富尔伯爵卡米洛·本索写道：‘我不耐烦地等着拿破仑三世——不知他是否会如康诺博士所言，邀请我去普隆比耶尔见他。’加富尔伯爵卡米洛·本索接着说：‘亚历山大·科隆纳·瓦莱斯基伯爵和一些法兰西政治家的观点只是一小部分人的观点，而他们远远比不上有远见和思想的拿破仑三世。’加富尔伯爵卡米洛·本索不仅非常需要我的帮助，而且因此很焦虑，唯恐任何闪失会打乱他的计划。

“1858年7月上旬，加富尔伯爵卡米洛·本索开始了自己的‘假期’。在杂志的社会专栏中，加富尔伯爵卡米洛·本索宣布自己要先去萨瓦，然后从那里去瑞士。加富尔伯爵卡米洛·本索小心翼翼地拿着两本护照——一份以他作为会议主席的名义，另一份以朱塞佩·本索的化名‘前往瑞士和法兰西旅行’。加富尔伯爵卡米洛·本索小心谨慎地行事，隐藏自己的计划，甚至对最亲密的朋友也只字未提——这样一来，他的重要目标就不会暴露了。锡尔库尔伯爵夫人让加富尔伯爵卡米洛·本索来巴黎附近的布吉瓦尔看她，而后者答复说如果他去法兰西，那么他的旅程一定会引起人们的议论。加富尔伯爵卡米洛·本索补充道：‘我要去瑞士呼吸纯净的山风，远离那些只考虑政治的人。’加富尔伯爵卡米洛·本索还声称自己打算在布拉森吉停留并且看望当地的朋友们——在那里，他肯定不会密谋反对世界和平。加富尔伯爵卡米洛·本索的确去了布拉森吉，不仅休息了几天，而且带走了大量的英语小说以‘消磨一路的沉闷’。这些是我后来了解到的事实。

“到达瑞士日内瓦时，加富尔伯爵卡米洛·本索收到了期待已久的通知。我的助手贝维尔写信告诉加富尔伯爵卡米洛·本索：‘我的君主很高兴邀请你来普隆比耶尔。’据说，当时加富尔伯爵卡米洛·本索十分高兴——他的愿望终于实现了。加富尔伯爵卡米洛·本索写信给拉玛莫拉，而后者是他唯一知道此事的同事。我知道，由于去普隆比耶尔的时间的临近，加富尔伯爵卡米洛·本索越来越焦虑。作为一个谨慎的人，加富尔伯爵卡米洛·本索不仅采取了一切必要的预防措施，而且考虑了一切——他甚至要求法兰西驻都灵大使德·拉·图尔王子为他的旅行提了建议。如果德·拉·图尔王知道真正发生的事情，那么场面一定会尴尬。然而，谨小慎微的加富尔伯爵卡米洛·本索就是如此。

“1858年7月20日，加富尔伯爵卡米洛·本索到达了普隆比耶尔。1858年7月21日11时，我会见了加富尔伯爵卡米洛·本索。这场会谈的细节长期都不为人所知。当时，我直接进入核心话题，并且告诉加富尔伯爵卡米洛·本索法兰西虽然愿意在战争中支持皮埃蒙特，但有两个条件——一是战争不要打着革命的旗号，二是要有从欧洲外交的视角看来可行的介入借口。关于这个借口，加富尔伯爵卡米洛·本索认为可以指责奥地利不执行某些商业条约或在罗马涅和公爵领地滥用权力。对我来说，第一个原因似乎不够有力度。至于第二个原因，我告诉加富尔伯爵卡米洛·本索，如果法兰西军队占领罗马，那么我就不能要求奥地利从博洛尼亚和安科纳撤军——由于法兰西是天主教国家，我想和罗马保持友好关系。与此同时，法兰西与两西西里也很友好，而我与沙皇亚历山大二世的深厚友谊也使我在保护两西西里国王费迪南多二世时倍感荣耀。

“随后，加富尔伯爵卡米洛·本索提出了一个次要问题，即：‘把罗马留给教皇。让两西西里国王费迪南多二世继续统治那不勒斯。然而，如果罗马涅和那不勒斯的人民想摆脱使他们感到愤怒的枷锁时，那么我们允许他们造反。’我因为感觉自己给不出一个恰当的回应，所以保持着沉默——这却被加富尔伯爵卡米洛·本索解读为默许。实际上，我们很难找到一个真正好的挑起战争的借口。我犹豫了一下并且注意到加富尔伯爵卡米洛·本索对我的犹豫感到万分紧张。然而，在这种情况下，我怎么能采取别的行动呢？我们虽然研究了整个意大利半岛的形势，但没有想出任何好的行动计划。我们也谈及可以在摩德纳公国做些什么。在过去的一段时间里，我们于摩德纳公国做了一些积极的努力，并且成功把摩德纳的居民从他们的君主那争取了过来。如果发生叛乱，那么第十五代摩德纳公爵弗朗西斯科四世会自然地寻求奥地利的保护，而与此同时，皮埃蒙特可以宣称其安全受到威胁并且可能会从法兰西寻求援助——这可能成为一个导火索。如果战争仅局限于局部地区呢？普鲁士对此会有什么态度呢？英国将保持中立，而俄国会漠不关心。虽然一场持续时间短而最终获胜的战役过后，和平虽然可以恢复，但领土又将如何分配呢？这都是摆在我们面前的问题。

“在面谈的过程中，我和加富尔伯爵卡米洛·本索认为，意大利半岛可能会被分成四个国家：一、皮埃蒙特，而它将增加伦巴、威尼西亚、帕尔马和公使馆。二、托斯卡纳和翁布里亚将构成意大利中部王国。为了取悦波旁家族，我想让路易丝·玛丽·特丽丝公主及帕尔马公爵罗贝托一世成为意大利中部王国的领袖。在原则上，加富尔伯爵卡米洛·本索并不反对这个计划——他知道自己可以很容易地管理一个由弱女人和孩子占有的摇摇欲坠国家。三、在教皇国，教皇虽然将失去公使馆，但仍拥有罗马，并且获得意大利邦联主席的头衔。四、保留两西西里王国——这很大程度上是出于对沙皇亚历山大二世的考虑。可以看出，不仅加富尔伯爵卡米洛·本索对当时的会谈结果感到很满意，而且意大利的统一看上去也不成问题。

“‘公开地或默默地认可加富尔伯爵卡米洛·本索的计划后，法兰西会得到什么好处呢？’这是我对加富尔伯爵卡米洛·本索提出的问题。首先，我提出了割让萨瓦。加富尔伯爵卡米洛·本索虽然提醒我萨瓦是王室的摇篮，但没有绝对地反对。然而，我提出自己需要尼斯时，情况发生了变化。加富尔伯爵卡米洛·本索立即反驳道：‘尼斯是属于意大利的。我们如果放弃它，那么还谈什么国家统一呢？’我告诉加富尔伯爵卡米洛·本索：‘这是一个次要问题，可以以后再解决。’

“1858年7月21日15时，会谈结束。对加富尔伯爵卡米洛·本索说完再见后，我邀请他在一个小时后和我一起驱车走走。加富尔伯爵卡米洛·本索接受了我的邀请——我们一起穿过了孚日山脉的森林和山谷，并且一路上不停地说着话。我抓住机会告诉了加富尔伯爵卡米洛·本索我的家庭事务计划。我曾暗示加富尔伯爵卡米洛·本索，我打算让拿破仑·热罗姆娶意大利国王维托里奥·埃马努埃莱二世的女儿玛丽亚·克洛蒂尔德公主为妻。然而，加富尔伯爵卡米洛·本索对此并不感到意外——看起来，他似乎早就知道了这件事——意大利国王维托里奥·埃马努埃莱二世曾告诉加富尔伯爵卡米洛·本索，关于联姻这件特别重要的事，如果它不是联盟的必要条件，那么后者不能做出任何承诺。因此，加富尔伯爵卡米洛·本索大胆地提

少女时期的玛丽亚·克洛蒂尔德公主（左）与玛丽亚·皮娅·德萨瓦（右）

出了一些反对意见并且说道：‘玛丽亚·克洛蒂尔德公主年纪还小。众所周知，拿破仑·热罗姆性格狂野，脾气暴躁，有时缺乏冷静的判断力，很武断，有时说话做事还自相矛盾。’我为我的堂弟拿破仑·热罗姆进行了辩护，承认他虽然经常给我带来一些烦恼，喜欢反驳和争吵，但很幽默风趣——实际上，他不仅很理性，而且拥有一颗善良的心。接着，我举了几个例子证明拿破仑·热罗姆对朋友很忠诚。最后，我告诉加富尔伯爵卡米洛·本索，我很期盼拿破仑·热罗姆和玛丽亚·克洛蒂尔德公主的结合。此外，我给加富尔伯爵卡米洛·本索施加了一些压力。在数次谈到这个话题后，我告诉加富尔伯爵卡米洛·本索：‘我虽然明白我们还需等待玛丽亚·克洛蒂尔德公主一段时间，但我希望我最后能得到一个满意的答复。’

“我们回到普隆比耶尔时已经是黄昏时分了。下了马车后，加富尔伯爵卡米洛·本索准备回去。我对加富尔伯爵卡米洛·本索说的最后一句话是：‘请相信我，就像我相信你一样。’不久后，加富尔伯爵卡米洛·本索就离开了普隆比耶尔。加富尔伯爵卡米洛·本索撰写了一篇给意大利国王维托里奥·埃马努埃莱二世的长篇报告并且详细描述了会谈的每一个细节。”

关于在普隆比耶尔进行的这次重要会谈，拿破仑三世和欧仁妮皇后共同的一位密友——他的名字我不能公开——写道：“显然，加富尔伯爵卡米洛·本索注意到了，什么能使拿破仑三世不再犹豫，以及在拿破仑三世的眼中，什么才是重要的——当然是拿破仑·热罗姆和玛丽亚·克洛蒂尔德公主的结合。毫无疑问，虽然法兰西皇室和萨瓦王室即使没有联姻，或许也能达成政治联盟，但联姻仍然是维系有效和持久联系的纽带。加富尔伯爵卡米洛·本索虽然表面上不重视联姻，但显然抓住了这个关键点。加富尔伯爵卡米洛·本索想让意大利国王维托里奥·埃马努埃莱二世意识到联姻的重要性。加富尔伯爵卡米洛·本索虽然在与拿破仑三世谈话时，似乎不愿意妥协，但在给意大利国王维托里奥·埃马努埃莱二世写信时，积极促成这桩联姻——他认为这桩联姻不仅很重要，而且很及时。加富尔伯爵卡米洛·本索考虑了拿破仑·热罗姆的高贵地位——他是第一帝国具有皇族血脉的王子，第二帝国皇位的继承人之一，符腾堡公主之子。加富尔伯爵卡米洛·本索不仅为拿破仑·热罗姆的一些不良行为寻找借口，而且指出拿破仑·热罗姆从来没有惹出丑闻。加富尔伯爵卡米洛·本索想让意大利国王维托里奥·埃马努埃莱二世相信，玛丽亚·克洛蒂尔德公主因为不想与奥地利皇室或波旁家族联姻，所以没有太多的选择。加富尔伯爵卡米洛·本索写道：‘玛丽亚·克洛蒂尔德公主如果不选择波拿巴家族的王子，那么就得选择布拉斯特家族的王子或普鲁士王子。’接着，加富尔伯爵卡米洛·本索谈到了联盟的种种可能性，并且问道：‘其他联盟会给玛丽亚·克洛蒂尔德公主带来更大的幸福吗？’此外，加富尔伯爵卡米洛·本索还列举了在萨瓦王室发生的例子。这是加富尔伯爵卡米洛·本索在给意大利国王维托里奥·埃马努埃莱二世的信中谈及的，而其中的一些内容此前从未公开。”

在一些记录中，拿破仑三世写道：“普隆比耶尔的会谈结束后，加富尔伯爵卡米洛•本索去了巴登。据说，在去巴登的路上，加富尔伯爵卡米洛•本索心情愉快，不仅不受公共事务的影响，而且显然也没有因外交或政治问题而烦恼。像一位游客一样，加富尔伯爵卡米洛•本索在瑞士旅行，游览了格劳宾登州、苏黎世、康斯坦斯和洛卡诺湖。在洛卡诺湖，加富尔伯爵卡米洛•本索去了极左派人士，也是他的前政治对手安吉洛•布罗菲里奥的家中做客。加富尔伯爵卡米洛•本索和安吉洛•布罗菲里奥谨慎地讨论了一些政治事务。这些细节是我们的外交领事和其他特工提供的。

“与此同时，一名瑞士驻撒丁岛公使馆的专员将加富尔伯爵卡米洛•本索给意大利国王维托里奥•埃马努埃莱二世的报告带到了都灵。随后，加富尔伯爵卡米洛•本索返回了都灵。意大利国王维托里奥•埃马努埃莱二世立即意识到自己能从普隆比耶尔的会谈中获得什么——关键的时刻似乎已经来临，而他必须准确地射出箭，否则今后便会低人一等。由于很快就明白了这一情况，意大利国王维托里奥•埃马努埃莱二世说道：‘一年内，我要么会成为意大利国王，要么就仅仅是萨瓦阁下。’

“官方和半官方文件几乎没有提到加富尔伯爵卡米洛•本索在普隆比耶尔和我的会谈。1858年7月24日，一家电报局仅对几家报社提及‘离开普隆比耶尔前，加富尔伯爵卡米洛•本索在此停留了大约二十六小时’——这是媒体披露的普隆比耶尔的会谈的所有公开信息。实际上，普隆比耶尔的会谈不仅在很长一段时间内都是保密的，而且后来也很少被提及或评论。我的密友们都知道发生了什么事。有人说，谈到维也纳时，我的语气有了十分明显的改变。据说，英国媒体对意大利的态度发生了很大的改变。后来，我才知道，有一天下午，看到我在‘一心一意地研究意大利地图’后，一位大臣不仅感到很惊讶，而且对他的同僚们说了这件事。在与欧仁妮皇后、亚历山大•科隆纳•瓦莱斯基伯爵的谈话中，我小心地避开了这个话题。然而，亚历山大•科隆纳•瓦莱斯基伯爵似乎预感到了什么，并且最终捅破了这层窗户纸，导致我只能把我的计划和盘托出。亚历山大•科隆纳•瓦莱斯基伯爵有点担心——甚至是恐惧——他担心意大利的变化会相应地引起德意志发生改变，而在这一点上，欧仁妮皇后与他观点一致。

“与此同时，法兰西官方报纸和一些受杜伊勒里宫资助的报纸发表了《意大利笔谈》，而更激进的巴黎传单里则充满了自由主义思想和倾向于改革的论调——《新闻报》和《世纪报》尤其如此。《政府公报》发表了出自才华横溢的埃德蒙·阿布之手的一系列文章并且引起了轰动。埃德蒙·阿布的这些文章不仅抨击了教皇庇护九世的政府，而且认为它与文明思想背道而驰。读了发表在《政府公报》的文章后，一些地区的人呼吁杜伊勒里宫出些力——这种说法不正确——应该是巴黎皇室出些力！这些文章虽然由于能引起公众对重大问题的关注，是可以接受的，但不代表我对这个问题的看法。坦率地说，我不反感这种让公众思考的方式——有人如果要很好地了解法兰西人的思想，那么必须以一种与众不同的方式来呈现事实，而在这方面，拿破仑·热罗姆做得最好。

"与此同时，在意大利，莫尔塔拉事件再次引起了舆论风暴。莫尔塔拉是一个生病了的犹太孩子。由于莫尔塔拉接受了一个基督教仆人的洗礼，罗马教廷宣布他应该留在天主教堂。因此，莫尔塔拉被迫离开了父母并且被关进了修道院。在天主教和反天主教报纸上，莫尔塔拉事件引起了广泛的讨论。加富尔伯爵卡米洛·本索利用莫尔塔拉事件来推进他的政策。在梵蒂冈的很多朋友的帮助下，加富尔伯爵卡米洛·本索甚至对天主教廷产生了很大的影响。在意大利，不仅公众的思想变得狂热起来，而且自由主义和革命主义的思想也传播起来。意大利当局允许公众舆论反对第十五代摩德纳公爵弗朗西斯科四世、教皇庇护九世和奥地利占领意大利领土。1858年10月，意大利的国民协会甚至提出了一项起义计划并且希望获得加富尔伯爵卡米洛·本索的批准。在托斯卡纳和马萨-卡拉拉，一场起义正酝酿，而人们希望托斯卡纳大公利奥波德二世心甘情愿地从宝座上下来。得知我希望起义可以在1858年秋季结束时，意大利半岛的四分之三地区的人都非常兴奋。起义计划开始被提上日程，而朱佩塞·加里波第和其他的群众运动领袖都明确了各自的使命。在意大利正规军和法兰西军队的支持下——这意味着意大利将割让伦巴底给法兰西——起义军掀起了一场国家内部的革命。意大利人民不仅希望君主们从宝座上下来，而且希望'拿破仑三世能不再犹豫'——有了前期的胜利后，他们仍然担心'拿破仑三世不会全程支持'。"

拿破仑三世仍然没有最后表态。虽然皮埃蒙特和革命力量正在为即将到来的战斗摩拳擦掌，但拿破仑三世把公众的关注从意大利的动荡引开——他即将与维多利亚女王在瑟堡会面。就“意大利问题”而言，拿破仑三世和维多利亚女王的这次会面极其重要——它不仅将一扫“菲利斯·奥尔西尼事件”后聚集起来的阴霾，而且能使拿破仑三世一窥英国关于意大利事件的意图。

前文叙述的拿破仑三世和加富尔伯爵卡米洛·本索之间的关系很好地说明了拿破仑三世对欧洲事务的关注。拿破仑三世认为，法兰西的统治者的眼光不能仅局限于法兰西政治——尤其是法兰西的国家事务。1866年1月，美国和第二帝国的关系因墨西哥局势而变得紧张时，拿破仑三世曾说道：“对美国来说，门罗主义也许很好。值得庆幸的是，法兰西没有这样的主义。如果因公众舆论而不能参与国际问题，那么我相信我宁愿在路边啃火腿，也不愿踏进杜伊勒里宫！”有时，欧仁妮皇后会因对外交事务感兴趣而受到批评。然而，这就是第二帝国的宫廷里盛行的精神，而拿破仑三世亲自树立了榜样——他曾说过“我们都是国际主义者”。国际主义这个词虽然在当时有些贬义，但现在是个彻头彻尾的褒义词。那么，生活在这样的氛围中的欧仁妮皇后是如何积极地参与国际政治事务的呢？

第21章

墨西哥远征

随着岁月流逝，反对派对第二帝国越来越友好。然而，法兰西政府实施的一些政策仍然会受到严厉的指责，而欧仁妮皇后会时不时地成为替罪羊。备受指责的墨西哥远征被认为是所有灾难的罪魁祸首。据悉，由于最精锐的法兰西军队身处海外，法兰西无法对1866年的大事件进行有效干预，导致普鲁士朝德意志霸权迈出了第一步。实际上，拿破仑三世虽然在1866年时不愿对普奥战争进行武装干涉，但事后也确实后悔自己屈服于保守派的压力，没有听取那些顾问们的明智劝告并且发动袭击。军事大臣雅克·路易·兰登曾表示，由于墨西哥远征耗费了大量人力，拿破仑三世不准备把一二十万人送到莱茵河边界。雅克·路易·兰登的说法并不正确——事实是拿破仑三世本可以发动袭击，而这场袭击如果没有被发动，那么不是因为墨西哥远征，而是出于对法兰西大陆的考虑。

还有一种说法，即欧仁妮皇后才是那个策划墨西哥远征的人。这种说法不是完全没有道理的——欧仁妮皇后的确对墨西哥远征负有一定责任。然而，正如我在本文的其他地方也提到过的，一些关于欧仁妮皇后的批评并不公正。欧仁妮皇后不仅当时，而且一直都认为墨西哥远征很有必要。欧仁妮皇后认为，遭受暴虐的人应该被给予公正的对待，而欧洲和天主教会应对水深火热的同胞伸出援助之手并且限制美国日益增长的权力。后来，马克西米利安一世获得的墨西哥皇位似乎给了奥地利皇室某种补偿——法兰西皇室曾通过意大利战役让奥地利皇室颜面扫地。然而，当时的墨西哥政府不仅领导人无能，而且几乎处于无政府状态。在欧仁妮皇

雅克·路易·兰登

马克西米利安一世

马克西米利安一世获得墨西哥皇位

后的影响下，法兰西和西班牙团结起来，并且希望给予曾经富裕的墨西哥一个优秀的政府。

法兰西干涉他国内政的做法受到了质疑。有人告诉我们，法兰西的做法是对“国家权利”的侵犯。然而，第三共和国有权利“接管”突尼斯和马达加斯加吗？英国又有什么理由来压制布尔共和国呢？法兰西军队去墨西哥的唯一目的是保护身处墨西哥的法兰西同胞和同盟国的公民们，以及确保将来不会发生类似的人民受虐的事件。如果法兰西不采取行动，那么结束内战后的美国也会这么做——在美国总统詹姆斯·布坎南于国会的演讲中，这一点已经表现得很明显。詹姆斯·布坎南的演讲引起了人们对在某些南美共和国内——特别是墨西哥的暴行的注意。这就是法兰西所做的事情。如果墨西哥远征成功，即没有以克雷塔罗州的惨剧收场，那么没有人

詹姆斯 · 布坎南

弗朗索瓦·德·拉罗什富科公爵

会责怪欧仁妮皇后。拿破仑三世曾说过，这一切使他想起弗朗索瓦·德·拉罗什富科公爵的名言：因为大多数人只考虑事物的外表，而他们的判断完全基于结果，所以只有出现好结果时，最初的设想才会被认为是好的。如果法兰西在墨西哥取得了成功或虔诚的马克西米利安一世能安安稳稳地坐在墨西哥皇帝的宝座上并且建立一个有秩序的政府，那么对法兰西的赞美就会响彻全世界。

令人无法忘记的是，实际上，许多导致墨西哥远征的因素都与巴黎有关。这件复杂的事情的开端得回溯到1860年前——当时，墨西哥境内战火不断，导致许多墨西哥家庭不仅财产被掠夺，而且被迫离开祖国并且来巴黎定居。杜伊勒里宫知道墨西哥公民的权利在墨西哥境内遭到了无情的践踏。与此同时，其他国家——英国、法兰西和西班牙——的公民也提出了类似的申诉，而这些申诉被转交给了他们各自的政府并且最终被提交给了墨西哥政府。在伦敦召开的一次会议上，墨西哥国会同意赔偿这些人的损失。然而，这一承诺从未兑现。因此，远征军去了墨西哥，而其中细节不必在此详述。在此，我们得说说法兰西是怎么看待美国在这个节骨眼上的所作所为的——我在这里的陈述也是拿破仑三世的观点。

受墨西哥战火影响最大的国家是法兰西、英国和西班牙，而这三个国家决心共同努力为各自的公民争取正义。因此，1861年10月31日，法兰西、英国和西班牙签署了一份协议。随后，法兰西、英国和西班牙邀请美国加入它们。然而，美国政府以自身一贯不与任何欧洲国家结盟的借口拒绝了这一提议并且补充说，美国一直与墨西哥友好相处。读到威廉·亨利·西华德先生发表的一篇文章时，拿破仑三世说道："这不过是些北方佬的狡猾伎俩。"此外，当时的美国正忙于内战。法兰西军队开始行动时，美国政府没有对这一问题进一步评论，想让法兰西明白美国不愿意参与。然而，马克西米利安一世对外宣称自己成为墨西哥皇帝时，整个美国政府的态度都发生了变化。在这种情况下，拿破仑三世说道："美国如果已经承认了巴西帝国，那

威廉·亨利·西华德

么为什么不能承认墨西哥第二帝国呢？”在一份送去华盛顿的文件中，拿破仑三世进一步阐述了自己的观点。然而，威廉·亨利·西华德先生的回复虽然看似彬彬有礼，但充满敌意。拿破仑三世第一次发现，法兰西和美国一起陷入了尴尬的境地。威廉·亨利·西华德先生的回复被一位美国外交家送到法兰西的第二天，拿破仑三世对欧仁妮皇后说道："我对此事感到很后悔——我永远也不会忘记自己在最黑暗的日子里于美国土地上受到的最亲切的对待。”送来回信的这位外交家是谁？如果我没记错的话，那么这位外交家是上流社会中迷人的约翰·毕格罗。

约翰·毕格罗

关于美国的态度，拿破仑三世曾说道："如果美国政府站在我们一边，没有选择中立，或者不帮助贝尼托•胡阿雷斯，那么墨西哥远征的结果将大为不同。"后来，拿破仑三世的这句话传到了约翰•毕格罗耳中，而这位机智的美国外交官回答道："当然，如果不是美国的话，那么拿破仑三世希望的可能会发生。当然，在短暂访问我们的海岸之后和当时很少来华盛顿的情况下，拿破仑三世怎么能了解美国人的情感呢？"对法兰西派出的墨西哥远征军，前美国大使，后来在华盛顿身居高位的一位绅士说道："拿破仑三世忽视了门罗主义。拿破仑三世和他的顾问们应该知道，如果美国旁边建立了一个由欧洲君主支持的君主政权，那么对美国来说，这个政权会是个巨大的危险。"欧仁妮皇后回答道："然而，如果你身边是一个革命政府，那么危险也不会减轻。""是的。然而，多年来，墨西哥政府一直比许多欧洲国家

贝尼托·胡阿雷斯

的政府更加稳定。”这位绅士脸上的表情告诉我们，虽然他实际上什么也没说，但他的观点与欧仁妮皇后相差无几。

法兰西派出的墨西哥远征军由德·拉·格拉维埃指挥。出发前，德·拉·格拉维埃与欧仁妮皇后有过多次谈话。因此，欧仁妮皇后知道了墨西哥远征的来龙去脉。有一天，有人听到德·拉·格拉维埃对拿破仑三世说道：“我明白，这次远征的目的不是简单地加强对墨西哥政府的尊重——我们急需抓住机遇进行新的贸易。由于美国内战，我们中断了与美国的一切贸易。”当时，欧仁妮皇后也在场。这句话很正确，应该牢记在心。

谈及墨西哥远征，我还得说说西班牙的胡安·普里姆。胡安·普里姆天生就爱玩弄阴谋，并且在几年后变成了一个非常危险的人物。后来返回法兰西并且谈及墨

胡安·普里姆

西哥远征时，德·拉·格拉维埃对欧仁妮皇后说道："胡安·普里姆当然渴望能分一杯羹并且推进自己的计划。胡安·普里姆不仅设法使西班牙特遣队比法兰西和英国的联合部队力量更强大，而且迅速与西班牙舰队联系。因此，到达哈瓦那时，我才知道西班牙人已经到了维拉克鲁兹。胡安·普里姆一登陆，就向墨西哥人民发布了一份令人吃惊的声明，敦促他们服从当时不称职的政府。胡安·普里姆虽然此前偏向保守党，但当时倾向于自由党，并且因此没有信守支持保守党的承诺。这份不合时宜的声明触怒了保守党和同盟国。此外，西班牙舰队的到来使墨西哥境内弥漫着某种恐惧——在公众心中，墨西哥与西班牙的矛盾仍然尖锐。因此，墨西哥居民纷纷避开西班牙人。导致我们到达时发现，墨西哥远征军所到之处居民甚少，而这让军队的生存面临巨大的困难。在这种情况下，英国人甚至开始犹豫这项计划是否应该继续下去。总之，胡安·普里姆是墨西哥远征中的大麻烦。"

后来，德·拉·格拉维埃认识到，法兰西应该采取的明智之举是吸取英国和西班牙的教训，即在深陷泥潭前便撤出墨西哥。然而，在巴黎，这样的道路是行不通的。德·拉·格拉维埃恳请回到法兰西——他不是要放下指挥权，而是想向拿破仑三世和法兰西人民说明墨西哥的真实情况。从墨西哥回到法兰西后，为了觐见拿破仑三世，德·拉·格拉维埃在杜伊勒里宫参加了一场私人宴会。有许多人好奇德·拉·格拉维埃在宫廷会受到怎样的接待——尤其是拿破仑三世会怎样接待他。有人告诉德·拉·格拉维埃他可能会受到冷遇，而迈入宫廷的第一步也使他觉得确实如此——宫廷里的客人们不仅都对他很冷漠，而且认为就该如此。然而，突然发生了出乎所有人——除了欧仁妮皇后——意料的事：拿破仑三世匆忙上前迎接德·拉·格拉维埃，不仅伸出双手，而且脸上露出了亲切的笑容。客人们的态度也随拿破仑三世的表现发生了变化。客人们把德·拉·格拉维埃团团围住，询问他有关墨西哥局势的问题，甚至还祝贺了他的一些出色的军事行动。多年后，想到这场晚宴时，欧仁妮皇后不禁笑起来。

不可否认，法兰西人民并不认可墨西哥远征。法兰西人民不明白墨西哥远征的原因，看不出从中能得到什么好处，并且不禁因此而怀疑和反感。拿破仑三世不能公开宣布墨西哥远征的目的是在美洲中部建立法兰西势力——这样做会使第二帝国

埃利・弗雷德里克・弗莱

与美国的关系变得疏远。由于这些政治原因，拿破仑三世不得不保持沉默，导致他和法兰西人民之间产生了长达五年的误解。如果能把这封拿破仑三世给后来接任墨西哥远征军总指挥的埃利•弗雷德里克•弗莱的指示信出版，那么法兰西人民会更好地理解整个复杂的局势——从当时国内和国际形势来考虑，这种做法是不明智的。以下是拿破仑三世给埃利•弗雷德里克•弗莱的信的部分摘录。

1862年7月3日，在枫丹白露宫，拿破仑三世写道："墨西哥人将以善意欢迎你们的到来。你们不仅严守纪律，而且严厉镇压了一切可能伤害墨西哥精神的行为和言论。到达墨西哥城后，你必须立即组织一个临时政府，而这个临时政府将组织墨西哥人民进行关于政治制度建立问题的投票。我们的目标不是强迫墨西哥人民采取一种他们不喜欢的政府形式，而是帮助他们通过自己的自由意志努力建立一个稳定的政府。如果墨西哥人民喜欢君主政体，那么法兰西政府将帮助墨西哥人民朝着这个方向发展。

“不断有人会问我们为什么要去墨西哥，为什么我们要冒着花费金钱和牺牲生命的危险去建立一个政府呢？答案就在这里。在这个越来越文明的世界中，欧洲各国不能漠不关心地看着美国的繁荣——美国会购买我们的产品，促进我们国家的商业发展。因此，虽然为了我们自身的利益，美国应该强大，但我们不希望看到美国占领整个墨西哥湾并且成为新世界产品的唯一分发者。今天，经过惨痛的教训，我们已经了解到，如果一个行业沦落到被迫从某个市场寻找原材料并且因该市场的变化而变化，那么它的命运会多么不稳定。然而，墨西哥如果保持自身独立和领土完整，那么会在法兰西政府的援助下建立一个稳固的政府——我们必须给予在大洋另一边的拉丁种族恢复其实力和声望的手段；我们必须确保我们的殖民地，以及西班牙属安的列斯群岛的安全；我们必须重新在美洲中部获得影响力，而这个影响力不仅会为我们的贸易创造巨大的空间，而且会将我们的国内产业不可或缺的原材料带回来。此外，墨西哥会通过寻求我们的支持来保持与欧洲大国的友好关系——不仅它的利益就是我们的利益，而且它永远对我们有利。因此，墨西哥远征不仅是我们今天要取得的军事荣誉，而且是我们的政治需要和工商利益。实际上，这一切事情都是让人们明白，将我们的国旗插在墨西哥的大地上和在该国建立君主立宪制是我们的责任。”

拿破仑三世不仅对自己的想法做了清楚的阐释，而且解释了墨西哥远征的指导原则。然而，不幸的是，关于这些事情，法兰西人民都不知情，而这种情况不仅导致法兰西军队不可能采取大胆行动，而且限制了那些能确保远征成功的举措。

战争愈演愈烈。经过激烈的战斗，贝尼托·胡阿雷斯被赶出了墨西哥城。问题变成了墨西哥政府该采取哪种组织形式，而巴黎方面对此非常感兴趣。作为一个沉默的旁观者，欧仁妮皇后参与了在杜伊勒里宫和圣克卢宫进行的各种关于最适合墨西哥的主权和政府形式的讨论。一直在接受审查的马克西米利安一世的墨西哥皇帝候选人资格现在重新恢复了。作为一位友好的奥地利大使，马克西米利安一世支持了我们想完成的计划。拿破仑三世说道：“一切计划如果都实现了，那么不仅将使我们与奥地利皇室更加亲密，而且会是维也纳莫大的荣幸。”我有理由相信，拿破仑三世的这句话的后半部分非常正确。然而，马克西米利安一世犹豫了一下——由于似乎预感和丈夫会遇到不幸和可怕的结局，马克西米利安一世的妻子玛丽·夏洛特，即后来的卡洛塔皇后不太赞成这个主意。

卡洛塔皇后是比利时国王利奥波德一世的女儿，而拿破仑三世和欧仁妮皇后一直认为比利时国王利奥波德一世是最明智的现代君主之一。马克西米利安一世性格坦率，具有骑士风度，很有魅力。马克西米利安一世亲切的言谈举止令杜伊勒里

卡洛塔皇后

宫的人都深深为之着迷。马克西米利安一世和卡洛塔皇后离开了亚得里亚海沿岸，并且在蒂罗尔山脚建造了一座神奇的宫殿。一想到那次离别，所有的一切都充满了深深的悲伤。必须承认，卡洛塔皇后虽然当时有不祥的预感，但从未想到马克西米利安一世将一去不复返。后来，由于再也见不到曾经珍视的爱人，卡洛塔皇后曾一度失去理智。

马克西米利安一世和卡洛塔皇后到达墨西哥不久后，灾难就开始了。在法兰西军队中，贝尼托·胡阿雷斯屡战屡胜的消息渐渐蔓延开来。在此期间，法兰西军队总指挥弗朗索瓦·阿希尔·巴赞改变了自己的战术。1865年10月3日，弗朗索瓦·阿希尔·巴赞宣布不会再有任何俘虏——他希望通过制造恐惧来获得寻常手段无法获得的东西。弗朗索瓦·阿希尔·巴赞的宣言导致不仅自己的地位越来越不稳定，而且使马克西米利安一世越来越不受欢迎。我不赞同对弗朗索瓦·阿希尔·巴赞的一些指控——我可以给出一些关于这些指控的细节。一些人认为，弗朗索瓦·阿希尔·巴赞希望墨西哥新皇帝马克西米利安一世不得人心，而自己便可从中获益。弗朗索瓦·阿希尔·巴赞还被指控通过拖延战争来敦促马克西米利安一世放弃墨西哥。当时，墨西哥远征军有着对弗朗索瓦·阿希尔·巴赞的某种不信任的说法可能是真的。然而，无论是在不幸的梅茨事件发生之前还是之后，拿破仑三世和欧仁妮皇后都不相信这些无聊的故事。

作为受害者，马克西米利安一世坚持要求卡洛塔皇后重返欧洲，而由于渴望与丈夫分担所有的焦虑和危险，忠诚的卡洛塔皇后希望尽可能长时间地留在这个新世界。最终，马克西米利安一世建议卡洛塔皇后去欧洲短暂旅行并且争取获得欧洲强国的支持——最重要的是得到法兰西在人力和财力上的有效帮助。马克西米利安一世将卡洛塔皇后送上了船。

刚到巴黎并且没有进行片刻休息的卡洛塔皇后要求见拿破仑三世。很快，法兰西皇家马车就到了卡洛塔皇后下榻的酒店。1866年8月11日14时，卡洛塔皇后来到了圣克卢宫。当时值班的守卫向卡洛塔皇后展示了法兰西皇家的各种荣誉。经过圣克卢宫大门处的法兰西国旗时，卡洛塔皇后坐在四轮折篷马车里，向法兰西三色旗优雅地鞠了个躬。

马车停在了通往私人寓所的道路上，而拿破仑三世和欧仁妮皇后正站在那里准备迎接卡洛塔皇后。随后，拿破仑三世、欧仁妮皇后和卡洛塔皇后一起上了楼。向宫廷里的女士和绅士们做了习惯性的介绍后，三位君主去了欧仁妮皇后的密室并且深入交谈了很长一段时间。卡洛塔皇后来访的目的显而易见。

当时的卡洛塔皇后只有二十六岁，有着一双精致的棕色大眼睛，身材高挑，仪态高贵典雅，而她椭圆形的脸上流露出极度焦虑的神情。卡洛塔皇后穿着一条黑色丝绸长裙，戴着一顶雅致的白帽子——无论在外表还是内在，她都具有皇后风范。

在与欧仁妮皇后和拿破仑三世交谈的两个小时里，卡洛塔皇后的意志显得是那么坚定。不幸的遭遇非但没有让卡洛塔皇后通过献媚讨好权势，反倒使她变得不卑不亢。卡洛塔皇后希望自己的丈夫，即马克西米利安一世不会因墨西哥国家革命力量或者野心勃勃、公开叛国的政客们而受害。

拿破仑三世很乐意帮助自己的盟友。虽然拿破仑三世曾经帮助过马克西米利安一世——后者的皇位很大程度上归功于拿破仑三世及时和有力的支持，但现在不仅法兰西政局乌云密布，而且无法控制的形势迫使拿破仑三世已经做出了许多违背自己意愿的事情。实际上，没有什么比放弃前盟友更让拿破仑三世伤心的了。拿破仑三世有必要拒绝对马克西米利安一世的进一步支持或者干涉墨西哥。因此，拿破仑三世多次告诉卡洛塔皇后，他无法给予马克西米利安一世任何帮助。此外，拿破仑三世试图让卡洛塔皇后看到真实的情况，希望她可以说服马克西米利安一世放弃这项绝望的事业和渺茫的希望，返回欧洲。然而，被幻觉蒙蔽了双眼的卡洛塔皇后认为这不是她期望从法兰西得到的——她不仅希望一切都能安排好，而且决定无论发生什么事都会继续怀揣希望。卡洛塔皇后恳求拿破仑三世再考虑一下此事，而不是就这样决绝地抛弃马克西米利安一世。卡洛塔皇后提出了各种解决方案：一是去罗马恳求教皇庇护九世的帮助；二是希望奥地利皇帝弗朗茨·约瑟夫一世出力；三是求得比利时国王利奥波德一世的帮助。

离开时，可怜的卡洛塔皇后不仅脸上满是疲惫，而且强忍着泪水，而对拿破仑三世和欧仁妮皇后来说，这一场面不仅触动很大，而且成为他们最苦涩的回忆之一。后来，拿破仑三世说道：“那时，我不得不拒绝可怜的卡洛塔皇后的要求。我不仅可以清楚地感受到拒绝对她的伤害，而且几乎被当时的场面压垮了。我看到了卡洛塔皇后的那种没有什么可以抚平的痛苦。”1866年8月11日夜晚，欧仁妮皇后梦见了伤心的卡洛塔皇后和这场悲伤的谈话，并且似乎看见了卡洛塔皇后眼中的墨西哥和马克西米利安一世的不幸。欧仁妮皇后不知道马克西米利安一世和卡洛塔皇后最终会面临怎样的可怕命运。

这场令人沮丧的谈话结束后，卡洛塔皇后独自走向马车——显然，泪水已经模糊了她的双眼。副官伸手想帮助卡洛塔皇后坐到座位上，而卡洛塔皇后拒绝了副官。卡洛塔皇后靠在垫子上，神情绝望——在巨大的悲痛中，她甚至忘了对法兰西三色旗鞠个躬。很快，卡洛塔皇后就从圣克卢宫消失了，而拿破仑三世和欧仁妮皇后再也没有见过她。然而，我们知道，不久后，不幸的卡洛塔皇后情绪狂躁，最终失去了理智，并且对克雷塔罗发生的事一无所知。卡洛塔皇后不仅被关在布鲁塞尔郊区的城堡中，而且多年来一直穿着寡妇的丧服。

提出要求时，无论是卡洛塔皇后还是马克西米利安一世都没有考虑到当时美国的情况发生了改变——1863年7月，即墨西哥第二帝国成立前夕，美国南北战争正

关押卡洛塔皇后的布邱城堡

尤利西斯·S. 格兰特

进行得如火如荼；1866年7月，卡洛塔皇后寻求法兰西的支持时，美国的内战已经停止——北方获得了胜利，而美国总统拒绝承认墨西哥第二帝国。虽然美国的尤利西斯·S.格兰特和他老将们都渴望支持墨西哥人，但身处华盛顿的威廉·亨利·西华德先生和身处巴黎的约翰·毕格罗援引了门罗主义。此外，不仅由于已经失去了同盟，法兰西政府不能再引起美国的敌意，而且法兰西公众舆论和欧洲的时局也不允许拿破仑三世进一步推行他的墨西哥政策。欧仁妮皇后虽然最初赞成墨西哥远征，但现在与拿破仑三世一致认为它是个错误并且必须放弃。与卡洛塔皇后告别时，拿破仑三世用和蔼的语气说道："我们已为马克西米利安一世竭尽所能，而现在能做的就是帮助他摆脱目前的危险。"

最终，墨西哥局势恶化。拿破仑三世希望马克西米利安一世主动退位保全性命并且让一位土生土长的墨西哥人成为新成立的共和国的首脑。拿破仑三世的态度完全真诚——这一点可由亨利-皮埃尔-阿卜敦·卡斯泰尔诺证明。拿破仑三世派遣亨利-皮埃尔-阿卜敦·卡斯泰尔诺去墨西哥，试图说服马克西米利安一世退出战争。然而，亨利-皮埃尔-阿卜敦·卡斯泰尔诺的劝服失败了，而拿破仑三世为此感到很遗憾。1867年2月5日，法兰西军队离开了墨西哥。深陷歧途的马克西米利安一世犹豫了一会后，决定战斗到底，并且最终导致了我们都知道的悲惨结果。1867年5月15日，马克西米利安一世落入了敌人手中。1867年6月19日，马克西米利安一世被枪决了。巴黎的国际展览会颁发奖品的那天，马克西米利安一世被枪决的可怕消息传到了巴黎并且给整个巴黎蒙上了一层阴影。

马克西米利安一世被枪决

第22章

波兰问题

欧仁妮皇后曾立下一条规矩，即她不会干涉法兰西的外交事务。然而，欧仁妮皇后不止一次地发现自己会身不由己地卷入各种外交事务。首先，拿破仑三世会经常征求欧仁妮皇后的意见或者与她讨论当前的国内外状况。在第二帝国初期的十年，有一个令拿破仑三世非常困惑的问题，即波兰问题，而拿破仑三世习惯偶尔与欧仁妮皇后单独讨论或和欧仁妮皇后、拿破仑·热罗姆一起讨论。这种讨论常常长达数小时。以下内容主要基于各种未公开发表的笔记，而笔记内容是宫廷对波兰问题的看法——在很长一段时间里，波兰问题都搅动着欧洲的时局。

1863年年初，在未对外公布的情况下，俄国政府建立了一种严厉的征兵制，而这在波兰引起了极大的骚动。在士兵的帮助下，华沙警察闯入民宅，强迫年轻人成为士兵并且将他们送去了各个军事要塞。由于政治原因，政府只允许城市里的年轻人加入军队，而后者汹涌澎湃的爱国热情给圣彼得堡的专制统治蒙上了一层尴尬的色彩。而波兰的农民们只得被迫逃离了家园。虽然官方媒体强调征兵工作顺利完成，但实际上，这些专横的行为是起义的信号。现在的问题是，这次起义能否真正出现并且变得强大起来。反对派用老式的枪和矛将自己武装了起来。起初，人们普遍认为，不必太害怕这样的革命人士。然而，欧洲的公众舆论渐渐地意识到“不必害怕”是错误的——波兰又一次爆发了强大的起义。

关于波兰起义这一不幸事件，法兰西政府印象深刻。虽然波兰民族的不幸激发了同情和怜悯，但法兰西政府立即明确立场会使自身变得很危险。法兰西政府很谨慎，没有批评俄罗斯帝国在华沙所做的事情——“干预”一词是欧洲其他国家和美国用的词，而杜伊勒里宫不这么说。法兰西驻圣彼得堡大使德·蒙特贝罗公爵路易·拿破仑·兰纳斯发出了严格的命令，即不能说或做可能会得罪俄罗斯帝国的事。以查理·德·莫尼伯爵为首的支持俄国的政党尽一切力量阻止法兰西和俄国之间发生不愉快事件。

1863年2月5日，朱尔斯·法夫尔提出采取暴力方式抵御起义分子，而法兰西立法机构对波兰的骚动进行了专门讨论。内政大臣阿道夫·比约先生为政府代言，而他所说的几乎都是拿破仑三世亲口说的话。在起草的演讲稿中，拿破仑三世说道：“政府是理智的，不会说些无益的话来满足人们的虚假希望。”拿破仑三世还提到了路易·菲利普一世时代的法兰西众议院——它曾对外说道：“波兰民族不会灭亡。”拿破仑三世曾说：“对波兰人民的同情常常成为闹事者制造麻烦的借口。我们应该铭记，1848年，即第二共和国期间，人群不仅包围了国民大会，而且高喊着：‘波兰万岁’！这种情况曾数次出现，而这些人虽然是爱国者，但同时是社会秩序的敌人，总是乐意充当扰乱社会秩序的煽动者。很长一段时间以来，波兰人虽然一直希望能得到不可能得到的帮助，但最终只能感叹道，‘天堂太高了！法兰西太远了！’”

提及波兰问题时，拿破仑三世还说道：“当时，法兰西存在两拨政党，而其中一方认为应该对波兰进行某种干预，另一方则认为应对现状进行观察，谨慎行事。我认为，我们如果不想战争——我们当然不想参战，那么必须小心，不能轻易行动。1856年在巴黎举行的会议没有提出采用处理意大利问题那样的方式处理波兰问题，而这也是法兰西很难和其他对波兰友好的国家共同处理后者的原因之一。1857年9月，在斯图加特会见沙皇亚历山大二世时，我虽然敦促他采取一项对波兰人有利的政策，但没有公开支持波兰起义。1861年，思想开放的波尔斯基侯爵和康斯坦丁·尼古拉耶维奇大公在华沙努力做调解——我很支持这个举措。最重要的是，当时，不仅我希望保持和平，而且法兰西人民也赞同我。那时的政治时局还没有阴霾，而法兰西和俄国的关系非常友好。

“奥托·冯·俾斯麦深知俄国对于普鲁士的重要性。在华沙实行的征兵制度导

阿道夫·比约

致俄国被欧洲国家孤立，而普鲁士国王威廉一世则抓住了这个机会向他的侄子，即沙皇亚历山大二世示好。普鲁士的古斯塔夫·冯·阿尔文斯莱本被派去圣彼得堡，并且与戈尔特·沙考夫王子在1863年2月初签署了一项协议，而该协议最终促成了俄国和普鲁士之间的亲密关系。在镇压波兰起义一事上，柏林内阁积极与俄国合作。因此，俄国和普鲁士允许对方的军队越过各自的边境追击起义军。波森大公国的所有骚乱都是通过严厉的举措来平息的。虽然沙皇亚历山大二世倾向于采用慷慨

俄国沙皇亚历山大一世

和平的处理方式，但普鲁士国王威廉一世选择用实力解决一切。《阿尔文斯莱本协议》①的主要作用是促成俄国和普鲁士联手。

“应该记住的是，当时，圣彼得堡有一个计划，即让康斯坦丁·尼古拉耶维奇大公任波兰国王，重建由俄国沙皇亚历山大一世规划的波兰体制。威鲁普斯基的理论曾或多或少得到了康斯坦丁·尼古拉耶维奇大公、戈尔特·沙考夫王子及其他有影响力的人物的支持，却被《阿尔文斯莱本协议》完全推到了一边——奥托·冯·俾斯

① 1863年2月初，普鲁士派古斯塔夫·冯·阿尔文斯莱本去圣彼得堡签订了《阿尔文斯莱本协定》，明确表示支持俄国镇压波兰起义。

麦的政策取得了胜利。在当时的巴黎，普鲁士的政策造成了不小的焦虑。可以说，虽然这次暴动是局部性的，但普鲁士的这次干涉再次挑起了‘波兰问题’。通过我们的柏林大使德·塔列朗男爵，我们对柏林内阁进行了一些‘观察’。1863年2月21日，我们向英国和奥地利提议起草一份联合条例以抵制普鲁士对这一问题的干涉。然而，英国和奥地利拒绝站在我们这一边。因此，我们被迫采取单方面行动——普鲁士再一次把这个棘手的问题摆在了我们面前。在这些兴师动众的局面下，许多旁观者庆祝并且希望法兰西可以获胜——这样会为波兰提供很多帮助，而只有少数人意识到了普鲁士眼中只有一个目标，即使俄国和法兰西分道扬镳。”

在法兰西，支持波兰的情绪特别高涨。不仅许多法兰西家族或在姻亲上与波兰有联系，或在情感认同上与波兰有共同点，而且法兰西人民对政府采取的抗议普鲁士干涉的措施并不感兴趣。法兰西人民内心对波兰民族的同情正逐渐被唤醒。正如俄国官员预料的，起义非但没有在一周内得到镇压，反倒不断发展，甚至开始向强大的俄国军队叫板。法兰西人民对苦苦挣扎的波兰人的爱国之心和英勇气概大加赞赏。实际上，法兰西社会上下，包括牧师、文人、共和主义者、天主教徒、正统主义者、奥尔良派、煽动家等，所有人和所有党派似乎都团结起来支持波兰的事业——尽管他们在其他问题上有诸多分歧。一天夜晚，在讨论波兰问题时，一位大臣说道：“为什么连欧仁妮皇后和拿破仑·热罗姆都支持波兰人民？”与此同时，广大法兰西群众是支持与俄国维系和平关系的，而杜伊勒里宫只能竭尽全力把控局势以避免形势走向极端。

一封封请求政府干涉波兰问题的请愿书被陆续送到了法兰西参议院——显然，一场规模宏大的议会大辩论即将到来。拿破仑三世看到了一次把真正的法兰西政策置于整个欧洲面前的绝佳机会。关于这个问题，拿破仑三世和拿破仑·热罗姆有过一些谈话，而当时的拿破仑·热罗姆不仅是一位参议员，而且充当着帝国发言人的角色。无论对任何问题，拿破仑·热罗姆一直都有着自己的思考。因此，拿破仑三世想了解拿破仑·热罗姆对波兰问题的具体看法。拿破仑三世问拿破仑·热罗姆，当参议院内部出现争论时，他会就波兰问题说些什么。下面是拿破仑三世和拿破仑·热罗姆的谈话记录。

“拿破仑·热罗姆回答道：‘此前，我见过一位令人尊敬的大臣——一位杰出又年轻的波兰人[①]。这位波兰裔大臣总是竭尽所能地履行自己的职责，并且在1835年被波兰临时革命政府派去伦敦担任特使一职。这位波兰裔大臣会反对我们接受这些支持他的祖国的请愿书吗？他不会，并且不可能这样做；曾经和波兰兄弟们并肩战斗的第一帝国的将军和官员们会投票否决这个方案吗？不，他们永远不会；法兰西的传教士会为他们的身处波兰的天主教徒投反对票吗？我无法想象这会发生。这样的投票等于宣布正在波兰发生的恐怖行为不是犯罪，而这种恐怖行为违反了所有的法律和正义。总之，我相信——我打心眼里相信，您带领的法兰西帝国不仅有能力，而且将会解决好波兰问题。为什么波兰的爱国主义者们会期望得到法兰西的援助呢？因为1831年，波兰临时政府的两个成员给当时居住在阿伦堡的您写了一封叫苦不迭的信，并且在信中恳求您着手镇压反叛运动。您虽然立刻就出发了，但听说华沙已经被劫掠时，停在了波兰的边界。然而，我们必须抓紧时间——鲜血正狂流不止。如果我们让波兰自生自灭，那么它撑不了多久就会被打败，成为敌人的战利品。我相信暴乱还会继续，而注定发生的事情终会发生。每个人都有良知，都要尽到自己的责任。如果法兰西皇帝举手支持可怜的波兰，那么我对这件事情的成功有十足的信心。’”

听完了拿破仑·热罗姆的大致想法后，拿破仑三世告诉他，在这件事情上，虽然拿破仑三世感同身受，但法兰西显然无法走得很远。内政大臣阿道夫·比约先生被委派代表政府去参加即将到来的辩论，而参议院绝大部分人投票支持他。阿道夫·比约先生十分客观地谈论了波兰这个民族，并且没有使用任何夸张的言辞。阿道夫·比约先生分析了波兰糟糕的现状，回忆了波兰历史上辉煌的时刻和对清教徒的仁爱及法兰西军队和波兰军队曾经同甘共苦的经历。阿道夫·比约先生谴责建议采取极端措施的人，提倡谨慎和保守。“我们不想和俄国开战，”阿道夫·比约先生说，“没人想那样。我们真正想要的是法兰西和欧洲大国之间通过外交协议来解决问题——波兰问题是整个欧洲的问题。这是聪明、理智的政策。我们反对采取危险和极端方法。”

---

① 即亚历山大·科隆纳·瓦莱斯基伯爵。

人们认为阿道夫·比约先生是拿破仑三世的代言人，而这是千真万确的——前者说的每一个字事先都经拿破仑三世权衡，而这种惯例在当时可能不为人知。和伟大的拿破仑一世一样，在国家事务中，拿破仑三世起着直接作用。拿破仑三世最突出的特点之一就是谦虚和在乎别人的感受，而这种性格不仅使他失去了许多荣誉，而且有时会让他授予别人不应得的荣誉。拿破仑三世从不抱怨——他虽然失去了应得的荣誉，但从不抱怨，而如果在研究第二次帝国的过程中，我们始终牢记这一事实，那么这不仅将帮助我们明白许多看起来难以解释的事件，而且能让我们看清拿破仑三世的一些过失。

多年后，就1863年的波兰问题，拿破仑三世曾有过一次畅所欲言。拿破仑三世说道："虽然法兰西政府没有放弃与奥地利和英国联合行动的希望，但顾问们没有在洽谈中达成共识。在1863年3月的最后几天里，我的处境非常尴尬。然而，即便在那时，我不仅没有试图削弱俄国与普鲁士的联盟，而且要求的一切都是以彬彬有礼的言辞表述出来的。与此同时，法兰西外交部正在积极地与奥地利方面进行通信，以便使我们处于更有利的地位，防止俄国政府对我们的礼貌规劝不加注意。当时，我们不太清楚奥地利不希望卷入与俄国有关的任何纠纷，也不知道俄国会听取我们多少意见。某一天，外交大臣德律安·德·鲁斯曾对我说道：'俄国政府在考验法兰西的耐心。总之，谈论波兰问题时，俄国政府总会指责我们言辞太过含糊，而我们意思明确时，俄国政府又会指责我们干涉与法兰西无关的事情！'

"与此同时，波兰境内的起义仍在继续。起义者们经受的考验越多，就越显示出他们的决心和勇气。起义队伍不仅人数在增加，而且变得更加自律，甚至此前默默无闻的首领也越来越出名。我不禁想起了发生于第一次法国大革命时期的文德斯战役。虽然俄罗斯人经常会取得战斗的胜利，但在交战后，起义者们不仅会分散到森林和沼泽中去调整状态，而且很快就会准备好再次投入战斗。俄罗斯人试图在波兰农民中建立阻止起义的'农村卫队'，监视可疑的波兰人并且在可能的情况下逮捕他们。然而，所有这一切都无法阻止起义的进展。奥地利、英国和法兰西都通过外交渠道敦促俄国采取措施制止叛乱并且防止其再次发生。虽然很多国家都加入了我们的行列，但我们的联合行动纯属外交性质，没有什么实际结果。起初，由于担心会出现一些恐怖活动，戈尔特•沙考夫王子开始努力为俄国争取时间。戈尔特•沙考夫王子告诉我们，为了欧洲的利益，他会着手解决此事。戈尔特•沙考夫王子拟了几封急件，呼吁欧洲的大国帮助俄国结束在欧洲蔓延的道德和物质上的混乱以此扭转局势。戈尔特•沙考夫王子认同奥地利在边境采取措施保护自己不受波兰动乱的影响的举措；而在对英国的回复中，猛烈抨击了总部实际上设在伦敦的世界性革命运动的组织。

“戈尔特•沙考夫王子和我打交道时特别聪明。他私下里拐弯抹角地告诉我，他认为我是‘唯一一个在这件事上很真诚，并且认真解决波兰问题的君主’。谈了一会儿世界性革命后，戈尔特•沙考夫王子接着说他认为要求俄国独自解决问题有点过分，要求法兰西帮助俄国完成任务。

“这些谈判虽然曾让波兰人民重燃希望，但实际上没有提出波兰问题的和平解决方案。有人告诉我，波兰人民对我的信任就像以前意大利人民对我的信任一样。虽然波兰人民不认为法兰西会抛弃他们，但如果其他国家都不愿意做些什么，那么法兰西即使很慷慨地准备帮助受压迫的国家，又能做些什么呢？显然，我们立刻发动战争——当时，不仅立法机构的大选即将来临，而且我们正处于墨西哥的复杂局势之中，导致没有人想到要诉诸武力。维也纳和伦敦方面也和第二帝国想法一致。因此，外交壁垒继续存在。很快，俄国就意识到，三个大国的联合行动不会取得任何成果。沙皇亚历山大二世觉得自己如果得到了普鲁士国王威廉一世的大力支持，那么会无所畏惧。据可靠消息，我得知，沙皇亚历山大二世曾写信给普鲁士国王威廉一世：‘我知道自己可以信赖你，就像你可以信赖我一样。’众所周知，这是为防止战争爆发所做的承诺。俄罗斯人最担心的是海上军演——波罗的海没有结冰时，他们尤其焦虑。然而，与此同时，在一次公开演讲中，帕默斯顿勋爵亨利•约翰•坦普尔说道：‘波兰虽然可以得到我们的同情，但不能得到我们的武装支持。’英国的首相和外交大臣说出的这番话直接表明了一个事实，即英国将不会组织实质性的行动去帮助波兰。显然，欧洲大国的一致行动已经成为一个遥不可及的神话。然而，德律安•德•鲁斯仍然继续进行着谈判，希望取得有利于波兰的结果。后来，法兰西等三个大国提议在圣彼得堡开会。会上，英国建议停战，而奥地利没有就波兰问题发表任何意见。最终，1863年6月的前两周，法兰西等三国的特使去了俄国，并且就所有问题达成了一致意见。

“在整个谈判过程中，我始终坚定不移地支持着波兰。1863年6月20日，我们向伦敦和维也纳内阁提出建议，即通过惯例或议定书来制订更可靠和可行的协议，防止俄国拒绝同意在波兰重建稳定所需要的措施。然而，英国和奥地利都拒绝了这一提议。不久，我得知：‘沙皇亚历山大二世被拿破仑三世的提议激怒了——后者居然煽动和组织反对俄国的联盟。’我有充分的理由相信，沙皇亚历山大二世一直对俄法之间的这一矛盾耿耿于怀，导致1870年普法战争期间，沙皇亚历山大二世对法兰西十分冷酷。由于看到英国和奥地利都拒绝联合行动，戈尔特·沙考夫王子觉得自己掌控了局面并且可以大胆行动了。因此，戈尔特·沙考夫王子摘下了面具——1863年7月13日，在分别给法兰西等三个国家的急件中，他回复了这三个国家，而他的回复其实是名副其实的免责声明。

“在送给法兰西的急件中，戈尔特·沙考夫王子说道：‘支持波兰的主要国家之一是法兰西。’这一断言不仅有道理，而且早已为人所知——甚至法兰西政府也没有否认。戈尔特·沙考夫王子指责波兰移民在巴黎酝酿了一个巨大的阴谋。‘波兰移民通过诽谤和流言蜚语误导了法兰西的公众舆论。我们相信法兰西政府是明智的，不会支持波兰和欧洲革命。’在给法兰西的这封急件的结尾，戈尔特·沙考夫王子声称会拒绝接受任何要求。

“在武装示威前，俄国会让步吗？由于事情已经发展到如此程度，我认为不会。俄国清楚地知道，欧洲不会为波兰提供实质性的帮助——大国们各自都有着很多棘手的问题需要处理，并且不想引起新的冲突。由于无法指望大国们采取共同行动，法兰西只能遗憾地放弃了这件自己无法独立完成的事情。”

最终，做了如此多的谈判，起草了如此多的文件后，波兰问题仍然草草收场，导致拿破仑三世和欧仁妮皇后感到非常失望。此外，拿破仑三世最终没能解决这个令人悲伤和厌倦的波兰问题，第二帝国的坚定支持者们也非常痛心。所有支持波兰的党派极端分子都对拿破仑三世进行批判，似乎在埋怨后者未能尽其所能帮助那些苦苦挣扎的爱国者。最不幸的是，波兰问题造成了法兰西和俄国的疏远，而这种疏远一直持续到1870年普法战争爆发。1874年，沙皇亚历山大二世访问维多利亚女王时，双方都表示非常遗憾。在卡姆登公馆的会客室待了许久的沙皇亚历山大二世一句话也没说，最后自言自语道："我弄错了！我错了！"沙皇亚历山大二世很后悔自己在1870年普法战争期间对法兰西采取的态度。

第23章

拿破仑三世对第二帝国外交事务的观点

在被囚禁于威廉姆斯赫厄期间，拿破仑三世仍然十分努力地工作。当时，拿破仑三世做了很多笔记，而其中一些是他亲笔所写，另一些则由别人代写。这些笔记中的绝大部分从未对外公布，而以下内容就是来自这些从未公开的笔记。

一天，拿破仑三世说道：“法兰西第二帝国的政策已经成为暴动攻击的对象——暴动者批判我们缺乏坚定和率直，将我们视为错误和没有原则的象征，认为我们今天承诺这个，明天却又去做那个。总之，人们觉得我野心勃勃而粗俗。然而，我认为这样描述存续了十八年的第二帝国是不公平的。起初，即1852年，我们的政府的目标是提高法兰西的威望，确保法兰西能在欧洲有更好的处境。如果我的权威得到尊重并且足够强大，那么法兰西不仅会欣欣向荣，国泰民安，而且不用担心外部事务。在这个节制有度且处事谨慎的国家在批判者口中所谓的‘皇帝的私人政府’存续期间，法兰西全国上下一片祥和。只有当所谓的议会制体系被采用、责任权利集中在大臣们身上时，灾难才会到来——公众的责骂不仅忽略了这一点，而且把发生的一切都归咎于政府首脑。

“在上位掌权这件事上，我发现自己有义务根据时势的要求再次上台。我的使命正如我的叔叔拿破仑一世在圣赫勒拿岛所说的，即‘清除革命，授予人们爵位，增加国王的权威’。1848年4月的法兰西革命再次撼动欧洲的王权，而我的首要责任便是重建法兰西的秩序并且提升欧洲王室的权威。欧洲——尤其是法兰西，不仅会受到一些恶意、激进、无意义的理论煽动，而且要接受必要、正义的改革的召唤，而前者需要抑制和冷静，后者则需要尽快实现。我的首要目标一直是通过寻求保留革命中的有利成分，并且尽全力从精神和物质方面改善社会各个阶层的状况——我想，一个没有偏见的人绝不会说我在这方面一败涂地。

“虽然我的批评者有自己的说辞，但实际上，我没有必要仰仗军功来维持我的权威或依赖阴谋诡计实现我的目标。起初，我全神贯注于内部改革，同时希望可以在不发生冲突——尤其是像我们经历过的那场灾难[①]的情况下，于各国政府部门领导共同达成的协议之上，解决外部纠纷。第二帝国初期，我在波尔多所说的‘帝国是和平的象征’表达了我真诚而坚定的信心。然而，实际情况无情地打破了我这点幻想。和时任财政大臣让-马夏尔·比诺先生一起研究能够惠及穷苦阶层的削减税收提议时，东方问题如幽灵一般突然出现在法兰西政府希望开创和平富饶时代的美梦里。因此，为了准备战争，我们只好把内部改革的事情放在一边。我深感自己有责任在两个友邦的援助下继续于东方贯彻法兰西的传统政策。虽然时至今日，详述克里米亚战争的原因与结果已无必要——这场战争人尽皆知，但我们应当记住的是，克里米亚战争最重要的结果是巩固了英法联盟。虽然后来棘手的普鲁士问题给我们和俄国政府的友好关系蒙上了一层阴云，但我们当时在胜利后的节制做法很快赢得了俄国的尊重和友谊。与此同时，我发现，法兰西和英国的亲密关系不可避免地引起了俄国对法兰西的冷漠。

“虽然许多爱说长道短的政客劝我抓住机会，在英国处于尴尬境地时给它制造麻烦，以便削弱这个法兰西的竞争对手的力量，但我一直对我的盟友，即英国保持着忠诚——我对这些愚昧的建议者们说的话充耳不闻。在印第安叛乱、美国内战、特伦特事件及阿比尼西亚远征期间，以及其他每个重要的时刻，正是由于有我的缘故，英国没有丝毫的焦虑，而关于这一方面，我不仅那时很自豪，而且从未后悔过。

“同样，虽然普鲁士从未对1856年的事向我表示感谢，但我从未后悔过。克里米亚战争结束后，交战各方，包括俄国、英国、法兰西、土耳其和皮埃蒙特，一起来到巴黎并且召开了会议。由于未能在影响欧洲未来版图的会议中占得一席之地，普鲁

① 即1870年的普法战争。

普鲁士国王腓特烈·威廉四世

士国王腓特烈·威廉四世感到极度的悲伤。反对普鲁士参会的国家主要是英国——在战争期间，柏林内阁的行为激怒了后者。此外，普鲁士也没有隐藏自己对俄国的同情。普鲁士国王腓特烈·威廉四世给我写了一封信，表示了对普鲁士遭到排斥的强烈不满，并且宣称这是'公开的侮辱'。随后，普鲁士国王腓特烈·威廉四世对我的正义感和友好表示了绝对的信心，请求我想办法阻止英国的反对。普鲁士国王腓特烈·威廉四世甚至说道：'我会十分高兴地把我的加入归功于你和你的官员们——我会感激你们的。'无须赘言，这个请求深深地打动了我。在充分考量让普鲁士参会的好处后，我邀请了普鲁士国王腓特烈·威廉四世，而他欣然接受了邀请。

“许多事情，如巴黎的这次会议和皇太子的诞生，都证明了一点，即1856年是第二帝国最光辉的一年。当时的法兰西举国上下都处于和平与安宁之中，但不幸的是，这种状态只持续了三年。意大利半岛的风云突变给欧洲带来了许多惶恐和不安。控制着大部分意大利国土的奥地利和渴望获得意大利统治权的皮埃蒙特之间的纠纷已经达到了千钧一发的程度。和所有的旁观者一样，我知道，如果皮埃蒙特被击败，那么奥地利就将成为整个意大利的主人并且会将其领土扩展到法兰西的边界上。因此，我不仅坚决支持意大利的解放，而且以所有希望领土完整的欧洲国家的名义呼吁帮助意大利。我明确宣称，如果战争不可避免，那么法兰西将伸出援手，让意大利半岛的解放从阿尔卑斯山延伸至亚德里亚海，而这一宣言激发了整个意大利的激情。短短两个月内，奥地利就被驱逐到了距明乔河一线很远的地方。随后，在计划完成前，我因情势所迫而签订了一份和平条约，导致许多不公正的责备落到了我头上——关于这个问题，我的反对者们忘记了，或是假装忘记了一个事实，即不仅英国和普鲁士坚持立即停战，而且普鲁士的态度尤其值得警惕。

“我认为，对英国和普鲁士的要求充耳不闻是不明智的。一天早晨，一位优秀的谋士对我说道：‘我们如果围攻维罗纳，那么会在莱茵河畔打响另一场战争。’因此，我毫不犹豫地终止战争，成为呼吁和平的第一人。虽然许多年过去了，但我经常仔细思考这些事——现在看来，我当时采取的策略仍然是明智的。在维罗纳，弗勒里会见了奥地利皇帝弗朗茨·约瑟夫一世，并且开始了《比利亚弗兰协定》的初步谈判。在一张从未公开发表过的纸条上，弗勒里写道：‘拿破仑三世决心战胜这次危机——虽然意大利人对此或许会有点不高兴，但法兰西人必须赞成他的方针和策略。无论我们对想要援助的民族的感情是多么友好，法兰西的利益都不能因为其他国家而受到威胁——这是不允许的。’虽然一些法兰西人与弗勒里观点不同，但我觉得他的做法是正确的。

“虽然对法兰西来说，意大利战役很辉煌，但其中发生的一些外部问题没有得到真正解决。在意大利，威尼斯仍然受奥地利的束缚，而在德意志联邦，奥地利和普鲁士还在争夺权力。国家统一、民族团结的思想越来越强烈。荷尔斯泰因直辖领地和属于的石勒苏益格的所有居民都期待着统一。波兰再次变得焦躁不安——不久后，它将孤注一掷，争取久违的自由。对自由的渴望同样搅动着巴尔干半岛上的国家。多瑙公国正呼吁帮助西方国家。此外，希腊的现状也令人担忧。然而，这些问题中最复杂的是罗马教廷及其应拥有的权力。各地产生了不同的意见，而这个问题来自意大利发生的变革——皮埃蒙特正一点点地扩大领地，吞并了托斯卡纳和一些小的公爵领地，以及两西西里的王城。对教皇国的削弱引发了政治纠纷和宗教问题。我和欧仁妮皇后支持最大化地保护罗马教皇庇护九世的利益。天主教徒的深切憎恶都来自这些非常严重的问题。

“当时，鉴于这些搅动着欧洲局势的不和谐因素，我建议各国召开一次大会，共同协商解决这些不迅速解决就会威胁世界和平的问题。我不仅在1864年于立法会议开幕式上发表的讲话中公开表达了自己的看法，而且在通过不同渠道发往各个外国办事处的各种通信中重复了这一点，即我们有必要通过制订一项不可撤销的新公约来实行制裁或通过多方协议来和平解决问题。1815年的条约[①]不复存在——在时局的影响下，一些条约不是已经被废除就是正在被废除。对于这些条约，希腊、比利时和法兰西已经将其废除，而普鲁士正在不安地寻求改变。此外，英格兰大刀阔斧地修改着这些条约，并且把在《华沙条约》中被俄国踩于脚下的爱奥尼亚群岛转让给了希腊。关于波兰遭到的圣彼得堡政府惨无人道的掠夺一事，我们虽然当时只知晓部分，但如今有了全面的了解。我曾和我的政府尽了最大努力，以温和、不会激起战争的方式对待饱受折磨的波兰人。然而，在当时的法兰西，几股政治小势力非常期望挑起战争——幸运的是，在友人们的帮助和支持下，我和欧仁妮皇后成功将这些势力压制了下去。

“拟开中的大会毫无疑问是有用的。大国之间的嫉妒竞争绝不能成为对文明进步的制约。我们有必要继续通过维持夸张的军备来助长我们相互的不信任吗？我们最宝贵的资源是否会被长期地浪费在虚张声势之下呢？我认为，我们应该有勇气以平常和稳定的局势取代脆弱和不稳定的局势，即使以许多牺牲为代价。我敦促大家出席拟议中的大会，没有任何人预先制订了固定的方案或计划。相反，我们为

---

① 即1815年的《巴黎条约》。《巴黎条约》是第七次反法联盟成员国（英、俄、普、奥）与法国签订的和平条约。

建立一种新秩序的思想而振奋，这种秩序从此将建立在主权国家和各国人民的真正利益之上。

“结束之际，我说，我相信全世界都会听到这个呼吁。我的提议虽然没有得到一致赞同，但仍然有一个很大的好处，即提醒欧洲注意这种危险，并且指出了各国应该如何补救。在那段时间里，在写给我的一位大使的信中，我告诉他：‘有两条路摆在我们面前——一条是通过和解与和平的策略取得进步，而另一条是因执拗地纠缠过去而不可避免地引起战争。对许多人来说，我的建议似乎太理想化了。’我的猜测是正确的——一些国家反对，甚至蔑视我的主张，而这取悦了那些随时准备攻击我和我的政权的法兰西批评家。虽然英国不愿意参加我提议召开的大会，但我不能指责英国的选择——我知道，英国一直喜欢用符合自己利益的最好方式独自解决问题。在解决问题的方式上，英国通常可以做得比法兰西更好——英国的内阁成员们发现，需要介入外国政治问题时，他们的身后有一个团结的国家可以给予必要的支持。

“丹麦国王弗雷德里克七世的逝世使易北河岸的公爵领地陷入了危险，而此时的德意志的民族和团结精神振奋到了极点。为了保持在德意志的地位，奥地利加入了普鲁士与丹麦的战争。英国呼吁法兰西与它一道反对这一最终将影响整个德意志的战役。虽然法兰西人民同情丹麦，但我不想给法兰西带来一场致命的战争——如果整个英格兰都准备好要派遣舰队和一些军队去波罗的海，那么法兰西将冒着必须在莱茵河畔同普鲁士、奥地利的联合势力进行战斗的风险。因此，我不仅试图诱使丹麦新国王克里斯蒂安九世撤回其拟议的宪法，而且同意做出一些让步，而这对我和我的参谋们来说似乎是必要的。不容忽视的是，柏林的军事力量非常强大，叫嚣着要打一仗。

“我认为，在丹麦和普鲁士的首都可以做一些工作。因此，我给弗勒里委派了一个特别任务。然而，弗勒里很快就意识到，由于柏林的公众舆论非常重视‘民族’原则，很多工作根本无法完成。此外，谁能想到，一场声称要把普鲁士臣民从丹麦的枷锁中解放出来的战争最终会以把丹麦置于普鲁士的监护之下而告终呢？所有这一切和其他许多事情都表明，如果英国和一些其他国家支持我的欧洲大国会议的想法，那么这个问题和一些其他迅速变得白热化的问题都可以得到解决。

“普鲁士和奥地利在丹麦问题上达成的协议并没有维持很久。很快，普鲁士和奥地利之间的竞争造成了紧张局势，而其后果很容易预见。总之，正如一位政治家对我说的——‘强盗们开始争吵了’，而欧洲对普鲁士和奥地利之间的敌对感到震惊。虽然为了防止普鲁士和奥地利之间的矛盾加剧，我提议召开一个会议，但由于奥地利拒绝参加，这场会议没有举行。1866年6月，和德律安·德·鲁斯谈到这场会议时，我说道：‘如果这个会议能够召开，那么请你切记使用简单的语言。由于你是受我命令去参会的，你要说的是，如果欧洲的平衡没有被打破，那么我就没有任何扩张领土的想法。法兰西不会考虑扩张领土——除非欧洲版图成了某个大国的专属利益或我们边界上的国家通过投票表达了希望被法兰西吞并的愿望。我认为，我们应该享受与邻国和睦相处的宝贵好处并且尊重其独立性和民族精神，而不是以牺牲邻国为代价来获取领土的扩张。我的认识将会给第二帝国及其人民带来更大的好处和利益。你知道，虽然我呼吁英国和俄国与我们团结一致并且促成各方的和解，但我的呼吁徒劳无功。然而，中立势力本就是欧洲安全的保障。’

“普鲁士和奥地利之间的矛盾是由三个原因造成的。这三个原因包括普鲁士的国界模糊，德意志联邦渴望出台符合自身需求的新宪法，以及意大利统一国家的愿望。虽然人们认为中立势力不应该干涉别国内政，但这不意味着参与形成德意志联邦的国家无权评判该组织现在要求的变化是否对欧洲和平有利。我希望德意志联邦的各邦更紧密地团结在一起，有更多的权力，并且在德意志的公共事务中发挥更重要的作用；我希望普鲁士在北方具有更大的同质性和力量；我希望奥地利能继续保持其地位。

“我触及了另一个话题，即为了得到公平的补偿，奥地利可能把威尼斯交给意大利。和普鲁士一样，奥地利完全不顾1852年的条约[①]，以德意志民族的名义对丹麦发动了进攻。与此同时，奥地利应该本着相同的原则，认同意大利的统一，帮助完成意大利半岛的独立。”

“正如大家现在知道的，”在笔记中，拿破仑三世继续写道，“虽然外交手段无

① 即《伦敦议定书》，是俄国、奥地利、英国、法国、普鲁士、瑞典与丹麦代表在1852年5月8日签订的一项议定书，旨在保证丹麦王国的完整。

法使威胁欧洲和平的冲突停止，但法兰西仍然抱有期待，并且准备在适当时敦促各国遵守正义和公平。当然，虽然我在这里谈到的是普奥战争，但它源于丹麦与普鲁士和奥地利的冲突。一开始，普鲁士就意识到，如果没有法兰西的援助或中立，那么它无法参与这场战争。因此，普鲁士国王威廉一世指示普鲁士驻巴黎的大使奥古斯特·冯·德·戈尔茨伯爵来了解我的意图和愿望。我与奥古斯特·冯·德·戈尔茨伯爵经常就这个话题进行交谈，而普鲁士国王威廉一世送来了亲笔签名信希望我和奥古斯特·冯·德·戈尔茨伯爵就这个重要问题达成共识。我对普鲁士国王威廉一世说，虽然我很难预见即将到来的战争会是什么结果，但无论发生什么，法兰西和普鲁士都必须彼此相互信任并且保持友好关系。虽然谈判没有结束，但事情进展得很快——法兰西宣布保持中立。我的行动对普鲁士非常有利——普鲁士迅速开始部署战役。柏林方面完全信任我们的友谊。奥托·冯·俾斯麦对法兰西驻柏林的大使樊尚·贝内代蒂伯爵说：‘由于完全信任你们的政府，我们不会在莱茵河左岸留下任何一个士兵。’

“普鲁士迅速取得的胜利不仅给法兰西留下了深刻的印象，而且震惊了全世界。此前，人们认为，不仅普鲁士不能轻而易举地取胜，而且胜利时的奥地利应该被抑制。然而，后来的事实证明，应该被抑制的国家是普鲁士！由于法兰西的现代化精神和国际影响力，在奥地利维也纳的城门前，曾经得胜的法兰西军队停下了步伐，而奥地利的领土得以保存完整。此外，不仅德意志南部的小国的独立，获得了维持，而且丹麦也得到了一些让步。然而，由于《布拉格条约》的条款没有满足法兰西公众舆论，一个好斗的法兰西政党竟然要求我向仍然占领着多瑙河的普鲁士宣战。我的一些机密顾问认为，我们至少可以在莱茵河附近进行武装示威。虽然有人指责时任军事大臣雅克·路易·兰登在这场危机中大喊‘所有可用的部队都在墨西哥忙碌’，但实际上，后者从未说过这样的话。另一个事实是，由于对奥地利抱有敌意，并且没有看到普鲁士扩张的危险，我的几位大臣支持通过维持现状避免让法兰西卷入另一场战争。欧仁妮皇后不仅非常倾向于支持奥地利，而且随着战争的持续，希望奥地利取得胜利。我不仅许下，而且打算遵守这个诺言，拒绝听从腓特烈大帝在其回忆录中的忠告，即如果诺言与人民的利益有冲突，那么君主可以像普通人一

腓特烈大帝

样不遵守诺言。然而，在这方面，我虽然此前一直觉得自己的政策十分明智，但现在已经意识到自己错了——我原本有两张王牌，而现在，我必须承认自己错误地扔掉了其中一张。

“目前，我有必要回应第二帝国的反对派——后者认为政府不敢用武装力量支持和保护法兰西的真正利益。对这些言过其实的指控，我们虽然不应置之不理，但要证明其错误十分容易。我回应称，第二帝国政府不是软弱，而是想帮助重建欧洲大国之间的秩序。1867年，我引用了拿破仑一世在圣赫勒拿岛说过的话：‘我的主要目的之一是使地缘相近却因政治和革命而分崩离析的民族团结起来——虽然在合适的环境的作用下，它们之间迟早都会步调一致。我希望欧洲仍然能恢复平衡状态。’意大利和德意志正在进行的转型都指向拿破仑一世的这个宏愿——欧洲国家最终会统一成为联盟。

“然而，我们虽然竭尽所能，但仍然不能使立法机构内外那些顽固的反对派闭嘴。一些地方的反对派指责法兰西政府不仅没有率先开战，施行的政策就是接受既成事实，而且让法兰西的声誉受到了无法弥补的打击。为了应对这些新的攻击，我与外交大臣德·拉瓦索莱特侯爵进行了几次长谈。我对德·拉瓦索莱特侯爵说道：‘欧洲的战争不仅已经摧毁了旧的德意志邦联，而且最终带来了意大利的统一。这场胜利扩大了普鲁士的领土——现在，美因河右岸也被它占领了。奥地利失去了威尼斯。由于这些剧变，每个国家都十分警惕，默不作声，充分意识到了这些事件的重要性，猜测着最近签署的和平条约会有怎样的影响——尤其是对欧洲秩序和各个国家的国际形势有什么影响。法兰西公众舆论也很警惕，喜忧参半——喜在1815年的《巴黎条约》的废除，而忧在普鲁士势力太过强大。与此同时，法兰西人民虽然渴望维持和平，但希望通过战争扩张领土。法兰西人民虽然很高兴意大利得到了完全解放，但焦虑于教皇庇护九世会因此而受到威胁——法兰西政府应该坦诚地讲出这一点，而不是含糊其词。如果德意志正在发生的剧变损害了法兰西的利益或威胁着法兰西的军事力量，那么法兰西应该勇敢地面对事实并且采取一切必要的措施确保自身安全。如果相反，即这些变化不会造成任何损失，那么法兰西应该承认并且尽力减小公众的恐惧感。’这不仅是我对德·拉瓦索莱特侯爵谈及的观点，而且最后被用机要文件的形式发送给了我们所有驻外外交人员。

“在与德·拉瓦索莱特侯爵的进一步交谈中，我有了一些其他的想法，而虽然这些想法没有被写进机要文件中，但我保留了一些笔记。这些笔记记录了我当时关于普奥战争等事件的观点。自1815年一来，从乌拉尔到莱茵河充斥着反法倾向的国家。德意志联邦的八千万居民主要是奥地利人和普鲁士人。德意志联邦的领土从卢森堡公国绵延到的里雅斯特，从波罗的海直至特伦特。此外，一条由五个德意志邦联的要塞围成的屏障包围了法兰西，抑制了法兰西原本的强大战略地位——无论多小的误会，都有可能使所有德意志邦联力量联合起来反对法兰西。一支奥地利军队固守在意大利的阿迪杰河，准备在有必要的情况下迅速逼近我们——他们会直逼到阿尔卑斯山脉，而普鲁士军队已经作为先头部队守卫着莱茵河一线。所有这些德意志邦联成员都渴望着政治变革，却被唆使将法兰西当成其国家的敌人和威胁其当下生存的罪魁祸首。当时，除了西班牙，我们不可能与欧洲大陆上其他任何国家结盟——意大利四分五裂，软弱无力，不算一个独立的国家；普鲁士国内不够团结，无法脱离传统道路；奥地利忙着瓜分意大利的财富，没有时间或意愿考虑与我们达成任何协议。长期持续的和平使我们忘记了这些国家和联盟的潜在危险——战争爆发时，它们才会显现出强大的实力。众所周知，法兰西用它在世界上真正应该扮演的角色换来了不稳定的安全与和平。近四十年来，由于过去失败和胜利的回忆，庄严的条约，以及对进步和文明的渴望，法兰西致力于让北方的三大国家团结起来。

“然而，我们今天得到了什么呢？北方的联盟已经解体，而所有大国都独立或正在为自由命运而奋斗。普鲁士不仅扩大了其领土范围，而且摆脱了与其他德意志国家的尴尬的联系，保证了自身的独立性。对普鲁士的独立，法兰西不应该有任何不满——嫉妒别人是不礼貌的行为。现在，德意志已经获得了一直渴望的团结并且不再焦虑了，对待我们国家的敌意也必须消退了。德意志效仿法兰西的做法，迈出了离法兰西更近的一步。我相信我们和德意志之间真诚的友谊。

“意大利的情况也是如此。长期的奴役没有浇灭意大利人民的爱国主义热情，而这一事实深刻地改变了欧洲的政治局面。在思想和原则等方面，意大利更加类似于法兰西这个曾经流血牺牲并且帮它获得了独立的国家。

“对奥地利来说，它不仅不必再为意大利和普鲁士感到焦虑或将精力浪费在枯燥乏味的较劲上，而且可以将力量集中在欧洲东部。奥地利很重视自己的三千五百万国民，而任何形式的敌意和利益也不能把奥地利人民同法兰西人民分离开。”

下面的文字是从拿破仑三世在1870年之前留下的不同记录中挑选出来的，与上文提到的主题相同并且佐证了上述观点。

“一些法兰西人非但无法看见那些国家中的盟友，反倒只看到了法兰西的敌人。现在，这些国家不仅抛弃了对我们有敌意的过去，享受着新生活，用我们的原则管理国家，具有进步的现代社会特征，而且绝不可能像一些批评家认为的会对我们的国家造成任何形式的威胁。法兰西和阿尔及利亚的总人口很快将达到四千万；德意志有三千七百万人，包括北方联盟的两千九百万人和南部联盟的八百万人；奥地利有三千五百万人；意大利有两千六百万人；西班牙有一千八百万人。俄国和其他欧洲国家的总人口已超过一亿。国与国之间形成凝聚力是不可阻挡的趋势，而在这种趋势下，中欧国家不应该继续分裂成缺乏力量和公共精神的小国家。

“我不想用一种狭隘的观念来理解政治。一个国家的伟大要靠它周围国家的弱小衬托是不正确的——真正的平衡应该建立在让所有欧洲国家满意的信念之上，而在这种观念下，我表达了昔日的信念，简单地重申了法兰西皇室的传统政策。拿破仑一世预见了欧洲版图现在的变化——他亲自播下了新民族的种子，建立了意大利王国，并且在德意志消灭了大约二百五十个独立的小国家。伟大的拿破仑一世起到了中间人的角色，这个角色无上光荣——它不仅阻止了流血牺牲，用友好干预取代了武装介入，减轻了战败的灾难，而且在阻碍众多的情况下推进了和平。如果我违反了中立的承诺，那么法兰西可能会突然陷入一场未知的战争。使一方崛起的同时，战争会摧毁另一个同样代表着人民意志的国家。

“后来，在同一年，即1867年，我再次于私人和公共场合表达了相同的观点——当然，在与普鲁士相关事情上，我说得更加详细。有一次，我曾说道：‘政府虽然发表了声明，但从未动摇过其力求和平的态度。人们普遍认为，德意志内部构成的变化必定会引起法兰西和普鲁士之间的麻烦。实际上，法兰西不仅已经准备真诚地接受在莱茵河的另一边的变化，而且对外宣称，我们如果自身利益和尊严没有受到威胁，那么便不会干涉德意志人民希望进行的改革。’这就是我的观点。我或许会补充一点，即虽然我圈子里的许多有思想的人认同我的观点，但后来有些人不再这么认为了。”

接下来的两段节选如果是在1870年前写的，那么明显在1870年后修订过。

“如果我在这个时候，即普奥冲突时发动战争，那么一些批评家们会很严厉地责备我，对我之前提到的欧洲国家的演变很不满。总之，如果我去打仗了，那么他们会责备我，而他们现在责备我是因为我没有去打仗！随后发生的事件表明，对法兰西来说，普鲁士的发展能够得到抑制的话，当然是比较好的情况。然而，如果我抛弃一贯的温和、审慎的政策，普鲁士的发展又能被抑制住吗？实际上，这非常困难。

阿道夫·梯也尔先生经常批判我和我的政府——1867年3月，在立法机关的演讲中，阿道夫·梯也尔先生提出了自己的观点，而法兰西国内外都知晓这场演讲。第二帝国的刻薄的敌人，即阿道夫·梯也尔先生宣称：'对法兰西来说，自1814年的黑暗入侵①以来，柯尼格拉茨战役②的胜利无疑是最致命的打击与影响，说明伟大的法兰西和它边境上的其他大国的存在是不相容的。'阿道夫·梯也尔先生还说道：'帮助在阿尔卑斯山脉另一侧建立一个有着两千三百万人民的联邦是一个巨大的错误，而允许普鲁士扩大兵力和领土，导致德意志邦联成为欧洲强大的政治联盟之一则铸成了更大的错误。'整个议院都为阿道夫·梯也尔的演讲欢呼。然而，挑温和政策的毛病可不是件难事。1870年战争即将爆发时，阿道夫·梯也尔先生曾想方设法地阻止我们合理重组法兰西军队。

"在错误的道路上，另一个政治家朱尔斯·法夫尔比阿道夫·梯也尔先生走得更远。朱尔斯·法夫尔公开宣称：'1866年，我们不仅应该遏制普鲁士的野心，而且应该共同反对普鲁士和奥地利的联盟——普鲁士和奥地利共同攻击丹麦时，我们本应该行动起来。'换句话说，朱尔斯·法夫尔认为应该用欧洲两个拥有强大军事力量的国家来检测法兰西军队的水平。当然，这种说辞近乎一种空谈。阿道夫·梯也尔先生和朱尔斯·法夫尔不仅总是对第二帝国政府持有攻击性的言论，而且无论其是对是错，都一定会反对。"

过了一段时间后，就阿道夫·梯也尔先生、朱尔斯·法夫尔和这个主题，拿破仑三世写道："第二帝国没落后，阿道夫·梯也尔和朱尔斯·法夫尔自夸他们在1870年战争爆发前的演讲中所持的和平立场——对他们来说，忘记自己曾经说过的话是很容易的。事实上，1870年以前，阿道夫·梯也尔先生曾反复说着发动与普鲁士的战争的必然性，而他脑海中唯一想到的问题是，某个时刻是否是发动战争的好机会或什么时候才是发动战争的好时机。柯尼格拉茨战役是第二场滑铁卢战役。阿道夫·梯也尔先生和朱尔斯·法夫尔没完没了地发表长篇大论，唠叨着普鲁士对莱茵河沿线

① 1814年，英、俄、普、奥等国组成第六次反法联盟攻入巴黎，导致拿破仑一世被迫退位并且被流放到厄尔巴岛。

② 又称萨多瓦战役，是1866年普奥战争的决定性战役，也是欧洲当时规模最大的一场战役。在柯尼格拉茨战役中，普鲁士军队纪律严明、行军迅速，扭转了开始的不利局面并且取得了辉煌的胜利。

柯尼格拉茨战役

柯尼格拉茨战役，普鲁士骑兵与奥地利骑兵交战

的巨大威胁。阿道夫·梯也尔先生和朱尔斯·法夫尔这些所谓的绅士们一直试图激起法兰西人民的爱国主义和冲动，然后又转身要求法兰西人民克制愤怒和慎用武力。这似乎是在玩一场大反转游戏，不仅没有遵守最简单的谨慎规则，而且不讲任何的政治诚信。”

一些书报的作者，如著名公法学家普雷沃斯特·帕拉多尔，也不断发表着和阿道夫·梯也尔先生、朱尔斯·法夫尔类似的批评。普雷沃斯特·帕拉多尔对一位法兰西宫廷人士说了下面的话，而这些话后来被收录进了他最著名的一本书中，普雷沃斯特·帕拉多尔说道：“我们如果仔细想想，那么不难发现，对和平的热爱无法阻止普鲁士和法兰西之间的冲突。然而，由于世界上的事物充满了奇迹和变数，维持和平也不是绝对不可能的。侵略是必要的吗？我不这么认为。今天的葡萄牙被侵略了吗？与里斯本政府因一艘其拒绝移交给我们的法兰西船而发生争执时，我们必须侵

普雷沃斯特·帕拉多尔

略葡萄牙吗？唉，我们要做的就是切断‘塔古斯’号上的缆绳——不用开一枪，它就会回到我们身边。”随后，普雷沃斯特·帕拉多尔总结道：“法兰西要么甘心做二流国家，要么必须战斗！”

关于普雷沃斯特·帕拉多尔的书，拿破仑三世评论道：“如此有才华的人士发表的这些言论不仅导致法兰西公众对政府的政策非常不满，而且越来越让我觉得，政府应该努力改变这种局面。”因此，我们开始考虑如何才能平息反对派的恶意并且满足法兰西的舆论的要求。我认为，普鲁士的一些行为表明，强大起来的普鲁士没有对法兰西不友好的意图。在我看来，卢森堡公国并入法兰西将会缓和法兰西人民日益高涨的不安情绪并且为实现真正的和解铺平道路。在莱茵河的另一边的其他人也同意我的观点。我看过一封写于1871年的信。这封由一位在学术界有着崇高地位的德意志人所写的信中写道：“柏林不像拿破仑三世那样看待卢森堡公国的问题。实际上，对一个已经有三千万至四千万人口的国家来说，扩张领土不是很重要。在意大利某些地区，法兰西对萨瓦和尼斯的吞并引起了怨恨情绪，导致这一吞并举动弊大于利。在一个实行普选的国家里，民众的心声可以从民意调查中得到反映，进而影响政府的决策。因此，在实行普选的国家，考虑民众的要求是很好的做法。我有理由相信，虽然奥托·冯·俾斯麦看到并且打算默认这一行动的全部影响，但他无法控制的某些情况打乱了他的计划。”

“即使最聪明的政治家，也不可能总是做到他们想做的。作为法兰西和普鲁士的联盟的纽带的卢森堡问题原本可以驱散毫无根据的猜疑。然而，事实恰恰相反——卢森堡问题重新引起了愤怒，并且成了引起冲突的新因素。从那一刻起，一切都改变了——紧密联系的纽带断在了我的手中。从此以后，在这场游戏中，我的反对者们玩得更轻松自如了。我的反对者们叫喊道：‘这就是你向普鲁士屈尊的产物。你帮助普鲁士维护国家的统一，而想要一个微不足道的省份时，你在柏林只会遭受冷遇和更加不好的事。’当然，这些批评没有错——事实的确如此。我对这件事发生的转折深感失望，这是无须赘言的。我采取的对待普鲁士的政策受到了难以回避的打击，而阿道夫·梯也尔先生对此得意扬扬。现在，情况变得更加困难了——我几乎不可能证明阿道夫·梯也尔的那些邪恶的预言是不公正和毫无根据的。

“外交事务对国内问题总是有着十分强烈的影响。政府应该尽最大的努力发展工业和贸易，维护农业利益，改善公共设施，促进艺术、科学和文化的发展，而在这些方面，第二帝国比法兰西先前的各个政府都做得更优秀。然而，如果法兰西三色旗不再坚定地高高飘扬，那么人们的不安感会导致我们为这片土地的繁荣所做的所有努力都变成徒劳。稍瞥一眼19世纪初的法兰西的历史，我们会发现，波旁王朝的没落就是上述原因造成的，而第二帝国时期的反对派们不仅都很清楚这点，而且充分利用它来反对第二帝国。反对派们不仅在政治上依靠人民的恐惧生活，四处散布谣言说我们没有捍卫法兰西在海外的最大利益，而且不断地煽动这种言论，导致法兰西处于一种不安和狂热的状态。

“考虑到这一事实，我为外交部草拟了一些声明。这些声明的摘录如下：‘许多人宣称，我们正在经受的战争的苦难是普鲁士为增强实力而对我们采取的轻率行动的结果。然而，一个人评价某个事物时，不仅应该考虑其本质，而且要想到它的可能性。的确，自从普鲁士在柯尼格拉茨战役中取得胜利以来，普鲁士的力量得到了大大的增强。实际上，由于普鲁士的部分军队被调走并且加入了德意志南部的军队，我们的军队的人数多于普鲁士军队。让我们假设，如果我们在1866年以前与普鲁士开战，考虑到当时约束着德意志邦联所有成员的条约，那么法兰西应该采取什么立场呢？我们发动战争不仅是为了反抗普鲁士及德意志南部，而且是为了反抗奥地利。德意志邦联视国家为政治机器的观念盛行于法兰西，而这个想法根深蒂固并且难以清除。虽然就内政而言，上述观念的确是事实，但在对外的军事事务中，德意志表现出了灵活性，导致它能与一个力量非常强大的敌人交战。如果在1859年对奥地利的战争中，有一个法兰西连队踏入了属于德意志邦联的领土——例如蒂罗尔——那么从阿尔卑斯山到波罗的海的这个幅员辽阔的国家的人民就都会拿起武器。我们也应该记住，1866年以前，我们不可能和欧洲中心的一些大国结成重要联盟——虽然意大利不是作为一个大国存在的，但当时的奥地利、普鲁士和意大利联系紧密。’”

拿破仑三世还说道：“有人说，1870年，我们孤军奋战，而这种说法是不正确的。1866年欧洲重建时，我们可能有一些同盟国——不仅任何条约都不能阻止奥地利加入我们，而且统一的意大利也可能会来帮助我们。若能如此，即使普鲁士发展壮大，我的政策也必定能取得胜利，因为普鲁士的力量将受到强有力的制衡。1870年，我们可能会获得四十万意大利人和七十万奥匈帝国的人的支持。然而，1866年以前，我们没有任何理由期望得到中欧的任何支持。实际上，由于反对派一直在混淆视听，法兰西人民没有看清真相。”

拿破仑三世继续补充道：“1867年后，法兰西人民变得非常焦虑。虽然法兰西境内相对比较和平，但法兰西和其他国家的关系带来了焦虑。我的意图被误解了，而一场不信任的风暴正在呼啸——毫无疑问，第二帝国的威信受到了削弱。为了让国民代表们承担更多责任，我抓住机会增加立法机关的权力。经过一系列的特许后，我们的第二帝国政府变成了一个纯粹的宪政政府和法兰西有史以来最自由的政府——代表由公民投票选举；立法机关有着很大的权力；参议院发生了巨大改变；内阁大臣要对他们的行为负责；媒体更加自由；举行公众会议也变得很普遍。这就是1870年普法战争爆发前的第二帝国的制度，而此后，这个曾经拥有权利和自由的国家再也不能主宰自己的命运。然而，在杜伊勒里宫，我们都在问自己一个问题：法兰西将会如何利用这些机会？这个国家举国上下，包括内阁、政府、欧仁妮皇后和我，都渴望着和平。战争即将到来，导致法兰西和欧洲都处于紧张状态。虽然公众舆论认为欧仁妮皇后期待这场战争，但实际上这场战争不是我们挑起的——这是一场我们被迫发动的战争。

“埃米勒·奥利维耶先生在第二帝国时期曾当过司法大臣。埃米勒·奥利维耶先生虽然以前是一名共和党人，但现在是帝国支持者，并且认为即将开始的宪法体制是眼下焦头烂额的法兰西的福祉。埃米勒·奥利维耶先生一直致力于捍卫和倡导自己的事业，是一位真诚、勇敢的人。埃米勒·奥利维耶先生接受了我指派给他的困难又琐碎的任务，并且迅速地制订了解决方案。埃米勒·奥利维耶先生接受‘民族’原则，对外声明德意志完全有权利组织最好的联盟。埃米勒·奥利维耶先生对外声明后，在英国的帮助下，时任第二帝国外交大臣的拿破仑·达鲁伯爵向普鲁士政府提出了减少武装力量的建议。为了向普鲁士政府证明法兰西的真诚，我们给立法机关呈递了一份依据每年的情况裁减大约一万名士兵的提案。这份提案需要投票。因为大部分立法机构成员都反对增加军事力量，所以我们的政策获得了支持。如果我们想减少军费，那么裁军是必然的。法兰西皇室和政府立法机关的联合行动有助于普鲁士政府接受我们的提议。然而，实际上，普鲁士政府对我们的提案冷漠又推诿，导致后者最终被搁置了。我们的行动是有意义的——至少在1870年年初，所有事情仍然在朝着和平的方向发展。

“我们现在的目标是，在新的自由政体的帮助下，在精神和物质两个层面促进国家发展。然而，整个法兰西都弥漫着一种焦虑的气氛。反对派虽然在媒体上不断抱怨普鲁士扩充军队，但拒绝为法兰西军队提供更多的拨款。反对派还指责政府对普鲁士采取了过于温和和耐心的政策，伤害了法兰西的真正利益。反对派在立法机构进行的演讲不仅煽动了法兰西人民的情绪，对法兰西军队起了很不好的影响，而且导致普鲁士采取了武装行动。法兰西军队的士兵开始问自己，政府是否真的软弱，以及在普鲁士面前，法兰西军队是否丢了人？我们担心的事情可能会发生——实际上，它不仅确实发生了，而且导致我们最后的希望破灭了。虽然我竭尽全力阻止悲剧，但普鲁士和法兰西仍然成了仇人。”

拿破仑三世虽然生性沉默寡言，但有时，尤其是和朋友们在一起时，会变得很健谈。在生命的最后几年，拿破仑三世并不介意谈论过去。拿破仑三世回顾了大多数发生于19世纪中叶的欧洲和美洲的伟大政治事件——在这些事件中，他曾发挥了重要的作用。由于口才很好并且思路清晰，拿破仑三世谈及过去的言论不仅贴近主题，而且生动活泼，饶有趣味。拿破仑三世不仅在所有与自己有关的事情上都非常谦虚，而且对那些与他意见相左的人，甚至那些公然敌视他的人，都非常公正友好。拿破仑三世言语温和，对朋友和敌人都很慷慨。

多亏了欧仁妮皇后和一些身边的人，拿破仑三世的一些谈话记录得以保存下来，而本书中就有一些这样的记录。关于拿破仑三世的长时间的谈话，本书一般只记录其中最有趣、最有价值的部分。以下谈话发生在奇泽尔赫斯特，而与拿破仑三世谈话的人是一位他的忠诚的追随者，即已故的布安维利耶先生。布安维利耶先生是第二帝国时期的元老院成员，知识渊博。当时，拿破仑三世和布安维利耶先生讨论的主题是柯尼格拉茨后的欧洲局势，而拿破仑三世说道：

“令大多数人惊讶的是，从普鲁士打败奥地利的那一刻起，我就充分意识到一个事实，即总有一天，普鲁士和法兰西之间的战争将不可避免。因此，在我的建议下，一个军事委员会成立了。这个军事委员会的职责是拟订一项法案，为一百二十万至一百三十万人的军队提供军费。从1867年至1870年的三年时间里，我利用政府公报、统计数据和大臣们的演讲等方法，千方百计地让公众了解形势的危险，使所有人都相信军队改革迫在眉睫，并且抵制不断出现的对加强法兰西军事力量提议的反对。然而，最终，这些举措都失败了。我清楚地记得，时任战争大臣阿道夫·尼埃尔几乎是含着眼泪，哀叹反对派的行为。反对派虽然对阿道夫·尼埃尔很友好，但不接受他的游说——反对派们从来没有考虑过发生战争的可能性。与此同时，预算委员会认为不仅有必要降低陆军部的预算支出，而且需要减少派去军队的人、马和大炮的数量或为防御工事拨出的款项。竞选立法机构代表的反对党候选人向选民承诺削减开支，而这些承诺得到了选民们的热烈支持。最终，我们的提案虽然获得了通过，但由于已经被修改得面目全非，对改善法兰西军事机构的可悲状况几乎没有发挥任何作用。

“那些后来指责我不做任何准备就发动了战争的人正是那些阻止我们做准备的人。当时的我年事已高。除非迫不得已，我不会主动冒险。我对法兰西和普鲁士的实力进行了长时间的仔细对比和考量——由于法兰西军队无法获得急需的军费，即使是最普通的人，也会对这一切谨慎起来。现在回忆对第二帝国的抗议和刻薄话语是没有用的。‘我们要为法兰西民族受到的侮辱报仇’等言辞出自那些不相信战争会发生的人之口，而他们此前不仅支持削减军费支出，而且对‘军事化的法兰西’感到愤慨。

“我觉得，变得更冷静并且更自制时，法兰西人民会意识到一个事实，即我虽然是统治者，但只能在内阁的制约下处理事务。因此，战争精神主导法兰西时，我就不得不把自己置于战争的领导者的地位。然而，我要说明的是，我从来没有对这个事实视而不见。自法兰西第二帝国诞生之日起，这种议会制度就一直存在，但我知道谁会在出了问题后承担所有责任。然而，第二帝国政权刚建立时，我获得了整个法兰西的高度赞扬！危机来临时，君主要对发生的一切负责——我知道，这件事迟早会发生的。

“现在，我来谈谈法兰西和普鲁士两国的实力。关于这一点，存在不少真假难辨的话。1870年夏季，我们在法兰西有三十六万五千名士兵，在阿尔及利亚有六万三千名士兵，在意大利有五千名士兵，合计有四十三万三千名士兵。扣除休假的十万八千名士兵后，我们有一支由三十二万五千名士兵组成的现役军队。加上二十一万八千名预备役士兵后，法兰西军队总计拥有五十四万三千名士兵。普鲁士召集了五十万人，包括来自新邦联的不同地区的一大批后备军，而这一大批后备军并不认同普鲁士的霸权。因此，我们想击败对手虽然似乎很困难，但不是不可能的。从军队规模上看，我们不弱于普鲁士。事实证明，我们的弱点在另一个方面，即从和平状态迅速过渡到战争状态。在和平与战争的过渡上，我们处于劣势，而敌人做得近乎完美。我们损失了太多的时间，而普鲁士人因此得到了非常多时间。大臣们坚定地认为我们有两三个月的时间来召集和完善军队组织，还认为我们的正规军足以应付战争。大臣们的意见难以改变。只有知晓反对党的这种态度，我们才可以理解当时法兰西的社会现实——否则，这个事实会令人非常费解——在人人都信心满满的法兰西，没有一位政治家、一位商人、一位将军、一名记者质疑我们会取得战争的胜利，而当发现我们只有一个敌人要对付时，这种信心骤然增加。

“1870年，我的对手犯错了，而我也犯错了。我的对手不相信我，我也不应该相信他们。倡导不明智的节约政策时，反对派们没有意识到他们犯的错误会带来严重后果。反对派们不断地打压所谓的‘挥霍的’‘专制的’政府。虽然反对派们并不打算推翻法兰西政府，但由于不断遭到打压，后者甚至无力抵御民众暴动。

“我挑选的将军们不仅都很勇敢，而且完成此前的任务时，都表现得很出色。在1870年的战败前，这些将军是国家的英雄，受到国内外赞扬。如今，人们已经遗忘了这些将军曾经的英勇事迹和显赫声名，而我也成了众矢之的。看到昔日英勇的军官们受到恶意中伤，并且因与我保持关系而被指责，我感到十分悲痛——似乎我被罢免并且囚禁也不足以安抚一些人的怨恨。

“第一次失利后，我想赶紧回巴黎。我有一种预感，即决定战争走向的重大举措将在巴黎决定，而第二帝国的命运也将因此受到影响。然而，大臣们和我持相反意见，导致我只能屈从于他们的决定。在色当，我做了最谦逊的法兰西士兵应该做的事，即宣布停止战斗，并且将自己视作战俘。我做了自己应该做的事情。这种停战决定不是为了最终投降而妥协——投降文书只有将军们才有权签署。由于拯救了八万名像狮子一样整天战斗的士兵的生命，我认为停战是值得的——如果我没有这么做，那么这些勇敢的士兵就会被屠杀，而无论是为了法兰西国家的利益还是荣誉，我们都不需要如此可怕的牺牲。我们投降了——我们不可能不投降。虽然安乐椅上的战略家们制订计划，视士兵们的生命如粪土一样廉价，但奋战在前线的人不这么认为。

“有人说，对我的名誉和法兰西政府来说，我们都被埋在色当的废墟下的结果可能会更好。然而，要知道的是，如果我可以拯救这么多英勇的士兵的生命却不这样做的话，那么我的良心会永远不安。

“我将自己视作战俘的另一个原因是普鲁士公开宣称自身不是与法兰西对立，而是与我和我的权力势不两立。因此，如果我在敌人的手中，那么获得和平就容易多了。

“我虽然有可能再次登上王位，但已经不想再进行统治了。然而，是否进行统治取决于当下的局势而不是我的个人意愿——如果国家需要某位王子来进行统治，那么这不是为了王子的个人利益，而是因为国家希望通过这位王子掌管的政府来为人民谋利。1848年，法兰西将我从放逐中召回。虽然我无法为法兰西的未来承诺什么，但当时需要建立一个有序的政府体系，法兰西知道我可以给予它渴望的和平与安全。因此，局势决定需求。

“我不仅没有对自己认同的政治原则失去信心，而且认为我的政治原则仍然优于那些希望在法兰西掌权的人。1870年9月4日，法兰西第三共和国建立，而这没有使我相信法兰西已经改变了对伟大政治制度的看法。对国家来说，决定未来政府形式的行为不仅是明智的，而且是走出困境的唯一正确的和最终的出路。因此，我总是督促我所有的支持者们忠于法兰西，不要抛弃祖国。所有人都必须服从对国家有利的决策。”

以下文字是从拿破仑三世留下的笔记，还有一些是从他在奇泽尔赫斯特居住期间和其他人的对话中摘录的。

“各国会团结起来并且形成更大的联盟——这是不可抗拒的趋势。这种趋势不是建立在白日梦和乌托邦幻想上的，而是经济发展的自然结果。各国愈来愈密切的相互交流会使各国人民团结在一起——尤其是讲同一种语言时，共同利益会让各国人民更加团结和友好。因此，那些分裂长达数百年的民族再一次凝聚在一起并且形成统一国家是自然的结果。虽然这种演变有时进展得非常缓慢，需要等待漫长的时间，甚至在一些时期没有任何发展迹象，但无论早晚，那种强大的趋势都会克服所有障碍，在最意想不到的时刻出现。

“由于忙着统治不同起源和语言的其他国家的人，包括匈牙利人和伦巴底人、捷克人和斯拉夫人，奥地利忽略了这种凝聚原则，而经过18世纪初的衰败后，普鲁士意识到并且通过耐心应用这一原则成了欧洲的一股强大力量。

“关于意大利统一的后果，人们谈论得很多，而这也是德意志统一的原因。意大利对统一的渴望和最终实现虽然的确是促成德意志统一的原因之一，但不是唯一原因——自1813年起，普鲁士和整个德意志就一直在做统一之前的准备工作。摆脱鼓吹大德意志国的诗歌与哲学的影响后，普鲁士人开始采用更实际的观点看待统一问题，并且问自己是否想通过民族战争获得长久以来都在渴望的联邦。德意志人开始思考一个问题，即他们的国家是否会像在霍恩斯陶芬王朝时期一样，再次成为欧洲最重要的国家？由于奥地利正忙于其他方面的工作，普鲁士成为有能力实现这一愿景的唯一选择。然而，从勃兰登堡的选举人在欧洲秘密会议中占有了一席之地，以及天才的腓特烈二世①反对玛丽亚·特蕾莎的权力的那一天起，普鲁士就开始遭到侵略，几乎被消灭并且成为一个纯粹的‘地理表述’，而霍亨索伦王朝也曾被拿破仑一世踩在脚下。普鲁士民众很有耐心和爱国思想，有着对未来的美好德意志的憧憬。虽然普鲁士境内不乏由私人利益引发的内斗，但面对大局利益时，普鲁士民众总有一双慧眼。

“意大利战争结束后，奥地利似乎从来没有想象过任何可能来自普鲁士的威胁。虽然法兰西刚刚获得了奥地利割让的富饶省份伦巴底，并将伦巴底给了意大利，且将奥地利及盟军逐出意大利半岛，但对奥地利而言，亲近法兰西应该是明智

① 即腓特烈大帝。

玛丽亚·特蕾莎

的举措。马真塔战役后的第二天，普鲁士摄政王，即后来的普鲁士国王威廉一世动员了他的军队，竭力使我相信他会阻止我取得胜利。虽然奥地利认为普鲁士是受到友谊的驱使才动员了军队，但这种观点是错误的。普鲁士是为了自身的私利而动员的军队，而从几年后的痛苦经历中，奥地利皇帝弗朗茨•约瑟夫一世才意识到这个事实。

"1856年，'小国家'普鲁士请求我帮助其获得参加巴黎的欧洲大会的许可，而正是这一举动使普鲁士成了一个'大国'——从那一天起，普鲁士取得了长足发展。意大利战争爆发后，普鲁士一直在做准备，并且希望取得更大的发展和进步。当时，一位非常有名的外交官说道：'这个机会太好了——不抓住它太可惜了。'这位外交官说得非常贴切。为了达到进步的目的，普鲁士人做了长期的准备工作，而这些准备工作不仅主要是在一些大学进行的，而且进行得有序且平和。这些大学为人们提供学习场所并且启迪人们已有五十多年，已经演化为重塑人们思想、推动人们期盼建立统一民族的温床。在这些大学中，来自五湖四海的同学每天都聚集在一间大教室里——他们已经扫除了头脑里对各个邦的偏见。终于，有利于统一的社团形成了。这个社团中有德意志伟大的哲学家、诗人、历史学家和其他学者，而他们的雄心、朝气和热情都迸发了出来。在18世纪末和19世纪初，约翰•沃尔夫冈•冯•歌德、约翰•克里斯托弗•弗里德里希•冯•席勒、伊曼努尔•康德等许多名人不仅让莱茵河另一侧变得璀璨夺目，而且为德意志统一所做的努力超过了奥托•冯•俾斯麦和赫尔穆特•卡尔•贝恩哈特•冯•毛奇等政治家和军事家。总而言之，诸多伟大人物出现时，民族转型的时机就已经成熟了。

“我密切关注着德意志统一的早期萌芽。给我留下了深刻印象的德意志关税同盟的建立是德意志走向统一的关键一步。早在1840年，铁路的引入便有力地推动了德意志的统一运动。毫无疑问，德意志统一近在咫尺。而人们唯一不太清楚的是，新的国家应该悬挂普鲁士的旗帜还是奥地利的旗帜。与此同时，萨克森的弗里德里希•费迪南德•冯•比斯特伯爵制订了一个计划，即想在普鲁士和奥地利之间建立一种卫星国都遵循的联盟协定。当然，虽然弗里德里希•费迪南德•冯•比斯特伯爵的计划现在已经众所周知，但我第一次听到时，公众尚不知晓这个计划。我一眼就看出了弗里德里希•费迪南德•冯•比斯特伯爵的计划的重要意义，但这样的联盟会缺乏力量和凝聚力。如果奥地利成为轴心和首脑，那么会有什么样的结果呢？秘密地参与了这项计划的每一个人都迫切地想知道这个问题的答案。我从来没想过奥地利成为领导者会是怎样的情形。奥地利不仅对德意志的次要国家有着重要的影响，而且支持德意志所有的统治阶层、贵族和天主教徒。1850年，在法兰克福，有那么一刻，奥地利皇帝弗朗茨•约瑟夫一世好像想夺回德意志帝国的皇冠。然而，虽然普鲁士的体制更倾向于贵族及政府专权，但自由党似乎更信任普鲁士。总之，在莱茵河另一侧，事情已经发展到了这样一个地步：普鲁士和奥地利即将爆发冲突，而冲突的起因就是哪一方会带来德意志渴望的统一。在即将到来的冲突中，法兰西会站在哪一边呢？

约翰·沃尔夫冈·冯·歌德

约翰·克里斯托弗·弗里德里希·冯·席勒

“按照普鲁士的计划，德意志统一就是将莱茵河另一侧所有讲德语的民族统一起来，建立一个由大约三千八百万居民组成的国家。在普鲁士的计划中，虽然我希望奥地利作为一种平衡力量占有一席之地，但奥地利被完全搁置在一边。我们都觉得，在莱茵河的另一侧和法兰西的边境，普鲁士政府建立了一个令人畏惧的国家。然而，如果莱茵河的另一侧建立了一个以奥地利为首的统一的德意志帝国，那么意味着这个帝国会有三千八百万讲德语的人和三千七百万奥地利人，即七千五百万人口。当时的人们普遍认为，奥地利如果真能建立以自身为首的德意志帝国，那么就能拿回它在1859年失去的意大利的土地！因此，一方面，我们必须对莱茵河另一侧的新建立的帝国带来的威胁保持高度警惕，而另一方面，我们必须记住，在军事力量的威胁方面，武装和指挥比纯粹的数量更加需要警惕——我们陷入1870年的不幸冲突时，莱茵河另一侧的局势就是如此。”

第24章

1870年普法战争的原因

在本章，我将叙述普鲁士的阴谋，而该阴谋对法兰西造成了致命打击。叙述这段历史时，我会对某些方面做详细叙述——首先，这段历史中的某些事件鲜为人知；其次，在与欧仁妮皇后有关的文件中，这些从未被提到过的事件给现代欧洲的这段历史蒙上了一层阴影。或许，我还可以增加第三个原因，即在本章中，我不仅想让世人了解在第二帝国这段时期的拿破仑三世和欧仁妮皇后的生活，而且要指出他们受到的不公正的指责，而这些指责对他们的政权、他们的挚友，以及一直以来因此而遭人诟病的法兰西来说都是致命的。最后，我要指出的是，在这几页中，我零散地插入了一些资料，而这些资料来自当时身处马德里的玛丽亚·马纽埃拉·基尔巴特里克的私人信函。

1868年9月，西班牙爆发了一场起义。在加的斯港，西班牙舰队船员首先表现出了不满情绪。起义很快蔓延到城镇，然后席卷了整个安达卢西亚。波及马德里时，起义已经发展为革命。当时，西班牙女王玛丽亚·伊莎贝拉·路易莎·德·博尔冯正好在圣塞瓦斯蒂安。起初，有人说西班牙女王玛丽亚·伊莎贝拉·路易莎·德·博尔冯会马上返回首都——显然，这个说法不正确。当时，在给欧仁妮皇后的信中，西班牙女王玛丽亚·伊莎贝拉·路易莎·德·博尔冯身边的一位朋友写道："起义的队伍在逐渐壮大，势不可当。西班牙女王玛丽亚·伊莎贝拉·路易莎·德·博尔冯决定越过边境进入法兰西。"在欧仁妮皇后的建议下，拿破仑三世立即给了西班牙女王玛丽亚·伊莎贝拉·路易莎·德·博尔冯一处位于波城城堡的避难所。后来，西班牙女王玛丽亚•伊莎贝拉•路易莎•德•博尔冯的这位朋友补充道："虽然西班牙女王玛丽亚•伊莎贝拉•路易莎•德•博尔冯没有试图制服革命党，但这是不明智的吗？或者，当这场风暴降临在一个极度推崇波旁王朝的国家时，西班牙女王玛丽亚•伊莎贝拉•路易莎•德•博尔冯是否会表现得更明智一些？这些问题不仅经常被问到，而且有各式各样的回答。"

西班牙的这场起义是由三个党派共同造成的。这三个党派包括强调进行重大社会改革的社会进步党，由支持联邦共和国的民主人士构成的民主党，以及由代表自由中产阶级愿望的工会人员构成的工会党。弗朗西斯科•塞拉诺•多明格斯和

弗朗西斯科・塞拉诺・多明格斯

胡安·鲍蒂斯塔·托佩特

胡安·鲍蒂斯塔·托佩特属于工会党，而胡安·普里姆是社会进步党的领袖。得知西班牙女王玛丽亚·伊莎贝拉·路易莎·德·博尔冯越过边界进入法兰西后，临时政府立即成立了。弗朗西斯科·塞拉诺·多明格斯担任临时政府的首相，而胡安·普里姆则成了军政大臣——他们的主要目的是重建秩序。快速镇压了一些暴乱后，临时政府开始安排西班牙国会选举。虽然选举顺利地进行，但共和党只获得了少数席位——胜利的果实则被忠于君主制思想的工会党和社会进步党瓜分了。显然，经过短暂的过渡后，西班牙会回归君主制——这场革命只是一场王朝更迭。

1869年2月11日，西班牙国会开始着手解决一个重大问题，即为西班牙找到一位新的国王。西班牙国会提议了几位候选人，而柏林的人们感到万分焦虑。在写给阿尔伯特亲王的信中，一位柏林的大人物说道："一定不能让西班牙扶立一位为拿破仑三世效力的国王。"那么，谁应该当选？拿破仑三世说道："对工会党来说，

萨克森－科堡－哥达的斐迪南二世

最好的选择就是路易·菲利普一世的儿子——蒙庞西耶公爵安托万·德·奥尔良。和西班牙女王的妹妹结婚后，蒙庞西耶公爵安托万成为西班牙人。对社会进步党来说，萨克森-科堡-哥达的斐迪南二世是更好的选择——他是葡萄牙女王玛丽亚二世的鳏夫和葡萄牙国王佩德罗五世的父亲。有人推荐英国的阿尔弗雷德·恩斯特·阿尔伯特王子、科堡的菲利普王子和奥地利的查尔斯大公。意大利国王维托里奥·埃马努埃莱二世批准了其儿子奥斯塔公爵阿马德奥·斐迪南多·玛利亚的候选人资格。”西班牙的新国王究竟由谁来当是1870年普法战争的源头。据报道，在德意志，人们认为能成功登上西班牙王位的人可能是霍亨索伦家族的利奥波德王子，即霍亨索伦家族的卡尔·安东王子的长子，以及第二代罗马尼亚大公卡罗尔一世的兄长，三十五岁的利奥波德王子。他娶了葡萄牙的安东尼亚公主，而后者是一位天主教徒，不是教皇绝对权力主义者。此外，葡萄牙的安东尼亚公主是普鲁士皇室的亲戚，曾与缪拉家族结盟。我们从马德里获悉，数不清的阴谋正在酝酿之中。一位了解时情的法兰西人写道："弗朗西斯科·塞拉诺·多明格斯还在犹豫，而胡安·普里姆的言辞模棱两可。当时，由于第一代奥斯塔公爵阿马德奥·斐迪南多·玛利亚得到了胡安·普里姆的支持，恰尔迪尼从意大利赶了回来。"然而，最终，第一代奥斯塔公爵阿马德奥·斐迪南多·玛利亚和萨克森-科堡-哥达的斐迪南二世都拒绝接受西班牙王位。后来，只剩下了两位候选人——蒙庞西耶公爵安托万·德·奥尔良和利奥波德王子。

拿破仑三世后来曾写道："虽然我不想参与西班牙的这些内部事务，但有人声称，我正试图恢复没落的政权。人们普遍认为蒙庞西耶公爵安托万·德·奥尔良会当

利奥波德王子

萨卢斯蒂亚诺·德·奥洛扎加

选西班牙新国王时，以特别大使的身份从马德里赶来的萨卢斯蒂亚诺·德·奥洛扎加向胡安·普里姆报告称，议院不会通过这项议案。因此。我委派时任外交大臣德·拉瓦索莱特侯爵通知法兰西驻马德里的代表，表明巴黎不会干涉西班牙事务——我们可以毫不犹豫地接受任何西班牙王位候选人的当选。然而，萨卢斯蒂亚诺·德·奥洛扎加不仅坚决不同意蒙庞西耶公爵安托万·德·奥尔良获得西班牙王位，而且说服胡安·鲍蒂斯塔·托佩特加入了胡安·普里姆的阵营，共同支持萨克森-科堡-哥达的斐迪南二世。众所周知，萨克森-科堡-哥达的斐迪南二世又一次拒绝了登上西班牙王位，而这令马德里方面十分失望。意气风发的西班牙人受到了伤害，并且认为利奥波德王子太年轻，不能胜任西班牙王位。'他们试图将所有责任推到蒙庞西耶公爵安托万·德·奥尔良身上，'我们驻里斯本的记者写道，'他们声称，蒙庞西耶公爵安托万·德·奥尔良试图通过贬低萨克森-科堡-哥达的斐迪南二世来让自己在葡萄牙首都大受欢迎。'有人告诉我们，蒙庞西耶公爵安托万·德·奥尔良引起了教皇的大使路易吉·俄勒利亚对萨克森-科堡-哥达的斐迪南二世不光彩的私通事件的注意，并且极力主张通过联姻来结束这一丑闻。实际上，路易吉•俄勒利亚确实把联姻的事提了出来，而萨克森-科堡-哥达的斐迪南二世不久后就娶了埃德拉女伯爵爱丽丝——这个举动几乎会终结他成为西班牙国王的所有可能性！我们驻里斯本的记者写道：'这就是蒙庞西耶公爵安托万•德•奥尔良的目的所在！'

"有一天，我们得知，胡安•普里姆已与利奥波德王子展开了谈判，想让利奥波德王子接受王位。无论如何，这场谈判一定很快就结束了——利奥波德王子动身去了布加勒斯特并且打算在那里逗留一段时间。与此同时，蒙庞西耶公爵安托万•德•奥尔良的支持者一直在努力。实际上，一天下午，普鲁士驻维也纳大使冯•格尔茨伯爵以奥托•冯•俾斯麦的名义拜访了欧仁妮皇后。冯•格尔茨伯爵告诉欧仁妮皇后，1869年3月，虽然西班牙驻维也纳大使曾去柏林并且就'蒙庞西耶公爵事件'与柏林内阁成员交谈，但普鲁士毫无兴趣。虽然当时的普鲁士可能只想削弱法兰西对西班牙的影响，但后来，赫尔穆特•卡尔•贝恩哈特•冯•毛奇想利用此事激怒我——我得知，在柏林的一个小晚宴上，赫尔穆特•卡尔•贝恩哈特•冯•毛奇

萨克森-科堡-哥达的斐迪南二世与埃德拉女伯爵爱丽丝

说道：‘西班牙的革命运动造成了拿破仑三世的瘫痪——他行动起来像石膏。我认为，我们没有任何理由反对西班牙建立共和国体制，而这会是惹恼拿破仑三世的最好办法。’总之，当时的普鲁士想要一个拥有共和体制——或者表面上愿意接受一个奥尔良王子的统治，却不愿帮助他登上王位的西班牙。然而，利奥波德王子的出现将彻底改变整件事情——我们知道，奥托·冯·俾斯麦支持这个我已经提到过很多次的利奥波德王子。”

拿破仑三世的一位密友撰写了一份描述樊尚·贝内代蒂伯爵与奥托·冯·俾斯麦之间的纠葛的记录，而其部分内容如下：

“法兰西驻柏林大使樊尚·贝内代蒂伯爵被派去了解普鲁士首相奥托·冯·俾斯麦对西班牙的王位问题的看法。1869年3月31日，第一次见到普鲁士外交部官员卡尔·赫尔曼·冯·西尔时，樊尚·贝内代蒂伯爵对他说：‘对拿破仑三世而言，西班牙

卡尔·赫尔曼·冯·西尔

国王的候选人究竟是谁很重要。我有责任告知我的皇帝。’卡尔·赫尔曼·冯·西尔向樊尚·贝内代蒂伯爵保证，利奥波德王子这样的候选人是不可能登上西班牙王位的。不久后，樊尚·贝内代蒂伯爵被召回了巴黎，而拿破仑三世接见了他，说道：‘蒙庞西耶公爵安托万·德·奥尔良只是反对我的王朝——由于只针对我，这种抨击是允许的。然而，霍亨索伦家族的利奥波德王子反对的是法兰西。因此，我们必须不顾一切地阻止利奥波德王子登上西班牙的王位。回柏林与奥托·冯·俾斯麦谈论这件事时，你要小心措辞，尽量不让奥托·冯·俾斯麦认为我们想挑起矛盾。’接见樊尚·贝内代蒂伯爵时，奥托·冯·俾斯麦回答了樊尚·贝内代蒂伯爵的问题，似乎毫无尴尬。奥托·冯·俾斯麦说道：‘虽然如果利奥波德王子被西班牙国会选中，那么他的统治不仅将是短暂的，而且会充满失望和危险，但普鲁士国王威廉一世无法拒绝接受西班牙国会的选举结果，然而，樊尚·贝内代蒂伯爵肯定，卡尔·安东王子根本没有梦想着他的儿子利奥波德王子会有这样伟大的成就。在罗马尼亚为大儿子做出了如此巨大的牺牲之后，卡尔·安东王子还可能在比利牛斯山脉的另一侧自找新的负担和困难吗？这是不可能的。

“樊尚·贝内代蒂伯爵问奥托·冯·俾斯麦是否考虑到了这个问题，而后者毫不犹豫地承认他已与普鲁士国王威廉一世和卡尔·安东王子谈过此事。‘无论如何，’樊尚·贝内代蒂伯爵说道，‘我想，如果没有征得普鲁士国王威廉一世的同意，那么利奥波德王子不会接受这个提议。’看来，奥托·冯·俾斯麦既没有否认樊尚·贝内代蒂伯爵的这种推测，也没给出一个肯定的回答——他选择了含糊其词。奥托·冯·俾斯麦又一次谈到了西班牙王位问题带来的失望、阴谋和竞争，并且认为这些竞争会严重推迟最后的选择。樊尚·贝内代蒂伯爵重申，法兰西对西班牙的王位问题的进展非常关注，而奥托·冯·俾斯麦再次回避了这一话题。樊尚·贝内代蒂伯爵觉得，如果巴黎方面不发来新的指示，那么他便不能再与奥托·冯·俾斯麦继续周旋下去。‘为了逃避这次会晤的主要目的，’樊尚·贝内代蒂伯爵说道，‘奥托·冯·俾斯麦突然用信任的口吻说，腓特烈·查尔斯王子很想去西班牙碰碰运气。’‘然而，’奥托·冯·俾斯麦补充道，‘宗教差异将是一个不可逾越的障碍——腓特烈·查尔斯王子自愿信仰天主教也不会消除所有对他的偏见。腓特烈·查尔斯王子虽然是一位勇敢而杰出的官员，但从未表现出任何政治领导才能。因此，腓特烈·查尔斯王子会发现自己面临的困难非常多。’实际上，奥托·冯·俾斯麦不会为未来做出任何承诺。然而，卡尔·赫尔曼·冯·西尔不仅以他的荣誉向我们保证，在角逐西班牙王位的过程中，普鲁士候选人不存在暗箱操作，而且让我们相信，没有什么能够干扰未来的最终结果。”

1869年后，西班牙的王位问题再也没有被公开讨论过。奥托·冯·俾斯麦暗中将自己忠实的下属，原本在佛罗伦萨的弗里德里克·冯·伯恩哈迪派去了马德里。弗里德里克·冯·伯恩哈迪得到了一个指示——正如杜伊勒里宫所知道的——“支持

弗里德里克·冯·伯恩哈迪

任何可能使法兰西不快的事情。凡是能使西班牙摆脱法兰西影响的事，普鲁士政府都乐意接受。无论西班牙最终采用何种形式的政治制度，普鲁士最希望获得的就是西班牙与法兰西的关系的最大限度的破裂——这也是我们唯一的愿望。”1869年5月底，弗里德里克·冯·伯恩哈迪到达了西班牙，而他所做的第一件事就是游览了有共和党人的要塞安达卢西亚。起初，由于不理解弗里德里克·冯·伯恩哈迪的这一举动，杜伊勒里宫的官员认为这位奥托·冯·俾斯麦的代表只是在“愉快地航行”。“然而，”拿破仑三世诙谐地说道，“在我看来，奥托·冯·俾斯麦的代表，即弗里德里克·冯·伯恩哈迪就像个把水和威士忌混杂在一起的老酒徒。弗里德里克·冯·伯恩哈迪只放了少量水，即所谓的‘愉快地航行’，却放了大量的威士忌，即他的政治意图。然而，和酒徒不一样的是这样的混合物无法让奥托·冯·俾斯麦或者弗里德里克·冯·伯恩哈迪醉意朦胧。”

其他外交官也在谨慎地分析形势。正在里斯本休假的葡萄牙驻比利时大使德·塞萨尔子爵对被派去萨克森-科堡-哥达的斐迪南二世处的西班牙特使洛斯·里奥斯说道：“你为什么不通过利用你与那些有影响力的西班牙男人的友好关系和胡安·普里姆来保障利奥波德王子的候选人资格？这不仅将会是一个极好的选择，而且可以取悦普鲁士及萨克森-科堡-哥达的斐迪南二世。唯一不高兴的人就是拿破仑三世。”在和很有影响力的葡萄牙人尼扎侯爵谈话时，十分精明的意大利外交官奥尔多尼侯爵也说了和德·塞萨尔子爵类似的话，并且建议前者在这件事情上听从胡安·普里姆的提议。奥尔多尼侯爵说道：“这个计划不仅可以取悦萨克森-科堡-哥达的斐迪南二世，而且可以看作是支持意大利的举动。如果可能的话，那么通过意大利的外交手腕，这个计划可能会得到葡萄牙的支持。”此外，奥尔多尼侯爵宣称这只是他的个人观点。虽然类似的信息不断涌入杜伊勒里宫，但拿破仑三世坚定地认为德·塞萨尔子爵和奥尔多尼侯爵只是柏林的一些外交大使而已。与此同时，报纸开始关注这个问题。就这一问题，报纸上发表了一篇文章，而这篇文章是一位柏林银行家写给弗朗西斯科·塞拉诺·多明格斯的一封信，高度赞扬了利奥波德王子的优点。人们总是认为，和其他相似的信一样，这封信的作者也来自普鲁士外交部，而拿破仑三世也持同样的观点，并且笑着说道：“虽然奥托·冯·俾斯麦否认了这是普鲁士外交部的主意，但如果我们相信奥托·冯·俾斯麦否认的事情，那么任何事都不能被相信了。”

关于这一时期，拿破仑三世说道：“很多人希望我能支持西班牙的阿斯图里亚斯亲王并且重建颓败的王朝。的确，欧仁妮皇后和我都对阿斯图里亚斯亲王深感同情。然而，我认为自己有责任不蹚西班牙事件的浑水。我还告诉一位名叫弗朗西斯科·赛尔维拉的西班牙大臣，我希望西班牙幸福繁荣，做自己命运的主宰者。最开始时，法兰西公众就没有显示出对蒙庞西耶公爵安托万·德·奥尔良的热情，而无论多么轻微的干预，在这个时候介入西班牙事务都是很不明智的行为。”

1869年5月20日的整个夜晚，西班牙国会都在进行投票选举西班牙国王，而1869年5月21日早晨，欧仁妮皇后告诉拿破仑三世这个消息时，后者问道：“没有君主的君主制有什么好的呢？”由于没有更好的国王人选，萨卢斯蒂亚诺·德·奥洛

弗朗西斯科·赛尔维拉

扎加提议由弗朗西斯科·塞拉诺·多明格斯担任摄政王。后来，弗朗西斯科·塞拉诺·多明格斯和驻马德里的法兰西大使就这个问题进行了详谈，而大使把对话内容转达给了杜伊勒里宫。弗朗西斯科·塞拉诺·多明格斯说道："只有稳定的权力才具有权威。这使我想起了19世纪三四十年代发生的事情——当时，在西班牙，巴尔多梅罗·埃斯帕特罗结束了内战，并且在玛丽亚·克里斯蒂娜王后的支持下担任了摄政王。后来，玛丽亚·克里斯蒂娜王后失去权力，而巴尔多梅罗·埃斯帕特罗也被流放了。试想一下，我的地位是多么低下——最多三个月后，我将地位不保。"由于当时的西班牙邮递缓慢，这段谈话寄到杜伊勒里宫时，弗朗西斯科·塞拉诺·多明格斯已经被选为摄政王。拿破仑三世评论道："好吧，弗朗西斯科·塞拉诺·多明格斯承担的角色是拾破烂的人，而不是破烂本身。"这句话暗指西班牙糟糕又跌宕的政治

巴尔多梅罗·埃斯帕特罗

形势。后来，这位驻西班牙的法兰西大使给拿破仑三世寄了更多的信，详述西班牙事件的情况。当时，弗朗西斯科·塞拉诺·多明格斯已经成了摄政王，而胡安·普里姆担任首相和军事大臣。胡安·普里姆的一个朋友格雷索阐述了前者的外交观点："胡安·普里姆认为虽然和法兰西建立并且保持友好关系十分重要，但与普鲁士建立和保持友好关系更加重要。"看到这些信时，拿破仑三世评论道："这会给法兰西带来巨大危险。"

坐稳了首相的位置的胡安·普里姆开始再一次为西班牙寻找国王。当时，胡安·普里姆发现，奥托·冯·俾斯麦陷入了普鲁士的内部斗争，即与保守党的老朋友和自由党新同盟之间的斗争。胡安·普里姆还发现，由于伊比利亚半岛局势动荡，那些王位候选人都害怕登上西班牙王位——胡安·普里姆联系他们时，他们要么拒绝这样的荣誉，要么要求给自己点时间再考虑一下。与此同时，普鲁士国王威廉一世似乎重新对这场纷乱产生了兴趣。听说驻法兰西的意大利大使尼格拉伯爵科斯坦蒂诺在巴登时，普鲁士国王威廉一世邀请他参加了一场晚宴。晚宴结束后，普鲁士国王威廉一世带尼格拉伯爵科斯坦蒂诺去了书房并且与他深入交谈。普鲁士国王威廉一世直接切入主题：

"拿破仑三世想要什么？你认为他是想和我开战吗？"

"虽然我不知道拿破仑三世的秘密，"尼格拉伯爵科斯坦蒂诺回答道，"但从我已知的消息来看，拿破仑三世已经决定充分利用1866年的普奥战争及法兰西与北德意志的矛盾。然而，拿破仑三世如果没有被逼无奈或被挑衅，那么不会选择开战。"

"挑衅是什么意思？"

"如果您能继续维持北德意志的版图，那么和平就能维持。否则，战争将不可避免。"

"我非常确定，事情不会走到那一步。虽然终有一天，大德意志国将不可避免地通过武力解决问题，但我绝不会加速形势的恶化。实际上，在这一非常时刻，我正全力抵抗并且将继续抵抗我的女婿巴登大公利用联盟统一他的国家的企图。见到拿破仑三世时，你可以告诉他这件事。"

尼格拉伯爵科斯坦蒂诺把消息传给了拿破仑三世，而后者与欧仁妮皇后进行了好几次谈话。关于巴登的这场晚宴，尼格拉伯爵科斯坦蒂诺曾表示："虽然我明白拿破仑三世更想要的不仅是口头上的保证，但拿破仑三世告诉普鲁士政府，他很满意我带给他的消息。据我所知，普鲁士国王威廉一世认为拿破仑三世在这个问题上应该更坦率一些。实际上，拿破仑三世和普鲁士国王威廉一世都对对方持怀疑态度——前者认为后者没有做出真诚的保证，而后者觉得前者在为尽早发动攻击做准备。"

关于这段时期的一些阴谋诡计，拿破仑三世的一个侍从说道：

"1869年10月，第二代罗马尼亚大公卡罗尔一世拜访了生病的拿破仑三世并且阐释了一些本着和平目的的想法。我们得知，霍亨索伦家族的卡尔•安东王子不会

第二代罗马尼亚大公卡罗尔一世

给出积极的回答。人们相信，利奥波德王子同样会拒绝西班牙王位的荣誉。对西班牙王位，不仅萨克森-科堡-哥达的斐迪南二世做不了任何事，而且第一代奥斯塔公爵阿马德奥·斐迪南多·玛利亚也拒绝了。我们得知，胡安·普里姆将目光转向了第二代热那亚公爵托马索·阿尔贝托·维托里奥，即意大利国王维托里奥·埃马努埃莱二世的侄子，一个在英国完成学业的年轻绅士。然而，我们有足够的理由相信，第一代热那亚公爵费迪南多·玛利·阿尔贝托·阿梅迪奥·菲利伯托·文森佐的遗孀玛丽亚·特蕾莎会非常反对这项计划。1870年1月初，在意大利的政府公报上读到了让这位绅士参选西班牙君主的这项提议被废除时，我们一点也不感到惊讶。难怪大概在同一天，欧洲的媒体开始开玩笑似的暗示，西班牙正在经历寻找一位君主的困

玛丽亚·特蕾莎

难。一家媒体说道：‘西班牙人如果愿意冒着王座没有王子继承的风险，那么为什么不尝试共和政体呢？’

“胡安·普里姆现在重燃了向普鲁士寻求援救的想法——霍亨索伦家族的候选资格似乎再一次成为他摆脱窘境的唯一出路。人们认为，胡安·普里姆的做法虽然对奥托·冯·俾斯麦有利，但损害了西班牙的利益——胡安·普里姆根本不清楚这样的选择会带来什么后果。由于拿破仑三世不反对将罗马尼亚大公头衔给霍亨索伦家族的卡尔王子，即后来的第二代罗马尼亚大公卡罗尔一世，胡安·普里姆便断定法兰西会很容易就接受他的计划。胡安·普里姆误解了法兰西，正如拿破仑三世对我说的：‘胡安·普里姆被自己欺骗了。胡安·普里姆怎么能够拿西班牙的王位和罗马尼亚的大公头衔做比较呢？胡安·普里姆怎么会认为，杜伊勒里宫会对他在我们西南国境边安插一个普鲁士君主的做法置之不理呢？’

“我总感觉，胡安·普里姆虽然承认他的计划有一点点危险，但明显低估了危险的程度。胡安·普里姆对马德里的一位外交官说道：‘无论我们做这件事还是其他事，法兰西都会不高兴——法兰西对蒙庞西耶公爵安托万·德·奥尔良的家族、共和党人和其他任何人都不满意。’这是胡安·普里姆的原话。就胡安·普里姆的言论，拿破仑三世说道：‘胡安·普里姆忘了——或者假装已经忘了，一年前，在柏林，樊尚·贝内代蒂伯爵曾非常明确地说明了这一点。’实际上，胡安·普里姆以为通过他的聪明手段就可以让拿破仑三世相信利奥波德王子是世界主义者并且与科堡、布拉甘扎、缪拉、博阿尔内等家族是同盟关系或者有关联。简而言之，正如拿破仑三世说的，‘利奥波德王子不仅与所有人都有联系，而且可以为所有人做所有事’。还有一次，拿破仑三世一针见血地说道：‘窘迫的西班牙和贪婪的普鲁士都有可能实施致命的计划。胡安·普里姆和奥托·冯·俾斯麦正准备携手合作并且赞同这项据说会被采用的计划。从最开始，普鲁士国王威廉一世就指出了这项计划的风险，鼓励卡尔·安东王子拒绝这项计划并且阻止奥托·冯·俾斯麦采纳这个来自萨拉查·里·玛扎勒多和胡安·普里姆的提议。我确信普鲁士国王威廉一世虽然想要长期的和平，但几乎没有做任何事阻止火花落入火药。’”

刚刚我提到了萨拉查·里·玛扎勒多的名字。萨拉查·里·玛扎勒多不仅很活跃，而且是第一个向西班牙推荐利奥波德王子的。萨拉查·里·玛扎勒多将自己的建议写成了一本小册子并且在1869年发表了它。在和普鲁士王子们进行了几次会谈后，萨拉查·里·玛扎勒多发表了第二本小册子。虽然萨拉查·里·玛扎勒多曾在威勒城堡与普鲁士王子们会面，但他的努力似乎没有成效。接下来，萨拉查·里·玛扎勒多向胡安·普里姆讲述了他的计划，并且最终获得了觐见普鲁士国王威廉一世和奥托·冯·俾斯麦的介绍信。1870年2月初，在没有通知萨卢斯蒂亚诺·德·奥洛扎加和西班牙驻普鲁士大使的情况下，萨拉查·里·玛扎勒多出发去了柏林。然而，萨拉查·里·玛扎勒多没有取得多大成果。虽然奥托·冯·俾斯麦和其他重要政治人物接待了萨拉查·里·玛扎勒多，但普鲁士国王威廉一世拒绝接见他。回到马德里后，萨拉查·里·玛扎勒多说道："好吧。无论如何，我促使力量微弱的楔子挤进了裂缝，让事情有了些许眉目。"实际上，不久后，普鲁士宫廷和政府圈子就开始商量萨拉查·里·玛扎勒多的计划。法兰西驻马德里的代表说，萨拉查·里·玛扎勒多宣称："由于西班牙局势尚不稳定，普鲁士的王子拒绝接受西班牙王位——情况稳定时，他们可能会接受王位。"柏林来的消息告诉我们："奥托·冯·俾斯麦的观点是，普鲁士应该接受这一项提议——从政治角度来说，它非常好——不仅如果发生战争，那么普鲁士可以获得法兰西边界的民族的帮助，而且从经济角度看，一个普鲁士统治者领导下的西班牙可以为普鲁士的制造业提供新市场。"

罗马尼亚驻法兰西大使斯特拉特先生曾写了一份备忘录，而以下是这份被备忘录的原稿。

"我得知，1870年3月15日，在柏林，普鲁士国王威廉一世主持举行了一次政府会议，而与会人员包括诺亚王子、卡尔·安东王子、利奥波德王子、奥托·冯·俾斯麦、赫尔穆特·卡尔·贝恩哈特·冯·毛奇、罗恩、卡尔·赫尔曼·冯·西尔和普鲁士外交部的鲁道夫·冯·德尔布鲁克。除了一个人，其余所有人都同意接受关于西班牙王位的这项计划，而这个反对者就是利奥波德王子——起初，他犹豫不决，后来便公然拒绝了这项计划。然而，利奥波德王子的父亲卡尔·安东王子更有雄心，不甘心让送上门的王位就这样白白溜走。因此，卡尔·安东王子提议，如果利奥波德王子不愿意接受，那么就把王冠授予他的另一个儿子，即弗雷德里克王子。当时，弗雷德里克王子正在欧洲南部旅行，听到这个提议时，他一点也不惊讶。弗雷德里克王子告诉我，他已经从一个驻佛罗伦萨的西班牙大臣那儿听到了这个消息，并且因此准备返回柏林。与此同时，卡尔·安东王子开始与他另一个儿子——第二代罗马尼亚大公卡罗尔一世通信。人们开始注意这一系列事情。这场会议正在进行时，我听到了一些风声。卡尔·安东王子对此感到很愤怒，对一个告诉我这件事的大臣说道：'如果消息传出去了，那么计划就会落空。我已经通知了斯特拉特先生，由于已经明确拒绝了这个王位，利奥波德王子不需要知道任何更多事了。'"

还有一个不太会被提及的奇怪事实。大概19世纪60年代末，普鲁士的冯·维尔森少校对西班牙的语言和习俗非常熟悉。在一封未出版的信中，冯·维尔森说道："在霍亨索伦家族的这些事发生时，为了听取不同圈子的人的意见，我在西班牙走动了整整一个月。不久后，我得出了一个结论，即将卡尔·安东王子的儿子作为候选人是西班牙最能接受的结果。1870年5月，我回到了柏林，并且为这件事草拟了一份研究报告。在瓦尔津，虽然我期望奥托·冯·俾斯麦接见我并且感谢我的作为，但由于生病了，他没有接待我——这可能只是'外交托词'——当时，弗雷德里克王子已经结束了南欧之旅，并且恭敬地告诉他的父亲卡尔·安东王子，只有正式下达命令，他才会接受西班牙王位。然而，我知道，无论是普鲁士国王威廉一世还是诺亚王子都不仅不敢冒险下令，而且明白让利奥波德王子改变主意是不可能的。普鲁士国王威廉一世决定给胡安·普里姆发一封电报，通知他最好放弃打霍亨索伦家族的主意，而这也是我到访瓦尔津时几乎没什么人感兴趣的原因——很多人都知道，我支持的是一个夭折的计划。"

斯特拉特先生写道："一封在1870年5月22日由卡尔·安东王子写给第二代罗马尼亚大公卡罗尔一世的信的副本从巴黎辗转到了我的手上。这封信的内容如下，'利奥波德王子拒绝西班牙王位后，我打算让弗里兹王子接受王位，而马德里方面强烈建议弗里兹接受这项提议。然而，弗里兹也说他不想接手这么冒险的事。因此，我担心这项计划会落空，导致霍亨索伦家族会失去一个历史性的机会——一个我们从来没有，可能将来也不会再有的机会。如果之前国王就下令，那么现在弗里兹就已经遵从了。然而，实际上，弗里兹现在还有选择自己的道路的自由权，并且因此拒绝了这项荣誉。这件事不仅就这样结束了，而且不久后就会被人们遗忘。只有在遥远的将来，历史学家们才会回想起这件事。’”

1870年4月末，霍亨索伦家族的这场风波似乎就这样不了了之了。然而，一想到有人放弃了这项计划，冯·维尔森就无法释怀。然而，很快，冯·维尔森意识到，这正是他发挥作用的好机会——他不仅很顽固，而且最终实现了他的目标。下面这段文字是从一份手稿上摘录下来的冯·维尔森的原话：

“普鲁士的诺亚王子接见了我，给了我一封觐见卡尔·安东王子的介绍信。后来，我在瑙海姆见到了卡尔·安东王子。我成功说服了卡尔·安东王子，让他知道这场游戏还没输——如果他再多一点勇气和坚持，那么事情就会发生转机。因此，卡尔·安东王子写了一封信给诺亚王子。在信中，卡尔·安东王子不仅没有谈及任何有关这项计划的不可能性，而且没有提及弗里兹王子——显然，弗里兹王子更喜欢做一名默默无闻的王子。利奥波德王子又一次成了人们关注的焦点，而这一次支持他参选西班牙王位的理由和以前的完全不同。利奥波德王子不仅不再那么强烈地反感他的父亲卡尔·安东王子的建议，而且宣称自己‘在对家族的责任与这意想不到的来自西班牙领土的召唤之间摇摆不定’。1870年5月末，在给第二代罗马尼亚大公卡罗尔一世的信中，卡尔·安东王子写道：‘这件事就像挂在像蜘蛛网一样脆弱的一两根丝线上，还没有完全定下来。’然而，我发现，这些丝线正变得越来越坚韧。起初犹豫不决的利奥波德王子开始愿意研究整个局势，并且最终宣布，在特定的情况下，他可以接受这个计划。实际上，有一天，就这段时间，利奥波德王子对我说道：‘我觉得西班牙的政治体制是一个值得研究的有趣问题。或许我没有权利拒绝帮助一个想要恢复昔日辉煌的伟大民族，而这也是我愿意提供帮助的一个原因。’诺亚王子立即将这件事告诉了普鲁士国王威廉一世。据我所知，起初，普鲁士国王威廉一世并不高兴，甚至感到震惊和恼怒——虽然他以为和霍亨索伦家族的这个协商结束了，但这件事情竟然不仅又被提起了，而且事先没有人和他通气。有人告诉我，普鲁士国王威廉一世对诺亚王子说道：‘欧洲会怎样看待这件事？法兰西又会说什么？拿破仑三世会对此感到不高兴吗？你知道的，我还在犹豫是否应该让卡尔王子获得罗马尼亚大公的头衔，而这次的西班牙的王位问题要严肃得多。无论怎样，对我来说，在这个问题上，至少卡尔·安东王子和利奥波德王子父子齐心了——之前可不是这样的。’”

与此同时，在马德里，虽然霍亨索伦家族最新的商议结果没有走漏风声，但要解决西班牙的王位问题的道路似乎和以前一样漫长。来自不同国家的记者又开始调侃西班牙的王位问题。在给朋友的信中，一位供职于法兰西《辩论》杂志社的叫约翰·莱莫恩的作家写道：“在《辩论》上，我曾经说道，‘我们建议西班牙把所有的王位候选人聚集在一起，让他们围坐在一张餐桌旁，分给他们第十二夜蛋糕[①]，而蛋糕里有豆子的那个人就立即成为国王！’写这些内容时，我意识到胡安·普里姆曾收到来自奥托·冯·俾斯麦的口信，而后者宣称，在深思熟虑之后，对他来说，利奥波德王子是西班牙王位最好的候选人。然而，由于奥托·冯·俾斯麦认为这件事不应该在柏林讨论，胡安·普里姆应该直接动身去利奥波德王子的家中。由于奥托·冯·俾斯麦的建议，这件事成了私事。奥托·冯·俾斯麦希望普鲁士国王威廉一世对此一无所知——如果这项计划落空，那么他也不会感到遗憾。这个计划有一个很大的好处，即不仅不会把任何责任推给普鲁士，而且不会惹恼我们。因此，正如我知道的那样，刚开始时，胡安·普里姆就不相信这项计划的可行性。在西班牙国会上，胡安·普里姆讲述了在寻找新国王的历程中，他经历的一系列失望，包括与萨克森-科堡-哥达的斐迪南二世、第一代奥斯塔公爵阿马德奥·斐迪南多·玛利亚及热那亚公爵的协商失败。胡安·普里姆提及了第四个候选人。‘我不会给出他的名字，’胡安·普里姆说道，‘在他身上，我也没有什么好运气。’当然，现在，胡安·普里姆当时所指的候选人的名字我们都知道了。离开国会后，胡安·普里姆立刻开始实施奥托·冯·俾斯麦提议的那项计划：胡安·普里姆派人去找萨拉查·里·玛扎勒多，向他做了一番解释，告诉他立即启程去锡格马林根。1870年7月19日，在锡格马林根，萨拉查·里·玛扎勒多见到了卡尔·安东王子和利奥波德王子。据说，这一次事情进展得很顺利。毫无疑问，利奥波德王子得出了这样的结论——成为像西班牙这样一个四分五裂的国家的国王比继续在普鲁士军队当一个小小的参谋要好。1870年7月20日，利奥波德王子正式表态，即他虽然就个人而言，已经准

① 在纪念基督教的第十二夜庆祝活动时专门食用的蛋糕，又称国王饼。

备好了接受这个王位，但没有普鲁士国王威廉一世的同意，他绝对不会擅自行动。与此同时，身处埃姆斯的普鲁士国王威廉一世对迅速发展的事态感到很震惊。普鲁士国王威廉一世没有立即做出回应——他想在让自己日后免受责备的同时给利奥波德王子留下反悔的余地。”

杜伊勒里宫很关注事态的进展，人们都在猜测西班牙国会开会后，事情的进展是否会加速。看到胡安·普里姆对西班牙最好的出路有完全不同的观点后，杜伊勒里宫的统治者没有感到惊讶。胡安·普里姆抓住萨拉查·里·玛扎勒多返程日期有误这个机会告诉国会代表们，他不希望国会代表们等到炎热的1870年7月中旬。出于人道主义考虑，胡安·普里姆解散了国会并且让代表们尽快离开，去更凉爽的地方。实际上，胡安·普里姆的目的是争取时间，而杜伊勒里宫的人干涉了他的行动。据我们所知，胡安·普里姆希望能够在夏天于普隆比耶尔或者维希见到拿破仑三世。驻马德里的法兰西大使写道：“在普隆比耶尔或者维希，胡安·普里姆可以安安静静地和拿破仑三世谈论整件事情，向他说明霍亨索伦家族的世界性同盟，并且让他相信，对法兰西来说，被推荐的利奥波德王子并不危险。胡安·普里姆希望这种方式能使尖锐的矛盾缓和下来。一天，胡安·普里姆对我说道：‘如果我的计划能够成功，那么我们必须万分谨慎。’然而，不幸的是，由于萨拉查·里·玛扎勒多对这个他刚刚完成的任务过于骄傲，一回到西班牙，他就对周围的所有人说了这件事。因此，1870年7月2日，胡安·普里姆回到马德里时，在站台等着他的好朋友们对和谈的好结果向他表示了祝贺。胡安·普里姆心里一惊——他知道，王位候选人的姓名已经被公之于众了，而西班牙政治圈正忙于讨论这件事。胡安·普里姆立刻明白了——轻率的萨拉查·里·玛扎勒多犯了严重错误。随后，胡安·普里姆大声喊道：‘这意味着我们为候选人所做的努力全部付诸东流了。让上帝保佑不会有比这更加糟糕的情况吧！’我一听到这番话，就走上前去陪胡安·普里姆。然而，胡安·普里姆对我不仅没有像往常那样热情，甚至有点尴尬。突然，胡安·普里姆好像决定了应该如何做，并且带我去了他的书房，坦诚地公开了那件我们两人都心知肚明的事。‘我必须告诉你一件事——一件我担心会惹怒拿破仑三世的事，’胡安·普里姆说道，‘然而，我需要你帮助我处理这件事并且让它不再恶化。’接着，关于所有候选人的详细名单，胡安·普里姆说道：‘原本，蒙庞西耶公爵安托万·德·奥尔良已被提名。我虽然更喜欢的是一位来自意大利或者葡萄牙的国王，但同样可以接受共和党。然而，所有这些希望都落空了。现在的西班牙急需一位国王。’突然，胡安·普里姆仿佛担心隔墙有耳，压低了声音说道：‘我们现在知道的那位候选人——你知道我指的是谁——年龄适当，信仰天主教，不仅是一名士兵，而且有两个儿子和一个支持他的葡萄牙妻子。你知道的，我决不能让这唯一的机会溜走。你认为拿破仑三世会如何看待这件事呢？’对于胡安·普里姆的问题，我回答的内容绝对没有假话。我说道：‘我虽然不知道拿破仑三世得知发生的这些事后会是什么反应，但可以马上明确地告诉您我对此事的看法——我认为，这不仅是一次非常危险的行动，而且可能造成巨大影响。在当前的形势下，选择一位普鲁士王子做候选人可能会在法兰西造成最坏的影响——这种做法甚至会被当作挑衅。’胡安·普里姆回答道：‘19世纪，王朝联盟并不重要。西班牙有着欧洲最自由的体制，是一个骄傲独立的民族——一位外国王子来我们国家能干什么呢？你也知道，就算是在纯粹的君主时期，路易十四和他孙子都快互相开战了。’‘这些都很对，’我回答道，‘然而，如果欧洲发生战争，而有一位普鲁士王子在西班牙掌握王权，那么我们就会感觉我们的边境不安全。’随后，胡安·普里姆又再次谈及近来王朝联盟产生微小的影响。我回答道：‘然而，你必须知道，不仅法兰西很敏感，而且拿破仑三世对一些事情是不满意的。’胡安·普里姆答道：‘虽然法兰西可以忍受这个结果，但我不会做任何令法兰西皇帝不快的事。’‘然而，把法兰西和拿破仑三世割裂开来考虑问题——你觉得这可能吗？’我问胡安·普里姆。胡安·普里姆反问道：‘那么，我们能做什么？’我回答道：‘采取阿尔曼尼亚·德·戈萨的建议，即试着找一个不会遭到法兰西反对的王子。’胡安·普里姆说道：‘然而，我没有看到其他任何合适的人选。可怜的西班牙值得同情。这个计划不是我想出来的，而是别人建议的。在那种情况下，我不能驳回——你一定记得，这个计划已经被驳回过一次了，现在是第二次提出。我们如果就这样让这次机会溜走，那么会不得不求助蒙庞西耶公爵安托万·德·奥尔良。’‘好吧。那为什么不能是蒙庞西耶公爵安托万·德·奥尔良？’胡安·普里姆说：‘你真的认为，比起霍亨索伦家族，拿破仑三世更喜欢奥尔良家族吗？’‘虽然拿破仑三世没有这样告诉过我，但我不仅确信是这样的，而且比任何事都可以确信——拿破仑三世是法兰西人。'我的话给胡安·普里姆留下了深刻的印象。接着，胡安·普里姆说道：'我正在犹豫是应该通过你还是西班牙驻巴黎的大使告知拿破仑三世。然而，现在看来，对我来说，先和你们谈妥才是最好的——我确信你会竭尽全力避免事情变得更糟。我会写信给萨卢斯蒂亚诺·德·奥洛扎加并且通知他和拿破仑三世谈谈这件事。虽然这对我来说可能是个烦心的任务，但没人能帮助我。'接着，胡安·普里姆用混合着悲伤、狡猾、真诚的复杂语气说道：'你在非常努力地阻止法兰西和西班牙两国之间产生任何误解。对我来说，被迫去做一件令你不愉快的事也是十分艰难的。'"

随后，驻马德里的法兰西大使洛斯坦德先生回到了家中，命令一名专员即刻起程去巴黎，并且将胡安·普里姆的话通过电报汇报给了杜伊勒里宫。与此同时，在胡安·普里姆那里，第一出好戏已经开始上演。1870年7月3日，欧仁妮皇后收到了电报。看完电报后，欧仁妮皇后大为感动——比利牛斯山脉另一侧的任何事都会让她萌发一种特殊的感情。1870年7月3日夜晚，拿破仑三世对欧仁妮皇后说道："洛斯坦德先生表达了我的想法，而这份电报十分令我担忧——胡安·普里姆似乎已经变成了魔鬼，比霍亨索伦家族的成员更加邪恶。"

此前的几个星期，法兰西外交部发生了人事变动——拿破仑·达鲁伯爵接替德·格拉蒙公爵成为法兰西驻维也纳大使。拿破仑三世和欧仁妮皇后都对德·格拉蒙公爵这位阅历丰富的外交官称赞有加。德·格拉蒙公爵不仅在外交事务上的业绩辉煌，而且十分爱国。在我们与欧洲大陆的外交事务中，德·格拉蒙公爵总是一丝不苟地维护着法兰西的地位。然而，德·格拉蒙公爵不仅和拿破仑三世在意大利问题上意见不一致，而且对德意志统一取得的巨大进展感到非常焦虑。欧仁妮皇后完全支持德·格拉蒙公爵的看法。拿破仑三世委婉地表示自己的外交政策确实有很大缺点时，德·格拉蒙公爵与欧仁妮皇后趁势一起反驳拿破仑三世。德·格拉蒙公爵不仅无论从哪个方面来说，都是一位德高望重的人物，而且无论在法兰西贵族还是欧洲其他国家的内阁中，都十分受人敬重。当然，在所有有关普鲁士的事情上，德·格拉蒙公爵的判断都基于维也纳的经历，因此，对此次的外交部人事变动来说，这是唯一不利的一面。

后来，拿破仑三世对欧仁妮皇后说道：“德·格拉蒙公爵一直认为，在1866年的事件发生后，法兰西应该得到一些补偿。”在霍亨索伦家族成员刚开始竞选西班牙国王时，德·格拉蒙公爵就表达了这种想法。虽然欧仁妮皇后一直觉得，德·格拉蒙公爵应该先去马德里要求胡安·普里姆解释清楚，但德·格拉蒙公爵非但没有这样做，反倒采取了最危险的方法——通过法兰西驻柏林大使，他直接向柏林内阁发表了讲话。在让法兰西驻柏林大使转交给柏林内阁的电报中，德·格拉蒙公爵的语气非常傲慢——“我们不仅不认可利奥波德王子的候选人资格，而且也不相信西班牙会接受他。如果一位普鲁士王子登上西班牙王位，那么我们会感到很吃惊。我们宁愿相信，柏林内阁对这一计划浑然不知——如果不是这样，那么柏林内阁所做的事情会让人无法理解。毋庸置疑，这个消息引起的后果非常糟糕。我将耐心等待，希望能得知这起不幸事件的更多具体细节。”

德·格拉蒙公爵的电报发出后，拿破仑三世才得知它的内容——德·格拉蒙公爵没有咨询其他巴黎内阁成员。到了波旁宫后，埃德蒙·勒伯夫得知霍亨索伦家族又发生了新的事件。而欧仁妮皇后过了许久才听说此事。不仅所有这一切都是错误，而且一开始就十分糟糕的事情得到了糟糕的结局也不足为奇。

1870年夏季，柏林的许多人选择了外出——普鲁士国王威廉一世在埃姆斯；奥托·冯·俾斯麦在瓦尔津；樊尚·贝内代蒂伯爵在威斯巴登。勒索德先生是我们的大使馆第一秘书。接到德·格拉蒙公爵的电报后，普鲁士副外交大臣卡尔·赫尔曼·冯·西尔接见了勒索德先生。据说，读了电报的内容后，卡尔·赫尔曼·冯·西尔既惊讶又尴尬。卡尔·赫尔曼·冯·西尔告诉勒索德先生，他必须在咨询普鲁士国王威廉一世后才能做出答复。后来，卡尔·赫尔曼·冯·西尔虽然声明普鲁士政府与候选人资格一事无关，但非常谨慎，没有说普鲁士政府对导致了当前结果的协商一无所知。换句话说，关于西班牙的王位问题，卡尔·赫尔曼·冯·西尔的确感到非常棘手和纠结——欧仁妮皇后也曾这样对拿破仑三世说，而后者完全赞同她的观点。虽然柏林方面这种行为很容易理解，但这种模棱两可的态度让德·格拉蒙公爵非常不悦。一天夜晚，我听到德·格拉蒙公爵说道：“这一切都让我觉得非常棘手。”面对卡尔·赫尔曼·冯·西尔的态度，无论多么大度的人都会生气。德·格拉蒙公爵立即寻求普鲁士和西班牙驻巴黎的大使的帮助。欧仁妮皇后得知德·格拉蒙公爵的做法后，对拿破仑三世说道："在我看来，这是一个明智之举——如果在发电报之前，德·格拉蒙公爵就这样做了，那么他的行为将会更加明智。"拿破仑三世回答道："如果德·格拉蒙公爵这么做了，那么电报不会被发出。"我从来不认为拿破仑三世的话有什么问题。如果我没记错的话，收到德·格拉蒙公爵的请求时，普鲁士驻法兰西大使冯·沃瑟正准备打包回国——他想摆脱这一切，不想再回答如此麻烦而微妙的问题！然而，而萨卢斯蒂亚诺·德·奥洛扎加可就没这么幸运了，找不到好借口走人。胡安·普里姆走了他认为唯一能走的路，并且对不得不做出对法兰西不利的事表示了极大的遗憾。拿破仑三世一针见血地说道："然而，遗憾不会妨碍胡安·普里姆继续他的阴谋。"与此同时，拿破仑三世得知，西班牙内阁曾在1870年7月4日会晤，并且已经决定1870年7月20日召开第二十届西班牙议会。

德·格拉蒙公爵试图阻止霍亨索伦家族上位，并且希望获得外国的支持。1870年7月5日，德·格拉蒙公爵对英国大使里昂勋爵说道："我十分确定，提名已经被接受——这不仅损害了我们的利益，而且对法兰西的荣誉造成了巨大的打击。因此，我们不能接受这个提名。为了提防与普鲁士发生战争，我们不得不在与西班牙的边境线上浪费一大批人力和物力。在这场危机中，我们需要维多利亚女王的帮助。"里昂勋爵真诚地对我和拿破仑三世说道："我确信，去英国后，你们会得到帮助。"如果我没有记错，我们的确这样做了。在后来的岁月里，每次提及那段可悲的时期时，维多利亚女王总是会流露出对法兰西最深沉的爱。

德·格拉蒙公爵还要求奥地利外交大臣弗里德里希·费迪南德·冯·比斯特伯爵利用自己的影响力去阻止霍亨索伦家族参选西班牙国王。一天晚上，在杜伊勒里宫，德·格拉蒙公爵对查理·冯·梅特涅先生说道："我认为，为了和平，你的政府最好给柏林方面施加压力，使利奥波德王子退出选举。"查理·冯·梅特涅先生立即回应称他会这么做。我知道，弗罗莱也奉命在俄国首都圣彼得堡促成利奥波德王子退选。与查理·冯·梅特涅先生谈话时，德·格拉蒙公爵阐述了自己的看法。德·格拉蒙公爵说道："我们有权提出这个要求——这是毫无疑问的。实际上，这件事无疑是由奥托·冯·俾斯麦策划的。要么……""然而，"拿破仑三世打断德·格拉蒙公爵，说道：“你认为如此匆忙地去谴责我们受到的侮辱是明智的吗？在我看来，有一点很重要，即我们有双重任务。首先，我们必须使普鲁士屈从我们的意愿。其次，我们如果成功了，那么必须去安抚那些被我们的成功冒犯了的人。”德·格拉蒙公爵说道：“我已经让冯·沃瑟去埃姆斯拜见普鲁士国王威廉一世并且指出所有危险的情况。我特别提醒了冯·沃瑟，我们现在退出是不可能的。陛下，您知道，我和普鲁士大使关系很好，而他承诺他会尽一切力量完成我们的愿望。我非常重视这次努力。谈话比通信更加有效。”

由于1870年7月3日是星期日，利奥波德王子竞选西班牙国王的消息没有在巴黎迅速传开。拿破仑三世喜悦地说道：“货币市场将继续保持平静。”1870年7月5日，一些刊登关于局势的负面评论的国外报纸到达了巴黎，导致公众开始变得紧张起来。因此，立法机构中偏左派的科查理先生表示希望就这一情况向政府提出质询。拿破仑三世的评论和往常一样：“啊，这意味着在内阁的激进政策的幌子下，那些渴望和平的人将采取各种行动，广泛传播这桩恼人的事件！”质询会定于1870年7月6日进行。由于预见了巨大的危险，圣克卢宫的大臣们不仅都非常焦急，而且分歧很大。一天早晨，拿破仑三世用英语对欧仁妮皇后说“一千个人就有一千个想法”。虽然欧仁妮皇后不承认，但我必须承认法兰西有一个所谓的战争党。战争党成员们说道：“我们不能相信，法兰西人竟然会愚蠢到容许西班牙和普鲁士达成这样的协商。”我们应该记住，人们正是因这些言辞而被激怒的。在这场可怕的危机中，请不要对政府太苛刻。正如此后拿破仑三世经常说的那样，“因不幸事件而被指责的不应该只有内阁。”内阁仔细地掂量了所有的假设情况。在质询会的前一天，拿破仑三世生病并且接受了诊疗，而这个事实对外一直都是保密的——不仅我一直认为这可能是个误诊，而且拿破仑三世也这么认为。任何真正了解拿破仑三世的人都知道，他渴望和平，而这一说法不容置疑。欧仁妮皇后也认为拿破仑三世爱好和平，并且一直尽力地支持着他。在这次质询会上，与会人员不仅讨论了战争还是和平这个问题，而且质疑了埃德蒙·勒伯夫的一些说法——他曾宣布，不仅有三十万人可参战，而且其中二十五万人可在一星期内集结；十天后，其余五万人也可集结完毕；与此同时，国民警卫队也已经准备就绪。一位大臣问，法兰西有哪些盟友可以依靠，而他得到的回答是，虽然援助力度不会太强，但法兰西可以依靠意大利的同情——我必须承认，“同情”这个词更加准确——或奥地利的道义支持，以及德意志南部各邦的中立。因此，鉴于当时的情况，能够给予法兰西以同情、道义上的支持或保持中立的国家便称得上“盟友”。有人曾造谣说，有了这些“有利条件”后，拿破仑三世和欧仁妮皇后成为这场普法冲突的疯狂支持者——这样的说法是毫无根据、绝对荒谬的！

在内阁会议上，大臣们起草了一份文件并且决定由德·格拉蒙公爵宣读其内容以回答即将到来的公众质询。依据原始文稿，这份文件主要内容如下：“由于西班牙国会没有支持霍亨索伦家族成员获得西班牙王位的建议，而法兰西政府和立法机构也在了解整件事情，希望大家不要继续争辩，同时也没有什么实际的结果值得大家讨论。”提及西班牙及其人民时，这份文件用了极其友善和恭维的言辞。随后，德·格拉蒙公爵补充道：“然而，我们认为，尊重邻国的权利并不等于我们会允许外国势力通过把一位普鲁士王子送上西班牙国王的宝座来破坏欧洲力量的平衡并且危及法兰西的利益和荣誉。我们坚定地希望类似事件不会发生，而为了防止类似事件，我们必须依靠西班牙的友谊。然而，坚持认为我们有立法机构和国家的支持，毫不犹豫并且坚定不移地尽我们的责任会是错误的行为吗？”

不仅没有一位大臣认为这份文件是一篇战争宣言，而且拿破仑三世和欧仁妮皇后也持相同观点——是的，至少，它不是一般意义上的战争宣言。这份文件宣布了关于可能发生的事件的管理原则和未经我们同意的决定会带来的后果。我承认，在立法方面，关于这份文件是否应该被公布存在很大分歧。后来，质询会上的一位朋友告诉拿破仑三世和欧仁妮皇后，这份文件不仅广泛地受到了右派权贵的支持，而且大多数人都同意这份文件中的观点。这位朋友还说，中立派更加慎重——这至少是他的想法。在大厅里，阿道夫·梯也尔先生对他的朋友说，政府的行动太仓促了。后来，在讲坛上，阿道夫·梯也尔先生不仅说了和在大厅里同样的话，而且一直重申“仓促”这个词。“或许是由于越来越老，他总是喜欢重复一些词句。”阿道夫·梯也尔先生的朋友笑着说。拿破仑三世说道：“总是摆出一副伟大的爱国者的姿态的阿道夫·梯也尔先生为什么等了十一个小时才评论这件事呢？极端反战的某些代

阿道夫·克来米厄斯

表——如亚历山大·格雷斯·毕左林和阿道夫·克来米厄斯——公开宣布，政府正在寻求一个开战的借口，而他们提出的指控不仅是错的，而且是向难题妥协的姑息政策。”如果我没有记错，那么同一天夜晚，埃米勒·奥利维耶先生对欧仁妮皇后说道：“今天下午，我告诉参加质询会的人，仔细阅读完我们的文件后，他们会看到，不仅这份文件不是挑衅——它没有侵犯西班牙民族的合法权利，而且我们都认为西班牙是一个友好的国家。最重要的是，在任何方面，这份文件都不允许法兰西人民对自己的政府更喜欢和平而不是战争这个事实存在疑问。”然而，如果报纸把这件事提出来，那么事态就会像以前一样变得糟糕。在立法机构中，朱尔斯·法夫尔说道：“这份文件对普鲁士是一种冒犯。”虽然一些报纸持有更加真诚的观点，但这份文件成为巴黎几家知名报纸评论的主题，而这导致了林荫大道上的骚动。不仅从杜伊勒里宫窗户可以看见骚动，而且不断加强的骚动声甚至传到了圣克卢宫最安静的地方，并久久回荡不息。

1870年7月7日，里昂勋爵告诉欧仁妮皇后，在给格兰维尔勋爵的信中，他写道：“这份文件无论多么夸张，都没有夸大民族感情。”欧仁妮告诉里昂勋爵，他的话十分正确。里昂勋爵回复称“欧洲开始感到焦虑了”。在此期间，普鲁士一如既往地保持着沉默。从后来发生的事情来看，我的观点或许不是错误的——奥托·冯·俾斯麦和赫尔穆特·卡尔·贝恩哈特·冯·毛奇不仅在研究和计划要采取的行动，而且必要的话，会准备新的“事件”。关于这点，拿破仑三世已经留下了备忘录：

“奥托·冯·俾斯麦和他的支持者们有点尴尬——他们很清楚，霍亨索伦事件，即利奥波德王子参选西班牙国王不仅对德意志北部不会产生深远影响，而且对美国南部更加无用。为了使德意志人的爱国主义精神沸腾，奥托·冯·俾斯麦等人一定要夸大这件事和打击德意志人的民族自豪感。我们得到可靠消息，当时，巴伐利亚和符腾堡都没有对奥托·冯·俾斯麦可能遭遇的事情感到不快。与此同时，弗里德里希·费迪南德·冯·比斯特伯爵建议各个小国约定与北方联邦结盟的条件，在法兰西入侵时援助普鲁士。柏林内阁让众人明白，它与锡格马林根的协商毫无关系。法兰西不会采取侵略性的战略——只有在受到攻击的情况下，法兰西才会诉诸武力。与此同时，来自巴黎媒体的言辞激烈的文章的传播和普鲁士公众舆论使局势变得更加紧张。事态不断发展时，我们看到了危险，并且对即将发生的事情感到害怕。从一些外交人士处，我们得知，卡尔·赫尔曼·冯·西尔仍然假装对一切将要发生的事情一无所知。普鲁士驻巴黎临时代办冯·索恩斯告诉我们，普鲁士驻巴黎大使不在时，他什么也不能说。然而，在伦敦，普鲁士大使馆没有沉默——阿尔布雷希特·冯·伯恩斯多夫表达了对德·格拉蒙宣读的文件的强烈担忧并且说道：‘我国政府虽然不希望打仗，但遇到战争时也不会退缩。你可以确定一点，即普鲁士国王威廉一世永远不会正式否决利奥波德王子对西班牙王位的继承权。’”

虽然人们经常提及如同戏剧般的霍亨索伦事件的埃姆斯这幕，但我觉得，拿破仑三世和欧仁妮皇后的叙述至少代表了杜伊勒里宫和圣克卢宫的观点。拿破仑三世和欧仁妮皇后的叙述虽然可能不会改变任何主要事实，但肯定会增加一些不乏味的细节。不管怎样，我觉得应该把欧仁妮皇后对法兰西历史和法兰西外交中的不幸事件的想法和了解说出来。

众所周知，1870年7月7日夜晚，法兰西驻柏林大使樊尚·贝内代蒂伯爵奉命去埃姆斯看望普鲁士国王威廉一世，并且希望后者同意让利奥波德王子退出西班牙国王选举。当然，交给普鲁士国王威廉一世的那份文件是小心翼翼地起草的——不仅拿破仑三世和欧仁妮皇后曾多次审阅那份文件，而且大家都觉得这是他们做出的最危险的举动。德·格拉蒙公爵的发言的要点在于一句话，即“我们不能接受卡尔·赫尔曼·冯·西尔含糊其词的答复——明确的回答是绝对必要的”。呈送给普鲁士国王威廉一世这份文件的目的不仅要确保利奥波德王子放弃候选人资格，而且要得到普鲁士国王威廉一世对这次行动的特别批准。与此同时，杜伊勒里宫得知，胡安·普里姆曾对法兰西驻马德里大使说道：“我看，只有一个办法能让我们走出这个困境。如果利奥波德王子告诉我，他无法征得普鲁士国王威廉一世的同意，那么不需要再坚持，我会轻而易举地让他退出选举。”

在英国时，拿破仑三世曾说道：“埃姆斯谈判不仅是在对法兰西不利的条件下进行的，而且不是以正常的方式进行的——它采取的模式不是外交官与外交官之间的会谈，而是法兰西外交官与普鲁士国王威廉一世直接谈判。人们有理由担心，在这种情况下，法兰西外交官一句尖锐的或轻率的话就可能导致普鲁士国王威廉一世突然采取行动——事实确实如此。”

另一个埃姆斯谈判的困难之处是速度。法兰西绝对不能拖延时间，以免在埃姆斯谈判期间，西班牙的王位问题会在马德里得到解决。在杜伊勒里宫和圣克卢宫，大家都很紧张——德·格拉蒙公爵自然也很紧张。不幸的是，在埃姆斯谈判中，法兰西外交官缺少深思熟虑这一在任何外交活动中都至关重要的因素，因此再一次导致了严重的分歧。奥托·冯·俾斯麦想发动战争——从过去二十年中公众知晓的情况来看，这一点是毫无疑问的。在残酷的1870年的夏季，所有法兰西官员都知道奥托·冯·俾斯麦的想法。另外，法兰西政府虽然执意要普鲁士政府认可法兰西的尊严并且做出让步——不仅不渴望战争，而且试图维护和平。因此，对柏林内阁来说，巴黎内阁是处于劣势的。寻求缓和矛盾的法兰西外交官面临着各种障碍。拿破仑三世和欧仁妮皇后虽然都看到了危险，但仍然不抱希望地希望着，直到没有希望。虽然拿破仑三世和欧仁妮皇后一直都在试图接受无法回避的事实，但欧仁妮皇后竟然被指控希望进行那场可怕的战争！

樊尚·贝内代蒂伯爵一生都致力于外交事务，亲眼见证了普鲁士军事力量的逐渐发展，明白法兰西将面临的困境。樊尚·贝内代蒂伯爵试图减弱德·格拉蒙公爵的傲慢和新闻报道带来的负面影响，尽自己最大的努力让法兰西走出尴尬的境地。在我看来，在埃姆斯谈判一事中，樊尚·贝内代蒂伯爵受到了非常不公正的对待和太过严厉的指责。我读过所有关于樊尚·贝内代蒂伯爵的文章，包括他为自己的辩护。有些人谈论过埃姆斯谈判一事和很多与樊尚·贝内代蒂伯爵及德·格拉蒙公爵有关的细节，而勾画这件事的轮廓时，我也会谈谈我的印象并且给出一些结论。

1870年7月9日3时，普鲁士国王威廉一世会见了樊尚·贝内代蒂伯爵。1870年7月9日早晨，普鲁士国王威廉一世指派冯·沃瑟与樊尚·贝内代蒂伯爵就西班牙的王位问题进行商谈，以便了解法兰西政府的真正意愿。后来，樊尚·贝内代蒂伯爵说道：“我们谈话开始时，普鲁士国王威廉一世似乎非常礼貌、和蔼可亲——这只是他的习惯。我向普鲁士国王威廉一世描述了利奥波德王子参选西班牙国王一事在法兰西公众中引起的不满情绪，并且告诉了他欧洲其他国家的反应。我尽可能地说服普鲁士国王威廉一世并且想让他相信，拿破仑三世唯一的目的就是以最体面的方式结束这一系列事件，使法兰西和普鲁士都能保存颜面。我恳求普鲁士国王威廉一世消除问题，解决道路上的一切阻碍，并且利用他的影响力迫使利奥波德王子拒绝西班牙的王位。‘如果陛下能做到这一点，’我恭敬地说，‘那么整个欧洲不仅将立即恢复平静，而且会对您采取的这个行动感到满意和感激。’为了使答复听起来非常坦率，普鲁士国王威廉一世回答道：‘我虽然对正在马德里进行的协商并非一无所知，但没有参与其中。我不想干涉利奥波德王子通过自己的努力所取得的成果。我虽然不赞成西班牙人关于其王位的计划，但没有禁止它。在这一系列事件中，我扮演的角色是一个家庭的主人，而不是一位国王——我把这件事当作一个私人问题。我认为，普鲁士政府不需要比任何其他欧洲国家的政府多做什么。’我告诉普鲁士国王威廉一世，我担心公众舆论无法分辨其中的微妙差异。因此，普鲁士国王威廉一世通过讨论国家主权问题详述了西班牙的权利，回避了真正的问题。接着，普鲁士国王威廉一世说道：‘由于摄政政府也是正常的政府，外人想要修改它的决定是不可能的。此外，西班牙将在1870年7月20日确定最终结果。’我告诉普鲁士国王威廉一世，我认可西班牙人关于选举国王的权利。随后，我补充称自己确信胡安·普里姆建立的联盟将给伊比利亚半岛带来不幸。我继续说道：‘如果利奥波德王子的候选人资格可以被取消，那么另一个解决困难的方案就会被制订，而整个西班牙都会接受这个方案——我非常肯定这一点。目前，如果我们请求西班牙摄政王弗朗西斯科·塞拉诺·多明格斯否决利奥波德王子的候选人资格，那么我们的请求只会增加摄政王的尴尬。这就是为什么我们会如此真诚地向陛下倾吐我们的所想并且直接请求您介入这件事——这件事不仅和我们密切相关，而且丝毫也不影响普鲁士君主的荣誉。’接下来，普鲁士国王威廉一世抱怨了德·格拉蒙公爵挑衅的语气，而我回答说，法兰西公众舆论的压力是造成这种情况的主要原因。普鲁士国王威廉一世再次声明，他不想利用自己的权力阻止利奥波德王子接受西班牙王位。‘如果利奥波德王子决定放弃西班牙王位，那么不会是因为我不赞成他的做法。眼下，我正和卡尔·安东王子交流这件事。我不仅请卡尔·安东王子告诉我，他和他儿子的意图是什么，而且已经告诉了他这件事对法兰西的重要性。现在，我正等待着来自锡格马林根的答复。得到答复后，我们会继续协商。’因此，协商结束了，而普鲁士国王威廉一世让我留下来吃饭。”

第一次收到来自柏林的关于这次协商的官方报告时，拿破仑三世和欧仁妮皇后一致认为这种结果对法兰西非常不利。拿破仑三世说道：“普鲁士国王威廉一世不会做出任何承诺——他不仅声称普鲁士对这一切不负责，而且拒绝建议利奥波德王子放弃选举。这是悲观的一面。从另一个方面来看，我认为普鲁士国王威廉一世或许会与卡尔·安东王子沟通过此事。现在，让我们期待答复吧——我对此可不乐观。”急于看到事情结果的德·格拉蒙公爵也很失望。德·格拉蒙公爵告诉欧仁妮皇后，他想发电报给樊尚·贝内代蒂伯爵并且得到一个确切的回复。德·格拉蒙公爵说道：“我们不能等待——免得普鲁士在我们之前做准备。今天一定要得到确切的答复。”然而，每个圈子里都至少有一个乐观的人。里昂勋爵走了进来，说他刚刚发了一封电报给格兰维尔勋爵，而这封电报的内容是：“德·格拉蒙公爵授权我告诉你们的领袖，如果利奥波德王子按照普鲁士国王的建议自愿退出选举，那么所有事情就都结束了。”欧仁妮皇后告诉里昂勋爵，事情进展得似乎太快了，而拿破仑三世也同意她的观点。然而，里昂勋爵不同意欧仁妮皇后的观点。

与此同时，法兰西媒体和社会舆论处于亢奋状态。由于担心公众舆论会使法兰西处于更危险的境地，巴黎内阁警告有影响力的报纸和公众人物称，与普鲁士针锋相对将带来危险。杜伊勒里宫很支持巴黎内阁的做法。如果我没有记错的话，那么实际上，巴黎内阁的这种做法是拿破仑三世的建议。塞缪尔上校对普鲁士的军队写了一部评论作品，作品有些部分被摘录发表："现在看来，法兰西可能会卷入一场与德意志这样强大的军事力量的斗争。我们应该记住，未来的敌人是不可轻视的——他们有强大的军队！"在文章的最后，塞缪尔写下了一句话，即"德意志北部军队有九十万六千名士兵和十七万匹马"。巴黎内阁限制媒体和引导公众舆论的做法虽然是明智之举，但由于媒体和公众舆论过于亢奋，没有产生任何结果。新闻界和激烈的公众舆论对事态的走向有巨大的影响，而那些希望公正地评判这场暴风雨的人会将我们历史中的这段时期牢记于心。许多法兰西人认为，强大的法兰西无人可敌——他们赞同的是阿道夫·梯也尔先生的观点——并且嘲笑巴黎内阁的胆小。在一封私人信中提及这一时刻时，拿破仑三世写道："高涨的爱国精神导致事态变得难以控制。不久后，这种初衷美好却轻率危险的情绪占了上风，无法被掌控。再后来，什么情绪也没有了，而我们不得不跟随其他人的脚步。"

为了证明我所说的话的真实性，我尝试从当时的巴黎报纸中找到一些相关文献。文献资料表明，大量共和主义党派的报纸曾极力推动巴黎内阁宣战——无论什么原因，拿破仑三世和欧仁妮皇后都不应为此受到指责。在《尝试报》上，我找到了一些言论，即"如果一位普鲁士王子登上西班牙王位，那么我们会倒退回亨利四世时代——甚至是弗朗西斯一世时代"。《西克尔报》一直对第二帝国不怀好意，而在以下几句话中，它的恶意体现得淋漓尽致："法兰西不仅所有边界都被普鲁士及受普鲁士影响的国家包围着，而且最终会孤立无援。从许多方面来看，情况比1815年签订《巴黎条约》的那天更加糟糕。"在署名为弗朗索瓦·维克多·雨果的文章中，维克多·雨果写道："野心勃勃的霍亨索伦家族已经不再满足于征服德意志——他们企图征服西班牙。霍亨索伦家族不仅有这样的想法，而且有可能将它变为现实，而这将是我们这个时代的一个奇耻大辱。"在《索尔报》上，埃德蒙·阿布怒斥道："怎么搞的！允许普鲁士在西班牙境内设立殖民总督像什么样子？如果消息属实，

维克多·雨果

那么我们国家的三千八百万民众将沦为囚犯。”《高卢报》上的一篇文章中写道：“我们认为，在不背叛法兰西的前提下，法兰西政府不能再拖延下去了。你虽然可以原谅内阁不守承诺，但决不能原谅内阁不知道如何保护法兰西。”

最终，德·格拉蒙公爵代表法兰西政府宣布，法兰西将反对西班牙授予利奥波德王子西班牙国王的封号，而各类报纸和杂志都为这个决议拍手叫好。因此，《高卢报》上的一篇文章中写道：“今天，外交大臣德·格拉蒙公爵讲了一番值得一听的言论。如果我们忍受了侮辱，那么法兰西境内就不会有任何一位女人尊重男人了。”《索尔报》上的一篇文章中写道：“虽然法兰西的反对派的首要职责就是与民众的意见一致，但现在，民众与内阁终于有了一致的意见。”《世界报》上的一篇文章中写道：“昨晚，各个俱乐部和公共场所都在谈论立法机构的会议。政府的坚定立场得到了一致认可，甚至是赞扬。在这个例子中，外交大臣是公众舆论的真正的发言人。”《国家观念报》的一篇文章中写道：“奥托·冯·俾斯麦已经触及了底线——他如果想维持和平，那么必须后退。至于我们——我们再也不能这样做了，必须还击。”《通信报》上的一篇文章中写道：“政府屈从于当时的流言。”

这些言论选自当时巴黎新闻界几家有代表性的报纸杂志。然而，也有一些共和党作家曾毫不犹豫地表示，拿破仑三世的立场没有得到公众的支持。在英格兰的某一天，拿破仑三世说道：“如果我们打赢了1870年的普法战争，那么这些共和党人会说我们不想参战，而是被巴黎的民众和记者们逼迫着发动了战争。因此，无论何时，这些共和党人都是正确的。”

不幸的是，在埃姆斯谈判悬而未决的情况下，法兰西不得不为战争做准备。对此，不仅国会深表遗憾，而且拿破仑三世也感到非常沮丧。“在同一时间”做“相反的事情”是拿破仑三世很不愿意做的事情。过去。拿破仑三世常说：“在同一时间，把两块铁放在火上已经非常糟糕。然而，当两块铁互相碰撞时，事情就会变得一发不可收拾。”这正是当时的情况。法兰西虽然想要和平——至少拿破仑三世和欧仁妮皇后都是这样想的——但不得不准备战争！一天，拿破仑三世说道：“你知道，我从来没有太注重过拉丁语。我从小喜欢的就是自然科学，尤其是数学，而不是纯文学。然而，如果说有什么东西是我一直都很讨厌的，那么一定是那些拉丁谚语——即使很多人都认为它很美。我发现拉丁谚语不仅大多语义不明、模棱两可，而且有时是错误的。有一个令我特别困惑的谚语，即‘想要和平，准备战斗’。不幸的是，这就是我们今天所做的事情。然而，我从未料到，我会以如此残酷的方式明白它的含义。”

在普鲁士和德意志的其他小国家的法兰西特工几乎每小时都在向杜伊勒里宫和圣克卢宫报告强大的普鲁士军队正在采取什么措施让自己更加强大。“就好像一个人虽然身披盔甲，但仍然要给自己配备现代手枪和其他枪支。”一天夜晚，看了来自巴伐利亚的一份机密文件后，拿破仑三世说道。然而，虽然事态已经愈发严重，但1870年7月11日法兰西召开的内阁会议仍然决定推迟动员命令，直到知晓樊尚·贝内代蒂伯爵第二次会见普鲁士国王威廉一世的结果。所有人都相信，西班牙政府的意见对普鲁士国王威廉一世有很大的影响。与此同时，杜伊勒里宫认为，最重要的事是防止任何爆炸、意外事故和其他任何会加速事态发展的行动。“我觉得自己好像坐在维苏威火山的山顶上。”某天吃早饭时，拿破仑三世感慨道。

这次“喷发”最可能发生的地点之一是立法机构——这里的左派和右派都不能保持沉默。拿破仑三世对一位抱怨连连的立法机构主要领导人说道：“在美国或伦敦时——抱歉，我忘记了具体是哪个城市——我结识了一个最原始也最有趣的美国人乔治·卡特林。乔治·卡特林曾在印度生活了很多年，而我记得他告诉我，印第安人非常健康的一个重要原因就是他们总是闭着嘴睡觉。实际上，多年后，乔治·卡特林写了一本小册子，而我在伦敦一家名为‘让你闭嘴’的书店里看到了这本小册子。在过去的几年里，我经常会想订购许多这样的小册子并且在每个代表的桌

乔治·卡特林

子上都放一本——现在，我可以这样做了。”在狭隘的党派利益的煽动下，即使是最爱国的人也会忘记国家利益——在法兰西，总会出现这种情况。在形势严峻的1870年7月，德·格拉蒙公爵尽了最大的努力，让代表们保持冷静，而大多数代表都理解这种情况，没有大声喧嚣。然而，无论右派还是左派，不会总保持沉默。因此，不幸的“阿拉戈事件”发生了。弗朗索瓦·阿拉戈是一位狂热的共和党代表，而拿破仑三世曾不无讽刺地评论他说：“弗朗索瓦·阿拉戈是著名天文学家的长子，他从小就是一个捣蛋鬼。”弗朗索瓦·阿拉戈质问法兰西政府是否真的只是在要求利奥波德王子退出西班牙王位竞选，还是想抓住机会，煽动法兰西和普鲁士之间的愤怒情绪。后来，德·格拉蒙公爵对拿破仑三世和其他一些人说道：“我虽然想回答弗朗索瓦·阿拉戈的问题，但担心会引起辩论，而这可能会使事情变得更加糟糕。因此，我

弗朗索瓦·阿拉戈

选择保持沉默。”弗朗索瓦·阿拉戈大声说道：“确实，大臣最好保持沉默。”在国际社会上，弗朗索瓦·阿拉戈的话造成了不好的影响——法兰西政府几乎立即从其他国家首都的特工那里收到了消息。

在弗朗索瓦·阿拉戈大放厥词的那天，樊尚·贝内代蒂伯爵与普鲁士国王威廉一世进行了第二次会面。和第一次会面中一样，普鲁士国王威廉一世继续回避着真正的问题，重复道：“我必须等待来自锡格马林根的答复。”而樊尚·贝内代蒂伯爵不这么认为。因此，普鲁士国王威廉一世对此事的态度变得不再那么和蔼可亲。他大声说道：“你的坚持会让人误以为你正在努力促成一场冲突。我很清楚巴黎方面的军事准备工作。我也承认，我们正在通过采取必要的措施来防止可能受到的出其不意的袭击。”普鲁士国王威廉一世接着说道：“如果巴黎方面有耐心，那么和平就不会有问题。请给我些时间采取一些必要的措施。与此同时，你可以以我的名义向巴黎发电报称，我有望在今晚或明天收到利奥波德王子的回复。随后，我会立即给你最后的答复。”对第二次会面时普鲁士国王威廉一世的态度，樊尚·贝内代蒂伯爵评论道：“在我看来，当时的普鲁士国王威廉一世认为自己很有远见——一开始，他就坚持自己的立场，想把接受西班牙王位的候选人资格的全部责任推给利奥波德王子。如此，我写了信给德·格拉蒙公爵。德·格拉蒙公爵回复说，法兰西不仅不会屈服于压力或推卸责任，而且准备好了承担战争的风险。另外，德·格拉蒙公爵知道，霍亨索伦事件无法激起普鲁士人的爱国热情，而随后，普鲁士国王威廉一世一定会站出来帮助克服和平道路上的这些障碍——当然，这需要通过外部手段来达成，不需要他亲自积极参与。普鲁士国王威廉一世扮演的角色是一位批准一个远亲的家族首领的行为。1870年7月11日的结果仍然可能是所有的国家都希望得到的——无论是西班牙，还是霍亨索伦家族的王子们，不仅都很高兴能摆脱混乱的局面，而且都希望保持和平。”

另外，樊尚·贝内代蒂伯爵的这些观点也得到了证实。法兰西驻马德里代表声称，胡安·普里姆终于认识到这件事情的危险性。胡安·普里姆对法兰西驻马德里代表说道：“如果你们让利奥波德王子告诉我，在接受我们的提名的过程中，他遇到了障碍，那么我会让他轻松退出。”弗朗西斯科·塞拉诺·多明格斯告诉杜伊勒里宫:“我对这一切深表遗憾,并且衷心希望这件事能尽快结束。我的观点是,巴黎政府应该找柏林方面去解决这个难题。”与此同时,普鲁士政府建议法兰西政府找马德里方面解决问题。法兰西政府还发现,西班牙驻巴黎大使也在为和平局面努力。里斯本内阁首脑约翰·卡洛斯·德·萨尔达尼亚·奥利维拉正在尽最大努力恢复葡萄牙候选人的资格。1870年7月10日夜晚,马德里内阁有了进一步动作,即将弗朗西斯科·塞拉诺·多明格斯派去锡格马林根并且指示他规劝利奥波德王子放弃竞选西班牙王位——这虽然是个好主意,但为时已晚。一位朋友告诉我,经过巴黎时,他看到了西班牙特使,而从西班牙特使与弗朗西斯科·塞拉诺·多明格斯的谈话中可以明显看出,西班牙政府正在尽其所能消除威胁欧洲和平的因素。罗马尼亚驻法兰西大使斯特拉特先生也去了锡格马林根。去锡格马林根前,斯特拉特先生对欧仁妮

约翰·卡洛斯·德·萨尔达尼亚·奥利维拉

皇后的一个随从说道："我知道，卡尔·安东王子对整起事件感到非常紧张。在记录本中，卡尔·安东王子写道，他听说了法兰西的战争谣言，不仅西班牙不再关心他儿子的候选人资格，而且普鲁士似乎也想抛弃他们。此外，这一切都有可能危及第二代罗马尼亚大公卡罗尔一世的地位。如果卡尔·安东王子坚持要让另一个儿子登上王位，那么这种行为会不会危及多瑙河两岸的王位？必须承认，出于这种顾虑，我访问了锡格马林根。"

与此同时，为了促进和平事业，拿破仑三世采取了许多措施，而历史学家们没有很好地说明这一点。我知道，就西班牙的王位问题，拿破仑三世不仅曾与比利时国王利奥波德二世接洽，而且在很多其他国家的首都也进行了类似的外交活动。我认为，普鲁士国王威廉一世的行为无法得到其他国家的认可。虽然普鲁士国王威廉一世不希望在樊尚·贝内代蒂伯爵面前做出让步，但他的一些举措无疑说明他已经放弃了自己早前的观点。法兰西政府从符腾堡的圣瓦里埃尔伯爵威廉·亨利·沃丁顿那儿得知，普鲁士国王威廉一世曾建议卡尔·安东王子让利奥波德王子退出竞选西班牙王位。我们还听说，普鲁士国王威廉一世曾写信给奥古斯塔王后。各种各样的信息不仅给了法兰西新的希望，而且为这一希望提供了良好的基础。1870年7月12日早晨，在弗朗西斯科·塞拉诺·多明格斯到达锡格马林根前，卡尔·安东王子发电报给胡安·普里姆说，由于利奥波德王子竞选西班牙国王的问题引起了诸多复杂情况，他决定退出这个战场。萨卢斯蒂亚诺·德·奥洛扎加给法兰西带来了喜讯。去见德·格拉蒙公爵时，萨卢斯蒂亚诺·德·奥洛扎加发现德·格拉蒙公爵正与冯·沃瑟会谈。几小时后，德·格拉蒙公爵告诉法兰西宫廷，在会谈中，冯·沃瑟说道："在这件事上，柏林方面对法兰西没有敌意。因为利奥波德王子是法兰西皇帝拿破仑三世的亲戚，所以此前我们不认为他的候选人资格会在法兰西受到如此高的关注。"德·格拉蒙公爵继续说道："我立即告诉冯·沃瑟，虽然柏林内阁会持有这种观点，但我很难理解。众所周知，拿破仑三世曾多次表示，他更愿意看到蒙庞西耶公爵安托万·德·奥尔良，而不是利奥波德王子继承西班牙王位——后者可能会加入反法联盟。冯·沃瑟没有说话，而萨卢斯蒂亚诺·德·奥洛扎加把卡尔·安东王子发给胡安·普里姆的官方电报交给了我。"

这封电报虽然的确写着利奥波德王子退出西班牙王位竞选，但没有做出任何保证——普鲁士不仅没有做出任何保证，而且甚至没有告诉法兰西政府此事。所有这些都让人感到不快。1870年7月12日夜晚，德·格拉蒙公爵说道："事态发展并不乐观，即我们可能会突然发现，在一个晴朗的早晨，利奥波德王子已经秘密地到达了马德里，而西班牙国会会立他为国王——就像他的兄弟第二代罗马尼亚大公卡罗尔一世之前一样。"因此，未来仍然可能会出现的某些狡猾的突然行动，而从锡格马林根发出的那封电报并没什么用处——连利奥波德王子都没有做出承诺，更不用说普鲁士国王威廉一世了。在这一系列事件中，我看到了奥托·冯·俾斯麦的棘手之处。我让冯·沃瑟注意奥托·冯·俾斯麦，并且问冯·沃瑟，利奥波德王子是否是真的听从普鲁士国王威廉一世的建议并且退出了西班牙王位竞选，而冯·沃瑟立刻明确地告诉我，普鲁士国王威廉一世与西班牙的王位问题没有任何关系。

人们一直认为，利奥波德王子的退出是法兰西的胜利，而法兰西政府虽然本应满足，但错误地提出了更多的要求，即法兰西政府应该为再次引起冲突和造成不幸结局而受到指责。然而，我认为，这种指责是不公平的——和欧仁妮皇后一样，拿破仑三世不应该对西班牙王位问题负责。拿破仑三世虽然愿意，但意识到自己无法让事情到此为止。拿破仑三世和欧仁妮皇后不仅当时观点一致，而且在随后的几年中曾不止一次地提到这件事。冯·沃瑟试图减轻巴黎方面的担忧。冯·沃瑟把自己对德·格拉蒙公爵说过的对西班牙的王位问题的看法又对拿破仑三世和欧仁妮皇后重复了两次。冯·沃瑟说道："普鲁士国王对您和法兰西都很友好。普鲁士国王真心实意地希望避免所有的纠纷。同意利奥波德王子为西班牙王位候选人时，普鲁士国王从来没有想到法兰西和您会反感。"冯·沃瑟的话十分有助于和平解决问题。拿破仑三世认为，法兰西政府应该通过采取某种行动来满足公众舆论，并且保证我们不受奥托·冯·俾斯麦的阴谋诡计的影响——人们不知道这位普鲁士首相有多少心眼和诡计。我不是说奥托·冯·俾斯麦的行为是否值得责难，而是说法兰西官方世界和巴黎公众是如何看待他的。不仅我相信，而且拿破仑三世也认为，如果没有奥托·冯·俾斯麦，那么困难会就此结束。

在和冯·沃瑟的会面结束前，德·格拉蒙公爵要求他请求普鲁士国王威廉一世给拿破仑三世写一封私人信。当时，刚从立法机构回来的埃米勒·奥利维耶先生刚加入了德·格拉蒙公爵和冯·沃瑟的会谈，说道："虽然代表们对取得的有利结果感到非常高兴，但我必须承认，这次的行动让人感到十分焦虑。右派很不安分，而左派要求解释——他们都要求普鲁士国王威廉一世做出保证。"为了获得普鲁士国王威廉一世的保证，德·格拉蒙公爵再次发电报给樊尚·贝内代蒂伯爵。然而，普鲁士国王威廉一世没有做出任何回应。拿破仑三世很好地描述了当时的情况。拿破仑三世说道："在这种情况下，任何公正的旁观者都必须承认一点，即巴黎内阁的处境非常艰难。法兰西政府不得不给自己的对手铺开一条大胆的战线——我们希望对手能够做出妥协。"

埃姆斯谈判进行时，法兰西外交官们正在欧洲的各个宫廷间奔走。"我们必须尽一切努力，"拿破仑三世说道，"阻止这场近在眼前的灾难发生。"关于维持和平，虽然奥地利、英格兰、俄国和意大利都做了一些努力，但巴伐利亚的行动可能是最有意义的。虽然自1866年以来，巴伐利亚一直是普鲁士的卫星国，但巴伐利亚外交大臣奥托·冯·布雷伯爵毫不犹豫地说了实话。奥托·冯·布雷伯爵告诉普鲁士国王威廉一世，巴伐利亚认为，在西班牙的王位问题中，普鲁士国王威廉一世应该效仿法兰西在比利时提出的由德·内穆尔公爵继承王位，以及英格兰在希腊提出由阿尔弗雷德·恩斯特·阿尔伯特王子继承王位的做法。法兰西让巴伐利亚明白了一个事实，即如果柏林方面接受这个提议，那么我们都将会感到满意。在这方面，拿破仑三世不仅非常积极，而且有时候认为巴伐利亚的干预会挽救局势。一名外交官对欧仁妮皇后说道："柏林内阁对所有劝告一概置之不理，近乎蔑视。"

第二代罗马尼亚大公卡罗尔一世，即利奥波德王子的兄弟，也为平息此次事件做了努力。我曾说过，罗马尼亚驻法兰西大使斯特拉特先生曾亲自去锡格马林根拜访利奥波德王子并且极力劝他放弃危险的举动。回到巴黎后，斯特拉特先生给拿破仑三世和欧仁妮皇后带回了一封由卡尔·安东王子写的信，而信的内容是告知西班牙政府撤销利奥波德王子的候选人资格一事。

所有国家的内阁不仅都认为法兰西反对利奥波德王子的行为是合法的，而且一致同意撤销他的候选人资格。然而，这些国家的行动仅限于此，不会再有其他行动——每个大国都希望避免与普鲁士决裂，以及普鲁士能和法兰西保持友好关系。时任奥地利外交大臣弗里德里希·费迪南德·冯·比斯特伯爵非常紧张。1870年7月11日，弗里德里希·费迪南德·冯·比斯特伯爵向查理·冯·梅特涅先生传达了一条机密信息——前者强烈要求奥地利放弃任何战争的想法，并且指出在目前的条件下，维也纳和巴黎之间的理解并不等于奥地利与法兰西需要通过进行有效合作来反对普鲁士。弗里德里希·费迪南德·冯·比斯特伯爵甚至批评了埃姆斯谈判。弗里德里希·费迪南德·冯·比斯特伯爵说道："我们唯一的义务就是不与任何国家达成协议，而在这一点上，我们将忠于我们的承诺。"实际上，弗里德里希·费迪南德·冯·比斯特伯爵只是希望先看看战争的赢家是谁以便见风使舵。总之，为了维护和平，所有维也纳内阁成员都建议柏林方面主张放弃利奥波德王子的候选人资格。在我看来，其他欧洲国家的政府并不认为杜伊勒里宫的敏感对和平造成了威胁——恰恰相反，对和平构成威胁的是奥托·冯·俾斯麦的诡计。

由于人们都熟知霍亨索伦事件的最后结果，我就不一一详述了。然而，我会陈述一些我熟悉的事实，这可能会增加一些新内容。克莱门特·杜维莫伊斯先生一直是拿破仑三世的好朋友。据说，有一次，克莱门特·杜维莫伊斯先生得到拿破仑三世的许可，对他打算发动战争的想法进行了询问。然而，实际上，这样的事情根本不存在。正如我曾说过的，在这一系列可怕的事件中，拿破仑三世所做的一切都是为了和平。1870年7月12日，拿破仑三世对时任意大利驻巴黎大使，即已故的尼格拉伯爵科斯坦蒂诺说道："这个消息意味着和平。我告诉你这个消息，而你可以通过发电报把它告诉你的国王——我没有时间写信给他。我知道，由于人们都希望开战，公众舆论正处于一种亢奋的状态。利奥波德王子退出西班牙的王位选举不仅是一个令人满意的解决办法，而且就目前来说，至少可以消除战争带来的所有危险。"我确信，尼格拉伯爵科斯坦蒂诺把这些话都转告给了意大利国王维托里奥·埃马努埃莱二世，而当时除了拿破仑三世，还有其他人在场。1870年7月12日，拿破仑三世还对查尔斯·丹尼斯·布尔巴基说："你不需要准备战争物资了。由于利奥波德王子的帮助，冲突结束了。"然而，自那以后，不断有谣传说拿破仑三世渴望那场战争！

与此同时，英国驻柏林大使奥古斯都·洛夫图斯勋爵与奥托·冯·俾斯麦的谈话被公开了。杜伊勒里宫得知，奥托·冯·俾斯麦受到了奥古斯都·洛夫图斯勋爵的称赞，而奥托·冯·俾斯麦回答说自己非常怀疑这是否会缓和法兰西和普鲁士之间的矛盾。奥托·冯·俾斯麦指出，普鲁士国王威廉一世对樊尚·贝内代蒂伯爵的礼貌欢迎在整个普鲁士引起了普遍的愤怒——几个城镇甚至对普鲁士国王威廉一世在埃姆斯谈判中取得的和解表示公开反对。奥托·冯·俾斯麦抱怨法兰西采取的武力胁迫手段，以及德·格拉蒙公爵使用的强硬语言，并且对樊尚·贝内代蒂伯爵表达了不满。奥托·冯·俾斯麦甚至还谴责了普鲁士国王威廉一世的做法，并且宣称法兰西必须保证今后好好表现——这分明就是威胁！

1870年7月12日，圣克卢宫举行了一场大臣会议。当时，拿破仑三世再次表达了自己的和平愿望，而对于什么才是正确的道路，大臣们的分歧很大。一些大臣认为，对未来的保证应该来自普鲁士，而另一些大臣则认为当前取得的成绩已经足够了——显然，正如后来的事件显示的那样，后者不仅是一个更明智的想法，而且得到了拿破仑三世的强烈支持。“拿破仑三世是这场讨论的主角。”一位在场的人说道。讨论的结果是支持和平的，而这也是拿破仑三世的立场。1870年7月13日早晨，在一本叫《宪政》的杂志上，罗伯特·米切尔先生写道：“霍亨索伦家族的利奥波德王子不会统治西班牙。我们不仅不要求更多，而且甚至很欢迎这种和平的解决方案——毕竟，谁都不用付出任何血泪的代价。”我们可以从这里再次看到当时真正在法兰西宫廷中盛行的精神。关于这种精神，我还可以给出另一个证明。里昂勋爵以英国女王政府的名义表示，希望法兰西能够接受到目前为止发生的一切并且不使冲突扩大化。因此，在信中，埃米勒·奥利维耶先生写道：“法兰西内阁虽然指示自己的大使樊尚·贝内代蒂伯爵与普鲁士国王威廉一世进行最后的努力，但一致认为，无论最后一次会晤的结果如何，我们都将对已经取得的成果感到满意，并且会就此止步。”

不幸的是，法兰西公众和立法机构没有效仿法兰西政府表现出的克制。巴黎的公众舆论充满了主战的喧嚣，而波旁宫中更是流言四起。一位造访杜伊勒里宫的朋友说道：“论及傲慢和嘲弄的行为，极右势力和左派的代表们不相上下。”不仅杰

杰罗姆·大卫男爵

罗姆·大卫男爵强烈反对“缓慢的外交行动”，而且还有人声称要推翻内阁。拿破仑三世无奈地说道：“虽然管理法兰西很容易，但管理法兰西人很难！”后来，西班牙的西尔维拉重复了拿破仑三世的这一说法。战争虽然爆发了，但不是拿破仑三世引起的。“无论怎样，”拿破仑三世真诚地说，“我都没有弄脏自己的手！”

有一次，拿破仑三世说道：“对法兰西人而言，利奥波德王子作为西班牙王位候选人的消息就像易燃物质上的火花一样，立即引起了一种深切、普遍并且交织着仇恨、愤怒和怀疑的复杂情绪。这桩由外交官们处理的事件震动了整个法兰西。法兰西外交部的发言中出现了一个严重的错误，导致我们的外交行动更加困难——我不仅当时，而且现在仍然这样认为。然而，得知卡尔·安东王子撤回了他的儿子即利奥波德王子的候选人资格时，我们希望能够继续保持和平。然而，不仅各地的公众舆论都很偏激，而且所有为了和解而做出的努力都不被大众所接受。几乎所有的法兰西报纸都在叫嚣着要发动战争。许多省份都响应了巴黎街道上的‘打到柏林去’的呼声。立法机构以二百四十七票对十票的结果赞成了战争。正如卡尔·赫尔曼·冯·西尔先生所说的，‘偏激的情绪笼罩了整个国家’。我每次在公众场合出现时，民众都高呼我的名字并且为我欢呼。去部队时，我没有穿越巴黎——由于民众都非常兴奋，我担心游行可能会引发混乱。每一个出现在街上的士兵都会收到热烈的掌声。歌剧院里的人们热情高涨。令人难以忘记的是，某天夜晚，在歌剧院，所有的观众都站起来并且齐声唱起了法兰西国歌《马赛曲》。没有人能否认这些事情。

“直到最后，外交部——特别是我，仍然认为和平能够得到延续。1870年7月19日，星期日，我从圣克卢宫去杜伊勒里宫召开了大臣会议，而此次会议持续了几个小时。经过长时间的考虑，我和所有的大臣们都一致认为，应该公开颁布一个和平性质的宣言。然而，与此同时，这封著名的——我如果说臭名昭著的，那么或许会受到指责——由奥托·冯·俾斯麦一手操纵的埃姆斯电报来了，让人以为我们的大使樊尚·贝内代蒂伯爵遭受到了普鲁士国王威廉一世的粗暴对待。这个谎言得到了预期的结果。那些现在指责我轻易向舆论屈服并且一头扎进了战争的人不仅指责我们是懦弱的，而且可谓疯狂得难以管理。我们如果要正确评判这次危机，那么就应该牢记人民的过激表现，公众舆论的造势，立法机构的疯狂，以及新闻界的喧嚷。因此，收到埃姆斯电报后，大臣们去了圣克卢宫，并且为了回应民众的要求，推翻了早上的决定。埃米勒·奥利维耶先生告诉我，如果我们公开最初商定的声明，那么民众会非常失望——在通往圣克卢宫的路上，他们会大声抗议并且朝大臣们的马车丢石头。”

对所有这些事件，欧仁妮皇后陷入了深深的困惑中。虽然有人反复重申欧仁妮皇后赞成1870年的普法战争，但这种说法是不正确的。虽然人们声称欧仁妮皇后应该为这场灾难负责，但她从不希望战争爆发。不仅欧仁妮皇后清楚地知道战争会造成什么后果，而且疲惫的拿破仑三世生病了——虽然当时的欧仁妮皇后不知道拿破仑三世得的是严重的结石病，但后者饱受结石的病痛折磨。在大臣会议上，欧仁妮皇后虽然竭力表现出一位君主在如此重大的危机中应当表现出的勇气，但对柏林方面的挑衅，也难以掩饰受伤的自尊心。虽然欧仁妮皇后最终接受了法兰西人民、巴黎内阁和拿破仑三世的亲信们的看法，认为战争是不可避免，甚至是必要的，但因此断言她曾期望或促成战争的发生绝对是不妥当的——没有事实可以证明这个残酷、虚假的一面之词。欧仁妮皇后不仅不同意德·格拉蒙公爵对法兰西和普鲁士的实力的看法，而且不同意埃德蒙·勒伯夫关于军队状况的看法。当时的欧仁妮皇后的思绪更多地集中在皇太子的身上——她希望皇太子接管军队以应对敌对行动，拿破仑三世即将面临的困难，以及她作为摄政王的重大的责任，而这些考虑足以阻止头脑清醒的人卷入，更不用说努力促成这样的冲突了。欧仁妮皇后虽然曾尽全力推开战争幽灵，但形势迫使她必须面对现实时，只能靠自己的勇气竭力忍受。据说，欧仁妮皇后可能已经阻止了拿破仑三世的开战计划——她不仅对拿破仑三世的影响力很大，而且一直不遗余力地劝说他放弃这个危险的计划。实际上，事情进展得如此迅速，而埃姆斯电报也产生了非常复杂的情况，导致战争成为欧仁妮皇后和其他任何人都无法阻止的事情。总之，普鲁士发现了一种既能侮辱法兰西又能迫使法兰西人冲向战场的手段。

在结束这个不愉快的话题之前，我觉得有必要驳斥一些对欧仁妮皇后的特殊指控。有人一再声称，一旦谈到普法战争，欧仁妮皇后都会说道：“这是我发动的战争！”虽然欧仁妮皇后从来没有说过这些话，但为了证实这一点，我认为最好的办法就是在这里集中更多的事实和证据，而接下来的几段便是这些证据的具体内容。

埃米勒·奥利维耶先生曾经写过一封信给法兰西一家很有影响力的医学杂志的主编奥古斯丁·卡瓦斯博士，而这封信将一切都解释得清清楚楚了。以下是从埃米勒·奥利维耶先生的信的原稿中节选出来的一部分，与奥古斯丁·卡瓦斯博士出版的略有不同。埃米勒·奥利维耶先生指出了以下两点：

“一、1870年，拿破仑三世备受结石折磨，导致他的体力、智力甚至精神活动都瘫痪了——这充分解释了法兰西为什么在战争初期连连受挫。

“二、欧仁妮皇后从来没有说过‘这场战争是我发动的’等话。”

在《关于1870年的战争的军事著作》一书中，阿尔弗雷德·杜凯先生写道："'这场战争是我发动的'这句据传是出自欧仁妮皇后之口的'名言'不仅被人们一次又一次地提起，而且被印刷过无数次，被所有身为人母或正义的法兰西人所唾弃。然而，欧仁妮皇后真的说过这句话吗？我可以毫不犹豫地回答，没有。我这样说不是因为同情第二帝国——实际上，我一直不喜欢拿破仑三世的政权。虽然真相有时会违背我的利益或意愿，但我从不隐瞒它。我必须承认自己从未看到过一份有效的书面或口头证据能证明欧仁妮皇后曾说过这种令人憎恶的言论。"

在欧仁妮皇后生命的最后几年，第二帝国的一位杰出将军的儿子经常会去看望她。在一封私人信中，这位将军的儿子说道："这句话是杜撰的。在我和在场的其他人面前，欧仁妮皇后直接否定了这句话。在欧仁妮皇后的圈子里，没有人会相信，更不用说听到她亲口说出这句话了。"

皮埃尔·阿尔贝·塔查尔先生曾是第二帝国的立法机构的一个共和党人，后来成为驻布鲁塞尔的法兰西国防部代表。皮埃尔·阿尔贝·塔查尔先生曾说道："我一

皮埃尔·阿尔贝·塔查尔

直认为，欧仁妮皇后发动了战争的说法是错误的。1904年，我在卡普马丁见到欧仁妮皇后时，她再次宣称自己从未赞成过1870年的战争。欧仁妮皇后说道：‘我已经准备好承担自己应该承担的责任。我支持的墨西哥远征的确带来了不良的结果，而对此，我将承担自己应负的责任。然而，我坚决否认自己曾赞成过普法战争。实际上，恰恰相反，我总是竭尽所能地阻止这场战争。我授权给你可以在合适的地方和时间当众宣布此事。’由于这种谣传在公众心中根深蒂固，欧仁妮皇后悲从中来——要把这种观念连根拔起是多么困难！”

关于类似的指控，我还有几句话需要补充。有人说，实际上，拿破仑三世如果愿意，那么完全有能力阻止这场战争，而就这个问题，拿破仑三世留下了笔记：“毫无疑问，虽然法兰西政府的首脑是立宪制的君主，并且的确可以避免1870年的灾难，但我们应该记住的是，他如果这样做，那么不仅会失去所有人心，而且会受到公众指责。人们会说，法兰西君主对强者谦卑，却对弱者傲慢。法兰西君主的行为将受到所有人的谴责。法兰西君主对外国人屈尊的行为不仅会被人们指责，而且恰好会给反对派提供取之不竭的素材供他们辱骂。然而，必须承认的是，我本应该采取明智的行动并且履行自己的全部职责，即应该阻止战争——即使这样会导致我失去皇冠，而不应该像国民那样糊涂。我可以心平气和地说，就像一个人去决斗场一样，我心甘情愿地接受了战争——这是荣誉的规则所要求的，而不是取决于我的对手是否比我更强大。我虽然知道有更好的机会可供扩张领土，而不被全国人民的激动情绪冲昏了头脑，我对军队的实力很有信心，希望通过军事行动获得荣耀。我这样坦白不等于我完全接受朱尔斯·法夫尔先生之前的观点，即承认自己是自愿地为了自己的王朝而发动了这场战争。一场成功的战争无法使第二帝国更加稳固——如果战争输了，那么结果便是巨大灾难——战争能摧毁一切。与此同时，这场战争也意味着我将与大部队离开法兰西，而欧仁妮皇后和皇太子会被留在后方。虽然起初，欧仁妮皇后和皇太子的确陪我去了前线，但我从来没有打算让他们长久地留在那里——这意味着巴黎人民会失去可靠的领袖。一个伟大却不安的首都如果没有领袖，那么会出现各种乱象，包括共和思想泛滥，媒体可以自由言论，以及公众集会随意举行。在这种情况下，发动战争——除非是被迫的——是疯子才会有的行为。

“我们还担心可怕的反转。一场战争无论多么成功，都可能发生反转——巴黎可能会发生动乱，而动乱的结果会是一场革命。因此，显然，从各个角度来看，1870年的普法战争会伤害法兰西王位和第二帝国的核心利益。朱尔斯·法夫尔先生一向认为，政府的大臣责任制是一种比较好的政府形式。然而，朱尔斯·法夫尔先生为什么会把这场战争的责任全推到我一个人身上来呢？在朱尔斯·法夫尔先生看来，大臣们不是应该至少和我一起承担责任吗？实际上，这场整个国家都在期盼的战争已经成为我无法阻止的事情，而这会是未来的历史学家们明确地阐述的事实。普法战争前夕，我毫不犹豫地对外宣布，这是一场法兰西国民发动的战争。当时，没有人反驳我的说法。在那个庄严的场合，我说道：‘在人的一生中，庄严的时刻总会出现。在这种时刻，人民心中的国家荣誉会被激起和迸发，不仅会变得不可抵挡，高于其他利益，而且能主宰人民的命运。对普鲁士的最新主张，我们虽然提出了反对意见，但没有获得任何人的理睬。在法兰西各地，对战争的呼唤声已经响起。现在，我们只能相信自己的武器。’1870年7月23日，立法机构的成员们来为我送别，我回应立法机构的议长道：‘我们已经尽了最大的努力来避免战争。我们可以说，在这个庄严的时刻，法兰西的民意决定了我们应该做的事。’然而，我不想逃避自己的责任。在失败之前，我只是希望在世界人民的眼中，我不是为了自己的小王朝的利益而导致法兰西陷入了危险。如果说不是被迫参战的话，那么我的确是受到当时法兰西民意的鼓励而发动了1870年的普法战争。”

普法战争爆发前夕，拿破仑三世曾尽可能地促成法兰西和奥地利亲密联盟。1870年3月，阿尔布雷希特·弗里德里希·鲁道夫大公来到了巴黎。阿尔布雷希特·弗里德里希·鲁道夫大公是当时最有声望的将军之一，并且曾在1866年于库斯图萨战役中击败意大利人——公众对这场战役仍然记忆犹新。在巴黎，阿尔布雷希特·弗里德里希·鲁道夫大公受到了法兰西宫廷和军事领袖们的热烈欢迎。拿破仑三世曾多次接见阿尔布雷希特·弗里德里希·鲁道夫大公，并且与他一起讨论奥地利和拿破仑三世的联盟问题，而欧仁妮皇后保存了这些讨论的一些细节：

“拿破仑三世和阿尔布雷希特·弗里德里希·鲁道夫大公初步制订了一个法兰西和普鲁士爆发战争后的总体作战计划。虽然我们不想打仗，但莱茵河对岸的普鲁

库斯图萨战场上的意大利指挥官

库斯图萨战役

士所做的准备工作导致我们有些焦虑。无论如何，阿尔布雷希特·弗里德里希·鲁道夫大公都已经同意在返回维也纳后与奥地利皇帝弗朗茨·约瑟夫一世就这一情况进行商榷，而如果必要的话，那么巴黎方面将派遣特使出发去维也纳。后来，即1870年5月19日，拿破仑三世和六位军事部门的首席将军展开了商讨，并且将阿尔布雷希特·弗里德里希·鲁道夫大公呈递的作战计划摆在了他们面前。按照这个作战计划，一支法兰西军队将在巴伐利亚加入奥地利军队，而意大利将派遣军队去蒂罗尔。阿尔布雷希特·弗里德里希·鲁道夫大公希望在汉诺威和德意志南部各邦集结一支起义军——他甚至认为丹麦也会加入这场战争。然而，所有人都认为这个作战计划的薄弱环节是奥地利方面提出的条件——奥地利提出，从战争爆发的那一刻算起，法

阿尔布雷希特·弗里德里希·鲁道夫大公

兰西必须给它提供六个星期的准备时间。拿破仑三世和将军们没有掩饰他们对法兰西军队是否能够单独支撑这么长时间的焦虑。”

法兰西所谓的盟友——奥地利虽然不急于从战争中获得好处，但的确体会不到为得到前者期望的胜利可能带来的危险。关于这一点，法兰西人民虽然起初不这么认为，但后来都认同了它。拿破仑三世下定决心，打算把与奥地利结盟一事落实。因此，拿破仑三世派勒布伦作为特使去了维也纳。勒布伦带着拿破仑三世写给奥地利皇帝弗朗茨·约瑟夫一世的亲笔信，而以下是勒布伦针对这项重要任务写的备忘录：

“我得到的指示是说服让奥地利坚定并且毫不拖延地参加这场战争。我需要向奥地利指出，利用六周的时间来动员军队是危险和拖沓的。1870年5月28日，我开始动身去维也纳。然而，由于不想引起怀疑并且希望尽可能多地了解德意志的局势，我没有直接去维也纳。因此，直到1870年6月6日，我才到达维也纳。1870年6月7日，我与阿尔布雷希特·弗里德里希·鲁道夫大公见面了。然而，我和阿尔布雷希特·弗里德里希·鲁道夫大公的谈话结果并不理想——他没有做出任何承诺，并且说：‘奥地利不能保证自己能做些什么。’阿尔布雷希特·弗里德里希·鲁道夫大公的话不仅很隐晦，而且避开了一切政治话题，导致这场谈话完全局限于军事方面。阿尔布雷希特·弗里德里希·鲁道夫大公强调，由于奥地利的军事动员会进行得很缓慢，要他放弃六周宽限期的需要是不可能实现的。我虽然和阿尔布雷希特·弗里德里希·鲁道夫大公谈过三次话，但在所有的对话中，后者都只针对策略问题——尤其是对发动战争的有利时机进行发言。‘由于非常关注时机问题，’阿尔布雷希特·弗里德里希·鲁道夫大公说道，‘奥地利会选择正确时机。’然而，我所有的实用性建议都被大公用‘无权’二字否定了——我必须承认，这种冷漠的态度是我没有想到的。奥地利只想通过拖延政策旁观时局会如何发展——奥地利如果看到我们胜利的旗帜飘扬，那么会积极响应我们的号召。

“1870年6月16日，在卢森堡，我与奥地利皇帝弗朗茨·约瑟夫一世会面了。奥地利皇帝弗朗茨·约瑟夫一世虽然态度亲切，但每当我提及联合时，都缄默不语，而关于其他事情，他说道：‘我希望你能明白，我不赞成在盛怒之下采取的任何行为。我渴望和平，并且只有在受到逼迫时才会选择战争——关于这一点，我和阿尔布雷希特·弗里德里希·鲁道夫大公持同样的看法。我们必须至少需要六周的准备时间，即拿破仑三世发动战争时，我无法立刻开始进行军事行动——如果我这样做，那么普鲁士会与我全面敌对，而我的政府会处于一个很尴尬的位置。’在谈话过程中，奥地利皇帝弗朗茨·约瑟夫一世提出了一个假设，而只在这个假设成立的前提下，他才会与法兰西结成联盟。关于这个假设，奥地利皇帝弗朗茨·约瑟夫一世说道：‘如果拿破仑三世以解放者——而不是敌人——的身份被迫接受或发动战争，把自己的军队带入德意志南部，那么我就不得不把我的命运和他的命运串联在一起——在奥地利人民看来，这种情况下的我只能让我的军队加入他的军队。这就是我希望你对拿破仑三世说的话。’

“我发现自己处在一个非常微妙的局势中。虽然拿破仑三世给我下达的命令是商议军事合作问题，但身处维也纳的我现在面临的问题是在什么情况或突发事件下，两军才能达成战略合作。我认为自己无权要求奥地利皇帝弗朗茨·约瑟夫一世在这件事上给我更明确的解释。因此，我对奥地利皇帝弗朗茨·约瑟夫一世说道：‘拿破仑三世的首要目的是提前对贵国有一定的了解，并且防止在战争爆发时，贵国会无法动员军队。’然而，奥地利皇帝弗朗茨·约瑟夫一世又开始泛泛而谈。最终，奥地利皇帝弗朗茨·约瑟夫一世用一种非常礼貌又亲切的方式让我相信了一点，即他从头至尾都只是一位听众。”

勒布伦带去的问题没有得到妥善地解决——这一点在他回来后交给拿破仑三世的详细报告中得到了证实，而这份报告中的要点已经载于上述简短的备忘录中。

第25章

1870年的查隆斯营地

1870年8月16日4时，即梅茨的灾难发生后，拿破仑三世离开了军队。法兰西军队刚刚越过摩泽尔河，正在搭帐篷，准备休息调整好后再继续撤退。虽然拿破仑三世乘坐的皇家马车到达了法兰西东北部城市凡尔登，但他没有收到弗朗索瓦·阿希尔·巴赞的消息。在一些战争笔记和手稿中，拿破仑三世写道："我认为，在我离开梅茨前就确定好的军事演习已经开始了。在下达为军队储粮的命令后，我和几个军官一起坐火车去了查隆斯营地。这辆令人遗憾的交通工具与我被指控使用的'豪华的马车'相差太远了。据传，我使用的豪华马车'不仅占用了道路，而且阻碍了部队的行进'。我发现，穆尔默隆地区非常混乱——那里不仅驻扎的军队数量众多，堆满了用具和粮食，而且各种后勤都跟不上。列车来往不断，新的部队，第十二军，以及从雷什奥芬逃脱的散兵不断来到穆尔默隆地区。帕特里斯·德·麦克马洪的士兵又累又病，十分可怜，导致我不禁悲从中来。我们不仅对帕特里斯·德·麦克马洪及其部队的悲惨遭遇感到非常焦虑，而且担心梅茨的情况。经过英勇却徒劳的努力，弗朗索瓦·阿希尔·巴赞的部队不得不停下来——很快，我就意识到，和弗朗索瓦·阿希尔·巴赞会合是不可能的了，即查隆斯营地的军队必须独自面对普鲁士军队。到了查隆斯营地后，我彻底明白了一个事实，即我曾抱着满怀希望的计划已经失败了。

"在查隆斯营地，我得到了来自巴黎的坏消息，而这条坏消息的内容如下：'欧仁妮皇后摄政的政府正在硬着头皮应对着各种困难。反对派越来越具有煽动性和

埃米尔·弗卢朗

危险性。法兰西人民焦躁不安——他们被不择手段的阴谋家们煽动得亢奋了起来，而这些阴谋家们只有一个目的，即利用混乱局面为自己谋取利益。到目前为止，虽然革命团体一直在搞破坏，但我们仍然保持着克制。和埃米尔·弗卢朗和他的朋友们一样危险的煽动者又一次抬起了头，并且针对我们在前线遭遇的灾难想出了新的鬼点子。激进的左翼、极端的新闻机构和国际工人组织形成了一种紧密的联盟，而其总部在沙特莱大街一栋房子——这里一直是反共和党开会的地方——我们不仅很熟悉这个地方，而且正在秘密地对这个联盟的成员进行跟踪，导致这些成员不敢采取行动。这个联盟的成员们知道警察对他们了如指掌，并且密切地监视着他们。由于知道我们不会放他们离开，这个联盟的成员们不敢公开攻击我们。然而，这个联盟的成员们还能维持多久这种平静的状态才是我们最担心的问题。陛下也应该知道，1870年8月9日，即内阁开会时，这个联盟的成员们已经尝试制造了第一次混乱。1870年8月14日，这个联盟的成员们更加胆大猖狂——欧德斯和他的朋友们袭击了拉维莱特军营，导致值班班长和一个年轻的女孩在战斗中死亡。当然，这场袭击只是小规模的冲突——帝国的敌人们将所有的希望都寄托在普鲁士的胜利上，并且期望可以因此而获得坚实的支持。帝国的敌人们已经因赫尔穆特·卡尔·贝恩哈特·冯·毛奇的第一次胜利而欢呼了。’

“一场危机似乎一触即发。作为摄政王的欧仁妮皇后能利用的资源十分有限——几乎所有优秀的部队都被派去了前线。在写给我的信中，欧仁妮皇后说道：‘迅速而坚定的决定和从上至下的所有公职人员严格遵守纪律是我们主要的防御手段。’然而，面临着巨大公共危险时，使各个政府部门有效地运作无疑会变得更加困难。虽然欧仁妮皇后展现出了非凡的能力，但她在1870年8月10日组建的一个政府部门没有能很好地运作。我要再加一句，即虽然大臣们不仅都很忠诚，而且每一个人都有着非凡的个人能力，但他们的忠诚和能力没有对整个国家产生有效的影响。实际上，在各种各样的陷阱和困难中，欧仁妮皇后十分孤独。在那些风风雨雨里，欧仁妮皇后的勇气，爱国之心，以及受到的爱戴，都不足以作为强大的武器并且为她保住宝座。欧仁妮皇后知道，法兰西的国家精神正在发生变化，而风向一转，人心就会摇摆。当时的法兰西不像奥地利或西班牙——尤其是当一个女人坐在王座上时，古老的骑士风度和情怀会笼罩着王座。我生了很严重的病。我被迫宣战，并且在战争开始时就失败了——战争开始的那一刻，反对派就开始诅咒和谴责我。欧仁妮皇后身边没有一个一流的政治家。那些曾帮助建立了帝国的人，像查理·德·莫尼伯爵、阿道夫·比约先生、艾玛布勒-让-雅克·佩利西耶和圣阿尔诺不是去世了，就是退出了政治舞台。虽然德·佩尔西尼伯爵让-吉尔伯特·维克托·菲林和参议院主席欧仁·鲁埃可能会提供有用的建议，但立法机构不允许他们重新掌权。被认为是宣战者的埃米勒·奥利维耶先生无法很好地给法兰西政府提供有益的咨询，并且已经被粗暴地推下了政治舞台。在这个关键时刻，‘帝国的支柱’们就是这样的状态。

“顺便说一下埃米勒·奥利维耶先生。埃米勒·奥利维耶先生不仅迫切地呼吁我返回巴黎，而且再三对欧仁妮皇后说道：‘此时此刻，让拿破仑三世待在首都是绝对必要的。在与现在相似的情况下，即攻克莫斯科和滑铁卢战役后，即拿破仑一世没有丝毫犹豫——他为重返巴黎而离开了军队，不仅给予了公众信心，而且平息一切煽动叛乱的念头。拿破仑三世应该学习拿破仑一世。只有拿破仑三世在巴黎，法兰西政府才能正常运转。拿破仑三世的权威可以增加信心，抑制野心，带来各方面的平静。’我充分认识到埃米勒·奥利维耶先生的呼吁是肺腑之言——他很好地总结了这一切。梅茨军队一决定撤退，我就下定决心直接返回巴黎。返回巴黎的建议虽然在查隆斯营地时就被提出了，并且经过了长时间讨论，但当时遭到了否定，导致我只好鞠躬表示同意。”

我的一位密友留下了一份备忘录，写道：“拿破仑三世到达查隆斯营地时，路易-茹尔·特罗胥、斯密特和让-奥古斯特·伯索特在拿破仑·热罗姆的住处进行

路易－茹尔·特罗胥

了会面。可惜的是，拿破仑•热罗姆虽然有非凡的智慧，但常常会误入歧途。拿破仑•热罗姆不仅总是亲近那些指责第二帝国政策的人，而且与吹毛求疵和满腹牢骚的路易-茹尔•特罗胥关系密切。拿破仑•热罗姆等人都谴责战争，反对欧仁妮皇后摄政。因此，在查隆斯营地的这次会面后，拿破仑•热罗姆等人去了拿破仑三世的住处，并且就建议和支持的主要步骤达成了一致。然而，就在拿破仑三世到达查隆斯营地的前一天，拿破仑•热罗姆不仅认为让拿破仑三世返回巴黎是不可能的，而且将这一想法告诉了斯密特。然而，现在，拿破仑•热罗姆又开始赞成在路易-茹尔•特罗胥的掩护下将拿破仑三世转移去首都。

“那天，拿破仑三世感到非常苦闷。然而，在帐篷前，拿破仑三世仍然很友好地接待了拿破仑•热罗姆一行并且就军队状况和他们进行了长时间的谈话。拿破仑•热罗姆一行都明白，不仅久留在一个没有任何防御的营地是不太可能的，而且军队的条件也不尽如人意。让-奥古斯特•伯索特说道：‘我的士兵们不仅没有很好的装备，而且没在野外好好操练过。因此，我的士兵们如果被放在防御工事后方，那么或许还能发挥一定的价值。’随后，路易-茹尔•特罗胥补充道：‘为什么不把这些士兵带回巴黎——这样的话，他们不就可以派上用场了吗？在我看来，如果巴黎发生突然情况，那么一想到自己的权利和义务，即为家园而战，这些年轻人的战斗力会更强。’路易-茹尔•特罗胥和斯密特不仅坚定地支持着让-奥古斯特•伯索特的想法，而且当场决定送这些士兵回巴黎。最终确定将这些士兵送回巴黎前，有人建议，把对拿破仑政权不太友好的贝尔维尔和蒙马特尔的军队派去北方。然而，由于担心这种举措会冒犯北方地区，弊大于利，拿破仑三世最终没有将贝尔维尔和蒙马特尔派去北方，只决定让让-奥古斯特•伯索特把他的军队带回巴黎。

“然后拿破仑•热罗姆把话题转向巴黎问题。谈到这个火烧眉毛的巴黎问题时，拿破仑•热罗姆说道：‘在这个节骨眼上，我认为第二帝国应该倚靠的不是大臣们或政治家们，而是那些符合民意的自由党——请不要计较这些人过去曾说过的话或做过的事。’路易-茹尔•特罗胥的参谋长和亲密的朋友斯密特支持拿破仑•热罗姆的观点，并且说道：‘形势非常严峻。我认为，确保陛下的安全是我的责任。在我看来，在1870年8月17日这个节骨眼上，我们唯一的补救办法就是迅速赶回巴黎。我听说，陛下没有起用他觉得倾向于反对派的路易-茹尔·特罗胥。我的意见是，陛下应该返回巴黎，并且任命路易-茹尔·特罗胥为巴黎市长。陛下，您不能在此久留——不在王位上是很危险的做法！’拿破仑三世回答道：‘你的观点完全正确——在这里，我就好像已经退位了。’”

拿破仑·热罗姆曾记录道：“我向拿破仑三世指出，他现在所处的位置很奇怪——既不是政府首脑也不是军队领袖。我要高度赞扬路易-茹尔·特罗胥——和曾经反对第二帝国的所有战争一样，他也反对这场战争。战争爆发前，路易-茹尔·特罗胥曾敦促法兰西政府重组军队。然而，路易-茹尔·特罗胥的‘好’建议被人以怀疑的眼光轻视了。毫无疑问，路易-茹尔·特罗胥还是一位很有名气与魅力的人。有了权力后，路易-茹尔·特罗胥能为第二帝国出更多力。‘让路易-茹尔·特罗胥运用这些优势为您服务，’我直接对拿破仑三世说道，‘虽然您曾误解过路易-茹尔·特罗胥，但他是一位勇敢的人。任命路易-茹尔·特罗胥为巴黎市长——我相信他会为了保卫巴黎而战。请让路易-茹尔·特罗胥比您提前几个小时出发，然后在居民面前宣告自己起草的文件。你会发现，一切都会好起来的。’我能看出，面对这样突然的提议，拿破仑三世有些吃惊。拿破仑三世向帕特里斯·德·麦克马洪打了手势，而后者走了过来并且和拿破仑三世一起走进了帐篷。拿破仑三世直截了当地问了帕特里斯·德·麦克马洪一个问题，即路易-茹尔·特罗胥是否能够信任。帕特里斯·德·麦克马洪回答说可以。因此，拿破仑三世派人请来路易-茹尔·特罗胥，并且问他是否能够接受这个任务。路易-茹尔·特罗胥回答道：‘怀疑我的忠诚是有失公允的。我值得陛下您的信任。我向您保证，我如果成为巴黎市长，那么将向您证明我对第二帝国和对您的忠诚。’因此，拿破仑三世正式任命路易-茹尔·特罗胥为巴黎市长。”

关于路易-茹尔·特罗胥，欧仁妮皇后的圈子中的一个人评价道：“任何人都不能质疑路易-茹尔·特罗胥——不仅不能质疑他的军事才能，而且不能质疑他的历史知识和军事知识。他的这些才能和知识只是被他那优秀的口才与文笔埋没了罢了。路易-茹尔·特罗胥的爱好是‘改革’——他希望不断改革一切。路易-茹尔·特罗胥经常说‘我愿意纠正弊端’。在政治上，路易-茹尔·特罗胥很开明，虽然对第二帝国没有很强的好感，但不会无理由地发牢骚。虽然路易-茹尔·特罗胥常摆出一副作为‘坏政权’的牺牲品的样子，但人们看到了他的许多优点和他做的好事，并且没有太在意他对第二帝国的怨恨。1870年8月19日，路易-茹尔·特罗胥接受拿破仑三世托付给他的任务时，没有人怀疑他的忠诚——人们认为，他终于能实现自己的理想和抱负了。在那个难忘的时刻，没有一个在场的人会想到，路易-茹尔·特罗胥会这么快就放弃自己的职责和必须捍卫的荣誉——每一个公正的学者都会谴责他的这种行为。拿破仑三世曾经说道：‘虽然路易-茹尔·特罗胥是一个爱发牢骚的人，但千万不要以为第二帝国时期的他没有得到重用。恰恰相反，我曾给了路易-茹尔·特罗胥几个很重要的职位。’政变后，拿破仑三世要求军队对政府的新形式给出看法时，路易-茹尔·特罗胥在自己的投票表决表上写道：‘我投了反对票——我的职责要求我这么做。’几年后，拿破仑三世得知了路易-茹尔·特罗胥的这件事，并且说道：‘路易-茹尔·特罗胥总是喜欢找借口。’后来，第二帝国正在有条不紊地进行建设时，圣阿诺德给路易-茹尔·特罗胥提供了一个军事部副总参谋长的职位——对年轻军官来说，这个职位非常具有吸引力。然而，当时只是陆军少校的路易-茹尔·特罗胥拒绝了这个职位，并且写信对自己的上级说道：‘我的处境太微妙了——如果我接受这个职位，那么会意味着我妥协了。’拿破仑三世评价道：‘路易-茹尔·特罗胥又在给自己找借口。如果路易-茹尔·特罗胥说自己的健康状况很微妙，那么会更接近事实。’有一次，圣阿诺德说道：‘我想重用路易-茹尔·特罗胥，并且希望得到的回答不是他的拒绝。虽然对这样的机遇，许多优秀的军官梦寐以求，但我想要的是路易-茹尔·特罗胥——这也是皇帝的意愿。因此，我再次向路易-茹尔·特罗胥发出了邀请。然而，路易-茹尔·特罗胥仍然犹豫，导致我不得不命令他在陆军部的办公室履行职责。路易-茹尔·特罗胥服从了我的命令，并且立即开始履行他的职责。实际上，我让路易-茹尔·特罗胥被迫服从我一事让我也越来越依赖他了。1854年，我命令路易-茹尔·特罗胥作为一位副官随我共同参加了克里米亚战争。在克里米亚战场上，路易-茹尔·特罗胥不仅积极参加军队的组织工作，而且在工作中既不怕苦也不抱怨。阿尔马河战役后，路易-茹尔·特罗胥获得了准将军衔。有消息说，路易-茹尔·特罗胥会成为法兰西军事部总参谋长。然而，路易-茹尔·特罗胥拒绝了法兰西

爱德蒙－查尔斯·马坦普雷

军事部总参谋长这一职位，而拒绝的理由是他认为爱德蒙-查尔斯·马坦普雷简直就是为这个职位而生，再适合不过了。因此，路易-茹尔·特罗胥拒绝就任法兰西军事部总参谋长。’

“在马拉科夫，路易-茹尔·特罗胥受了伤并且被送回了法兰西。回到法兰西后，路易-茹尔·特罗胥被授予步兵指挥官的职位——和往常一样，他拒绝了这个职位，而理由是在军队重组问题上，他与拿破仑三世的想法不一致。就路易-茹尔·特罗胥拒绝步兵指挥官的职位一事，拿破仑三世评论道：‘路易-茹尔·特罗胥正好可以趁此坚持自己的主意。路易-茹尔·特罗胥的第一反应总是会想象自己将被陷害。因此，如果我们给路易-茹尔·特罗胥提供某个职位，那么他会认为这个职位很糟糕，而他要冒着失去名声的危险接受它。路易-茹尔·特罗胥总是很想维护自己的独立性。顺便说一下，你如果看过路易-茹尔·特罗胥写的《克里米亚战役札记》，那么不会再认为他很慷慨。由于这些事情和一些别的因素，在危难时刻，我可不放心对路易-茹尔·特罗胥委以重任。我这么说可是有充分根据的。’

“意大利战争——特别是在索尔费里诺战役期间，在弗朗索瓦·马塞兰·德·康罗贝尔的指导下，路易-茹尔·特罗胥所在的师曾打过几场漂亮仗。鉴于路易-茹尔·特罗胥在意大利战争中展现出来的非凡才华，皇帝任命他成为中国远征军的指挥官。路易-茹尔·特罗胥再一次拒绝了唾手可得的荣誉，而这个荣誉最终给了夏尔·库赞-蒙托邦，即后来的帕利考伯爵。因此，路易-茹尔·特罗胥失去了成为贵族的机会，而这原本可以极大地满足他的虚荣心。路易-茹尔·特罗胥虽然以自己更愿意从事‘战争部办公室有趣的工作’为由拒绝成为中国远征军的指挥官，但在

夏尔·库赞－蒙托邦

写给一位朋友的信中，说道：‘他们想除掉我。我不能去——我不在时，欧洲没准会发生些什么事。’后来，拿破仑三世曾多次问我，路易-茹尔·特罗胥笔下的‘什么事’是什么意思。

“从1859年至1867年，路易-茹尔·特罗胥不仅曾有机会得到许多令人垂涎的职位，包括步兵指挥官和参谋委员会成员，而且本可以成为一位参议员和拿破仑三世的副官。‘然而，路易-茹尔·特罗胥总是闷闷不乐的。’拿破仑三世说道。拿破仑三世对路易-茹尔·特罗胥非常仁慈。路易-茹尔·特罗胥有很重的家庭负担——他去世的兄弟留下了十一个孩子，而他必须帮助这些孩子们。因此，拿破仑三世给路易-茹尔·特罗胥的兄弟的遗孀发了一笔数量可观的钱。然而，路易-茹尔·特罗胥以他的嫂子的名义拒绝了这笔钱。最终，通过另一种更符合路易-茹尔·特罗胥意愿的方式，他的兄弟的遗孀和她的孩子们得到了公费救济。1867年，路易-茹尔·特罗胥出版的一本关于军队的小册子引起了广泛的评论。路易-茹尔·特罗胥虽然批评了一切，但没有提供任何能够补救他发现的漏洞的措施。1870年6月，由于司令官数量众多，法兰西军队无法提供任何空缺给路易-茹尔·特罗胥，导致他十分苦恼。然而，最终，路易-茹尔·特罗胥被任命为战争部委员会委员——这是当时最重要的职位之一。”

这是路易-茹尔·特罗胥在这“糟糕的年份”的早期阶段的一个简略写照。因为路易-茹尔·特罗胥是对第二帝国批评得最严厉的人之一，而我希望后人知道这些批评的内容是什么，所以我用了很大的篇幅叙述他。在后面的章节中，读者会看到，在那场法兰西历史上最糟糕的危机中，路易-茹尔·特罗胥扮演了多么可耻的角色。

第26章

色当的悲剧

虽然有许多关于色当的悲剧的报道，但我接下来会讲述更多的细节和事实，让读者知晓第二帝国的灾难性经历。本章的写作主要基于几个方面，包括欧仁妮皇后的回忆、欧仁妮皇后的圈子里的友人的回忆，以及未曾发表的信、备忘录和人物对话。

在一篇至今仍未发表的笔记中，拿破仑三世的一位副官写道："在究竟是应该向卡里尼昂前进还是退回梅济耶尔两个选择之间，帕特里斯·德·麦克马洪犹豫不定。敌人占领了默兹河左岸，而色当的法兰西军队不得不挤在一个狭小的地方，小心地守护着所有进入法兰西内陆的通道。可供选择的退出受困之地的路径包括向东去卡里尼昂，向北去比利时的布永，以及向西去梅济耶尔。1870年8月31日，帕特里斯·德·麦克马洪花了整整一天的时间召集和安抚他的部队，并且将做出最终决定的时间推迟至1870年9月1日。然而，当时，大家都认可一件事，即必须经过战斗才能撤退到中立的比利时。法兰西军队遍布在环绕着色当城的小山上。法兰西军队虽然已经准备好了应对突然进攻的措施，但仍然急需粮食补给。显然，现有的粮食供应不了多久了——普鲁士士兵炸了火车站，而火车站站长受了惊吓，并且在没有接到命令的情况下把车站的人送去了梅济耶尔。一位负责去炸掉东舍里大桥的工程师也被同一列火车送去了梅济耶尔。一些士兵被送到梅济耶尔后，机车又发动起来并且运走了火药。虽然所有这些错误都招来了普鲁士人的进攻，但帕特里斯·德·麦克马洪仍然在犹豫。与此同时，普鲁士人已制订好了行动计划。赫尔穆特·卡尔·贝恩哈特·冯·毛奇不仅很确信法兰西军队无法从梅茨离开，而且很快决定切断我们在比利时和梅济耶尔方向的撤退道路并且将我们困在梅茨的城墙下——这样一来，在我们自救前，普鲁士军队就能发动袭击。在拂晓前不久，战斗开始了。巴伐利亚军队率先袭击了法国的巴泽耶。此时，法兰西军队不仅不可能拒绝作战，而且更不必逃跑——实际上，在士气低落的部队被敌人包围的情况下，逃跑也是很不谨慎的行为。”

在一份手稿中，马纽埃尔·费利克斯·德·温普芬写道：“由于处于不利地位，法兰西军队不仅被敌军包围，而且只能被动挨打。为了军队和国家的荣誉，我们唯一能做的事情就是不被轻易打败。我们的士兵不仅被行军所折磨，而且缺乏物资和睡

马纽埃尔·费利克斯·德·温普芬

眠。很快，法兰西军队失去了信心。然而，无论在人数和位置上有多大劣势，所有人都义无反顾地投入了战斗。因此，帕特里斯·德·麦克马洪发现，由于色当之战希望渺茫，所有人都不是为征服，而是为死得光荣而战。帕特里斯·德·麦克马洪因自己的犹豫不决而造成的结果感到十分自责。一枚子弹击中了帕特里斯·德·麦克马洪的臀部，导致他从马背上摔了下来。被迫离开战场后，帕特里斯·德·麦克马洪让奥古斯特-亚历山大·迪克罗接手法兰西军队的总指挥一职。或许，帕特里斯·德·麦克马洪希望自己的伤口能让他免于看到这场可怕的战争的结束和签署投降后的一系列条款。与此同时，拿破仑三世忍受着巨大的精神折磨，在马背上待了几乎一整天。拿破仑三世骑马到了高处——那里到处都是炮台，而敌人的注意力被拿破仑三世周围的军官们吸引了，导致无数炮弹对着他们。由于不想随行军官们暴露在不必要的

奥古斯特 - 亚历山大 · 迪克罗

危险中，拿破仑三世让他们在贝兰等着——那有一面墙可以起到保护作用。拿破仑三世带着四名军官，一会儿步行，一会儿骑马，来到小山的山顶上。与此同时，无数炮弹落在拿破仑三世身边。到达最高处后，拿破仑三世镇静地站在那里，站在英勇的士兵中，似乎对死亡不屑一顾。此时，奥古斯特-亚历山大•迪克罗毫不犹豫地接手了法兰西军队的总指挥一职。奥古斯特-亚历山大•迪克罗认为色当的局势非常危急。我知道，接受法兰西军队的总指挥一职的前一天，奥古斯特-亚历山大•迪克罗已研究了可能使军队到达梅济耶尔的措施。因此，担任军队总指挥后的奥古斯特-亚历山大•迪克罗做的第一件事就是实施自己研究出的能使军队到达梅济耶尔的措施。对奥古斯特-亚历山大•迪克罗采取的措施，勒布伦虽然不满意，但为了让情况好转，仍然毫不犹豫地执行了。法兰西军队开始一个旅接一个旅地撤退。”

在笔记中，关于奥古斯特-亚历山大•迪克罗采取的措施，拿破仑三世说道：“我不明白奥古斯特-亚历山大•迪克罗为什么这么做。我虽然已经下定决心不干涉指挥事宜，但仍然急忙派遣了一位军官去了解情况。在这样一个紧要关头，我不希望干扰指挥官们已制订好的计划。然而，这位可怜的军官再也没有回来——他被炸身亡了。不久后，奥古斯特-亚历山大•迪克罗接到了改变行动计划的命令。1870年8月30日，刚从阿尔及利亚回来的马纽埃尔•费利克斯•德•温普芬接管了法伊的军队。虽然马纽埃尔•费利克斯•德•温普芬对军队——无论是己方还是敌方——一无所知，但这并不妨碍他从口袋里掏出一封能让他在帕特里斯•德•麦克马洪遭遇意外时执掌法兰西军队的信来。奥古斯特-亚历山大•迪克罗立即恳求自己的继任者马纽埃尔•费利克斯•德•温普芬不要撤回让军队向梅济耶尔撤退的命令——只有这样才能拯救军队。与此同时，我所在的拉蒙塞勒的战火非常猛烈。虽然有人建议我们撤到了不远处的一个小树林后，但在那里，不仅枪声仍然很密集，而且炮弹不断地击中树枝并且发出爆裂声。这时，戈斯率领着自己的师部过来了，而我随着他们从高处下到吉瓦尼峡谷。马纽埃尔•费利克斯•德•温普芬与我会合了，而我向他重复了奥古斯特-亚历山大•迪克罗的建议。1870年8月31日，一名军官对我说道：‘新来的总司令不仅对战斗的结果非常确定，而且充满了信心。’的确，指着蜂拥而来的敌人，马纽埃尔•费利克斯•德•温普芬对我说道：‘陛下，我请求您，无论看到了什么都不要惊慌——两小时内，我会把他们都丢进默兹河！’然而，不幸的是，在数小时内，马纽埃尔·费利克斯·德·温普芬的命令就改变了三次，而这自然会造成行动严重缺乏连续性。我一直都支持这个观点，即奥古斯特-亚历山大·迪克罗的计划是最明智的。如果多次从梅济耶尔突围的尝试都失败了——成功的确困难重重——那么我会希望通过从比利时突围来拯救部分法兰西军队。然而，我们不断修改作战计划时，冷酷无情的普鲁士军队正在执行着赫尔穆特·卡尔·贝恩哈特·冯·毛奇的宏大计划。普鲁士的两支军队穿过默兹河，在梅济耶尔没有遇到任何法兰西军队，并且迅速赶到色当参加战斗。因此，1870年9月1日11时前，在弗洛因河右岸的小山旁，普鲁士建立了一条由一百四十四门大炮组成的强大战线，并将我们打回了山谷对面的高地。虽然费利克斯·杜埃的骑兵在普鲁士炮台右侧发起了猛攻，试图阻止普鲁士士兵前进，但这些行动徒劳无功。德·加利费侯爵手下的士兵们十分英勇，突破了敌军的第一道防线后，开始与敌人的支援部队交战。然而，德·加利费侯爵手下的士兵们没能冲破支援部队射向他们的如雨点般的子弹。虽然步兵对弗洛因的进攻很成功，但随着普鲁士士兵的不断增加，这一点成功也消失了。显然，一场针对我们的轰轰烈烈的攻势即将开始。总之，我们被迫一点一点地放弃我们赢得的土地，并且不得不和士兵们回到原来的位置。在这场可怕的力量悬殊的斗争中，我们能做的只有继续防御和尽可能地延长抵抗。然而，士兵们已经力不从心了。炮兵们越来越虚弱，情况变得越来越明朗——费利克斯·杜埃再也坚持不了多久了。

“在巴泽耶，战争的形势也发生了改变。勒布伦收到马纽埃尔·费利克斯·德·温普芬的命令——前者被要求去夺回奥古斯特-亚历山大·迪克罗曾经要求放弃的阵地。然而，勒布伦发现，敌军已经占领了巴泽耶和拉蒙塞勒。我们再次发起了进攻。然而，法兰西军队虽然有了一些新的部队加入，但已经不再斗志昂扬。从费利克斯·杜埃的部队所在的方向传来的枪声让可怜的士兵们感到自己被两面夹击，十分受挫。”

在一封信中，夏尔·保罗·维克多·帕若尔描述了这个致命时刻的一些细节：“炮弹像雨点一样不停地落下来，拿破仑三世悲伤地注视着英勇的法兰西军

普鲁士军队冲进巴泽耶

法军在巴泽耶据屋抵抗普鲁士军

队——他们正做着徒劳的努力。对士兵们的死难，拿破仑三世感到很伤心。后来，像往常一样，拿破仑三世平静地说道：‘对我来说，那天真是残酷的一天。我已经放弃了行使所有权力或下达军事命令，犹如一个无能为力的旁观者，在战场上徘徊，看着王朝和帝国走向毁灭。这种巨大努力的结果显而易见。虽然如果法兰西军队可以继续抵抗一段时间，那么致命的灾难可能会延后一段时间，但这就是我们所能做的——即使是最勇敢的勇士，也无法与数量众多、目标严谨、指挥统一的军队斗争。’

“五支普鲁士部队占领了这个地区。我们用不到八万人的军队抵抗着拥有二十万人的普鲁士军队。拿破仑三世眼中看到的尽是伤亡的士兵，掀倒的大炮，以及燃烧的马车。值得注意的是，在索尔费里诺和马真塔，拿破仑三世这位征服者曾因目睹战后惨景而深深震惊，而在色当这样的战役面前，他如何能再保持冷静呢？后来，拿破仑三世表示，色当战役不仅十分可怕，而且‘每一阶段都比之前更可怕’。拿破仑三世想起了无用的牺牲，哭泣的母亲，焦虑的政府，摇摇欲坠的皇帝宝座，悲伤又勇敢的欧仁妮皇后，以及苦难对当时身在比利时的年幼的皇太子可能造成的影响。后来，对我提及这一可怕时刻时，拿破仑三世说道：‘然后，我发现没有人会记得我为提高工人阶级和穷人的利益所做的一切努力。没有人会记得，在我执政期间，法兰西工商业的繁荣和新开辟的殖民地。没有人会记得我对艺术和文学产生的影响。简而言之，人们会忘记，在整个世界的眼中，法兰西曾是一个多么伟大的地方。所有的这些和其他的事情都会被忘记——只有我们的错误会被记住！’这些思绪让拿破仑三世非常压抑，并且最终使他产生了战死沙场的想法。然而，死神没有垂青拿破仑三世，导致他没能得到解脱。带着悲伤的笑容，拿破仑三世说道：‘我一点也不幸运。’拿破仑三世从马背上下来，一只手握着剑，跟着队伍慢慢地走着。拿破仑三世安静地走过战场——就像在一大群名人前穿过杜伊勒里宫的大厅一样平静。拿破仑三世一直不停地往加雷纳森林的左边走，而如果不是一些步兵拦住了他，那么他还会走得更远。在纷纷而来的炮弹中，有两枚炮弹落在了离拿破仑三世及其随行人员很近的地面上。后来，拿破仑三世说道：‘当时，虽然死亡离我很近，但我已经准备好承受更大的痛苦。’”

拿破仑三世曾在色当追求死亡的说法不是无中生有。我记得，1870年9月8日，一本名为《策略家》的杂志曾撰文写道：“色当战役的目击者说，拿破仑三世完全不掩饰自己内心的想法——他选择在色当死亡的愿望是显而易见的。”在日记中，一位临时记者詹尼诺德写道：“拿破仑三世希望自己可以死去。”这个事实毋庸置疑——虽然死神曾与拿破仑三世擦肩而过，但和埃德加·内伊伯爵在蒙圣让高原上的情况一样，子弹没有射中他！

夏尔·保罗·维克多·帕若尔写道：“厚厚的云层笼罩着巴泽耶，而城市好像着火了一样。勒布伦的部队被迫放弃最后一个阵地，撤到了巴朗及其附近的山丘。我们部队的右翼溃败时，普鲁士军队发出了巨大的呼喊——他们开始从峡谷中爬上

色当战场上的拿破仑三世

来。因此，我们的士兵们不顾一切地逃向色当。拿破仑三世对自己的一个副官说道：‘一个非常冒险的行动可以拯救军队。当普鲁士军队大部分到达默兹河右岸并且逼我们向北时，我们的军队可以调回左岸，穿过城镇去东舍里——这种做法不仅将使敌人的后备力量陷入混乱，而且能让我们一举拿下正在弗雷莫伊斯高地执行可怕的死刑的炮兵连。’拿破仑三世的这项计划虽然被质疑在战争的最后几个小时无法顺利进行，但在这个致命的混乱时刻，的确是唯一的办法。拿破仑三世说完计划后，又陷入了悲哀的遐想中，和士兵们走上了撤退的道路。弥漫着挫败感的氛围比以往任何时候都让拿破仑三世更受触动。有时，拿破仑三世会停下来，希望飞来飞去的子弹中有一颗能击中自己，而他不会在意那种痛苦。有几次，拿破仑三世的副官催促拿破仑三世赶紧离开——敌人靠得太近，导致副官感觉自己快被俘虏了。最终，法兰西的军队慢慢撤退到了色当。

“拿破仑三世很清楚地看到了一点，即吉瓦尼的军队已经无法坚持抵抗了。拿破仑三世想去费利克斯·杜埃的军队，看看梅济耶尔方向会不会有什么机会。然而，拿破仑三世很快发现，带着随从通过拥挤的道路去弗洛因几乎是不可能的。因此，拿破仑三世决定返回色当，就应采取的最终措施与军队指挥官商量。大约三万名解散的士兵挤满了街道，导致街道变得和战场一样。穿过默兹河上的桥梁时，在拿破仑三世的马前面，一颗炸弹爆炸了。强大的爆炸力令拿破仑三世身旁的莫斯科瓦亲王埃德加·拿破仑·亨利·内伊的马受惊失足，而莫斯科瓦亲王埃德加·拿破仑·亨利·内伊从马上跌落下来。一团厚厚的尘土笼罩着拿破仑三世，而由于担心拿破仑三世遇袭，军官和士兵们立即冲上前去。烟雾很快就散去了，拿破仑三世沉着的脸露了出来，并且没有一丝表情变化。士兵们无不佩服拿破仑三世的镇定。后来，一位记者朋友对我说道：‘我们经过镇上一家咖啡馆时，在拿破仑三世的马前面仅几步的地方，一颗炮弹突然爆炸了，而拿破仑三世没有惊恐，非常淡定。拿破仑三世简单地用手拂去脸上的灰尘。随后，拿破仑三世骑着马去了帕特里斯·德·麦克马洪的住处。’”

德·加利费侯爵是色当战役中的一位英雄，而拿破仑三世因此晋升他为将军。在色当战役中，德·加利费侯爵用其出色的指挥艺术成就了法兰西军事史上最壮丽的篇章之一。后来，德·加利费侯爵明显在回避第二帝国的人，对曾经优待他的政府也非常冷漠，而在最近几年，这使他受到了严厉的批判。实际上，德·加利费侯爵那副对任何人与任何事都漠不关心的冷酷外表下深藏着他对第二帝国的君主和政府的感激。在拿破仑三世被放逐期间，德·加利费侯爵曾几次拜访欧仁妮皇后，并且毫不犹豫地以一种友好的语气和欧仁妮皇后聊天、通信。欧仁妮皇后对德·加利费侯爵也十分宽容与友好。德·加利费侯爵从来没有忘记，他在墨西哥远征中负伤时，欧仁妮皇后对他的关心。拿破仑三世曾对自己的一位朋友说道："我感谢德·加利费侯爵——感谢他还惦记着我们，特地到英格兰来看望我们的做法，以及他在色当英勇的行为。"

欧仁妮皇后一直想对公众解释德·加利费侯爵后来在政治道路上的一些行为。一直以来，欧仁妮皇后对德·加利费侯爵十分友好，而这也是为什么后来德·加利费侯爵和拿破仑三世之间有点生疏的原因之一。在一本笔记中，夏尔·保罗·维克多·帕若尔很好地解释了德·加利费侯爵和拿破仑三世之间的生疏："有时，野心和军事狂热会让德·加利费侯爵显得有点忘恩负义。由于自身的才华，以及强壮的身体和莱昂·甘必大的资助，德·加利费侯爵成了第三共和国时期军队不容置疑的首领

莱昂·甘必大

之一。德·加利费侯爵认为，如果他与过去的一些人断绝联系，那么人们就会遗忘和原谅他的过去，而他也不会因忠于没落的政权而受到责难。在巴黎人民公社期间，德·加利费侯爵以一个无情的镇压者姿态出现，招来了革命党和先进党的憎恨。因此，德·加利费侯爵认为，最好不要让法兰西第三人民共和国的人们想起他曾是拿破仑三世的宠臣，要尽可能让人们忘记他与波拿巴家族曾经的关系。欧仁妮皇后知道，德·加利费侯爵是迫不得已。”

德·加利费侯爵发起的英勇冲锋推后了法兰西军队被普鲁士军队包围的时间。当时，战场上的三处位置，即伊利、弗洛因、巴泽耶，都被普鲁士军队占领了，而我们后面和两侧的阵地也都受到了威胁。然而，在一些地方——尤其是加雷纳森林，士兵们仍然在坚持抵抗。1870年9月1日15时，被包围的法兰西军队战败了。然而，在巴朗，马纽埃尔·费利克斯·德·温普芬抵挡住了所有的攻击。马纽埃尔·费利克斯·德·温普芬想夺回巴泽耶。经过一段时间的努力，马纽埃尔·费利克斯·德·温普芬的确曾短时间地重新夺回了巴泽耶。然而，马纽埃尔·费利克斯·德·温普芬没有得到增援——费利克斯·杜埃和奥古斯特-亚历山大·迪克罗的军队在别处战斗，并且已经准备撤回色当。最终，勒布伦不得不也把队伍撤退到色当，而经过长达十三个小时的作战后，1870年9月1日18时，马纽埃尔·费利克斯·德·温普芬最后一个回到了色当。

在一些未发表的文件中，法弗若特·德·科布瑞齐和夏尔·保罗·维克多·帕若尔写道：“与帕特里斯·德·麦克马洪详细商讨了局势后，拿破仑三世命令骑兵随时准备——他希望自己重返战场并且去费利克斯·杜埃那里。然而，由于灾难降临的速度太快，拿破仑三世没有时间实施自己的计划。所有出色当城的街道和马路上都挤满了要在炮弹爆炸前逃离的马匹、男人、女人和孩子，而各种各样的数不清的车辆进一步阻塞了道路。拿破仑三世等着人们给他让出一条道路。由于长时间坐在马鞍上，拿破仑三世备受折磨。拿破仑三世的副官知道，为了不从马背上掉下来，拿破仑三世忍着剧痛，而这种身体上的痛苦伴随着同等的心理痛苦。1873年，拿破仑三世第一次动手术时，英国外科医生亨利·汤普森爵士说道：‘在色当战役中，拿破仑三世因坐在马背上而承受的疼痛比平时高数千倍，我从没有见过有如此顽强毅力的人。’熊熊燃烧的火焰告诉我们，这场战争已经接近尾声了。前线传来的消息越来越糟。大约1870年9月1日15时，德·圣霍恩给拿破仑三世带来了一封来自马纽埃尔·费利克斯·德·温普芬的信。在信中，马纽埃尔·费利克斯·德·温普芬请求拿破仑三世在军队的保护下，从卡里尼昂方向突围。然而，拿破仑三世犹豫了一下——虽然他的个人愿望是加入军队，但现在，他确信法兰西军队已经没有希望突破普鲁士军队在色当的包围圈了。拿破仑三世对身边的官员们说道：‘第一军已四处分散，第七军已被击垮。现在，我们所能做的就是试图在巴朗附近军队的帮助下，从普鲁士军队的包围圈中闯出一条路。我必须说，军队处于困境时，我不想逃离。因此，我告诉马纽埃尔·费利克斯·德·温普芬，我拒绝以牺牲几千条性命的代价换取苟活。’

“在这场战争中，通过调来援军进行突破是我方最喜欢的作战策略之一。法兰西公众曾责备法兰西军队和司令没有在某些情况下采取这种策略——甚至在梅茨投降之后，法兰西公众仍然相信这种策略是有效的。直到巴黎沦陷时，通过调来援军进行突破的这种策略才受到致命的打击。巴黎沦陷时，在城墙和堡垒的保护下，装备着弹药和食物的一支大约三十万人的法兰西军队面对着一支和他们力量大致相同的军队，而前者虽然曾不止一次地采用通过调来援军进行突破的策略，但最终仍然失败了。然而，谁能在色当这样做——马纽埃尔·费利克斯·德·温普芬提出通过调来援军进行突破的建议时，人们只是单纯地觉得，作为一个军官，他这样想真是疯了。后来，马纽埃尔·费利克斯·德·温普芬承认他的建议的确不可能完成——士兵们不会跟随他。马纽埃尔·费利克斯·德·温普芬曾说道：‘我对那些我想劝回前线的人没有恶意。士兵们的做法也是情有可原——他们知道，我们不仅有二十名上将已经阵亡或者负伤，而且大约有两千名军官和一万五千名士兵的情况也是如此。我们从凌晨就开始作战，不仅以六万五千名士兵对抗二十二万敌军，而且用的是因射程太短而无法打到敌军的大炮。’

“与此同时，几位上将声明，我们需要停止流血冲突，需要停战。莫里斯·佩莱对拿破仑三世说道：‘我虽然只是一介士兵，但愿意赴汤蹈火保护陛下。然而，在我看来，现在，保护您是不可能的——任何离开小镇的尝试都注定要失败。’拿破仑

色当战役

色当战役中受伤的法军士兵

三世等人召开了一个会议。拿破仑三世身边围着几个非常英勇的将军。奥古斯特-亚历山大·迪克罗首先开口说道：‘虽然我应该保护您的安全，但现在，军队已经完全被包围了。不仅我们无法逃离，而且挽救军队的希望也很渺茫。然而，在夜幕来临时，我们可以设法让您和您的军官，以及一小队骑兵穿过敌人的防线。’然而，拿破仑三世再次拒绝了这个建议——他拒绝将自己的命运和军队的命运分开。‘我愿与军队共命运，’拿破仑三世说，‘我绝不同意任何让我逃离却把军队弃之脑后的计划。’所有的将领们都表示，法兰西军队已经不可能继续战斗下去了——由于食物和弹药都快用尽了，士兵们都很沮丧，几近崩溃，而他们唯一能做的事就是请求停战。因此，拿破仑三世觉得，他再也不能允许无谓的牺牲了。

“问题是，在什么情况下，普鲁士国王威廉一世才会同意停战呢？确实，法兰西军队受制于普鲁士军队。然而，拿破仑三世相信普鲁士的王室成员们会和他一样宽宏大量——他曾以最具骑士风度的礼节对待奥地利皇帝弗朗茨·约瑟夫一世。”

提及这一刻，后来拿破仑三世曾对欧仁妮皇后说道：“我想不出任何普鲁士想要拖延战争的理由，并且希望普鲁士不会通过强迫法兰西接受屈辱的条款把情况复杂化——即便恢复和平后，在很长的时期内，法兰西和普鲁士也会彼此仇恨。在开始掌管普鲁士军队后发表的宣言中，普鲁士王子腓特烈·威廉·尼克劳斯·卡尔宣称，普鲁士拿起武器反抗的不是法兰西，而是我。因此，我知道，如果法兰西把我交给普鲁士，那么这种做法不仅会结束冲突，而且很快会带来令人满意的和平。然而，后来，我发现，普鲁士王子腓特烈·威廉·尼克劳斯·卡尔的这个宣言的目的是在法兰西人民心中播下不和的种子，迫使法兰西进行国内革命。奥托·冯·俾斯麦的目的是在战场上打败法兰西军队后，把法兰西当作猎物交给煽动者和革命者。奥托·冯·俾斯麦知道，在法兰西，世袭君主制已经不受尊敬，而王朝突然覆灭会让普鲁士得到所有好处。然而，几个月后，由于法兰西的顽强抵抗，奥托·冯·俾斯麦开始感到害怕，并且希望同你或我接洽。然而，在1870年9月的色当，普鲁士人已是胜券在握。奥托·冯·俾斯麦攻击的不是第二帝国，而是法兰西。奥托·冯·俾斯麦曾说道：‘法兰西人好胜的脾气威胁了欧洲的和平。’”

在那些未发表文件中，法弗若特·德·科布瑞齐和夏尔·保罗·维克多·帕若尔还记录道："大约1870年9月1日16时，普鲁士国工命令把所有可用的大炮集合至梅茨左侧，准备炮轰色当。一时间，四面八方都燃起了熊熊火焰，房屋倒塌，恐慌的居民尖叫着在街道上四处逃窜。一些部队已经显露出兵变的迹象——军官们被士兵侮辱，而将军们被骂无能。色当的市政委员会成员找到拿破仑三世，恳求他让炮火停止，将毫无防备的百姓从炮轰的恐慌中解救出来，避免城镇完全成为废墟。一名军官很好地总结了当时的情况，觉得有必要在'地狱降临在色当'的过程中做出一些决定，而所有在场的将军们都持有同样的想法。'然而，马纽埃尔•费利克斯•德•温普芬去哪了？'每个人都在问。马纽埃尔•费利克斯•德•温普芬是总指挥，即唯一一个有权要求休战的人。勒布伦去找马纽埃尔•费利克斯•德•温普芬，却无功而返。与此同时，拿破仑三世没有为自己考虑。拿破仑三世知道，如果总指挥不在，而在场也没有将军敢承担这个责任，那么想挽救这数千条性命就必须牺牲自己。拿破仑三世虽然与把军队丢在色当这个大坑和导致这场灾难的两个决定毫无关系，但解决了停战和投降这一屈辱性的问题。拿破仑三世行动迅速。为了拯救士兵们，拿破仑三世重新掌权，悲痛地签下了投降书。为了法兰西军队，拿破仑三世放弃了自己的自由。然而，后来，法兰西军队却无情地唾弃拿破仑三世并且把他拖进了忘恩负义的罪名的泥潭。在那封著名的信函中，拿破仑三世写道：'我的兄弟[①]，我没能在自己的军队中战死。我什么都没能留下，只能把我的刀交给您。'

"拿破仑三世写完这封信后，洪•布伦萨特从普鲁士军队指挥部赶来接受法兰西军队和城镇的投降。虽然在广阔的战场上，很多地方的炮火仍然在继续，但每个地方都升起了白旗。1870年9月1日19时许，各地的战事停止了。这场战役持续了近十五个小时。"

在我搜集到的诸多的文件中，有份无法确定来源的文件中写道："拿破仑三世和将军们忙于促成休战时，马纽埃尔•费利克斯•德•温普芬却不见踪影。1870年9月1日17时左右，在巴朗的战斗失利后，马纽埃尔•费利克斯•德•温普芬离开了战场。到达色当时，马纽埃尔•费利克斯•德•温普芬脑中冒出了一个想法，即把这场灾难的责任推卸给其他的将军们及慷慨地替他牺牲了的拿破仑三世。虽然帕特里斯•德•麦克马

① 即普鲁士国王威廉一世。

洪的作战计划的确模糊不清，但马纽埃尔·费利克斯·德·温普芬的指挥也好不到哪儿去。实际上，索要指挥权时，马纽埃尔·费利克斯·德·温普芬的脑海里并没有周密的计划。对色当投降的官方调查得出了结论：‘马纽埃尔·费利克斯·德·温普芬计划在把巴伐利亚人扔进默兹河之后击退德国军队的右翼势力或者开拓一条通往卡里尼昂和蒙梅迪的道路。然而，马纽埃尔·费利克斯·德·温普芬的这个计划不仅不可行，而且导致了法兰西军队在色当的投降。’马纽埃尔·费利克斯·德·温普芬虽然在色当战役完全失败前，没有放弃指挥权，但无计可施，只能在满怀悲痛地投降时，恐慌地推卸着所有的责任。到达色当后，马纽埃尔·费利克斯·德·温普芬非但没有立刻向拿破仑三世坦白、请罪，反倒递上了辞呈。然而，拿破仑三世拒绝了马纽埃尔·费利克斯·德·温普芬的请辞，并且告诉他道：‘在军队还没有通过虽败犹荣的投降而获救前，你没有辞职的自由。’如果马纽埃尔·费利克斯·德·温普芬能早早把指挥权交给奥古斯特-亚历山大·迪克罗，那么结果或许会大有不同。我曾看过马纽埃尔·费利克斯·德·温普芬的一封信，而里面有一些令人感到奇怪的话：‘我本可以把自己藏起来并且因此而获救——一些善良的色当老百姓强烈建议我这样做。’马纽埃尔·费利克斯·德·温普芬似乎已经忘记了，一万七千名士兵因执行他的命令而丧命——他忘记了自己还欠这些战死的士兵们一个交代。”

在一张手写的便笺上，拿破仑三世写道：“20时30分，经过深思熟虑，马纽埃尔·费利克斯·德·温普芬来到了我的住所。我和其他将军们坐在房间里，而马纽埃尔·费利克斯·德·温普芬突然走了进来。虽然没有一个人责怪马纽埃尔·费利克斯·德·温普芬，但后者突然对我说了一段话，想把这场灾难的责任推给别人并且为自己开脱。马纽埃尔·费利克斯·德·温普芬对我说道：‘陛下，如果我打了败仗，那是因为我的命令没有得到执行和这些将军们拒绝服从我的命令。’这不合时宜的指控导致现场的气氛十分紧张。奥古斯特-亚历山大·迪克罗怒不可遏，大声质问道：‘你指的是谁？你说的是我吗？我们就是因太服从你的命令才吃了败仗！你不顾我的强烈抗议，驳回了我撤军的指令——如果你没有这样做的话，那么我们此刻就会安然无恙地待在梅济耶尔或者至少脱离了敌军的包围。’奥古斯特-亚历山大·迪克罗说出了事实——至少停止撤军这件事是事实。争论越来越激烈，导致我不得不加以干预和阻止。奥古斯特-亚历山大·迪克罗和马纽埃尔·费利克斯·德·温普芬稍微冷静下来后，我要求后者单独留下并且把经过各位将军商讨、草拟的指令和报告交给了他。随后，马纽埃尔·费利克斯·德·温普芬和亨利-皮埃尔-阿卜敦·卡斯泰尔诺、福尔一起离开色当，去见了普鲁士大使，而他们到达东舍里时，赫尔穆特·卡尔·贝恩哈特·冯·毛奇已在那里等候多时了。听说，宣布普鲁士的条件时，赫尔穆特·卡尔·贝恩哈特·冯·毛奇很是冷漠和傲慢，而这似乎暗示了没有商量的余地了。赫尔穆特·卡尔·贝恩哈特·冯·毛奇宣读了投降条件，即法兰西军队的士兵和军官都要成为俘虏，而虽然军官可以保留刀剑，但所有人的武器和行李都必须上缴。虽然法兰西军队几乎解散，四面被围，饥肠辘辘，无法和拥有八百门大炮和二十万军队的征服者谈条件，但在这种困境下，马纽埃尔·费利克斯·德·温普芬仍然竭尽全力，呼吁普鲁士发扬军人的同志精神并且站在一个战败的军队总指挥的角度上考虑。后来，马纽埃尔·费利克斯·德·温普芬告诉我，当时，他恳求赫尔穆特·卡尔·贝恩哈特·冯·毛奇道：‘我恳求您，将军，请您尽可能使事情简单些。我希望法兰西军队能够带着武器和行李离开色当。我承诺，法兰西不会再发动战争。’不幸的是，马纽埃尔·费利克斯·德·温普芬的声望没有大到使赫尔穆特·卡尔·贝恩哈特·冯·毛奇做出让步——在赫尔穆特·卡尔·贝恩哈特·冯·毛奇眼里，帕特里斯·德·麦克马洪更有分量。因此，马纽埃尔·费利克斯·德·温普芬改变了语气，十分坚决地说道：‘如果你不能给我更好的解决办法，那么我也不会接受你的条件——我会立刻发兵，让士兵们捍卫他们的尊严，努力突破重围并且誓死保卫色当。’赫尔穆特·卡尔·贝恩哈特·冯·毛奇冷漠地描述了法兰西和普鲁士两支军队各自的情况，指出法兰西军队已经坚持不了多久了。随后，马纽埃尔·费利克斯·德·温普芬从政治方面分析了当时的形势，说道：‘普鲁士人民渴望和平，而我们法兰西民族，具有骑士精神，对任何慷慨的理解都心怀感激。让法兰西军队带着武器和行李离开色当的做法可以带来可贵的和平。然而，相反的，即如果在这种困境下，你仍然坚持逼迫我们，那么你的逼迫会使我国所有百姓和士兵的心中滋生愤怒和憎恨，会伤害我国国民的感情，会唤醒文明的阴暗面，会给法兰西和普鲁士之间永无休止的争斗埋下伏笔。’接着，奥托·冯·俾斯麦开口了。马纽埃尔·费利克斯·德·温普芬跟我复述了奥托·冯·俾斯麦的话：‘将军，你的话虽然乍一听好像很严重，但真的无关紧要。国家的感激只是无稽之谈，只是无稽之谈。’奥托·冯·俾斯麦把最后那个词重复了两遍，继续说道：‘一个统治者，甚至是一个统治家族心存感激是有可能的。然而，你绝不能依靠一个国家的感激。法兰西人民和其他民族的人民一样，即如果他们像我们一样建立并且尊重稳固的制度，而且他们的统治者在位期间循规蹈矩，那么我们可能会相信皇帝和他的继承者们的感激。然而，最近八十年，法兰西政府非常不稳定，更迭不断。由于你们政府不仅不稳定，而且背离了所有人的预期，没有人可以相信你们国家。因此，就如同在流沙上建造房屋一样，任何国家幻想法兰西的友谊的行为都是愚蠢的。’

“如果马纽埃尔·费利克斯·德·温普芬可以看出奥托·冯·俾斯麦对巴黎革命的恐惧，那么普鲁士对法兰西的榨取会大幅减少。在当时情况下，法兰西需要的是一位机敏、善辩、有说服力的人——这样一个人能让奥托·冯·俾斯麦不仅明白，在1814年和1815年，虽然欧洲推翻了帝国主义，但法兰西将其再次恢复，而且军队会支持我和皇太子在法兰西重新建立一个稳固的政府。然而，不幸的是，马纽埃尔·费利克斯·德·温普芬不是一位合格的使者——他没有抓住机会，没有承诺巴黎不会再爆发战争，没有声明军队是忠诚的，也丝毫没有表明对推翻第二帝国的反对。总之，面对当时的情况，马纽埃尔·费利克斯·德·温普芬的表现不仅无论怎么看都令人失望，而且导致奥托·冯·俾斯麦相信革命运动已经开始深深地左右法兰西人的思想——为什么奥托·冯·俾斯麦会这样想？因为连马纽埃尔·费利克斯·德·温普芬似乎都动摇了。‘我不认为我可以指望一个临时政府的感激之情，’赫尔穆特·卡尔·贝恩哈特·冯·毛奇重复了奥托·冯·俾斯麦的话，‘面对一个总是与普鲁士为敌的国家，我们又能付之多少信任。为什么？难道你不知道法兰西已经向普鲁士宣战三十次了吗？普鲁士没有忘记柯尼格拉茨战役。’接着，赫尔穆特·卡尔·贝恩哈特·冯·毛奇继续厚颜无耻又虚伪地说道：‘法兰西一直都想攻打我们。这场战争不仅是法兰西期望的，而且是由拿破仑三世挑起的。拿破仑三世以消耗大众的热情为荣并且通过这种方式为其家族谋取利益。我知道，法兰西的许多理智和思想健康的人虽然不渴望战争，但开战后，只能被迫接受事实。我也知道，最敌视我们的不是法兰西军队。在法兰西，大声呼吁战争的那部分人是想毁灭法兰西政府的人——这些人是暴徒。’马纽埃尔·费利克斯·德·温普芬告诉我，赫尔穆特·卡尔·贝恩哈特·冯·毛奇刻意重复了最后一个词。‘这些人是我们想要惩罚的人。因此，我们必须去巴黎。’然后，就另一个话题，奥托·冯·俾斯麦说道：‘或许，在巴黎新成立的政府是一个对什么都不尊重，即不尊重法律的政府，而这个政府可能会不惜一切代价捍卫其利益，不仅不会承认你将要签署的投降书，而且甚至会强迫军官们违背他们的誓言。’

“面对奥托·冯·俾斯麦的激烈的言辞，马纽埃尔·费利克斯·德·温普芬自然感到很不适。明白自己无法让普鲁士人做出让步后，马纽埃尔·费利克斯·德·温普芬坚决地说道：‘我不会签这样一份投降书——我们会再次开战。’马纽埃尔·费利克斯·德·温普芬说完这句话后，这场会议就要结束了。亨利-皮埃尔-阿卜敦·卡斯泰尔诺对奥托·冯·俾斯麦和赫尔穆特·卡尔·贝恩哈特·冯·毛奇说道：‘我想提醒两位，拿破仑三世已经把他的剑交给了威廉一世——他已经沦为俘虏了，而他这样做的原因是希望能让法兰西军队免受过分的惩罚。总之，拿破仑三世为法兰西士兵牺牲了自己。因此，威廉一世应该考虑修改投降书的条款。’这些话如果让普鲁士国

拿破仑三世向威廉一世交出佩剑

王威廉一世听到了，那么必定会产生一些影响——他无疑会被拿破仑三世的骑士精神所打动。可惜的是，听到亨利-皮埃尔-阿卜敦·卡斯泰尔诺的话的是两个铁血之人，而他们丝毫没有动容，脑子里只有一个目的，即怎样能最大限度地保护普鲁士的军事和政治利益。

“奥托·冯·俾斯麦问道：‘拿破仑三世因投降而上缴的剑是什么剑，即代表法兰西还是他？如果拿破仑三世上缴的剑代表法兰西，那么我们可以考虑修改条款，而你的使命也会更加沉重。’这简单的话再一次表明了奥托·冯·俾斯麦不仅仍然希望恢复和平，而且已经做好让步的准备。奥托·冯·俾斯麦担心巴黎可能会出现一个革命政府——不久后，他的担心真的发生了。奥托·冯·俾斯麦清楚地明白，为了普鲁士的利益，他必须与马纽埃尔·费利克斯·德·温普芬达成和解——只有这样，法兰西才能有一个正规的政府来处理投降事宜。奥托·冯·俾斯麦的问题确实是一个难题，加之马纽埃尔·费利克斯·德·温普芬等人没有收到任何关于这个问题的指示，又不敢涉入政治话题，因此，马纽埃尔·费利克斯·德·温普芬等人诚实地回答了奥托·冯·俾斯麦的问题：‘您所说的剑代表拿破仑三世。’马纽埃尔·费利克斯·德·温普芬告诉我，他可以看出，这个回答让赫尔穆特·卡尔·贝恩哈特·冯·毛奇很高兴，赫尔穆特·卡尔·贝恩哈特·冯·毛奇马上说道：‘如果是这样，那么拿破仑三世无论怎样都无法修改投降条件。’马纽埃尔·费利克斯·德·温普芬回答道：‘那么，我们会重新开战。’赫尔穆特·卡尔·贝恩哈特·冯·毛奇冷漠地回答道：‘几个小时后，休战就将结束。然后，我们会重新开火。’因此，所有参加议和会议的人都站了起来，而法兰西将军们叫来了他们的马并且准备离开。

“虽然赫尔穆特·卡尔·贝恩哈特·冯·毛奇把色当夷为平地的野蛮想法显然没有减弱，但奥托·冯·俾斯麦没有被胜利的光环冲昏头脑——从谈判中断的现象中，他发现和平问题可能会被无限期地搁置。因此，奥托·冯·俾斯麦冷静地提议大家都坐下来再次谈判。所有参加议和会议的人都再次坐了下来。赫尔穆特·卡尔·贝恩哈特·冯·毛奇再次陈述了军队的情况，说道：‘我们不仅在人数上有优势，而且有更厉害的军事装备。此外，就我们占领的地方而言，你们根本无法将我们驱逐出去，而几个小时后，我们会完全摧毁色当。’马纽埃尔·费利克斯·德·温普芬对

法国谈判代表对普鲁士强加的苛刻条件不能接受，黯然离席

我说道：‘当时，我无言以对——我知道赫尔穆特·卡尔·贝恩哈特·冯·毛奇所说的都是事实。然而，我有一个请求，即把休战再延长五个小时——这样做是为了召集将军们讨论战争策略。’赫尔穆特·卡尔·贝恩哈特·冯·毛奇冷漠地同意了，这是他所做的唯一的让步。1870年9月2日1时，法兰西军官返回了色当，马纽埃尔·费利克斯·德·温普芬直接来向我汇报道：‘陛下，情况十分危急。虽然我希望能通过与奥托·冯·俾斯麦谈判得到更好的条件，但失败了。现在，我们只能依靠您的力量，希望您尽可能体面地把我们从不幸的处境中解救出来。’”

1870年9月4日，法兰西政府在《官方杂志》发表了一篇有关马纽埃尔·费利克斯·德·温普芬与奥托·冯·俾斯麦谈判的文章，而这篇全是诽谤之词的报道上面写道：“此次议和会议的焦点在于投降的条件。议和会议期间，拿破仑三世在房间踱来踱去，抽着雪茄，表现出一副事不关己的冷漠，并且把所有事情都留给了法兰西将军们和普鲁士人。”当然，这篇报道绝对是不实的——拿破仑三世根本没有出席议和会议。如果拿破仑三世曾出席议和，那么那些了解他性格的人会知道，拿破仑三世在开口的那一瞬间，在讨论会的任何一个角落都能清楚地听到他的声音。最近几年，拿破仑三世曾不止一次地对欧仁妮皇后说道：“我多希望自己在谈判现场。”另一个我一直驳斥的无聊又残酷的流言是：乘坐的一辆四轮马车的轮子在伤兵身上碾过时，坐在里面的拿破仑三世仍然抽着香烟！这些人是多么不了解拿破仑三世，才会制造出如此可恶的流言。

就自己在议和一事中扮演的角色，拿破仑三世解释道：“1870年9月2日破晓时分，我和莫斯科瓦亲王埃德加·拿破仑·亨利·内伊坐着由两匹马拉着的开放式马车离开了色当。我之所以提到马的数量，是因为不仅编年史者说是四匹，而且有的人说是六匹。虽然由于决定一直努力为我的士兵争取更好的条件，我只用了两匹马，但仍然有人说我不知廉耻。然而，无论是那时还是现在，我都没有觉得自己做了任何值得羞愧的事——我所做的不过是让因奋勇杀敌而严重受伤的将士们过得好一些罢了。在从色当去东舍里的路上，我们遇见了骑着马的奥托·冯·俾斯麦。看到我时，奥托·冯·俾斯麦下马向我行了军礼。随后，我和奥托·冯·俾斯麦去了路边的小屋并且开始讨论。我仍然记得，当时，那间小屋里只有两张椅子和一张桌子。我立刻提出了自己最在乎的问题，即为法兰西军队争取更有利的投降条件。然而，我马上就意识到，奥托·冯·俾斯麦只是想利用法兰西军队的处境来引诱我讨论政治问题。奥托·冯·俾斯麦说道：‘赫尔穆特·卡尔·贝恩哈特·冯·毛奇能处理好这些问题。我们为什么不谈谈政治情形呢？’历代君主中肯定不乏通过牺牲领土来解决当前困难并且使他们能够继续稳坐王位的人，而奥托·冯·俾斯麦显然觉得这种例子在这种特定关头对他很有帮助。然而，奥托·冯·俾斯麦本应该知道——就像我知道的一样，法兰西不仅不是那样的君主制国家，而且也不像奥地利——每次灾

拿破仑三世与奥托·冯·俾斯麦在路边小屋交谈

难发生在奥地利皇帝弗朗茨·约瑟夫一世身上时，他的大臣们就会紧紧地聚集在他身边。我不会忘记我伟大的叔叔——为了不成为和平的绊脚石，他情愿被流放和受俘，两次离开王位。我马上就让奥托·冯·俾斯麦知道我意已决，即我不会通过牺牲法兰西人民来换取我的自由。我不仅渴望和平，而且甚至建议，如果可能的话，那么我会让摄政王，即欧仁妮皇后实现和平。然而，我想让法兰西人民通过合法授权的代表们来决定投降与和平问题。因此，我对奥托·冯·俾斯麦说道：'目前，虽然我是一个战俘，没有资格谈论和平，但被大臣和议员们簇拥的欧仁妮皇后可以单独进行这种性质的谈判。'这时，赫尔穆特·卡尔·贝恩哈特·冯·毛奇走进来了，而我立刻请求他允许法兰西军队撤退到比利时境内，或者推迟投降协议的签署时间，直到我结束与即将到来的与普鲁士国王威廉一世的会面。赫尔穆特·卡尔·贝恩哈特·冯·毛奇声称自己不能决定这件事，而普鲁士国王威廉一世会做出定夺。随后，由于要在我之前觐见普鲁士国王威廉一世，赫尔穆特·卡尔·贝恩哈特·冯·毛奇离开了小屋。因此，我向着贝尔维尤城堡继续赶路——我要在那里见威廉一世。

"与此同时，在色当，马纽埃尔·费利克斯·德·温普芬把将领们都召集在一起召开了一个会议。参加这次会议的将领们不少于三十八人，包括军、师和炮兵及工程部门的指挥官。随后，马纽埃尔·费利克斯·德·温普芬给将领们分析了当时的形势，并且告诉了他们普鲁士所要求的投降条件。此外，马纽埃尔·费利克斯·德·温普芬还谈及了他和一些将领们是如何拒绝接受这样的条件的，并且询问与会人员觉得法兰西军队是否还有可能扭转战局。后来，马纽埃尔·费利克斯·德·温普芬告诉我，虽然大部分与会人员都觉得战局不可逆转，但两位将领表达了他们的观点，即这场战争必须进行下去——要么他死，要么我亡。然而，仔细地分析了当时的情形后，主战派的两位将领又觉得自己错了，并且转向了大多数人的一边。最终，与会人员全部同意投降。"

几个小时后，参加了马纽埃尔·费利克斯·德·温普芬召开的会议的一位将军写了一封奇怪的信给欧仁妮皇后，而这封信可以作为色当悲剧的总结。这位将军写道："会议结束后，马纽埃尔·费利克斯·德·温普芬骑上马，火速去了贝尔维尤城堡。在贝尔维尤城堡，马纽埃尔·费利克斯·德·温普芬看到了我们可怜的拿破仑三

拿破仑三世在贝尔维尤城堡与威廉一世会面

世，而后者还没有见到普鲁士国王威廉一世。后来，我了解到，由于怕见了拿破仑三世会动摇自己的决定，或者很可能是不想拒绝拿破仑三世的请求，普鲁士国王威廉一世推迟了与前者的见面，直至投降协议签署完毕。投降协议是由普鲁士官员起草的——实际上，它完全是昨天的提议的翻版，而马纽埃尔•费利克斯•德•温普芬在上面签了字。几分钟后，在王子和官员们簇拥下，普鲁士国王威廉一世走了过来。当然，对我们——尤其是对仁慈的拿破仑三世来说，这是一个悲伤的时刻。陛下，您应该记得，自1867年的巴黎世界博览会结束后，您就没见过普鲁士国王威廉一世。1867年，拿破仑三世正处于鼎盛期，而环绕在他周围的都是巴黎的美丽景致和奇迹。对那些灿烂的过往，不仅我记忆犹新，而且陛下也是如此吧。陛下，您应该还记得那篇关于三位君主的评论。在拿破仑三世的陪同下，普鲁士国王威廉一世和沙皇亚历山大二世曾骑马经过隆尚。当时，普鲁士国王威廉一世毕恭毕敬，而拿破仑三世的热情款待让他十分感动。我知道，色当战败后，拿破仑三世曾为了军队乞求过普鲁士国王威廉一世，而后者的答复模棱两可。然而，如果投降协议已经签署，那么普鲁士国王威廉一世又能做什么呢？整件事情就这么结束了。”

在过去几年中，关于法军在色当是否会战败及何时战败的说法颇多，而评论家们虽然起初意见不一致，但现在已经达成了一致意见。在过去几年中，法兰西国内政治一片混乱，而公众的头脑被与拿破仑三世有关的虚假故事毒害着。煽动分子希望通过这些被人们口耳相传的虚假故事来使波拿巴主义无法东山再起。法兰西著名小说家埃米尔•左拉叙述了这些故事。埃米尔•左拉曾对欧仁妮皇后的一位密友说了一些话，而那位密友将这些话转述给了欧仁妮皇后。埃米尔•左拉说道：“在下笔之前，我不仅和许多经历了我想描述的事件的人聊过，而且根据他们说的话做了许多笔记。我要说明的是，我和那些我咨询过的人都不是波拿巴主义者。因此，我觉得自己能够给出客观的叙述。拿破仑三世在枪林弹雨中独自前行，毫不犹豫接受了自己的命运，保持着他一贯镇定沉着的风格——这种描述是符合历史事实的。正如我在书里所说的，如果战火没有停止的话，那么‘色当就会像火把一样燃烧起来’，而‘即使对最鲁莽的军官来说，迫切需要投降也是摆在眼前的事实’。如果你认为这些事实有什么价值的话，那么我会不反对你把这些事实告诉欧仁妮皇后。”

埃米尔·左拉

夏尔·保罗·维克多·帕若尔不仅是拿破仑三世的贴身助手，而且即使是在最糟糕的那天，也没有离开过他。夏尔·保罗·维克多·帕若尔曾经对欧仁妮皇后说道："签订投降协议后的第二天，我准备做一个简短的声明，讲述色当悲剧中关于拿破仑三世的那部分的事实。然而，由于害怕相关言论会对公众思想产生影响，不仅阿道夫·梯也尔先生的政府拒绝将我的声明公之于众，而且时任法兰西内政大臣甚至给自己的部下发了一封通函，威胁要起诉任何帮助或煽动我发布声明的人！更让人沮丧的是，有人竟然无中生有地控告拿破仑三世，说他在最后一天的最残酷的时刻仍然漫不经心地吸着烟。然而，实际上，我跟拿破仑三世一直在一起，而他始终茶饭不思。1870年9月2日11时30分，拿破仑三世前一天始终很疲惫并且情绪糟糕，仍然什么都没吃。拿破仑三世已经筋疲力尽了。虽然我们其中一人催拿破仑三世去吃点东西，但拿破仑三世说不仅普鲁士国王威廉一世随时会到，而且不想让别人看见他在桌旁吃饭。因此，拿破仑三世就和平常一样若无其事。随后，我出去给拿破仑三世拿了一块面包、一杯酒，而这些东西几乎是我逼着他吃下去的。”

在这可怕的时刻，拿破仑三世曾给欧仁妮皇后写了两封信，而信中透露出了他的真情实感。虽然这两封信此前从来没有公开过，但以下文字是从这两封信的原件中复制的。

第一封信写于投降当天的总部，内容如下：

亲爱的欧仁妮：

我无法告诉你我经历了什么，我现在备受煎熬。这次行军违背了所有军事原则，不仅注定要以失败告终，而且是个彻头彻尾的灾难。如果形势要我投降，那么我宁愿去死。然而，为了我那六万将士，我只能苟活着。如果把这所有的磨难都聚集在一起，那么我可能还可以勉强忍受。我一直在想着你，我们的孩子，以及我那不幸的国家。愿上帝保佑！巴黎会发生什么呢？我刚刚见过了威廉一世，而说到我必须要忍受的伤痛时，他的眼里噙满泪水。威廉一世给了我一座卡塞尔附近的城堡，而住在那里的我会有千万个不舍。我已经绝望了。再见！吻你！

拿破仑

第二封从比利时边境的布永寄来的信中写道：

亲爱的欧仁妮：

目睹了这场灾难后，我一直很担忧你的安危，害怕听到从法兰西传来的消息。灾难已经难以避免。我们这次行军不仅是有史以来最轻率的举动，而且指挥糟糕透顶。然而，我从没想过这次的灾难竟是如此可怕。想象一下，一支军队包围着一座城池，而这支军队又被另一支更强大的军队包围着。数小时的激战后，我们的军队试图再次进城，却发现那里已经满目狼藉。许多人没有任何盔甲保护，而炮弹四面横飞，炸死路人，穿破房顶，将房屋夷为平地。快全军覆没时，一位将军跑过来对我说，我们的军队纪律涣散，弹尽粮绝，难以抗敌。我们虽然奋力突围，但仍然失败了。我已经战斗四个小时了，而看到我们的军队遭受普鲁士军队的虐杀对我来说真的是一个巨大的折磨。再见！吻你！

拿破仑

以下对拿破仑三世的不幸征程的叙述基于一位陪同他的下级军官给我提供的笔记。被普鲁士士兵押送至比利时边境后，法兰西士兵由比利时士兵接手。这名军官写道：“我注意到，拿破仑三世在布永旅馆所住的房间装饰着三幅石版画。这三幅石版画画的分别是战神诅咒命运、阿波罗弹着竖琴和伏尔甘被逐出天堂，仿佛暗示着我们的不幸命运。拿破仑三世一走进房间就坐在扶手椅上并且沉默了好一会儿。前一天，拿破仑三世已看见玛圭特奄奄一息，而听到玛圭特的死讯时，拿破仑三世非常伤心。我看见拿破仑三世泪光闪烁。我们驱车从布永去了利布拉蒙——我们会从那儿坐火车。第一站是勒科涅，而当地的比利时的军队通过展示武器接受了拿破仑三世的检阅。饭后，拿破仑三世去了广场上的炮台并且检验了大炮。由于觉得广场上的大炮和普鲁士的大炮十分相似，拿破仑三世和士兵们就此聊了一会儿。到达利布拉蒙站时，那里挤满了俘虏和伤员，场面十分悲惨。一个疯子跑过来，坚持要和拿破仑三世说话，扯着嗓子大喊‘法兰西胜利’和‘皇太子继位’。最终，这个疯子被带下去了，而我们也乘火车走了。在捷梅勒，皮埃尔·波拿巴也加入了我们并且热情地问候了拿破仑三世。经过马洛伊和列日时，没有什么重要的事发生。到了韦尔维耶后，我们决定让拿破仑三世歇一歇。韦尔维耶的街上发生了一阵骚乱——法兰西和普鲁士的狂热政党分子正在互殴。然而，拿破仑三世对这场互殴视若无睹——显然，他的心在别处。后来，我们知道，欧仁妮皇后已经安全抵达英格兰，而那慕尔省省长德·巴耶伯爵也给皇太子提供了一处安全的处所。拿破仑三世一直操劳至深夜。出发去希斯卡塞尔的日期定在第二天中午，而为了避免类似前一天的麻烦，从旅馆一直到车站的路上都有士兵站岗。我们出发前，比利时军队的沙扎尔在旅馆前对人群说道：‘法兰西的拿破仑三世马上就会出来，并且将作为战俘去普鲁士。然而，现在，拿破仑三世是我们比利时的客人。由于拿破仑三世遭遇的不幸，我请求你们以比利时人的好客之名，以韦尔维耶之名向他表示尊敬。我相信你们会那样做的。我知道你们善良又富有同情心，在这么悲痛的时刻，你们一定会做正确的事。’拿破仑三世被扶着走出旅馆时，所有人都让开路来以示敬意。在去火车站的马车里，拿破仑三世保持着沉默。火车开动时，拿破仑三世向车窗外望去，听见人们高呼‘皇帝万岁’！我久久无法忘记这感人的画面。”

从前两封信可以看出，拿破仑三世痛斥了那次从查隆斯营地去色当的行军——比起投降，这次行动更应遭人谴责。在分析色当的悲剧前，我们还要进一步分析这次的军事行动。

1871年，保罗·德·卡萨尼亚克先生将他打算发表的一本书稿送给了拿破仑三世，而书稿的内容是关于第二帝国的没落。保罗·德·卡萨尼亚克先生问拿破仑三世是否可以检查和修改一下这本书稿。亲自做好批注以后，拿破仑三世将书稿还给了保罗·德·卡萨尼亚克先生，并且说道：“政党中的纪律和军队中的纪律同样重要。因此，你参考我的意见的做法十分重要——你可以窥见我所认为的原因。”以下是保罗·德·卡萨尼亚克先生的书稿的部分内容的摘录：

“拿破仑三世承担了色当的这场不幸的军事行动的所有责任——他本应什么都不用承担。拿破仑三世没有指挥军队或命令政府，并且帕特里斯·德·麦克马洪和帕利考伯爵夏尔·库赞-蒙托邦也没有听从拿破仑三世给出的意见。虽然弗朗索瓦·阿希尔·巴赞从查隆斯出发的目的确实是希望碰见其他部队，但在查隆斯营地，为逃避日后对自己所犯的错误的指责，弗朗索瓦·阿希尔·巴赞没有向上级及时说明自己的行动。众所周知，拿破仑三世想立即返回巴黎。拿破仑三世曾说道：‘一支瞻前顾后向东行军的队伍绝对不可能赶在普鲁士王子腓特烈·威廉·尼克劳斯·卡尔和萨克森王子弗里德里希·奥古斯特·阿尔贝特·安东·斐迪南·约瑟夫·卡

保罗·德·卡萨尼亚克

萨克森王子弗里德里希·奥古斯特·阿尔贝特·安东·斐迪南·约瑟夫·卡尔·玛利亚·巴普蒂斯特·奈波姆克·威廉·克萨威尔·格奥尔格·费德里斯

尔·玛利亚·巴普蒂斯特·奈波姆克·威廉·克萨威尔·格奥尔格·费德里斯的军队会合前与弗朗索瓦·阿希尔·巴赞会合。欧仁·鲁埃也认为返回巴黎的举动远没有向东行军危险，尤其是现在军中难达成一致意见的情况下。’

“1870年9月4日建立的第三共和国政府是第二帝国倒台后成立的新政府。为了巩固地位，第三共和国政府刻意隐瞒引发战争的总体原因和导致我方军队投降的特殊原因，欺骗了法兰西人民。在梅茨，一场血腥又光荣的战斗爆发了，而其结果表明，不仅让莱茵河的军队沿着阿尔贡撤退的做法无法保护巴黎，而且在巴黎的城墙下组织第二支军队已经迫在眉睫。拿破仑三世和帕特里斯·德·麦克马洪认为，驻扎在查隆斯营地的法兰西军队应当完成保护巴黎的使命。十万人马被分成了四队。第一军——也是当时最优秀的——由英雄团组成的，一路行军，舟车劳顿，受到重挫，身心疲惫。拿破仑三世和统帅们认为，第一军的将士们休息过后才能更加强大和恢复精力。拿破仑三世发现，从比奇撤退至查隆斯营地的第五军不仅十分疲劳，军纪涣散，而且经过讷沙托时，在没有开战的情况下就丢失了行李和弹药。这几个军的士兵们非常沮丧和失落，战斗起来显然不在状态，而色当一战证明了这一点。刚在贝尔福组建完成的第七军虽然没有遭受其他两支部队的苦难和失败，但组织涣散，缺乏自信。最后是刚刚组建完成的第十二军，由新军队和海军军队构成，其中新军队的士兵还未打过一发子弹。这些就是聚集在查隆斯营地的军队。

“关于如何指挥军队，出现了两个不同的计划。一个计划是立刻行军去支援弗朗索瓦·阿希尔·巴赞。然而，这个提议很危险——如果把查隆斯的军队分开并且让其中一部分去凡尔登，那么去巴黎的路就会对正在行军的普鲁士王子腓特烈·威廉·尼克劳斯·卡尔完全敞开。因此，我们需要在两个同样痛苦的决定中做出选择，即要么放弃弗朗索瓦·阿希尔·巴赞，要么放弃巴黎。更安全的方法当然是另一个计划，即退回到巴黎附近并且在那里以优越的地理位置与普鲁士王子腓特烈·威廉·尼克劳斯·卡尔作战——当时，即使法兰西军队战败，一支十万人的军队也足以阻止敌人进入首都。正如我们现在所知道的，普鲁士人从来没有想到自己能占领巴黎。此外，法兰西军队返回巴黎有许多好处，包括扭转局势，恢复国家已被敌人挫伤的士气，让拿破仑三世再次执掌大权，使路易-茹尔·特罗胥退居第二，以及抑制共和党的煽动分子。军队如果要支援弗朗索瓦·阿希尔·巴赞，那么必须打一场命运未卜之仗，而这场战役取得成功的条件是必须在普鲁士王子腓特烈·威廉·尼克劳斯·卡尔的军队加入前击败萨克森王子弗里德里希·奥古斯特·阿尔贝特·安东·斐迪南·约瑟夫·卡尔·玛利亚·巴普蒂斯特·奈波姆克·威廉·克萨威尔·格奥尔格·费德里斯的七万名士兵。如果我们取得了胜利，那么在敌人侧翼，我们会有大约三十万人的军队。然后，在双方军队人数相同的条件下，我们可以继续进行全面斗争。我们的部队会获得信心——发动进攻时，我们的士兵总是很英勇，而这会导致深入法兰西领土的普鲁士军队损伤惨重。在这种情况下，一场胜利可能完全改变事态的发展，进而导致这场战争以有利于法兰西的结局告终。

“返回巴黎的计划让人蠢蠢欲动。帕特里斯·德·麦克马洪准备率军返回巴黎。在巴黎，一切都已经准备就绪，士兵们不仅训练有素、精气十足，而且在粮草充足的情况下，信心十足，只等着杀得来犯的敌人片甲不留。拿破仑三世放弃了所有的军事指挥权，只想回巴黎去夺回自己的权力和政府，解散动荡不安的立法机构，关闭嘈杂的政府部门，打压危险分子并且加强制度管理。曾经，有那么一瞬间，不仅返回巴黎的计划似乎就要被采纳了，而且帕特里斯·德·麦克马洪已经朝着巴黎的方向动身了。1870年8月21日，帕特里斯·德·麦克马洪的军队到达了兰斯，并且在马恩河和恩河的两岸安营扎寨。然而，由于弗朗索瓦·阿希尔·巴赞看起来似乎急需帮助，兰斯成为帕特里斯·德·麦克马洪这次行军的终点。帕特里斯·德·麦克马洪对拿破仑三世说道：‘我认为向巴黎行军是明智的。我们不用管弗朗索瓦·阿希尔·巴赞——在雷什奥芬的经历教会了我谨慎。我一点也不喜欢在众多的普鲁士军队之间行军。’听完帕特里斯·德·麦克马洪的想法后，拿破仑三世回答道：‘这次行军的成功取决于行动是否精准，而我对此信心有限。我不仅不会忘记巴黎对法兰西其他地区的巨大影响，而且充分认识到，如果巴黎落入普鲁士人或共和党人手中，那么第二帝国的事业一定会失败。相反，如果我们在巴黎城下作战，那么无论是内是外，整个形势都将改变。我们会赢得时间，维持好国内秩序，而光荣的和平不久就会到来。因此，在我看来，现在，最关键的事就是保护和拯救巴黎。’拿破仑三世虽然把这些话说给了帕特里斯·德·麦克马洪听，但没有意识到自己用的是一种命令的语气。帕特里斯·德·麦克马洪已经被授予了军事指挥权，而民事管理权也已经被授予了欧仁妮皇后和大臣们。危机发生时，拿破仑三世不想改变授权，只想等国家度过这次危机再说。

“在这一紧要关头，在给拿破仑三世的信中，欧仁妮皇后写道：‘这种推迟是痛苦的。面对种种不同意见，虽然我犹豫不决，但陛下轻易就看穿了。然而，我放手让大臣们去做这个决定，我建议陛下也这样做。在查隆斯营地，你对局势做了分析，而你的副官贝维尔已经将这些分析情况全都告诉了军事大臣。然而，军事大臣不认同你的看法。相反，军事大臣的观点却受到了国会的一致同意。总之，帕利考伯爵夏尔·库赞-蒙托邦认为巴黎十分安全，还没有到放弃孚日山脉、集中精力守护巴黎的时候。帕利考伯爵夏尔·库赞-蒙托邦认为帕特里斯·德·麦克马洪的军队在1870年8月25日之前不仅会到达凡尔登，而且会保持良好的状态，攻打萨克森王子弗里德里希·奥古斯特·阿尔贝特·安东·斐迪南·约瑟夫·卡尔·玛利亚·巴普蒂斯特·奈波姆克·威廉·克萨威尔·格奥尔格·费德里斯的军队——甚至可以逼迫他撤退，打开出入梅茨的通道。正如军事大臣所言，我们无须畏惧普鲁士国王威廉一世——天高皇帝远，他无法干预我们的行动。军事大臣的话也说动了我——我了解到，1870年8月25日，普鲁士国王威廉一世在维特里，离战场有六十英里之远。这整件事是在最后一次的内阁会议上提出的，而所有大臣都接受了帕利考伯爵夏尔·库赞-蒙托邦的观点。因此，会议结束后，帕特里斯·德·麦克马洪就收到了要他立马行军去梅茨的紧急指令。对于这个结果，巴黎城内一片哗然。’”

关于这次行军前的会议，阿布朗泰斯公爵私下评论道：“虽然这次纸上谈兵听起来很不错，但没有人意识到这次‘行军去梅茨’的艰辛。后来，巴黎的人都嚷嚷着‘行军去梅茨’这句话。反动派谴责欧仁妮皇后想调遣军队护送拿破仑三世。共和党的首领说道：‘欧仁妮皇后准备牺牲二十万人马来保全皇室。’毫无疑问，共和党首领的言论荒谬至极。欧仁妮皇后不仅没有打算牺牲二十万兵马，而且甚至连一兵一卒也不愿牺牲。去凡尔登支援弗朗索瓦·阿希尔·巴赞的行动远比行军去巴黎危险。顺便提一下，弗朗索瓦·阿希尔·巴赞的处境也没有他说的那么糟糕。维持巴黎的秩序才是关键。拯救一个王朝便是拯救整个国家。然而，立法机构的成员们一直议论纷纷，声称不支援莱茵河的军队是一种懦弱的行为。因此大臣们只能牺牲拿破仑三世和法兰西的利益——这种事经常在法兰西发生。我知道，在所有这些事发生期间，欧仁妮皇后承受了很多压力。作为一位摄政王，欧仁妮皇后不希望专制独断。欧仁妮皇后觉得，她身边的人虽然也许会犯错，但对法兰西和拿破仑三世都忠心耿耿。因此，欧仁妮皇后不希望向自己身边的人施压——欧仁妮皇后独断专行的说法虽然在当时的法兰西社会上广为流传，但不是事实。”

被拿破仑三世召见时，帕特里斯·德·麦克马洪正在位于兰斯附近的库尔瑟莱的总司令部。在总司令部，拿破仑三世遇见了从巴黎来的参议院主席欧仁·鲁埃。离开巴黎前，欧仁·鲁埃和欧仁妮皇后及一些大臣聊了一会儿。欧仁·鲁埃对拿破仑三世说道：“我赶到陛下身边的目的是向陛下表达我的敬意，并且了解您对当前形势的看法以便向欧仁妮皇后报告。我可以很自豪地说，欧仁妮皇后很信任我。”关于欧仁·鲁埃的这次使命，在他呈递给欧仁妮皇后的正式报告中有着详细的记载。几个星期后，欧仁·鲁埃说道：“我对拿破仑三世说，我虽然就个人而言，觉得形势严峻，但仍然认为我们应该去帮助弗朗索瓦·阿希尔·巴赞。几分钟后，遇到帕特里斯·德·麦克马洪时，我仍然强调了这一点。正如对帕利考伯爵夏尔·库赞-蒙托邦所言，我告诉帕特里斯·德·麦克马洪，我觉得巴黎不仅能击退每一次进攻，而且会让敌人在一段时期内无法对它发起二次进攻——普鲁士王子腓特烈·威廉·尼克劳斯·卡尔无论如何迅速地前进，都离我们很远。我们可能会转向梅茨，然后回到巴黎。就我看来，法兰西人民会选择另一个作战方案，即抛弃驻扎在莱茵河的军队。然而，如果莱茵河军队最终战败或投降，那么公众会认为我们的计划实际上是叛国，而这样会导致整个国家士气低迷——那时，我们就要不得不竭尽全力去鼓舞人心了。与我持不同意见的帕特里斯·德·麦克马洪提出了自己的战略观点。帕特里斯·德·麦克马洪说，弗朗索瓦·阿希尔·巴赞被二十万大军包围——在凡尔登附近，萨克森王子弗里德里希·奥古斯特·阿尔贝特·安东·斐迪南·约瑟夫·卡尔·玛利亚·巴普蒂斯特·奈波姆克·威廉·克萨威尔·格奥尔格·费德里斯有七万名士兵，而在离维特里-勒弗朗索瓦不远处，普鲁士王子腓特烈·威廉·尼克劳斯·卡尔有大约十五万名士兵。因此，帕特里斯·德·麦克马洪认为，就当时的情况而言，如果没有驻扎在梅茨的军队里应外合，那么查隆斯营地的军队绝不能贸然向梅茨行军。对第一军来说，贸然向梅茨行军是很危险的行为——他们将会被困于斗志昂扬、装备齐全的众多敌军中间。帕特里斯·德·麦克马洪发自肺腑地呼吁道：这一切不会对弗朗索瓦·阿希尔·巴赞有任何好处。随后，帕特里斯·德·麦克马洪果断决定支持第二个计划，即重返巴黎。我察觉到，拿破仑三世也支持重返巴黎。顺便一提，埃米勒·奥利维耶先生和巴黎城内其他的权贵们也纷纷附和重返巴黎的计划。因此，帕特里斯·德·麦克马洪将自己经常说的话再次重复了一遍，即我们可以在巴黎的城墙下组建一支有三十万名士兵的军队，而我对帕特里斯·德·麦克马洪的断言深表怀疑。接着，帕特里斯·德·麦克马洪说道：'确实，向弗朗索瓦·阿希尔·巴赞求助没有一丁点用处——他的军队不仅没有粮食和弹药，而且很可能会在我们的支援到达前就被迫投降。请相信我，我们一定来不及赶到梅茨！'"

我从威廉姆斯赫厄的文件中摘录了以下内容："对弗朗索瓦·阿希尔·巴赞的最初的几份报告，我们曾寄予厚望。然而，我们很快发现，弗朗索瓦·阿希尔·巴赞的部队不仅粮食供应短缺，而且军火补给不足。物资短缺和军火补给不足不仅会促使弗朗索瓦·阿希尔·巴赞匆匆向外界求助，而且可能迫使他投降。欧仁·鲁埃很快发觉，拿破仑三世和帕特里斯·德·麦克马洪都不准备领兵支援梅茨。欧仁·鲁埃说道：'在政治和军事问题上，我们必须保持一致性——我同意进军巴黎。'因此，欧仁·鲁埃建议拿破仑三世通过任命帕特里斯·德·麦克马洪作为领兵大元帅来消除路易-茹尔·特罗胥的影响——巴黎的军政长官应听命于帕特里斯·德·麦克马洪。由于拿破仑三世把持政府的权力得到了与共和党毫无瓜葛的帕特里斯·德·麦克马洪的支持，欧仁·鲁埃觉得局势又被扭转了。拿破仑三世、帕特里斯·德·麦克马洪和欧仁·鲁埃三人达成了一致意见。随后，虽然欧仁·鲁埃着手草拟了一些有必要实施的公告与宣言，但这些公告与宣言迟迟未能得到内阁的批准。一到巴黎，欧仁·鲁埃就发现，他在兰斯的行为遭到了内阁的强烈谴责。帕利考伯爵夏尔·库赞-蒙托邦坚决反对'抛弃弗朗索瓦·阿希尔·巴赞'的计划。

有人告诉我们，帕利考伯爵夏尔·库赞-蒙托邦的话对他的同僚有很大影响。帕利考伯爵夏尔·库赞-蒙托邦重申了自己的第一个方案，即让查隆斯营地的军队和弗朗索瓦·阿希尔·巴赞的军队在梅茨或其附近会师。帕利考伯爵夏尔·库赞-蒙托邦和以前一样坚定，不仅认为行军去支援弗朗索瓦·阿希尔·巴赞的计划还有可能实现，而且觉得已经没有多余时间浪费在犹豫不决上了。欧仁妮皇后与巴黎的内阁与帕利考伯爵夏尔·库赞-蒙托邦持相同观点，而他们的意见立刻被草拟成文件并且加急送给了拿破仑三世。因此，在巴黎，大家竭力阻拦实施在兰斯准备执行的计划。目前的问题是，人们不知道，在拿破仑三世的意见和内阁的命令之间，帕特里斯·德·麦克马洪会如何抉择。”

拿破仑三世的一位私人秘书曾写道：“如果帕特里斯·德·麦克马洪的行动没有受突如其来的意外事件的影响，那么他会对内阁的命令再三斟酌。直到这时，帕特里斯·德·麦克马洪仍然认为弗朗索瓦·阿希尔·巴赞不仅被完全包围，而且缺乏物资补给，最多只能撑两三天。帕特里斯·德·麦克马洪收到了来自弗朗索瓦·阿希尔·巴赞的一封急件，而这封急件是在帕利考伯爵夏尔·库赞-蒙托邦下令向东行军的几个小时前送达的。这封急件主要内容是弗朗索瓦·阿希尔·巴赞不仅认为自己能打败普鲁士军队，而且打算让他的军队朝查隆斯营地方向前进。因此，帕特里斯·德·麦克马洪认为应该向东行军，而拿破仑三世也同意他的想法。在给欧仁妮皇后的信中，拿破仑三世严禁公开他与欧仁·鲁埃一起草拟的命令。与此同时，拿破仑三世宣布了向东行军的计划。帕特里斯·德·麦克马洪收到帕利考伯爵夏尔·库赞-蒙托邦的指令时，所有事都已经成了定局。因此，这个从弗朗索瓦·阿希尔·巴赞处传来的虚假消息直接导致了普法战争的失败。”

私下评论普法战争的失败时，弗勒里说道：“当时，查隆斯营地和巴黎的情况可谓管理混乱、执行不力、处处狼藉，而梅茨的情况也是如此。因此，此时已经成为决定法兰西生死存亡、胜败与否的关键时刻。在兰斯，帕特里斯·德·麦克马洪先是保持中立，然后又寻找时机违背内阁的命令。帕特里斯·德·麦克马洪自愿去做前几天怎么都不愿做的事情。在梅茨，弗朗索瓦·阿希尔·巴赞似乎对拿破仑三世的建议置若罔闻，并且通过发送错误的消息误导了军队和所有人。在巴黎，路易-茹尔·特罗胥按自己独有的方式行事，静候着那个他应该与内阁公开决裂的时刻。巴黎没有领袖和联合行动。即使我们已经完美实施了向东行军的计划，获胜的机会也仍然渺茫——敌军拥有我们缺乏的所有东西。普鲁士军队的将军与士兵遵守纪律，军心稳固并且一致对外。只凭这一点，普鲁士军队就比法兰西军队更胜一筹。

“我得知，收到行军指令并且得知目的地是梅茨时，法兰西军官和士兵的兴奋之情都溢于言表。然而，拿破仑三世非但没有被这种兴奋情绪感染，反倒有些悲观。帕特里斯·德·麦克马洪想草率地改变主意，导致拿破仑三世心烦意乱，而前者的目标似乎十分明确。虽然拿破仑三世希望帕特里斯·德·麦克马洪不要离铁轨太远——这条连接勒泰勒和色当之间的铁路是运载粮食的重要途径，但他的劝告没有受到重视。

“几个月后，拿破仑三世告诉了我他在离开兰斯后和在色当投降的这段苦难日子里的所见所闻。我虽然不喜欢自己的笔记都是引号——我从来没有将之提交给他修改——更确切地说是批准，但仍然把拿破仑三世说的话尽可能准确地记了下

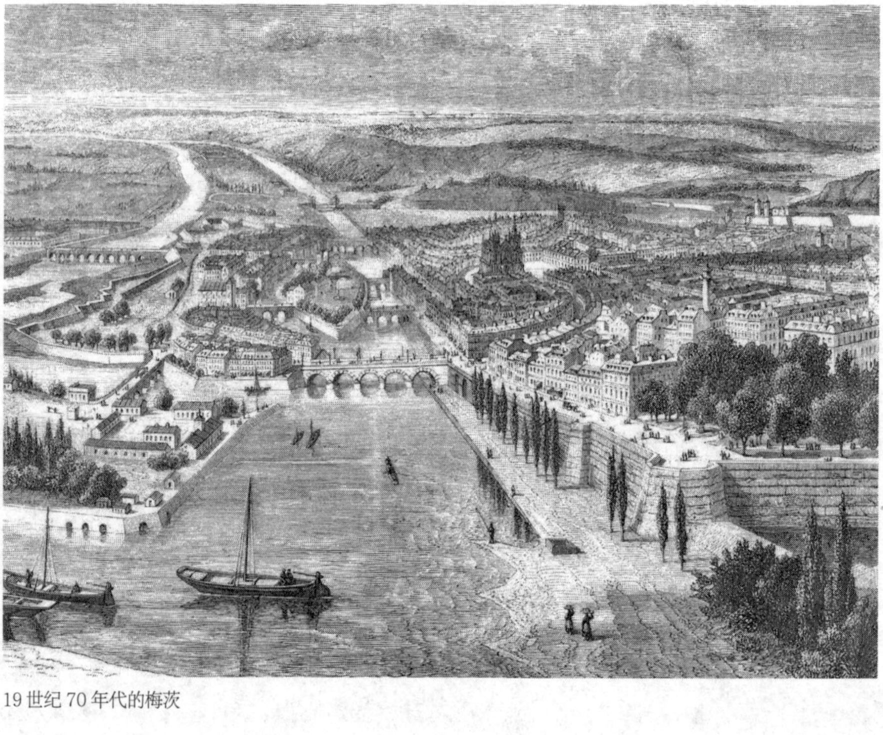

19世纪70年代的梅茨

来。因此，我将以第一人称呈现它们。我应该补充一点，即无论何时谈及这场战争，拿破仑三世都会本着博爱的精神对待所有人。

“1870年8月23日，所有军队都离开了兰斯一带，并且开始在叙普河一线占领阵地。起初，你可能会忍不住惊讶于查隆斯营地的军队的无组织性。迅速开拔导致第一军和第五军的士兵精疲力竭。此外，不仅很多人跟不上行军的速度，而且马车也堵在道路上。因此，直到深夜，士兵们才抵达了军营。在兰斯，军队指挥曾下令每个士兵必须携带四天的干粮，但这条命令没有得到执行——出发后的第二天，第一军和第五军的士兵们就没有食物了！帕特里斯·德·麦克马洪开始后悔自己当初没有采纳拿破仑三世的建议，即不要远离铁路。我们虽然必须快速行动，但很有必要暂时停留在勒泰勒并且向西寻找支援。1870年8月25日，我们花费了一整天为军队补给粮食。与此同时，普鲁士王子腓特烈·威廉·尼克劳斯·卡尔受到我们之前在兰斯行军和一份不可靠的军事急件的误导，以为法兰西军队正在撤退——这不能怪他——的确，从各方面来看，我们的行军都像是撤退！因此，普鲁士王子腓特烈·威廉·尼克劳斯·卡尔继续向巴黎行军。到达查隆斯营地时，普鲁士王子腓特烈·威廉·尼克劳斯·卡尔发现该地已经空无一人。或许，直到那时，普鲁士的总参谋才开始意识到，我们可能已经去救援弗朗索瓦·阿希尔·巴赞了。法兰西人民一直认为侦察工作做得非常好的普鲁士人拥有庞大的监视系统。然而，事实并非如此——法兰西报社才是普鲁士人手下最厉害的间谍。每天，法兰西报纸不仅会公开讨论军事行动，而且会向国内外各地广而告之。传到普鲁士的消息中，除了国外记者记录的巴黎生活见闻，还包括非常重要的军事信息。拿破仑三世曾说道：‘我亲眼看到，1870年8月25日夜晚，一些巴黎报社报道了一些在立法机关发表的演说，而这些演说都指出了查隆斯营地的军队去营救弗朗索瓦·阿希尔·巴赞的必要性。’而一家伦敦报社把1870年8月23日的《尝试报》上的报道公之于众。《尝试报》的报道中写道：‘帕特里斯·德·麦克马洪突然准备去援救弗朗索瓦·阿希尔·巴赞，而这样做敞开了去巴黎的路，会让法兰西陷入危险之中。查隆斯营地的所有军队都已经从兰斯一带撤离了。然而，蒙梅迪传来的消息里只字未提法兰西军队的到来。’这种轻率和鲁莽的报道导致赫尔穆特·卡尔·贝恩哈特·冯·毛奇对我们的情况了如指掌。普鲁士王子腓特烈·威廉·尼克劳斯·卡尔收到命令去视察他向巴黎行军的队伍，而萨克森王子弗里德里希·奥古斯特·阿尔贝特·安东·斐迪南·约瑟夫·卡尔·玛利亚·巴普蒂斯特·奈波姆克·威廉·克萨威尔·格奥尔格·费德里斯也奉命继续前往瓦雷纳。横扫了位于兰斯与默兹河之间的各省后，普鲁士军队一路北上，所向披靡，并且很快拿下了布桑兹和格朗普雷及周边地区——那里是我们的右翼。实际上，早在1870年8月26日下午，我们试图穿过默兹河的想法就遭到了质疑。普鲁士骑兵突然出现在我们右方，导致所有人都惊慌失措。'然而，这没什么好奇怪的。说实话，如果普鲁士骑兵没出现，那么我反倒会觉得意外。'几乎是在同一时间，我们得知，1870年8月25日，弗朗索瓦·阿希尔·巴赞没有离开梅茨。因此，为弗朗索瓦·阿希尔·巴赞而匆忙制订的救援方案被搁置了。普鲁士的凶猛姿态让所有拯救梅茨的计划都无从下手。法兰西军队再次放弃了向东行军计划，并且得到命令立刻撤退至梅济耶尔。通过电报得到相关消息时，帕利考伯爵夏尔·库赞-蒙托邦感到恼火，而巴黎民众同样对此深感愤怒。军事大臣虽然没有强行命令帕特里斯·德·麦克马洪继续向东行军，但有意使帕特里斯·德·麦克马洪意识到，向东行军是民心所向，而民众都相信向东行军一定能成功镇压极端党派的暴动。拿破仑三世说他心惊胆战地看完了帕利考伯爵夏尔·库赞-蒙托邦给帕特里斯·德·麦克马洪的那封急件，而那封急件上写道：'如果你放弃弗朗索瓦·阿希尔·巴赞，那么你的做法势必会引发巴黎的革命。实际上，巴黎完全有能力抵御外侵并且保护自身——巴黎的防御工事坚不可摧。在我看来，我们应该不惜任何代价救出弗朗索瓦·阿希尔·巴赞。大家都觉得，你撤销救援弗朗索瓦·阿希尔·巴赞的军事命令和前后种种军事安排都太仓促了。'

"我非常清楚一个事实，即军事大臣的向弗朗索瓦·阿希尔·巴赞方向行军是民心所向的说法是夸大之词。在一次国防委员会的会议上，阿道夫·梯也尔先生严厉地批评了军事大臣的做法。与此同时，路易-茹尔·特罗胥强烈支持拿破仑三世和查隆斯营地的军队返回巴黎。国难当头，路易-茹尔·特罗胥痛心地说道：'为什么就是没人听我的意见呢？'

"由于持极端想法的人占大多数，向东行军仍然势在必行。然而，越到危急关头，帕特里斯·德·麦克马洪越是优柔寡断，摇摆不定，他声称要撤回自己在几小时前下达的命令。1870年8月25日8时，在没有与军事大臣商量的情况下，帕特里斯·德·麦克马洪擅自改变了行军方向。1870年8月25日11时，帕特里斯·德·麦克马洪再次改变主意，召回了已经出发的军队和兵马——谁也不知道走哪条路更明智。直到敌军到来时，帕特里斯·德·麦克马洪的这种犹豫的毛病还在持续着。每次敌方兵临城下时，帕特里斯·德·麦克马洪就开始犯这种犹豫的毛病，而在面对一个如此强劲的敌手时，这种犹豫不决的毛病竟然越来越严重。帕特里斯·德·麦克马洪不仅无法下定决心去救弗朗索瓦·阿希尔·巴赞，而且不能果断地放弃后者，最终再次下令向默兹河行军。‘我不仅十分清楚最终行动的危险性，而且尽可能挽回大局。我立即派我的副官，即莫斯科瓦亲王埃德加·拿破仑·亨利·内伊，去和帕特里斯·德·麦克马洪说清楚一件事，即没有人会强迫帕特里斯·德·麦克马洪必须听从军事大臣的建议，而他可以自行决策。在我看来，我给予了帕特里斯·德·麦克马洪充分的自主权并且让他以自己认为正确的方式行事。由于认为继续向东行军太冒险，我更加倾向于向梅济耶尔撤退。在这些不幸的事件发生期间，由于不喜欢采纳别人的建议，帕特里斯·德·麦克马洪对我事先提出的建议和事发后的评价都充耳不闻，他回复我称，经过再三权衡利弊，他依然认为向东行军更加明智。正如我刚刚提到的，先前的军令已经执行，而军队会在1870年8月27日夜晚全部撤退到梅济耶尔。我突然觉得，把士兵们疲乏的样子记录下来很有必要——难以想象，尤其在路况糟糕时，法兰西军队会遇到什么样的困难。因此，朝着默兹河方向前进时，法兰西军队只走了六七英里远就不得不安营扎寨了。’

“在斯通尼高地发生的战争就是打无准备之仗的典型例子。我们得知，斯特奈大桥被炸毁后，查隆斯营地的所有军队竟然没有预先准备任何浮桥措施应对这种危机。因此，帕特里斯·德·麦克马洪才不得不放弃直接去斯特奈的计划，并且带军穿过勒米伊山区，跨过默兹河。阴雨连绵数天后，天气大好。在军乐团的伴奏下，法兰西军队穿过了一座座桥，而欢快的号角声响彻了山谷，回声阵阵。没用多久，查隆斯营地的军队就安全到达了蒙梅迪——这是我们一直以来都盼望实现的目标。然而，苍天啊！在我们浪费了宝贵的时间后，该死的普鲁士军队突然兵临城下。吃惊、迎战、战败和撤退接连发生。武器装载车和装备运送车纷纷陷入泥泞中，无法挣脱。在默兹河一线，我们的军队分散在色当到卡里尼昂之间，并且与普鲁士军队隔着河道相互对峙。默兹河上的几处据点已经被普鲁士军队攻克，导致法兰西军队陷入了极度的危险中。我们虽然此前曾想方设法避开兵力强盛的普鲁士军队，但最终仍然难逃和他们短兵相接的命运。显然，在蒙梅迪附近与弗朗索瓦·阿希尔·巴赞会合的计划已经无法实现，这导致帕特里斯·德·麦克马洪又一次改变了原定计划。帕特里斯·德·麦克马洪必须先解决已经火烧眉毛的问题，即重新整合四散的军队并且向其供给粮食。因此，帕特里斯·德·麦克马洪决定撤退至色当——后续怎么办以后再说。法兰西军队立刻连夜撤退。撤退时，法兰西军队一片混乱，笼罩在恐慌、迷茫和各种各样的负面情绪之中。大家都知道后面的故事。”

第 27 章

尼古拉·安·德奥杜尔·尚加尼耶和第二帝国

拿破仑三世一厢情愿地认为，那群权贵虽然一开始反对建立第二帝国，但会渐渐妥协并且加入第二帝国政权。拿破仑三世不仅仍然寄希望于共和党人，而且对他们抱有很大信心。在一份尚未对外公布的手稿中，托马斯·W.伊万斯写道：“在奇泽尔赫斯特，拿破仑三世曾对我说道，‘我认为部分共和党人是忠于自己信仰的——例如朱尔·阿曼德·斯坦尼斯拉斯·杜弗尔，不仅对共和制的正确性深信不疑，而且无比虔诚地坚定拥护它。为了拉拢朱尔·阿曼德·斯坦尼斯拉斯·杜弗尔，我在他身上下的功夫比在任何人身上下的都多。然而，虽然当时的朱尔·阿曼德·斯坦尼斯拉斯·杜弗尔不是共和党人，但我仍然失败了。即使朱尔·阿曼德·斯坦尼斯拉斯·杜弗尔不能做我未来的帝国的大臣，我也依然敬佩他坚定的信念和真挚的信仰。’”

然而，不是所有的政治家都像朱尔·阿曼德·斯坦尼斯拉斯·杜弗尔先生一样坚定，只是拿破仑三世对前者有信心是有充分依据的——在法兰西，政客倒戈十分常见。一个政权如果能够维系足够长的时间，在这个政体下，国家可以繁荣昌盛，长久存在。1870年，法兰西的战败不仅中断了第二帝国迅猛发展的进程，而且摧毁了第二帝国。

虽然我们不能说雄才大略、精力充沛的尼古拉·安·德奥杜尔·尚加尼耶在考虑接受那个他一直反对的政体——在1870年普法战争期间，他总是摇摆不定，但如果1870年的那场战争打赢了，那么他无疑会像其他几个一开始摇摆不定的人一样拥护第二帝国。如果1870年的那场战争打赢了，那么几乎每个人都会支持第二帝国，而拿破仑三世梦寐以求的事也将得以实现。尼古拉·安·德奥杜尔·尚加尼耶在战争中创下的丰功伟绩不仅归功于他的高贵品格，而且源于他十分高尚和无私的爱国精神。

法兰西对普鲁士宣战的消息传开时，尼古拉·安·德奥杜尔·尚加尼耶立即打破多年来的沉默并且要求服役。埃德蒙·勒伯夫对尼古拉·安·德奥杜尔·尚加尼耶说道："你的请求让我深受感动。我衷心希望拿破仑三世能授予你相应的职位。为表诚意，我准备前往圣克卢宫支持你。"然而，拿破仑三世对尼古拉·安·德奥杜尔·尚加尼耶主动要求服役的请求不太乐意——早在1869年2月，他就打算任命尼古拉·安·德奥杜尔·尚加尼耶为元帅。当时，拿破仑三世说道："我很想把你的鼎鼎大名载入我统治期间的光辉史册中。"人们如果记得尼古拉·安·德奥杜尔·尚加尼耶以前的雄心壮志，那么会知道一个事实，即他很难拒绝这个诱人的提议。然而，尼古拉·安·德奥杜尔·尚加尼耶担心的是，他会因接受拿破仑三世的任命而受到奥尔良家族及其支持者的强烈非难并且陷入一个尴尬的境地——他原本是一个强烈反对第二帝国的人，现在却要成为第二帝国的元帅。此外，本该授予尼古拉·安·德奥杜尔·尚加尼耶的元帅一职已经被授予了埃德蒙·勒伯夫。因此，拿破仑三世认为自己不能批准尼古拉·安·德奥杜尔·尚加尼耶的主动请缨。在给尼古拉·安·德奥杜尔·尚加尼耶的信中，埃德蒙·勒伯夫写道："一旦有职位空缺，我不会忘记您的主动请缨。您提供给拿破仑三世的不仅是武器，而且是您多年积累的丰富的军事经验。"

埃德蒙·勒伯夫的信使尼古拉·安·德奥杜尔·尚加尼耶觉得他没有完全被拒绝。然而，不容忽视的是，当时的尼古拉·安·德奥杜尔·尚加尼耶已经七十七岁高龄，不再年轻了。能力超群、名望崇高的尼古拉·安·德奥杜尔·尚加尼耶虽然对发生在战场的所有事都了如指掌，但已经退伍多年了。从某种层面上来说，法兰西军队或许只能开除某位年轻将领，再让久经沙场的尼古拉·安·德奥杜尔·尚加尼耶取而代之，而这种做法势必会引来非议。然而，1870年夏季，那些曾经满腹牢骚的人立即就后悔了——他们后悔没有起用尼古拉·安·德奥杜尔·尚加尼耶，并且想起了托马斯·罗伯特·比诺在1845年说过的话："在我手下的军官中，尼古拉·安·德奥杜尔·尚加尼耶是实战能力最强的一位。"

托马斯·罗伯特·比诺

主动请缨没有被接受时，尼古拉·安·德奥杜尔·尚加尼耶深感心痛。尼古拉·安·德奥杜尔·尚加尼耶对一位朋友说道：“这件事让我很难过。我打算离开法兰西去散散心。我应该有自知之明的——在英勇无比的法兰西军队里，经验丰富的将领不止我一个。虽然像我这样的老家伙很爱国，但没有人会注意到我的离开。我亲爱的士兵们一定会战无不胜，所向披靡。”尼古拉·安·德奥杜尔·尚加尼耶去了欧坦，并且在那里仍然密切关注军事动态。据尼古拉·安·德奥杜尔·尚加尼耶的密友说，尼古拉·安·德奥杜尔·尚加尼耶不仅很清楚当时法兰西军队的实力，而且知道法兰西虽然比普鲁士提前一个月动员，但依然赶不上普鲁士军队的部署速度。此外，当时，尼古拉·安·德奥杜尔·尚加尼耶有充分理由断定，奥地利和意大利方面将不会给予法兰西任何帮助。因此，1870年8月4日，收到法兰西军队在维桑堡战败的消息后，尼古拉·安·德奥杜尔·尚加尼耶决定去巴黎。在去巴黎的路上，尼古拉·安·德奥杜尔·尚加尼耶受到了广大民众的热烈欢迎。尼古拉·安·德奥杜尔·尚加尼耶首先去了军事办公室。1870年8月5日夜晚，尼古拉·安·德奥杜尔·尚加尼耶抵达梅茨，而拿破仑三世在那里接见了他。尼古拉·安·德奥杜尔·尚加尼耶对拿破仑三世说道："陛下，虽然在您的鼎盛时期，我不是给您带来好运的使臣，但面对当前的局势，为国表忠效力是我义不容辞的责任。"拿破仑三世深受感动，并且多年后仍然常常提起此事。拿破仑三世紧握住尼古拉·安·德奥杜尔·尚加尼耶的手，说道："你的耿耿忠心让我深受感动。虽然军队里没有空缺的职位，但我们所有人都希望你能留下来和聆听您提出的宝贵意见。"随后，拿破仑三世把战事情况向尼古拉·安·德奥杜尔·尚加尼耶做了说明，并且招来埃德蒙·勒伯夫回答尼古拉·安·德奥杜尔·尚加尼耶的问题。最后，拿破仑三世和尼古拉·安·德奥杜尔·尚加尼耶一起去了皇室成员的餐厅用餐。

所有的梅茨民众都对尼古拉·安·德奥杜尔·尚加尼耶这位新客人充满了敬意，并且对他的到来寄予了厚望。尼古拉·安·德奥杜尔·尚加尼耶身着素衣，两袖清风，没有任何权力。在那段绝望日子中，最值得一提的事之一便是尼古拉·安·德奥杜尔·尚加尼耶给人留下的深刻印象——不仅他的大名就足以激起大家高涨的热情，而且他的出现给大家带来了希望。作为拿破仑三世的前政治对手，尼古拉·安·德奥杜尔·尚加尼耶不仅与拿破仑三世冰释前嫌，而且与帝国共进退，这无疑是令人高兴的事。因此，尼古拉·安·德奥杜尔·尚加尼耶的到来受到了热烈欢迎。在拿破仑三世的陪同下，尼古拉·安·德奥杜尔·尚加尼耶参观了福尔克蒙的第三军和第四军，而士兵们以空前高涨的热情迎接了后者的到来。虽然尼古拉·安·德奥杜尔·尚加尼耶穿着朴素的大衣并且戴着帽子，但他在部队中骑行时，士兵们一眼就认出了他。随着尼古拉·安·德奥杜尔·尚加尼耶的到来，第三军和第四军的士兵们变得情绪高昂。在夜晚回到梅茨时，尼古拉·安·德奥杜尔·尚加尼耶再次受到

维桑堡战场上发起冲锋的普鲁士士兵

了士兵们的欢呼。尼古拉·安·德奥杜尔·尚加尼耶也十分受拿破仑三世的亲信的欢迎。然而，所有的褒奖和荣誉都没有赋予尼古拉·安·德奥杜尔·尚加尼耶一官半职——显然，他只是被当作一名军事顾问。与此同时，虽然法兰西民众要求负责军事指挥的高层班子成员应该有所变动，但在国会把持实权的阿道夫·梯也尔先生有意任命弗朗索瓦·阿希尔·巴赞和帕利考伯爵夏尔·库赞-蒙托邦为高级指挥。法兰西民众自然会责问为什么尼古拉·安·德奥杜尔·尚加尼耶不仅没有被授予任何军事权力，而且甚至连一套制服都没有。然而，不满的声音很快就消失了——埃德蒙·勒伯夫借给了尼古拉·安·德奥杜尔·尚加尼耶一顶军帽，而若阿基姆·缪拉带来一件束腰外衣。此外，还有一些高级军官也纷纷献出了自己的肩章。与此同时，为了应对巴黎媒体方面的紧急情况，埃德蒙·勒伯夫被剥夺了总指挥一职。拿破仑三世宣称："就像查理一世没有牺牲斯特拉福德伯爵以求自保[①]，我不会改变我的态度。"一直以来，尼古拉·安·德奥杜尔·尚加尼耶都处在一个非常特殊的位置上。以"元帅的朋友"的身份，尼古拉·安·德奥杜尔·尚加尼耶的名字出现在第三军的名单上，列于第三军的总指挥的名字之后。"元帅的朋友"中的"元帅"指的是埃德蒙·勒伯夫。1870年8月16日，尼古拉·安·德奥杜尔·尚加尼耶和埃德蒙·勒伯夫两人一起出现在了维翁维尔的战场上。当时，虽然普鲁士军队受到法兰西军队牵制，但我们没有把握好这个时机——由于被弗朗索瓦·阿希尔·巴赞抛下，第四军无法支援或前进。第三军也因按兵不动而饱受谴责。尼古拉·安·德奥杜尔·尚加尼耶建议弗朗索瓦·阿希尔·巴赞好好利用这个来之不易的胜利并且在第二天大举进攻。然而，尼古拉·安·德奥杜尔·尚加尼耶的建议被弗朗索瓦·阿希尔·巴赞当作了耳旁风。1870年8月17日至18日，在格拉沃洛特的一场战役中。尼古拉·安·德奥杜尔·尚加尼耶亲自作战——虽然敌人用炮弹射中了他的战马的前腿，但他仍然一度不顾自身安危冲锋陷阵。尼古拉·安·德奥杜尔·尚加尼耶以最温和的方式批评了弗朗索瓦·阿希尔·巴赞，指出缺席格拉沃洛特发生的这场刻骨铭心的战役是弗朗索

① 1640年，查理一世召开了一次议会，初衷是筹措各种费用。然而，后来，该议会的目标变成了针对查理一世的宠臣斯特拉福德伯爵。该议会如果要处决斯特拉福德伯爵，那么必须要经过查理一世的同意。斯特拉福德伯爵是查理一世的宠臣，而查理一世向斯特拉福德伯爵承诺一定会保护后者的性命和财产。

瓦·阿希尔·巴赞的损失。尼古拉·安·德奥杜尔·尚加尼耶和埃德蒙·勒伯夫虽然都想乘胜追击，但接到了撤退的命令，而正是这个命令使军队退到了梅茨城下并且走上了穷途末路。

尼古拉·安·德奥杜尔·尚加尼耶的赫赫战绩不止上述那些。1870年8月31日，尼古拉·安·德奥杜尔·尚加尼耶与第三军的两个支队一起参战，而他甘愿置自己于危险中的行为不仅引得欢声雷动，而且激励了将士们重整旗鼓。1870年8月31日9时，一位上校被一颗炮弹击中，死在了尼古拉·安·德奥杜尔·尚加尼耶身边，尼古拉·安·德奥杜尔·尚加尼耶的马也被这颗炮弹炸伤。最终，尼古拉·安·德奥杜尔·尚加尼耶和部队不得不退回梅茨。退回梅茨后，尼古拉·安·德奥杜尔·尚加尼耶坚信，法兰西军队如果全力以赴，那么仍然有可能成功突围。后来，尼古拉·安·德奥杜尔·尚加尼耶说道："虽然头两天的战斗很艰难并且造成了士气低落，但如果弗朗索瓦·阿希尔·巴赞能重振士气，那么我们可以胜利。胜利后的士气能激励全军上下每一个人——上至首领将军，下至击鼓小兵。我们本可以找到突破口并且渗入至朗厄湖，然后再进入塞纳河河谷。"

渐渐地，尼古拉·安·德奥杜尔·尚加尼耶受到了大批人众星捧月般的对待——这些人不仅崇拜他的英勇，而且把他的谏言看作是无上智慧的代名词。很多人希望尼古拉·安·德奥杜尔·尚加尼耶代替弗朗索瓦·阿希尔·巴赞出任驻扎在莱茵河一带的军队的总指挥官。罢免弗朗索瓦·阿希尔·巴赞的计划最初由朱斯坦·克兰尚提出。后来，罗塞尔找到尼古拉·安·德奥杜尔·尚加尼耶并且与他商议罢免计划。罗塞尔是一名上校，后来加入了巴黎公社。听完罢免弗朗索瓦·阿希尔·巴赞的计划后，尼古拉·安·德奥杜尔·尚加尼耶愤慨不已——只要看到一点点军事叛变的苗头就会使他暴怒，而一想到此事是因他而起的更让他火冒三丈。虽然罗塞尔答应保密罢免弗朗索瓦·阿希尔·巴赞的计划，但尼古拉·安·德奥杜尔·尚加尼耶仍然命令罗塞尔离开并且劝告他放弃所有疯狂的阴谋。几个小时后，另一位更高级别的军官带着同样的建议来见尼古拉·安·德奥杜尔·尚加尼耶。尼古拉·安·德奥杜尔·尚加尼耶说道："弗朗索瓦·阿希尔·巴赞没有按照我说的做——这千真万确，而我一点也不同情他。前天我去找弗朗索瓦·阿希尔·巴赞时，虽然我试图让他注意

维翁维尔战役

格拉沃洛特战役

到查尔斯·勒泰利耶·瓦拉泽的卓越功绩，但他待我十分冷漠。毫无疑问，对这个疯狂的阴谋，弗朗索瓦·阿希尔·巴赞早已有所耳闻。弗朗索瓦·阿希尔·巴赞不仅绝不是懦夫，而且有的是办法使自己免遭牢狱或血光之灾。我不想故作谦虚——我知道，我的军事谋略超过军队里的任何一位将军。虽然我的建议没有受到重视是不可否认的事实，但这事实不能成为我们做不光彩的事——譬如你们向我提议的这件事的理由。”

虽然罢免弗朗索瓦·阿希尔·巴赞的计划没有引起太大的骚乱，但没有完全被放弃。1870年9月末，罗塞尔与另一位军官再一次去拜访尼古拉·安·德奥杜尔·尚加尼耶并且告诉他，军队不仅正处于暴动前夕，而且完全信任他。这一次，尼古拉·安·德奥杜尔·尚加尼耶没有责骂和辩驳，只是把罗塞尔和那位军官交给了相关部门。罗塞尔和那位军官被带到了弗朗索瓦·阿希尔·巴赞面前。弗朗索瓦·阿希尔·巴赞不仅刻薄地训斥了罗塞尔和那位军官，而且把他们关进了监狱，直到梅茨军队投降。

困在梅茨的军队虽然一直祈祷着能看到转机，但徒劳无果。1870年10月24日，指挥普鲁士军队的弗雷德里克·查理王子告诉弗朗索瓦·阿希尔·巴赞法兰西军队的处境。1870年10月25日，梅茨军队的元帅们召开了一次军事会议，而尼古拉·安·德奥杜尔·尚加尼耶也应邀参与了会议。情况十分严峻，导致元帅们不得不决定请求休战，并且重新储备粮食。元帅们还请求普鲁士允许他们把军队带到阿尔及利亚——在那里，法兰西军队可以得到有条件的释放。弗朗索瓦·马塞兰·德·康罗贝尔指出，尼古拉·安·德奥杜尔·尚加尼耶是去普鲁士军营谈判的使者的不二人选。虽然接受议和的使命会导致勇敢的尼古拉·安·德奥杜尔·尚加尼耶十分心痛，但由于觉得这是自己的职责所在，他答应了。尼古拉·安·德奥杜尔·尚加尼耶请求弗雷德里克·查理王子接见他。雷德里克·查理王子回复称，他虽然不太清楚尼古拉·安·德奥杜尔·尚加尼耶当时的身份和地位，但愿意抛开繁文缛节，向这位声名远播的勇士证明自己对他的尊敬。在普鲁士军队的总部，尼古拉·安·德奥杜尔·尚加尼耶不仅受到了礼貌的接待，而且没有听到任何中伤自己的言语。后来，尼古拉·安·德奥杜尔·尚加尼耶说道：“如果普鲁士军队没有以礼相待，那么我们那长达三个小时的面谈可能会连三分钟都无法持续！”

在长达三个小时的面谈期间，尼古拉·安·德奥杜尔·尚加尼耶和弗雷德里克·查理王子谈了很多，而前者总喜欢反复念叨那次面谈的这部分内容：

弗雷德里克·查理王子说道：“1870年8月16日，虽然你建议在右翼采取行动，但你的建议没有被采纳。”

尼古拉·安·德奥杜尔·尚加尼耶回复道：“如果我们这样做了，那么普鲁士军队早就陷入困境了吧？”

弗雷德里克·查理王子回答道：“的确如此——否则，我们所有人都会被丢进摩泽尔河。”

弗雷德里克·查理王子

1870年10月29日，尼古拉·安·德奥杜尔·尚加尼耶和弗雷德里克·查理王子再次进行了会面。

弗雷德里克·查理王子说道："我向我的国王威廉一世禀报了我们面谈的要点，而他对你的话很感兴趣。你愿意去凡尔赛一趟吗？我会让你轻松地到达凡尔赛，而你的这趟旅程可能会带来更好的结果。"

尼古拉·安·德奥杜尔·尚加尼耶说道："我应该以谁的名义去呢？我没有得到授权代表国防部或摄政王发言。我只能以我自己的名义去——无论如何，我都不可能代表法兰西。"

弗雷德里克·查理王子说道："然而，阿道夫·梯也尔先生正在拜访欧洲的各个皇室。"

尼古拉·安·德奥杜尔·尚加尼耶说道："是的。阿道夫·梯也尔先生很聪明，能让全体法兰西人民相信他正在努力为国家的最崇高的利益服务。"

与此同时，弗朗索瓦·马塞兰·德·康罗贝尔走进了房间，而弗雷德里克·查理王子复述了自己刚才对尼古拉·安·德奥杜尔·尚加尼耶所说的关于去凡尔赛的提议。弗朗索瓦·马塞兰·德·康罗贝尔说道："我也希望如此。"然而，尼古拉·安·德奥杜尔·尚加尼耶坚决拒绝了这个提议。后来，就这个提议，尼古拉·安·德奥杜尔·尚加尼耶说道："显然，和许多其他情况一样，普鲁士政府又想要花招。这个提议让我想起了1814年的那场运动——当时，俄国沙皇亚历山大一世假意与拿破仑一世调停，而反法同盟连连获胜时，俄国沙皇亚历山大一世总是对拿破仑一世说道，'战争的好运气可不总是在你那儿！'"

弗雷德里克·查理王子十分清楚，当时的法兰西绝大多数人都希望拿破仑三世签署和平条约。虽然拿破仑三世的王朝已经被推翻了，但在法兰西，他仍然有影响力。此外，弗雷德里克·查理王子还知道，当时，普鲁士政府正努力通过西奥菲尔·戈蒂埃和欧仁妮皇后进行谈判。尼古拉·安·德奥杜尔·尚加尼耶说道："为了争取尽可能大的优势，普鲁士人不仅总是小心翼翼，而且会做好几手准备。"

尼古拉·安·德奥杜尔·尚加尼耶准备动身去美因河畔的法兰克福，并且认为自己在那里可能会被扣押。与此同时，弗雷德里克·查理王子的一个副官给尼古拉·安·德奥杜尔·尚加尼耶带来一张通行证，而这张通行证会帮助后者在中立国寻求庇护。因此，尼古拉·安·德奥杜尔·尚加尼耶去了比利时。1870年11月2日，尼古拉·安·德奥杜尔·尚加尼耶到达了布鲁塞尔。当时，尼古拉·安·德奥杜尔·尚加尼耶极其窘迫，只有一身军服，并且只能在一栋小公寓里安顿下来。不久后，尼古拉·安·德奥杜尔·尚加尼耶收到了一封来自拿破仑三世的信。在信中，拿破仑三世对尼古拉·安·德奥杜尔·尚加尼耶在梅茨的英勇行为和伟大贡献表示了感谢。

许多人都曾把自己最后的希望寄托于尼古拉·安·德奥杜尔·尚加尼耶。很多人觉得，如果尼古拉·安·德奥杜尔·尚加尼耶可以领导法兰西军队，那么局势仍然很有可能出现转机——战术是十分重要的。拿破仑三世的密友们都同意一个观点，即在一定条件下，第二帝国仍然有机会实现复辟。来自法兰西各地的信都被寄到了威廉姆斯赫厄，强烈要求拿破仑三世重掌政权。然而，问题在于，军队是否也会拥护拿破仑三世？由于许多不同的思潮煽动和扰乱军事界，军队的忠诚存在很大的不确定性。毋庸置疑的是，拿破仑三世有理由相信，不仅他会受到士兵、工匠和农民的欢迎，而且他的行动越快就越有可能取得成功。弗兰切斯基尼·彼得里先生不仅是拿破仑三世的私人秘书，而且曾在欧仁妮皇后的侍从班中任职。在给一位朋友的信中，弗兰切斯基尼·彼得里先生写道："对拿破仑三世有利的消息不仅传遍了全法兰西，而且引起了极大的反响。虽然农民们一致拥戴拿破仑三世，但不幸的是，城市的人们并非如此。"后来的事实证明了弗兰切斯基尼·彼得里先生的见解十分正确。

虽然尼古拉·安·德奥杜尔·尚加尼耶最近确实对拿破仑三世表现得很友好，但这种友好会让他致力于帮助复辟第二帝国吗？对此，欧仁妮皇后总是持怀疑态度，而尼古拉·安·德奥杜尔·尚加尼耶后期的行为也表明欧仁妮皇后的观点是正确的。此外，暮年时的拿破仑三世也认同欧仁妮皇后的观点。尼古拉·安·德奥杜尔·尚加尼耶与奥尔良王朝有着深情厚谊——这一点是不能忘记的。在拿破仑三世执政期间，某些情况导致尼古拉·安·德奥杜尔·尚加尼耶难以大展宏图。虽然尼古拉·安·德奥杜尔·尚加尼耶曾经雄心受挫，蛰伏和沉寂了很长一段时间，但现在，在他暮年之际，那种雄心可能会重新燃起并且帮助他实现自己的价值。总之，在1870年11月到1870年12月旅居布鲁塞尔期间，尼古拉·安·德奥杜尔·尚加尼耶又遇到要

亚历山大·科伦纳·瓦莱斯基伯爵的夫人玛丽亚·安娜

不要重新发挥余热的这个问题。十分有名望的玛丽亚·安娜，即第二帝国前外交大臣亚历山大·科伦纳·瓦莱斯基伯爵的遗孀，不仅对尼古拉·安·德奥杜尔·尚加尼耶再次为帝国服务这件事非常上心，而且还得到了几个第二帝国的支持者——包括德布尔费拉公爵，弗朗索瓦·马塞兰·德·康罗贝尔和激进的波拿巴主义者代表查尔斯·勒韦尔——的支持。

1870年12月末，玛丽亚·安娜曾给一位朋友写了一封信，而我将首次公开这封信的内容。

"尼古拉·安·德奥杜尔·尚加尼耶的计划如下：他将去巴黎，然后让某个人——我也不知道是谁——将他提名为军事大臣或者巴黎的军事长官；重建秩序，即在逮捕或流放军队中的无赖恶棍后，他会将所有人召集起来开会。尼古拉·安·德奥杜尔·尚加尼耶对我说道：‘是时候做点什么了——巴黎会投降，而紧接着，我们必须进行严肃的谈判。’停顿了片刻后，尼古拉·安·德奥杜尔·尚加尼耶继续说道：‘欧仁·施耐德主席在哪儿？’‘在伦敦，’我回答道，‘也许，在法兰西北部的亚眠，前内阁成员可以聚集起来。’我一直坚持认为，尼古拉·安·德奥杜尔·尚加尼耶不会做出保证。尼古拉·安·德奥杜尔·尚加尼耶宣称，他如果以拿破仑三世的名义行动，那么不会得到权威认可，而如果别人带头开路，或者普鲁士愿意给出更好的条款，那么他不会反对重建帝国。然而，尼古拉·安·德奥杜尔·尚加尼耶无法凭一己之力把拿破仑三世带回来。我对整个局势感到十分困惑。尼古拉·安·德奥杜尔·尚

欧仁·施耐德

加尼耶收到了一封来自巴黎的信。这封来自巴黎的信称我们已经无法指望路易-茹尔·特罗胥了——唯一的希望落在维尼身上，而这让维尼感到高兴。尼古拉·安·德奥杜尔·尚加尼耶对我说道：‘拿破仑三世本应任命我为巴黎的行政长官或帝国的军事大臣——如果他这样做了，那么现在，欧仁妮皇后应该仍然在位。拿破仑三世本应该为我做些什么并且应该视我为高贵可敬的人。然而，所有这些都是陈年旧事了——我们应该展望未来。’虽然我不知道该怎么做，但有一点是确定的，即尼古拉·安·德奥杜尔·尚加尼耶不会盲目参与第二帝国的复辟。”

尼古拉·安·德奥杜尔·尚加尼耶一边谨慎地观察事态发展，一边等待合适的时机来决定自己要做什么。尼古拉·安·德奥杜尔·尚加尼耶一直在权衡利弊，与不同的人交换意见，不仅不会迅速做出决定，而且不会参与被朋友们谴责的事。与此同时，拿破仑三世给尼古拉·安·德奥杜尔·尚加尼耶派去了一位非常有能力的并且非常支持第二帝国的事业的人，即前面提到的查尔斯·勒韦尔。查尔斯·勒韦尔的任务是和尼古拉·安·德奥杜尔·尚加尼耶商讨各种事宜。查尔斯·勒韦尔和尼古拉·安·德奥杜尔·尚加尼耶之间的重要谈话的主要内容如下——这些内容取自前者呈递给拿破仑三世的一份未公之于众的报告：

“在第一次会面中，我主要谈到了获得和平之后在法兰西迅速重建第二帝国的可能性。

“尼古拉·安·德奥杜尔·尚加尼耶问道：‘谁来签署和平条约？’

“我回答道：‘关于和平条约，虽然囚犯之身的拿破仑三世不能签署，但摄政王有权力签署。毫无疑问，总会出现某个忠心耿耿并且深受爱国主义情怀鼓舞的臣民，而他将会学习第五代黎塞留公爵阿尔曼-伊曼纽尔·德·维格纳罗在1814年的举动，同意在和平条约的底端签下自己的名字。签署和平条约虽然是令人心痛的，但会结束法兰西正在遭受的可怕的折磨。’

“尼古拉·安·德奥杜尔·尚加尼耶问道：‘然而，谁会是那个人呢？’

“我回答道：‘也许会是您。’

“尼古拉·安·德奥杜尔·尚加尼耶说道：‘我认识弗雷德里克·查理王子并且和他有些交情。我虽然见过弗雷德里克·查理王子五次，但当时没有什么权力——

第五代黎塞留公爵阿尔曼－伊曼纽尔·德·维格纳罗

没有人将签署条约的重任委托给我，而我必须得到授权才会行动。请问您真的相信拿破仑三世能重新掌权吗？’

“我回答道：‘对此，我不仅相信，而且笃信不疑。法兰西全国上下的人们都在传着一句话——大家背叛了皇帝，而这展示了法兰西人民对拿破仑三世的态度。’

“尼古拉·安·德奥杜尔·尚加尼耶说道：‘确实如此——我曾收到过几封信，而那几封信里都在说着这件事，导致我也知道了。拿破仑三世的情况怎么样？’

“我回答道：‘陛下囚于狱中，虽然听命于他人，但不仅没有放弃尊严，而且保留着道德和勇气。’

“尼古拉·安·德奥杜尔·尚加尼耶问道：‘陛下希望自己重新掌权吗？’

“我回答道：‘将军，让陛下重新掌权不仅仅是为了他。近来，拿破仑三世虽然忍受着失望、不公和诬蔑，但不仅仍然认为重新掌权是自己的责任和义务，而且希望可以尽自己所能修复战争带来的破坏。此外，由于对现状的焦虑，对未来的不确定，以及背负着民众对他的信赖，拿破仑三世一点也不轻松。'

"尼古拉·安·德奥杜尔·尚加尼耶说道：'这不是一项轻松的任务。'

"我说道：'是的，这也是为什么陛下希望贤能之人协助他完成大业。'

"尼古拉·安·德奥杜尔·尚加尼耶说道：'拿破仑三世会发现，他面临着许多反对的声音。'

"我说道：'四个月来遭受的苦难和对未知的恐惧已经使各个反对派陷入了深思。由于国民的呼声高涨，拿破仑三世可以获得民众的投票和支持。'

"尼古拉·安·德奥杜尔·尚加尼耶说道：'是的，我赞同你的说法——绝大部分国民是站在拿破仑三世这边的。'

"我说道：'如果有人来找我们的麻烦，那么巴黎人民不会忘记您在重建秩序和保障人心稳定等方面干得多么出色。'

"尼古拉·安·德奥杜尔·尚加尼耶说道：'我想，下次见面时，我们再继续我们的讨论吧。星期日，我会在家恭候你。'"

这次会谈之后，尼古拉·安·德奥杜尔·尚加尼耶去见了玛蒂尔德·波拿巴公主并且把他和查尔斯·勒韦尔的整个谈话都讲给了她听。玛蒂尔德·波拿巴公主立刻写信给拿破仑三世——她也意识到了第二帝国的复辟事业面临的重重困难和尼古拉·安·德奥杜尔·尚加尼耶的犹豫不决。然而，玛蒂尔德·波拿巴公主的想法是不能轻易放弃，应该全身心地投入第二帝国的复辟事业。周日，查尔斯·勒韦尔如约去拜访了尼古拉·安·德奥杜尔·尚加尼耶，而以下是他的报告：

"尼古拉·安·德奥杜尔·尚加尼耶虽然已经仔细衡量了所有事，但仍然既不点头也不摇头，只是简单评论几句，想敷衍过去。

"尼古拉·安·德奥杜尔·尚加尼耶说道：'你知道的，在普鲁士军营进行和平谈判不仅绝非易事，而且要承担极大的责任。你知道普鲁士人会提出什么条件吗？'

"我说道：'这可能极大地取决于谈判者的聪明才智。然而，无论如何，比较其

他形式的政府，普鲁士更倾向于第二帝国的重建。第二帝国也更有利于法兰西和法兰西人民。'

“尼古拉•安•德奥杜尔•尚加尼耶问道：‘为什么？'

“我说道：‘因为普鲁士国王威廉一世对我们的皇帝很友好——虽然普鲁士国王威廉一世的声明让人觉得事实不是这样的，但实际上，他只会对共和党表现出不友好的态度。'

“尼古拉•安•德奥杜尔•尚加尼耶说道：‘我明白了。然而，普鲁士国王威廉一世对别人是什么样呢？'

“我说道：‘在我看来，实际上，您所谓的‘别人’就是那些奥尔良王子们。然而，那些奥尔良王子们只是觊觎王位的人，毫无名望可言。'

“尼古拉•安•德奥杜尔•尚加尼耶说道：‘我觉得你的话很有道理。然而，普鲁士人究竟会提出什么样的条件呢？'

“我说道：‘将军，据说，普鲁士不仅会把法兰西东北部的洛林留给我们，而且只会割占阿尔萨斯的一部分地区。'”

查尔斯•勒韦尔的说法可能会遭到质疑——在他与尼古拉•安•德奥杜尔•尚加尼耶会面的那个周末，拿破仑三世的一位助手写信给一位朋友，称在阿尔萨斯问题上，普鲁士不会让步。我们继续回到报告，查尔斯•勒韦尔说道：“要确切说出普鲁士人的条件是不可能的。”

“尼古拉•安•德奥杜尔•尚加尼耶说道：‘我知道，普鲁士人已经厌倦了战争。然而，如果我们割让阿尔萨斯，那么法兰西永远都不会原谅拿破仑三世。割让阿尔萨斯虽然会使拿破仑三世重建第二帝国的大业化为泡影，但不会影响皇太子的前途和命运。撇开阿尔萨斯问题不谈，你想如何让拿破仑三世重掌政权呢？虽然我相信农民会支持他——拿破仑这个名字还没有失去威望，但令我困惑的是，拿破仑三世会通过什么方法重获王位呢？'

“我说道：‘我们有恰当的理由，那么行事便会容易得多。在尽最大的努力之后，象征法兰西荣耀的巴黎也陷入了投降的绝境。与此同时，普鲁士人会和摄政王的代表签订和平协定，并且将依然合法存在的统治权归还给巴黎。然后，在法兰西的首都巴黎，欧仁妮皇后会向法兰西人民发出宣言，呼吁他们支持和平，而这一举动会为想重建第二帝国的人增加信心，导致拿破仑三世重新掌权。’

“尼古拉·安·德奥杜尔·尚加尼耶问道：‘那么，谁的军队会保护欧仁妮皇后呢？欧仁妮皇后不可能接受普鲁士军队的保护吧？’

“我回答道：‘不，当然不会——普鲁士和这件事一点关系都没有。我们会组织其他军队。’

“尼古拉·安·德奥杜尔·尚加尼耶问道：‘你打算从哪里组织这些军队？’

“我回答道：‘二十四小时后，我们可能会有四千名士兵站在杜伊勒里宫的大殿——这四千名士兵虽然在1870年9月4日受到了驱逐，但都是勇敢的人，仍然忠心耿耿并且保留着他们的军服和刀剑。我们还有依旧忠心的三支骑警队，而他们不会受到投降的影响。最后，我们还可以号召志愿军——在开始行动的几个小时里，我们就可以这样做。’

“尼古拉·安·德奥杜尔·尚加尼耶说道：‘是的。我们会有多达一万两千名或一万五千名士兵。如果共和党人试图在各省制造动乱，那么我会应对他们。我们不仅必须重整军队，而且对那些发表疯狂言论的军人，不能表现出任何软弱——软弱是耻辱的。’

“我说道：‘然而，将军，我认为，对他们其中一些人，我们可以施以仁慈。比如，几天前，我在科隆偶然遇到了三名上尉——他们都是战俘，其中两人已经在抗议请愿书上签了名。那三名上尉不仅问我，拿破仑三世什么时候会被释放，而且告诉我，如果拿破仑三世回到巴黎，那么他们不仅想与第二帝国站在一边，而且随时准备为帝国战斗。三名上尉把他们的名字给了我——他们希望拿破仑三世能知道他们的名字。’

“尼古拉·安·德奥杜尔·尚加尼耶说道：‘一定不能有任何差错。这次夺权计划的领导者需要新面孔和有活力的年轻人。我们一定要有一支积极、富有活力的队伍。拿破仑三世如果认为自己那些年迈的大臣和将军们可以帮他夺回政权，那么会铸成大错。’

“我说道：‘我觉得，在这一点上，拿破仑三世和您的看法是一样的。’

“尼古拉·安·德奥杜尔·尚加尼耶说道：‘我们如果解放了巴黎，那么需要召开制宪会议吗？制宪会议是很有可能被召开的——到时候，你们会怎么处理这种情况呢？此外，我们如果只知道巴黎的动态却对其他地方的情况一无所知，那么又该怎么办呢？这是影响事态发展的首要因素！然而，我们只能耐心等待，慢慢了解情况。虽然有人曾来拜访我并且想用自己的方案说服我，但我保证，到目前为止，我没有向任何人承诺过任何事。今天，我虽然仍然不会做出任何承诺，但会重新仔细思考所有问题。’

“在我们的第一次谈话中，我告诉了尼古拉·安·德奥杜尔·尚加尼耶一个事实，即拿破仑三世非常钦佩他的为人和贡献。我告诉尼古拉·安·德奥杜尔·尚加尼耶，如果他协助拿破仑三世实现复辟、拯救国家，那么他的官僚生涯将是何等的荣耀。显而易见，尼古拉·安·德奥杜尔·尚加尼耶不仅很动心，而且十分希望在复辟第二帝国的行动中扮演重要角色。尼古拉·安·德奥杜尔·尚加尼耶似乎更倾向于摄政统治——摄政能让他掌握大权。然而，如果皇帝存在，那么摄政的地位必然会受到限制，而尼古拉·安·德奥杜尔·尚加尼耶意识到了这一点，并且决定如果我们可以提供更有利的条件，那么他会在最后关头接受我们的计划。尼古拉·安·德奥杜尔·尚加尼耶一直在静观其变，并且非常关注巴黎的公众舆论。尼古拉·安·德奥杜尔·尚加尼耶不仅意识到了自己的重要性，而且希望最大化地利用这一点。总的来说，尼古拉·安·德奥杜尔·尚加尼耶是一个可敬的人，而我相信，就像他一直向我保证的——他还没有向任何人做出过承诺。如果合适的时机到来时，尼古拉·安·德奥杜尔·尚加尼耶能代表拿破仑三世合法干政，那么他所有的犹豫都会烟消云散。”

总结报告时，查尔斯·勒韦尔写道：“那么得到尼古拉·安·德奥杜尔·尚加尼耶这位德高望重的将军的支持的真正好处是什么呢？部分巴黎上层阶级尊敬，甚至爱戴着尼古拉·安·德奥杜尔·尚加尼耶。1848年镇压暴乱时，尼古拉·安·德奥杜尔·尚加尼耶展现的魄力永垂青史，而在最近几个月的军事灾难中，他受到了人们的认可，并且让人们感觉，除了他，没有人可以为法兰西带来和平。虽然尼古拉·安·德奥杜尔·尚加尼耶是我们手中的王牌，但我们也不应该夸大他的重要性。”

复辟第二帝国的提议确实让尼古拉·安·德奥杜尔·尚加尼耶感到很满意。成为法兰西大元帅和复辟第二帝国的得力干将将是尼古拉·安·德奥杜尔·尚加尼耶的官僚生涯的巅峰——与此同时，他可以真正地实现报效国家的愿望。然而，尼古拉·安·德奥杜尔·尚加尼耶是一个老派的保皇党人，自然会对公开宣称自己是一个帝国主义者有所顾虑。如果尼古拉·安·德奥杜尔·尚加尼耶认同查尔斯·勒韦尔的计划，那么这种认同是因为前者从计划中看到了真正对国家有利之处，而不仅仅是因为这个计划满足了自己的政治抱负。实际上，虽然复辟之路即使有难以克服的重重困难，也无法打倒尼古拉·安·德奥杜尔·尚加尼耶，但公开宣称自己是一个帝国主义者的提议让他犹豫不决。

和查尔斯·勒韦尔一样，德·尚博德伯爵和奥尔良王子也曾联系过尼古拉·安·德奥杜尔·尚加尼耶。虽然尼古拉·安·德奥杜尔·尚加尼耶觉得德·尚博德伯爵和奥尔良王子不够有名望，因此没有给他们任何允诺，但这是重建那不久前才没落的帝国的理由吗？面对如此惨痛和沉重的国难，恢复没落的帝国的鲁莽想法可能会狠狠地给尼古拉·安·德奥杜尔·尚加尼耶当头一棒。另外，第二帝国不仅根基牢固坚定，而且政府形式与绝大多数民众的内心愿望相契合——民众也希望第二帝国复辟。所有人都认为，仅凭尼古拉·安·德奥杜尔·尚加尼耶一人就可以奋力一搏甚至成功复辟帝国。因此，我们不难明白一点，即虽然尼古拉·安·德奥杜尔·尚加尼耶犹豫不决，但大家仍然会尽一切努力争取让他参与复辟第二帝国的行动。虽然查尔斯·勒韦尔和玛丽亚·安娜没能成功地说服尼古拉·安·德奥杜尔·尚加尼耶，但其他人仍然不死心，企图说服他。在威廉姆斯赫厄的一些人认为这场战争没有输。被囚禁的拿破仑三世听了许多复辟计划，而尼古拉·安·德奥杜尔·尚加尼耶始终是这些计划中的核心人物。

查尔斯·奥古斯特·弗罗萨尔支持的计划是在拿破仑三世退位后，让皇太子即位，并且让尼古拉·安·德奥杜尔·尚加尼耶取代欧仁妮皇后担任摄政王。德·佩尔西尼伯爵让-吉尔伯特·维克托·菲林曾记录称，由于查尔斯·奥古斯特·弗罗萨尔想为皇太子建立摄政委员会，拿破仑三世必然会退位。然而，德·佩尔西尼伯爵让-吉尔伯特·维克托·菲林没有提到谁会出任摄政王一职。难道德·佩尔西尼伯爵让-吉尔伯特·维克托·菲林是想把摄政王一职留给自己吗？奥兰普·阿瓜多伯爵的想法是，支持尼古拉·安·德奥杜尔·尚加尼耶和阿道夫·梯也尔先生共同辅助皇太子统治法兰西。德·布维尔伯爵认为，摄政权应该被交给欧仁妮皇后。此外，英国和比利时的舆论倾向于支持拿破仑三世退位。然而，认为拿破仑三世不应退位的弗兰切斯基尼·彼得里先生、让-尼古拉·科维沙医生和拿破仑三世的一些随从的一些未公开的信提供了一些重要细节。阿道尔夫·克拉里伯爵经伦敦去了威廉姆斯赫厄，并且在普鲁士执行了几个秘密任务，想摸透普鲁士对当时的形势持什么看法。

在这些相互冲突的计划中，拿破仑三世处于非常尴尬的境地。由于不是很确信自己是否有必要退位，选出最佳的计划前，拿破仑三世决定不轻举妄动，以免让事态朝着更不利的方向发展。拿破仑三世的一个助手宣称，让拿破仑三世同意退位不是易事。然而，实际上，拿破仑三世一点也不在乎皇位。在最终确定立场前，拿破仑三世希望完全了解，如果他退位，那么皇位将由谁继承。

在制订这些计划期间，尼古拉·安·德奥杜尔·尚加尼耶是最受关注的人。1871年1月14日，拿破仑·热罗姆拜访了尼古拉·安·德奥杜尔·尚加尼耶。拜访尼古拉·安·德奥杜尔·尚加尼耶前，拿破仑·热罗姆去了伦敦和那些与奥托·冯·俾斯麦有交情的人会面。虽然和对之前来游说的人一样，在拿破仑·热罗姆面前，尼古拉·安·德奥杜尔·尚加尼耶保持着冷淡和缄默，但这种态度没有妨碍1871年1月底进行的谈判。拿破仑三世的亲信弗勒里经常处理外交任务，并且得到了拿破仑三世的完全信任，出席了这场谈判。弗勒里收到的指示是，拿破仑三世如果能得到尼古拉·安·德奥杜尔·尚加尼耶的帮助，那么会决定再次登上皇帝的宝座——由于其他计划全都失败了，拿破仑三世决定自己行动。弗勒里对尼古拉·安·德奥杜尔·尚加尼耶说道：

"拿破仑三世认为，在您的帮助下，他可以帮助法兰西走出目前的困境。如果没有您的帮助，那么我觉得拿破仑三世会放弃所有计划。普鲁士和法兰西交战时，您不愿意去和普鲁士进行协商和谈判，而拿破仑三世也没有强求您这样做。我们本可以挽救洛林。现在，最重要的是，在巴黎沦陷前，我们应该规划一下我们的计划。我们的计划如下，虽然和平条约会在巴黎被解除包围的第二天公布，但拿破仑三世不会立刻进城——他可能会先在贡比涅逗留一段时间。让立法机关批准合约后，拿破仑三世会组织新的议会，而国家事务的管理会被全部交给您，导致您可以给自己冠以任何头衔，包括帝国总理或卫士等。如果您拒绝这一请求——我们相信您的爱国主义情怀不会允许您这么做，那么法兰西很快就会变得混乱不堪。”

然而，尼古拉·安·德奥杜尔·尚加尼耶再次拒绝了弗勒里，说道：“的确，由于法兰西的情况非常糟糕，拿破仑三世非常有可能实现复辟。然而，我不认为自己可以承担在复辟行动中做首要推动者这种重任。由于近期的灾难，我不知道自己会因担起复辟的大任而受到多少谴责。再者，这意味着我必须与我的朋友们决裂，我是不会做这种事的。”

因此，在担心冒犯旧派联盟的顾虑面前，爱国主义、个人抱负——总之所有事情都微不足道了。和尼古拉·安·德奥杜尔·尚加尼耶的会面结束后，弗勒里回到威廉姆斯赫厄并且最终认识到一个事实，即尼古拉·安·德奥杜尔·尚加尼耶难堪重任。虽然弗勒里和尼古拉·安·德奥杜尔·尚加尼耶的会面是一次不愉快的经历，但拿破仑三世一直认为前者曾想尽一切办法力挽狂澜，已经尽到了他的责任。如果没落的第二帝国的所有支持者都积极努力，再加上拿破仑三世的宽大胸襟，1870年后的法兰西历史会有很大不同。

第28章

路易－茹尔·特罗胥在巴黎

拿破仑三世把一些军队的指挥权移交给了帕里斯特•德•麦克马洪，而后者听令于弗朗索瓦•阿希尔•巴赞。查隆斯营地的军队该被派去哪里是亟待解决的问题——这个问题甚至比巴黎市政长官的人选问题更加重要。

在手稿中，就查隆斯营地的军队该被派去哪里的问题，拿破仑三世写道：

“路易-茹尔•特罗胥支持立刻撤军至巴黎——这让我想起了他在写给瓦伯特•德•根利斯的一封信中提出的某些建议。路易-茹尔•特罗胥提议，法兰西应该将巴黎作为战争的中心，并且将所有可用的军队都聚集到一起，加之坚固的堡垒和所有能从周边得到的帮助，巴黎将变成一座坚不可摧的城堡。然而，路易-茹尔•特罗胥的计划被递交给帕里斯特•德•麦克马洪时，后者表示不感兴趣，并且推辞道，‘我无权决定这些事情——现在，我听令于弗朗索瓦•阿希尔•巴赞。’

“与此同时，路易-茹尔•特罗胥到达了巴黎。随后，我告诉由摄政王欧仁妮皇后统治的政府的大臣们，我也正在考虑做和路易-茹尔•特罗胥同样的事情，并且询问了他们对后者的计划的看法。因为事态已经越来越严峻，所以如果路易-茹尔•特罗胥的计划没有得到大臣们的认同，那么我不会想这样做。然而，在巴黎，人们对路易-茹尔•特罗胥的计划的看法与查隆斯营地的人不同。早些时候，我重新掌权的想法似乎引起了戒备。巴黎的人们焦虑不安，导致大臣们都很害怕起义会突然发生。当时，在一封给我的信中，一位巴黎朋友写道，‘在大臣们眼中，战败的拿破仑三世返回巴黎无异于一场瘟疫暴发。’与此同时，在给我的另一封信中，欧仁妮皇后写道：‘虽然我很担心你和我们的儿子的安全并且希望你待在我身边，但我和帕利考伯爵夏尔·库赞-蒙托邦及其他一些大臣认为，你继续留在原地才是最明智的。大臣们预见到，巴黎可能会出现无数麻烦和叛乱运动——立法机构甚至也会被解散，导致我们不得不诉诸武力。我们不确定的是，我们是否还有充分的威望重建以前的体制并且得到公众舆论的支持。巴黎没有军队，而更糟糕的是，塞纳河的机动部队变得越来越难以驾驭——我们担心这会带来麻烦。因此，让政府保持当前的状态不是更明智吗？至少，让政府保持当前的状态有一个优点，即不会引起反对派的愤怒或恐惧。’”

在一封手稿中，路易-茹尔·特罗胥写道：“我们脑中浮现了百日王朝的情形。在惨痛的失败后，拿破仑三世提出返回巴黎，导致我们不禁回忆起在滑铁卢发生的一切。我们仍然记得，为了逼迫叛军投降，虽然拿破仑一世走进了爱丽舍宫，但议会厅的不友好的氛围和政客们的公开敌意使他停止了一切努力。最终，拿破仑一世签字同意退位。”

由于疾病和感到劳累，拿破仑三世觉得自己对军队一无用处，甚至是绊脚石，并且因此放弃了所有指挥权。一位非常敬爱拿破仑三世和欧仁妮皇后的外交使团成员眼含着泪水对欧仁妮皇后说道：“拿破仑三世真是一位不幸的统治者，只能在不同政党的意见之间摇摆不定。拿破仑三世虽然是宪法规定的统治者，但不能做任何与大臣相左的决定。”1870年8月18日，拿破仑三世决定返回巴黎，并且将自己的起程日期定在了1870年8月19日。然而，后来，拿破仑三世和他的朋友们犹豫了，最终决定留在军队。听到这个决定后，一位外交官评论道：“这是一个重大的错误。”虽然拿破仑三世的决定也许是一个错误，但欧仁妮皇后不仅当时不认为它是错误的，而且从没改变过她的想法。

1870年8月19日，路易-茹尔·特罗胥抵达了巴黎，直接去内政部找到了内政大臣亨利·谢弗罗。路易-茹尔·特罗胥出示了任命他为巴黎军事首长的委任状，并且要求亨利·谢弗罗立刻将这份文件在官方报纸上刊登出来。随后，亨利·谢弗罗告诉了欧仁妮皇后此事，并且毫不掩饰他对这“任命”的惊讶之情，而此事令欧仁妮皇后十分焦虑。亨利·谢弗罗对路易-茹尔·特罗胥说道：“我不仅要和内阁同僚商量，而

亨利·谢弗罗

目由一个大臣签名后，才能印刷拿破仑三世的委任状。”然而，路易-茹尔·特罗胥坚持自己的要求必须被照办。路易-茹尔·特罗胥说道：“关于这次任命，拿破仑三世如果什么也没告诉内阁，那么显然是预料到有人会反对。此外，我也坚决反对你们内阁讨论我的任命。我如果能见到欧仁妮皇后，那么或许能从她那里得到支持并且消除你的疑虑。”因为路易-茹尔·特罗胥态度坚决，所以亨利·谢弗罗最终屈服了，同意把路易-茹尔·特罗胥送去杜伊勒里宫觐见欧仁妮皇后。在那些痛苦和焦虑的夜晚，杜伊勒里宫的人们几乎没怎么睡觉——每一个小时都可能会有新的危险或者某些复杂的麻烦。在良师益友朱利恩·格拉维埃的陪伴下，欧仁妮皇后准备接见路易-茹尔·特罗胥。路易-茹尔·特罗胥解释了自己返回巴黎的原因，详细地叙述了查隆斯营地发生的事情、拿破仑·热罗姆在拿破仑三世面前提出的观点、拿破仑三世和帕里斯特·德·麦克马洪的观点。随后，路易-茹尔·特罗胥告诉了欧仁妮皇后他制订的巴黎及其周围的防御计划。最后，路易-茹尔·特罗胥谈及了拿破仑三世应该返回巴黎的理由。

路易-茹尔·特罗胥谈及拿破仑三世应该返回巴黎时，欧仁妮皇后打断道：“将军，在拿破仑三世返回巴黎这件事上，我不同意，也不能同意你的观点。我的大臣们和朱利恩·格拉维埃都同意我的观点。我持有这种观点的原因与你和拿破仑·热罗姆在查隆斯营地的理由完全不同。我每天都和巴黎警察交流，察觉到了明显的革命和暴动迹象，以及巴黎人民的危险和恐惧。我很遗憾地确认了一个事实，即在巴黎，‘战败的皇帝’不得不面对各种公开的敌意。请记住我的话，虽然我也是一位妻子和母亲，但在巴黎维持局面是非常困难的事情。然而，相反，如果法兰西能够获胜，那么一切就完全不同了——在战场上得胜的皇帝才会受到拥戴。我很确信，拿破仑三世不应该返回巴黎——目前，这是唯一能够挽救局面的方法，而他以后可以设法重新获得人民的拥戴。虽然说出这些话让我很伤心，但事实就是拿破仑三世已经失去了人们的拥戴——至少现在是这样。有位德高望重的人告诉我，在目前的情况下，拿破仑三世如果想返回巴黎，那么不可能活着到达杜伊勒里宫。因此，将军，这就是我极力反对你的计划的原因。不，拿破仑三世不应该返回巴黎。”欧仁妮皇后将最后的那句话重复了几遍，而这足见她的焦虑和痛苦。欧仁妮皇后语无伦次地说道：“只有敌人才会建议拿破仑三世返回巴黎，返回这危险的地方。”

对朋友们的责难和质疑，路易-茹尔·特罗胥没有感到不快。或许是狡猾与野心，或许是对欧仁妮皇后的理解，让路易-茹尔·特罗胥没有介意责难和质疑。然而，路易-茹尔·特罗胥没有介意责难和质疑的原因也可能是他努力为自己开脱过——他说让拿破仑三世返回巴黎是拿破仑·热罗姆和查隆斯营地的军事委员会的观点。

路易-茹尔·特罗胥为欧仁妮皇后制订的巴黎防御计划里还有一些其他要点。路易-茹尔·特罗胥倡议彻底结束内部争斗，使法兰西上下一心并且击退共同的敌人。第二帝国的反对派们和支持者们都参与了这次爱国主义行动，想共同对抗即将来临的外敌入侵。“如果所有的政党都统一战线，”路易-茹尔·特罗胥真诚地说道，“那么这场战争将成为民族之战。”

我从亨利·谢弗罗尚未发表的备忘录里摘录了一些他说过的话：

“这确实是生性善良热情的欧仁妮皇后的建议——欧仁妮皇后曾说道，‘将军，我不仅十分同意你的观点，而且准备好了尽我所能地帮助你。我准备呼吁第二帝国的敌人们和支持者们帮助我们共同的国家，树立一个因国家利益而公正无私的典范。我将广泛呼吁，并且准备召回那些被流放的奥尔良王子们。’然而，对那些觊觎王位的人敞开法兰西的大门无疑会导致他们有机会实施政治上的阴谋诡计——这不仅危险，而且愚蠢。总之，一个人如果想得到加冕，那么必须要证明自己值得。路易-茹尔·特罗胥是一个自私的人，没有意识到是爱国情怀让欧仁妮皇后提出了这个建议。路易-茹尔·特罗胥认为欧仁妮皇后的话是女人的诡计，而其目的是知道他的真实想法。由于觉得欧仁妮皇后认为他倾向于奥尔良王子，路易-茹尔·特罗胥感到非常痛苦。后来，路易-茹尔·特罗胥曾说道，‘我看穿了整件事情。虽然欧仁妮皇后一直都在怀疑我是一个奥尔良派，但我从来没有见过那些奥尔良王子们。

“路易-茹尔·特罗胥的这些话很荒谬。任何了解欧仁妮皇后性格的人都知道，她是一位言辞谨慎的女士。欧仁妮皇后的性格足以解释她为什么会提出这些似乎困扰了路易-茹尔·特罗胥的建议。由于贵为皇后，欧仁妮皇后虽然可能认为路易-茹尔·特罗胥是个有野心的人，但不会直接说出这一点。欧仁妮皇后从德·塔列朗男爵那里明白了一个道理，即言语是用来隐藏思想的。你只要推敲一下路易-茹尔·特罗胥的自我辩护，就不难看出他的傲慢、虚荣和巨大的野心。由于不满足于被提名为巴黎军事首长，路易-茹尔·特罗胥希望以受害者和牺牲品的角色接受这个职位。因此，路易-茹尔·特罗胥说道：‘我的自我牺牲和真诚奉献本应得到巴黎的欢迎，结果却成了遭到侮辱和怀疑的人——我的诚实和荣誉都不断受到质疑。’正如拿破仑三世后来所说：‘路易-茹尔·特罗胥如果真的认为自己被侮辱了，那么为什么不主动卸任呢？据我所知，路易-茹尔·特罗胥从来没提出过自己想卸任巴黎军事首长一职。路易-茹尔·特罗胥会故意在抗议中隐藏自己的恼怒，喜欢使用正式又温和的言语表达他对第二帝国的忠贞、依恋和忠诚情感——他真是一个奇怪的人！’

“路易-茹尔·特罗胥带着一份他打算贴满巴黎城墙的公告走进了杜伊勒里宫。公告的开头写着‘被拿破仑三世选定’‘在几个小时之前’等字样。带着对路易-茹尔·特罗胥明显的厌恶，欧仁妮皇后打断他道：‘不是这样的——你的话不完全正确。如果得到大臣们的同意——我知道他们不会同意的，那么拿破仑三世才能返回巴黎。我认为，让拿破仑三世返回巴黎的想法已经被否决了。’显然，路易-茹尔·特罗胥很不高兴，走进隔壁的房间并且核查这个决议。实际上，路易-茹尔·特罗胥删去了公告中拿破仑三世的名字。1870年8月20日，这份公告被贴在了巴黎的城墙上，不仅非常引人注目，而且引起了一片哗然。在文件中，路易-茹尔·特罗胥这位巴黎军事首长既没有提到拿破仑三世，也没有提到摄政王欧仁妮皇后。

“1870年8月20日4时，欧仁妮皇后和路易-茹尔·特罗胥的会面结束了。会面结束时，欧仁妮皇后对路易-茹尔·特罗胥说道：‘我不能强迫你关注巴黎人民的想法。我相信，由于公共秩序、社会和政府受到革命党的威胁，你不仅要同外部的敌人作战，而且要和内部的敌人作战。’路易-茹尔·特罗胥说道：‘陛下，如果发生政府受到革命威胁的意外情况，那么我将尽到我的责任。’当时路易-茹尔·特罗胥像一个忠实的仆人，宣誓自己对拿破仑三世和法兰西的忠诚。朱利恩·格拉维埃说道：‘我相信他的忠诚。’和查隆斯营地的帕里斯特·德·麦克马洪一样，朱利恩·格拉维埃相信‘路易-茹尔·特罗胥是一个诚实的人，会忠诚地兑现自己的诺言’。欧仁妮皇后对我说道：‘这没有什么可担心的。明天早晨，对路易-茹尔·特罗胥的任命将被宣布。我们应该立刻找到帕利考伯爵夏尔·库赞-蒙托邦并且让他确认这份关于路易-茹尔·特罗胥的任命的决议。’

“看到这份决议时，帕利考伯爵夏尔·库赞-蒙托邦一开始非常生气，说道：‘首先，大臣们没有商量过这件事。其次，巴黎军事首长这一头衔并不存在。’曾有那么一刻，我担心帕利考伯爵夏尔·库赞-蒙托邦会主动卸任军事大臣——他对这样的决议感到非常恼火。然而，我说了杜伊勒里宫发生的事情后，帕利考伯爵夏尔·库赞-蒙托邦变得平静并且最终签署了这份决议。”

路易-茹尔·特罗胥告诉帕利考伯爵夏尔·库赞-蒙托邦，塞纳河的机动部队正在赶往巴黎。在一份手稿中，帕利考伯爵夏尔·库赞-蒙托邦写道：“我再次感到很吃惊——拿破仑三世直接给查隆斯营地的军队下达了命令，却没有人告诉我塞纳河的机动部队要来巴黎。这说明当时法兰西政府十分混乱，而我们所有的努力都白费了。然而，相较法兰西政府，普鲁士政府规定严格、秩序井然。我刚刚给十八个营送去了许多优质的后膛步枪，想让他们增援第十二军——由于梅茨和斯特拉斯堡被封锁了，这些枪很难得。此外，我害怕巴黎这些头脑发热的年轻人干傻事。至于塞纳河的机动部队，在没有和我商量的情况下，修改了这次行军的目的地——这是直接的蔑视，而我毫不掩饰我的气愤。虽然我的第一个想法就是把塞纳河的机动部队送回他们原来待的地方，但我发现，由于路易-茹尔•特罗胥已经把士兵们带出了车厢，把他们送回去肯定会导致兵变或者暴乱。因此，我只能屈从并且安排塞纳河的机动部队去了圣曼德营地。”

就路易-茹尔•特罗胥即将得到的权力而言，不难猜想他会和作为军事大臣的帕利考伯爵夏尔•库赞-蒙托邦起什么样的冲突。“当然，帕利考伯爵夏尔•库赞-蒙托邦是忠诚的，”另一位大臣曾对欧仁妮皇后说道，“然而，谁能断定路易-茹尔•特罗胥会做什么？”这是法兰西局势的棘手之处。“在查隆斯营地时，我很害怕发生这种事，而在巴黎，”数月后，拿破仑三世说道，“路易-茹尔•特罗胥是占优势的一方。作为巴黎军事首长，路易-茹尔•特罗胥的司法权扩大到国民警卫队、皇家护卫队和塞纳河边的所有军队。被我和摄政王欧仁妮皇后同时任命时，路易-茹尔•特罗胥不仅在第二帝国的声望不容忽视，而且在军队的地位十分崇高。所有正规军都被军事大臣送去前线时，路易-茹尔•特罗胥却有会永久驻守在巴黎的一万八千多名士兵。那时，我们才意识到，第二帝国的命运已经被掌握在了路易-茹尔•特罗胥手中！如果路易-茹尔•特罗胥把自己的影响力和声望用来帮助欧仁妮皇后，缓和公众舆论和巴黎人民的情绪，那么巴黎不会发生革命暴动——不仅我，而且我身边的大臣们都同意这个观点。如果路易-茹尔•特罗胥坚持帮助欧仁妮皇后抚慰民情，那么左派不仅会受到很大制约，而且会发现自己很难推翻第二帝国——他们如果没有优柔寡断的温和派的帮助，那么根本无法得到控制政府的权力。然而，路易-茹尔•特罗胥正好通过镇压反对派给了反对派需要的力量，瓦解了政府，并且导致了暴动者们的最终胜利。”

刚开始，路易-茹尔•特罗胥虽然明白自己的处境，但没有选择自己要走的道路。后来的所有事情都与路易-茹尔•特罗胥的野心和变化多端的现实密切相关。实际上，路易-茹尔•特罗胥一开始就和摄政王欧仁妮皇后决裂是很轻率的行为。如果东部军队取得胜利并且凯旋巴黎，那么巴黎内阁会再次掌权——对路易-茹尔•特罗胥来说，这不仅意味着游戏结束，而且会导致他被当作叛徒处理。然而，不对势力日益强大的反对派友好也会是一个重大的错误。因此，路易-茹尔·特罗胥总结认为最好的计划是拖延，即一边继续扩大他的声望，一边维持拿破仑三世和反对派之间的平衡——如果拿破仑三世开始采取一定的行动，那么路易-茹尔·特罗胥就知道该走哪条路了。路易-茹尔·特罗胥认为，无论事态朝哪个方向发展，他都能扮演一个好角色。同时，路易-茹尔·特罗胥竭尽所能又小心翼翼地在各个方面增加个人威望，以便在紧要关头，所有党派都认可他的力量并且承认他是政局的掌控者。

在一本笔记上，亨利·谢弗罗写道："路易-茹尔·特罗胥最开始的行为暴露了他自负的本性。路易-茹尔·特罗胥热衷演讲和写作，从不放过任何一个机会满足自己的这个喜好。因此，路易-茹尔·特罗胥向塞纳河边的人们发表了一篇华丽的宣言。在宣言中，路易-茹尔·特罗胥称自己为那些叛逆青年的'保护人'。路易-茹尔·特罗胥提醒那些叛逆青年，他把他们重新带回了家园，而待在家园中是他们的权利！在查隆斯营地时，路易-茹尔·特罗胥就已经使用了'他们的权利'这一说辞，而在他之前，从来没有哪位法兰西将军，尤其是在战争期间和面对敌人的紧要关头，如此忘我和费力地鼓励暴动。在大臣会议上，帕利考伯爵夏尔·库赞-蒙托邦呼吁我们注意'他们的权利'这一说辞，并且情绪高涨地说道：'在战争时期，士兵只有一项权利——服从他们的长官。否则，法兰西哪有什么获胜的希望呢？我不允许任何人在军中传播任何煽动言论。如果有人想传播煽动言论，那么请免去我的职位。'我们都被帕利考伯爵夏尔·库赞-蒙托邦深深感动了，并且努力促成帕利考伯爵夏尔·库赞-蒙托邦和路易-茹尔·特罗胥的和解。作为摄政王的欧仁妮皇后郑重有力并且亲切地说道：'我亲爱的帕利考伯爵夏尔·库赞-蒙托邦，我绝对不会让你离开内阁的——尤其是在这样的危机面前。你在军事大臣这一职位上不仅赢得了众人的信任，而且为国家带来了许多利益。'听了欧仁妮皇后这些肺腑之言后，帕利考伯爵夏尔·库赞-蒙托邦深受感动，礼貌地向坐在主席位置的欧仁妮皇后鞠了一躬，回答道：'只有路易-茹尔·特罗胥正式承认我作为战争大臣的全部权利，我才会撤回我的辞呈。'路易-茹尔·特罗胥知道自己必须忍耐——公然反抗的时刻还没到来。虽然路易-茹尔·特罗胥向这动荡的局势屈服了，但欧仁妮皇后和所有的大臣们都明白，今后，帕利考伯爵夏尔·库赞-蒙托邦和路易-茹尔·特罗胥之间的摩擦必定会持续不断。后来的事件证明，我们的看法完全正确——路易-茹尔·特罗胥执意独立行动，把帕利考伯爵夏尔·库赞-蒙托邦彻底地推到了幕后。”

接下来，我们知道，路易-茹尔·特罗胥写了一封信给《尝试报》。在信中，路易-茹尔·特罗胥告诉处于动荡中的巴黎人民，他希望通过精神上的力量来解决问题。后来，拿破仑三世说道：“这对那些冷血的好斗分子来说，是个好消息——这些好斗分子可免于受到武力镇压。”在这封信中，路易-茹尔·特罗胥还写道：“在巴黎，整个城镇都弥漫着痛苦和焦虑。通过刺刀和利剑来维持秩序的企图使我厌恶和恐惧。”亨利·谢弗罗说道：“在杜伊勒里宫，这种言论引起了愤怒。我们要求路易-茹尔·特罗胥解释他所说的‘精神上的力量’是什么。一位大臣对路易-茹尔·特罗胥说道：‘你必须承认，在某些特殊情况下，我们必须使用武力——警告和安抚发挥不了作用。我想知道，你会使用武力吗？’路易-茹尔·特罗胥听后略显尴尬，回答道：‘如果情况需要，那么我会尽最大的努力去维护秩序。你们尽可放心。’”拿破仑三世曾问道：“为什么路易-茹尔·特罗胥要在报纸上发表这种言论？”这个问题提得非常好——路易-茹尔·特罗胥只不过是在浪费时间奉承反对派，与那些他本不应该屈尊去奉承的人建立友好关系。路易-茹尔·特罗胥如果真正理解了自己的职责，那么会积极地保卫当时的政府。国家的利益与政府息息相关。然而，我不得不遗憾地承认，在我们亲爱的法兰西，有些人对爱国主义有一种奇怪的理解，尤其是第二帝国末期的共和党人，似乎会因国家的不幸而感到高兴，而高兴的原因仅仅是在这些不幸中，他们看到了他们最喜爱的政府形式的胜利。随着我们的灾难越来越多、越来越惨重，这些共和党人不仅没有表现出悲伤，而且由于看到他们的希望越来越接近实现，更加高兴了。

共和党人有理由相信，由他们的掌权时代已经近在咫尺——他们越来越明显地看到，在巴黎军方，有一个人随时准备着执行他们的命令。正如一位大臣所言：“路易-茹尔·特罗胥随时准备交出他受命保卫的城堡的钥匙！”在大臣会议上，为了消除自己的言论、文字和行动所带来的负面影响，路易-茹尔·特罗胥假装有意和解，一再表明自己对第二帝国的忠诚，并且总是以抚慰人心的语气谈论自己的抱负和当前的政治局势。不仅杜伊勒里宫的众人仍然相信路易-茹尔·特罗胥是诚实的，而且欧仁妮皇后也相信他的个人野心不会让他有负于自己的职责。朱利恩·格拉维埃和一些大臣也相信路易-茹尔·特罗胥的忠诚，认为他偶尔奇怪的态度和模棱两可的言谈是由于不切实际的想象和过度乐观导致的。然而，亨利·谢弗罗和杰罗姆·大卫男爵密切监视着路易-茹尔·特罗胥，认为他的行为十分可疑。

然而，亨利·谢弗罗和杰罗姆·大卫男爵能做什么呢？路易-茹尔·特罗胥会被撤职吗？帕利考伯爵夏尔·库赞-蒙托邦虽然不会将路易-茹尔·特罗胥撤职，但不确定自己是否有执行的权利。此外，将路易-茹尔·特罗胥撤职难道不会引起一场骚乱或者更糟糕的情况吗？一位大臣悲伤地对欧仁妮皇后说道："我们都栽在路易-茹尔·特罗胥手里了。虽然路易-茹尔·特罗胥很糟糕，但我们必须和他一起走到尽头。"路易-茹尔·特罗胥曾说道："我从未停止为国家争取最大的利益。我只不过把法兰西的利益置于第二帝国的利益之前。"拿破仑三世问道："在那些艰难的日子里，法兰西和第二帝国难道不是一体的吗？"

反对派对路易-茹尔·特罗胥的信心日益增长。一位立法机构的共和党代表高度评价路易-茹尔·特罗胥，说道："我相信他就是我们的领袖了。"这位共和党代表还向欧仁妮皇后复述了他是多么信任路易-茹尔·特罗胥。几天后，这位共和党代表说道："路易-茹尔·特罗胥比我们期望的还好。"当然，反对派做梦也没想到自己会得到路易-茹尔·特罗胥的大力支持。拿破仑三世曾评论道："实际上，第二帝国很牢固——如果路易-茹尔·特罗胥没有担任巴黎军事首长一职，那么1870年9月4日，第二帝国至少不会那么容易就解体了。"

1870年8月21日上午，左派领导人朱尔斯·法夫尔、埃内斯特·皮卡尔和朱尔斯·费里拜访了路易-茹尔·特罗胥。我的一位朋友设法参加了这次会晤，并且评论道："路易-茹尔·特罗胥花了一个小时解释自己的所作所为和一些观点——'我的角色和观点被误解了'。路易-茹尔·特罗胥说自己扮演着不被赏识的英雄角色，指责第二帝国犯了一个又一个的错误，并且宣称第二帝国'要为我们的错误负责'。路易-茹尔·特罗胥虽然曾谈及爱国主义和精神力量这些好听的词，但没有做出明确的解释。在会晤中，路易-茹尔·特罗胥虽然很好地展现了自己的口才，但逐渐揭开了自

朱尔斯·费里

己长久以来戴着的面具，暴露了自己真正的目标和勃勃的野心。显然，从左派领导人们提出的问题和激烈的言辞中可以看出，他们已经充分意识到了路易-茹尔·特罗胥的虚荣心受伤的程度——路易-茹尔·特罗胥不仅认为所有好事都得归功于他，而且觉得自己可以扮演最重要的角色。在路易-茹尔·特罗胥心中，第二帝国是次要的。会晤结束时，朱尔斯·法夫尔、埃内斯特·皮卡尔和朱尔斯·费里没有公然请求路易-茹尔·特罗胥的支持——他们确信，路易-茹尔·特罗胥会在他们需要时出现。从那天起，左派领导人开始奉承路易-茹尔·特罗胥，以帮助他完成使命为借口监视他。左派领导人们经常出现在路易-茹尔·特罗胥的住处，并且很快抓住了这位健谈的巴黎军事首长的一些草率之辞。左派领导人们和路易-茹尔·特罗胥虽然没有但都有意向达成协议。当时，虽然对路易-茹尔·特罗胥永不满足的虚荣心来说，奉承是非常甜蜜的，但他尚未完全忘记狐狸和乌鸦的寓言。”

左派领导人们和路易-茹尔·特罗胥的频繁会晤让杜伊勒里宫的人十分焦虑。欧仁妮皇后和她的亲信们对这种会晤感到很奇怪，而更让他们觉得奇怪的是，路易-茹尔·特罗胥竟然不制止左派的所作所为。最终，路易-茹尔·特罗胥意识到自己最好制止或者谢绝左派领导人们的频繁来访。因此，路易-茹尔·特罗胥先发制人，抓住机会再次向欧仁妮皇后保证了他的忠心。路易-茹尔·特罗胥说道："陛下，如果您的私人警察仍然在履行他们的职责，那么您一定知道我在和反对党的人进行沟通。对我来说，掌握不同派别的意见十分重要——这足以充分解释我的行为。然而，陛下，您一定不能怀疑我对您和第二帝国的一片苦心。我以军人、天主教徒和布列塔尼人的三重身份向您保证，我是忠诚的。"然而，虽然路易-茹尔·特罗胥表示了忠心，但反对派日益坚信他的真正用意不是表忠心。此外，与路易-茹尔·特罗胥的联系越多，左派领导人们就越狂妄自大——对杜伊勒里宫的人来说，这是再明显不过的事实，而大家也时常谈及这一点。"然而，我们又能怎么办呢？"在宫廷中，到处都有人这样说。

与此同时，立法机构的会议还算相对平静。左派虽然希望政府能够武装国民卫队，但很快就发现，如果没有出现某种骚乱，那么武装国民卫队是不可能的。因此，为了让匠人们离开自己的店铺，左派巧妙地传播着会导致人心惶惶的消息。左派觉得不能再浪费时间了——他们害怕前线取得胜利和拿破仑三世率军凯旋。为了挑起渴望已久的暴动，左派十分需要一场新的军事灾难。然而，公然煽动起一场灾难会激怒所有的皇权贵族——左派很快就意识到了这一点。莱昂·甘必大在立法机构发表讲话，严厉谴责了在巴黎的拉维莱特区煽动暴动的人并且要求惩罚他们。然而，不久后，左派夺取了大权，而他们最先做的事情之一就是释放了煽动暴动的人！1870年9月的第一个星期，左派充分认识到一个事实，鉴于当时这个国家正经历着痛苦的危机，只有维持秩序才能挽救法兰西，而没有正规的政府就无法维持秩序，但如果没有王朝统治，那么政府也无法生存。

朱尔斯·法夫尔和他的朋友们提议立法机构选出九位代表加入刚刚成立的国家国防委员会。为了不使自己的提议遭到大多数人的反对，朱尔斯·法夫尔和他的朋友们没有要求从自己的团队中选出代表。虽然实际上，这项提议是立法部门对行政部门的干涉，但路易-茹尔·特罗胥批准了它。拿破仑三世说道："如果让立法机构选出的代表进入国家国防委员会，那么不仅我们没有理由不把一些代表派到军队中去，而且这些代表们还能和内阁的大臣们平起平坐。最终，行政机关将会彻底屈服于无所不能的立法机构。显然，反对派正在竭力实现他们的目标，即他们一旦在行政部门中获得了多数人的支持，紧接着就会找机会蜂拥而入并且攻陷我们的城堡。"

然而，法兰西政府关于这项提议的态度是不可动摇的——政府高层做好了选出三位代表进入国家国防委员会的准备并且规定代表们要由政府选出。内阁最终选出的三位代表分别是阿道夫·梯也尔先生、拿破仑·达鲁伯爵和迪皮伊·德·洛姆美——这三位也是立法机构准备选出的代表。1870年8月24日，立法机构内部举行了一次重要的讨论会。在这场讨论会上，左派明确提出，他们的目的正是直接参与行政。在大厅中，共和党的一位重要代表，即埃内斯特·皮卡尔曾把自己的目的告诉了

迪皮伊·德·洛姆美

一位温和派代表。1870年8月24日夜晚，这位温和派代表告诉了欧仁妮皇后埃内斯特·皮卡尔的话：“我们不信任第二帝国的人。如果你期待左派支持内阁，那么在一些位置上，你必须安排我们的一些成员来监督大臣们在做些什么。”关于这一点，朱尔斯·法夫尔先生补充道：“由于眼下的所有不幸都是第二帝国所造成的，我们自然不能相信这样一个气数已尽的政体能拯救我们的国家。国民们如果还对这样一个帝国政府存有信心，那么会自己表达出来的。然而，如果国民们对第二帝国不再有信心了，那么正如我坚信的那样，立法机构应该选出九位代表，与内阁成员们一起工作，给内阁注入活力并且展开救亡图存工作。国家和它的公共机构二者密不可分，不应该被独立看待。”就朱尔斯·法夫尔的话，拿破仑三世曾说道，“朱尔斯·法夫尔说国家和它的公共机构是不可分割的整体时，他说得很正确。然而，当朱尔斯·法夫尔得出结论，即应当摧毁现有的这些公共机构时，他错了。朱尔斯·法夫尔说话就像庸俗的暴徒，而他的大声疾呼只不过会让事情变得更加糟糕。朱尔斯·法夫尔的言论迫使政府部门做出选择，要么直接站出来坚定地维护贵族阶级的权利并且放弃安抚人民的政策，要么在这场左派的挑战中躲起来——这会减少他们的支持者的信心。如果政府部门选择站出来，那么无疑会导致人们坚定地认为贵族阶级获得的权利是以牺牲国家利益为代价的；如果政府部门躲起来，那么左派会说政府部门连自己手中握有怎样的权利都不知道。朱尔斯·法夫尔的言论是一个精心安排好了的诡辩。虽然内阁不敢正面回应朱尔斯·法夫尔，但我认为，内阁应该拿出魄力来。内阁应该再次强调政府的权力，指出左派的诡辩之术，并且肯定维护第二帝国的绝对必要性——虽然如果内阁这样做，那么一些左顾右盼的人会重新坚定信心，但软弱的内阁只满足于简单的公众投票。不幸的是，公众投票的结果是一大堆左顾右盼的人决定的。在我看来，1870年8月24日的讨论会的结论是我们在巴黎的危机中犯下的众多错误中最严重的一个。当然，我知道，做事后高人毫无作用。”

受到第一次胜利的巨大鼓舞后，左派开始继续巩固他们的胜利成果，即将立法机构推至极高的地位并且让它领导内阁——甚至摧毁内阁，而在不久的未来，左派的目的实现了。总而言之，左派正在逐渐获得一种权力，而这一权力既不是皇权也无关革命的力量。拿破仑三世曾说道：“这是左派人士的一个绝好机会——他们枕戈以待。左派如果不认为自己已经强大到可以推翻第二帝国，那么只会想着利用立法机构巩固自身的利益。然而，一旦不再需要立法机构了，左派就会随时摒弃它——这个策略很巧妙，并且取得了成功。左派的代表们很聪明地把他们正在做的事情告诉了立法机构外的受欢迎的领导人，他们一旦掌握控制权，皇帝就会被推到一边去。然而，左派的权力没有合法的基础。”

游说保守派时，朱尔斯·法夫尔说道：“你们只有一件事需要做。现在，在你们面前的是一个已经穷途末路的政体，而它无法从这种困境中脱身。你们应该以立法机构为核心建立新的政体。虽然如果当前的情况允许，那么你们可以尊重甚至保留现存的宪政形态和结构，但你们应该把真正的权力握在自己手中并且决定国防动向。就像当初盲目信任埃米勒·奥利维耶的内阁一样，信任帕利考伯爵夏尔·库赞-蒙托邦的内阁让你们再次犯下了同样的致命错误。我们提出的建议不是完全公正和无私的。我承认，左派虽然不想参加自己提议的国家国防委员会或政府议会机构——我们并不会从中得到任何好处，但希望我们理想中的体制能在这种不稳定的社会环境中诞生。”

拿破仑三世说道：“左派成员是一群胆小的人。左派成员虽然在原则上忠于第二帝国，但仍然会为了一个体现自己的能力的机会而跃跃欲试。左派觉得自己的提议是一个绝佳机会，能让自己充当重要角色，并且无须与政府决裂便可获得人们的拥护。因此，左派将这个提议润色了一番。左派没有试图在国家国防委员会中增加新的席位，而是提议提名五位成员组成一个新的委员会，和大臣们保持长久的沟通并且监视国家国防委员会。虽然左派没有明确规定这个尚未成立的委员会的职责，但它必然会是一个监管性的委员会——如果不是，那么便是一个全面的政府委员会。虽然帕利考伯爵夏尔·库赞-蒙托邦成功地否决了新的提议，但天有不测风云，我和法兰西已经陷入了绝境。”

相比之下，欧仁妮皇后对立法机构通过的法案更加忧虑。1870年8月31日，有立法机构代表提议组建一个新的委员会和政府部门合作来保护阿尔萨斯，而这个委员会被称为“特别委员会”。然而，欧仁妮皇后如果采纳成立“特别委员会”的建议，那么可能会看到许多委员会分散于法兰西各地，导致立法机构将会掌管近半个法兰西。侵蚀第二帝国的不只是立法机构——这种侵蚀以不同的方式出现在不同的地方。因此，激进的报纸、公众集会和一些国际组织都在尝试用各种可能的方法贬低第二帝国。

拿破仑三世说道："许多的将军被称为'反内阁的将军'，他们受到的诋毁过甚，而人们任由自己被这些不公正的诋毁所愚弄。没有人去考证那些针对内阁的侮辱是否属实。人们不仅忘记了，这些将军们曾在非洲、克里米亚和意大利给法兰西带来无上的光荣，而且似乎也没有意识到，由于在莱茵河畔不幸遭遇失败，这些将军们曾经的辉煌成就突然就这样为人们所忽视是多么不公平。人们不会询问军队在1870年6月的情况，也不会想起战争爆发前，我们为军队请求拨款时，立法机构中的左派所表现出的恶意。关于我们的不幸，民众需要一些解释，而最简单的解释不是我们被征服了，而是他们被背叛了！"虽然共和党人提出了挽救危机的方法，但这方法几乎和他们的批评言论一样糟糕。由于可能会成为一个障碍，第二帝国将会被取代，而权力会被集中在代表们——尤其是左派的代表们手上。我们还听说，如果第二帝国的倾覆不能换来巴黎郊区的平静，那么巴黎会发生一场比1848年的革命更加猛烈的起义。消息灵通的出版社就这些问题发表了煽动性的文章，而这些文章的作者都在巴黎郊区进行了亢奋的公共演讲。生意冷淡的律师、没有患者可医的医生、为自己的手稿找不到市场的三流作家、所谓的学生们和各种各样底层的人民是巴黎人民准备支持的1870年9月4日的"革命"的领导人，非常渴望通过暴动推翻第二帝国。然而，左派的代表们虽然也希望推翻第二帝国，但不太喜欢通过暴动去达到这一目的——他们觉得，通过议会篡权可以达到相同的目的。尽管他们之中大部分不会积极鼓动暴动，但不会加以阻拦。左派的代表们想要的不仅是民众的热情，而且是建立一个暂时合法的真正政府。暴动让左派领导人感到惊恐——他们担心下属篡权，导致他们失去领导地位。朱尔斯·西蒙对欧仁妮皇后的一位朋友说道："我和我的朋友们担心，立法机构被推翻后，共产主义者和布朗基主义者可能会掌握权力。"简而言之，朱尔斯·西蒙和他的团体希望其地位在共产主义者和布朗基主义者之上。与此同时，由于发现暴动带来的威胁对立法机构中大多数人产生了更大的影响，朱尔斯·西蒙等人更加看好将第二帝国推至幕后的计划。

朱尔斯·西蒙

欧仁妮皇后以摄政王的名义起草了一份没有公开发表的报告。关于当时的政治形势，欧仁妮皇后在报告中描述道："我看见朱尔斯·法夫尔和他的团队在讨好煽动者。左派虽然与煽动者们保持着紧密的联系，但会暗中给他们使绊子——一边帮腔要发起起义，一边又在阻止起义。对这场起义，一些左派人士，如朱尔斯·法夫尔、伊曼纽尔·阿拉戈、埃内斯特·皮卡尔，表现得很冷漠。然而，不仅埃米勒·德·凯拉特里伯爵非常狂热，而且查尔斯·费里、艾蒂安·阿拉戈、亚瑟·皮卡尔和一些其他著名的共和党人都在尽可能地挑起起义。然而，除了埃米勒·德·凯拉特里伯爵，其余的左派领导人都反对使用非常暴力的手段。与此同时，各种国际组织和秘密组织都在忙着招募人员。间谍们在工厂间到处流窜，鼓动工人们发动起义。不安分的民间组织中充满了穷苦落魄之人。朱尔斯·瓦莱斯自称'苦难党'候选人。一位大臣对我说道：'拿破仑三世知道，立法机构、共和党出版社、波希米亚人中的那些躁动不安的人一直都在反对第二帝国——虽然这些是以前的事情，但现在，糟糕的情况有增无减：由于拿破仑三世不在巴黎，狡猾的左派虽然试图控制一切，但从来不会提自己想建立一个怎样的政府；激进的新闻记者们公开支持共和党——我们知道他们想要什么；那些‘未归类的’人，即从社会高层跌落的人，正在试图毁灭现存的政体并且想在随后的混乱局势中重夺自己原先拥有的地位和权力。这三类人虽然没有在所有的细节上都达成一致，但一致想推翻第二帝国，而这个可悲的事实正是我们亲爱的拿破仑三世应该清楚认识到的。面对现在的危机，我们必须保持头脑冷静。’

“然而，我们没有把所有的注意力都放在复杂的国内事务上——我们要担忧外患，并且必须尽最大努力应对军事问题。在德艾克萨的带领下，新组编的第十三军已经开拔去了兰斯。此外，还有两支部队已经做好了准备，只等待着命令。虽然约瑟夫·维诺伊想把麾下的士兵们都送去查隆斯营地，但在上一次的大臣会议中，有

约瑟夫·维诺伊

人指出，如果让约瑟夫·维诺伊麾下的原巴黎护卫队的两万两千名士兵离开巴黎，那么政府就会失去部分安全保障。其他大臣们认为，帕利考伯爵夏尔·库赞-蒙托邦应该至少留下几支精干的部队防止发生暴动。从整体上来看，留下几支精干的部队的做法是明智的——我们不仅身边没有一支可靠的军队，而且还受制于塞纳河的机动部队。然而，思考再三后，我对大臣们说道：'先生们，我再一次请求你们放弃这种想法——不是为了我，也不是为了第二帝国，而是为了法兰西。实际上，我甚至反对讨论这种想法——如果这两万两千名士兵在前线奋勇杀敌会让战争结果转败为胜，而我们为了自己的安危把他们留在了我们身边，那么我们该会多么懊悔啊！我们在良心上会多么过意不去啊！以后站在子孙后代的面前时，我们会多么羞耻啊！在这个令人痛苦的问题上，我们不应该再多浪费一分钟。让约瑟夫·维诺伊开始自己的计划吧。'1870年8月28日，约瑟夫·维诺伊率军去了梅济耶尔。"

下一段文字节选自欧仁·鲁埃给欧仁妮皇后所写的备忘录——我相信这还没有被出版过。

"有些地区的人们认为，路易-茹尔·特罗胥会抱怨军队离开巴黎去梅济耶尔。然而，实际上，军队的离开会导致路易-茹尔·特罗胥稳坐大局。把军队送离巴黎极大地展现了我们公正和无私的精神。我们打算向路易-茹尔·特罗胥提几个问题了——这正是我们在下一次大臣会议上要做的事。起初，路易-茹尔·特罗胥仍然像往常那样一味逃避，想通过模糊的回答搪塞我们。因此，我打断了路易-茹尔·特罗胥，说道：'对不起，先生，我们一定要得到明确的回答。您准备如何保护立法机构？'被逼到这个份上后，路易-茹尔·特罗胥被迫开始正面回答问题。路易-茹尔·特罗胥一边说，我一边记——我保证自己完完整整地记下了他的原话。'首先，'路易-茹尔·特罗胥开始回答，'请允许我表达一下惊讶——竟然有人会问一个将军这样的问题。最早接受巴黎军事首长一职时，我就料到自己将来有可能要面对立法机构受到威胁的情况。我以我布列塔尼人的身份保证，如果立法机构和第二帝国受到了威胁，那么我会准备好在杜伊勒里宫迎接我的死亡！'"

把欧仁·鲁埃写的这本备忘录呈给拿破仑三世前，欧仁妮皇后在上面加了一些文字。欧仁妮皇后写道："巴黎军事首长竟然说出了这样的话！该如何回应他呢？我无言以对！很遗憾，虽然我们中的大多数人觉得事实证明路易-茹尔·特罗胥的话是谎言，但我们还是得相信——至少装作相信他说的是实话！我们都知道，路易-茹尔·特罗胥非但和帕利考伯爵夏尔·库赞-蒙托邦几乎没有什么往来，反倒和共和党及左派领导过从甚密。据可靠消息，当着左派代表们的面，路易-茹尔·特罗胥严厉地批评了国家国防委员会。然而，就在会见左派代表几个小时前的大臣会议上，路易-茹尔·特罗胥还表扬了国家国防委员会。路易-茹尔·特罗胥曾表示自己赞同亨利·谢弗罗的意见，即由于军营正在选拔新的军官，由政府任命的国家警卫队的官员不可以辞职，而如果有人递上辞呈，那么我们希望路易-茹尔·特罗胥不会同意。然而，一回到卢浮宫并且见到了军官们后，路易-茹尔·特罗胥就接受了后者的辞呈！我该如何评价这种人？显然，路易-茹尔·特罗胥不仅很容易就会造成国家警卫队的瓦解，而且对第二帝国而言，一点也靠不住。那么，有人就要问了，谁来保护摄政王呢？我虽然只能依靠警察、市政警卫和分散在城市兵站中的小型常规部队了，但要把这些分散的力量整合到一起十分困难。与我的处境相反，反对派的暴动将会得到塞纳河的机动部队和新的国家卫队的支持。”

有一位大臣曾记录道：“事情已经到了这种地步——左派如果要结束摄政统治，那么必须给后者一记沉重的打击。公众显得那么怯懦且摇摆——一会儿强烈支持号称爱国者的左派代表，一会儿又转向他们认为战无不胜的弗朗索瓦·阿希尔·巴赞，一会儿又倒向他们觉得能拯救巴黎和法兰西的路易-茹尔·特罗胥！”

数月后，在一次对话中谈及路易-茹尔·特罗胥时，拿破仑三世说道：“摄政王——我也一样——在相信路易-茹尔·特罗胥的同时高估了第二帝国的力量。虽然左派扮演了一次伟大的爱国者角色，但实际上，他们的出发点是自己的小利益。左派虽然明白单凭自己无法推翻第二帝国，但出乎意料地得到了其他支持。路易-茹尔·特罗胥被比作在1815年和波旁家族一起密谋路易十六的约瑟夫·富歇。据说，为了掩饰路易-茹尔·特罗胥的罪行，第三代奥特兰托公爵阿曼德·弗朗索瓦·西里亚克·富埃接受了总督的职位，而后者提出的条件是让我和查隆斯营地的军队一起返回巴黎。虽然1870年8月的查隆斯营地存在很多争议，比如军队和我是否应该返回巴黎，但这和关于路易-茹尔·特罗胥的任命没有任何关系。帕里斯特·德·麦克马洪曾就此发表过一份声明，而他所言均为事实。实际上，路易-茹尔·特罗胥没有忠于自己的誓言——他已经慢慢地脱离了自己昔日的老友和信念。考虑到自己不仅能发挥重要作用，而且没有危险和其他不确定因素，路易-茹尔·特罗胥欣然接受了巴黎军事首长一职。然而，我们看到，就职后，路易-茹尔·特罗胥所做的一切的首要目的都是为保住自己的职位。路易-茹尔·特罗胥奉承塞纳河的机动部队是为了得到他们的支持，对摄政王阿谀奉承是为了保住自己的地位，对左派溜须拍马是为了不失去人心。直到最后一刻，路易-茹尔·特罗胥仍然坚持让局势决定自己是做第二帝国的拯救者还是革命人士。接受了最后的角色后，路易-茹尔·特罗胥发现自己站在了胜利的一方。路易-茹尔·特罗胥就是这样一个人，而他的诋毁者和崇拜者一样多。所有的帝国支持者都认为，在关键时刻，路易-茹尔·特罗胥抛弃了第二帝国的事业。”

在去世前几个月，拿破仑三世曾于奇泽尔赫斯特与朋友谈及治理法兰西的难处，而这些难处是基于法兰西人民的品性和法兰西政治生活的特征总结的。此外，分析第二帝国在1870年突然倾覆的原因时，我们应该考虑各个因素。

拿破仑三世说道：“人们应该铭记，法兰西人是拉丁种族——因此，他们不仅很容易失望和沮丧，而且易因一点小事而扬扬得意。每个政府都必须考虑法兰西人的这个特点。不止一个朝代和内阁曾因这种种族特征而受到巨大影响甚至覆灭。第二帝国期间，我们曾数次不得不做一些错误甚至是无用之事来对抗这种种族特征。我现在所做的声明不仅曾取得了杜伊勒里宫的大臣们的充分同意和理解，而且被我一再重复：公众易受影响的特质是法兰西所有政府的软弱性的根源。

“危机时期的法兰西政府不堪一击的另一个原因是巴黎掌控着整个法兰西的政治。在国内危机中，过度中心化的体系会导致政府完全受首都牵制。虽然如果某种政治制度会被一个国家的大部分人接受，那么在这种政治制度下，这个国家的政府就能运转良好——甚至变得越来越好，但当黑暗时期来临时，政府就无法依靠人民了。如果1870年的巴黎没有主导法兰西，那么摄政王及其政府就不可能被少数共和党议员和一位雄心勃勃、得到了乌合之众支持的将军推翻。如果图卢兹与从前一样是法兰西南方的省会，如果鲁昂一直是诺曼底的省会并且有着议会的支撑，如果里昂、马赛、波尔多等城市一直都保持强大，那么不仅第二帝国将会长存于世，而且普鲁士也不敢在我们的国家长驱直入。清教徒们在18世纪的一席话很适用于巴黎和法兰西，而拜伦在《恰尔德哈罗德游记》中对其进行了阐释：

> 罗马大剧场存在时，罗马不会倒下。
> 罗马大剧场坍塌时，罗马也会陨落，
> 罗马陨落时，世界紧随其后。

“在过去的一百多年中，法兰西不仅出现了很多不同的政权形式，而且不依赖于某种特定的政权形式。和其他政府一样，我们的政府也受到了法兰西特质的重创。法兰西的王朝不仅传承性很弱，而且家族关系易破裂。危机来临时，法兰西人民不会充满爱国之心地聚集在君主面前。相反，不幸的法兰西君主会突然发现自己被人民抛弃了——甚至仆人们也会离开他。无论是伟大的拿破仑一世，还是成功复辟的两位国王，以及路易·菲利普一世，都曾被他们的人民抛弃。在不幸的统治者中，欧仁妮皇后和我虽然是距今最近的，但很可能不是最后一个。”

第29章

1870年9月的革命

目前，笔者已经花了太多笔墨谈论第二帝国的陨落，以及1870年9月初巴黎的情况。一直以来，人们撰写了大量关于1870年9月的革命的书籍，而每次谈及这个话题时，共和党领导人都会滔滔不绝。然而，不仅帝国支持者很少对1870年9月的革命发表见解，而且波拿巴主义者也一直保持着沉默。因此，后人有必要从帝国支持者和波拿巴主义者的视角了解那段风雨交加的动荡岁月。本章的叙述是基于欧仁妮皇后及她的圈内的朋友的备忘录或一些纪念册。

1870年9月3日上午，一些来自布鲁塞尔的私人电报向大臣们和杜伊勒里宫报告了色当的灾难。在一篇报道中，哈瓦斯通讯社不仅提到了法兰西军队的投降，而且还说帕特里斯·德·麦克马洪的死是假的。然而，不幸的是，拿破仑三世被囚禁的消息是真的。哈瓦斯通讯社的报道太让人惊讶，导致人们的第一反应是怀疑并且认为它简直是无稽之谈。然而，查隆斯营地的军队始终没有传来消息。另外，约瑟夫·维诺伊宣布一大批难民来到了梅济耶尔——人们意识到，法兰西军队吃了败仗。内阁和欧仁妮皇后虽然由于认为无法向立法机构隐瞒这个消息，决定公开色当的灾难，但在消息被证实或否认前，不会透露任何让人心痛的细节。怀着坚定的爱国情怀的参议院议员虽然收到了大臣的信，但没有表现出任何动摇的迹象。然而，在立法机构，色当的灾难的影响大不相同。在立法机构，大多数人虽然都很理智，渴望捍卫国家利益，但由于缺乏斗争经验，以及没有足够的力量对抗更加强势和老练的反对派，在这场巨大危机面前，没有能力支持政府。

“为了这个反击的机会，反对派已经耐着性子等了很久，”后来，拿破仑三世曾说道，“如果他们能够推翻这个朝代，控制法兰西，那么会在乎国家的不幸、战败和投降吗？法兰西人不仅很难驾驭，而且经不起失败，而那些厚脸皮的反对派领导人利用了法兰西人的这个特点，把所发生的一切都归咎于政府。”

然而，把这次惨败归咎于拿破仑三世是不可取的——他已经放弃了军队的指挥权。朱尔斯·法夫尔指责拿破仑三世是帕里斯特·德·麦克马洪的一个绊脚石，并且曾为了保全自己而从因保卫国家而战死的士兵中抽出了一具遗体作挡箭牌。然而，实际上，朱尔斯·法夫尔的指控没有任何根据。朱尔斯·法夫尔的朋友们不仅担心，拿破仑三世会像拿破仑一世在遭遇滑铁卢战败后那样，为了返回巴黎重掌大权而带着一支小分队逃跑，而且认为有必要将这个毫无根据的谣言传播出去。因此，利用这个谣言，朱尔斯·法夫尔等人说服了容易受骗的巴黎群众，并且让他们相信是拿破仑三世造成了战败。因此，朱尔斯·法夫尔等人做足了各种准备，只等着可能归来的拿破仑三世。在立法机构，朱尔斯·法夫尔问道：“拿破仑三世有没有和他的大臣们保持沟通？”由于没有收到拿破仑三世的消息，帕利考伯爵夏尔·库赞-蒙托邦被迫回答道：“没有。”因此，朱尔斯·法夫尔宣布，第二帝国已经不复存在，而法兰西人民已经成为自己的统治者。朱尔斯·法夫尔声称，法兰西的前进方向应该被委托给一位特定的军方人士来决定。“这个人大家都认识。他热爱这个国家，并且是众多人选中应当被予以优先考虑的一位。在他面前，法兰西面临的任何威胁都会黯然失色。当着全体人民的面，我敢说这是唯一的补救办法。我相信全国人民都能听到我的呼喊！”舍去长篇大论后，朱尔斯·法夫尔的话只有一个简单的目的——他邀请暴民加入起义运动并且接受路易-茹尔·特罗胥的专政统治。

有证据表明，路易-茹尔·特罗胥和反对派代表已经秘密达成了共识——后来发生的事让这些秘密共识变得更加显而易见。帕利考伯爵夏尔·库赞-蒙托邦不仅怀疑过路易-茹尔·特罗胥对第二帝国的忠诚，而且甚至宣称后者有可能从暴民手中接收权力。立法机构十分焦躁，而随着讨论的进行，左派的极端分子变得越来越傲慢——在欧仁·施耐德试图证明立宪政体能够有效保卫国家时，他们不断嘲笑、否认和打断欧仁·施耐德的讲话。虽然欧仁·施耐德试图让与会人员意识到形势的严重性，但左派人士显得得意扬扬。看到第二帝国被推翻后，反对派们意识到自己终于掌权了。在激烈而无用的辩论中，两个小时过去了。1870年9月2日，普鲁士当局授权已经投降的拿破仑三世发了一封电报。在电报中，拿破仑三世写道：“军队打了败仗，而不仅士兵们成了俘虏，而且我也成了阶下囚。拿破仑三世。”虽然这不幸的消息是意料之中的，但谁能预见后续的灾难呢？

一位站在欧仁妮皇后身边的人记录下了前者看过电报后的反应：“欧仁妮皇后忍受了一个君主和一个女人所能忍受的一切。欧仁妮皇后忍住眼泪，整理情绪，并且有效地采取了紧急措施。欧仁妮皇后虽然面临着极大的困难，但仍然认为巴黎人民会对那些在悲痛中和重压下的人怀有怜悯之心。欧仁妮皇后一直在念叨着‘一支被俘的军队和一个被囚禁的皇帝’。”后来，拿破仑三世说道：“在其他国家，如果该国的政权受到威胁，那么不仅这个国家的国民会自发地聚集在摄政者周围，而且密集排列的防卫部队也会准备好守卫国家。每当奥地利皇室遭遇不测时，奥地利人民就会争相向自己的元首表示同情和忠诚，而在意大利或英国，情况也会是类似的。唉！然而，在法兰西，情况会完全不同——统治者没有不幸运的权利，做事不能失败。在过去的一个世纪中，一系列陆续发生的不间断的革命证明法兰西政府比其他任何国家的政府都更不稳定。”

起初，欧仁妮皇后认为，革命不会带来任何直接危险。欧仁妮皇后的信心主要来自那些忠心耿耿的占领着高地的军队。欧仁妮皇后虽然担心野心勃勃的路易-茹尔·特罗胥或许不会听从使命的召唤和效忠他曾经宣誓的对象，但很庆幸不是所有的法兰西将军都和他一样。欧仁妮皇后保持平静的另一个原因是巴黎仍然拥有一支由约瑟夫·维诺伊指挥的两万两千名士兵的军队。色当战役前，有人曾提出派这两万两千名士兵去协助帕里斯特·德·麦克马洪。另一些人提醒欧仁妮皇后，如果这些士兵离开，巴黎可能会完全受制于民众运动。欧仁妮皇后回复道：“如果有一天，法兰西人民会怪罪我为了自己的安全而阻拦两万两千名士兵，那么我会生不如死。”实际上，欧仁妮皇后虽然考虑了巴黎人民起义的可能性——尤其是真正发生的概率，但起义发生时，完全反对与巴黎人民进行武装斗争。在这种情况下，欧仁妮皇后对一名指挥官说：“我如果有能力阻止，那么绝不允许恐怖的内战和对外战争同时发生。我不忍去想法兰西人自相残杀的可能性，也不忍想举国哀悼时，巴黎市内可能会血流成河。我多次强调，你们不要再把精力浪费在我身上，只管去考虑如何实现和平吧。”

在此，我们可以引入善良的欧仁妮皇后的支持者的真诚话语：“体贴的欧仁妮皇后的内心充满了信任感。直到最后关头，即敌人入侵立法机构的紧要时刻，欧仁妮皇后依然相信巴黎人民的宽宏大量和爱国精神，以及法兰西人民高尚的情感。最终，虽然欧仁妮皇后的乌托邦式的幻想破灭了，但她从未后悔自己对巴黎人民的信任。在这场危机中，欧仁妮皇后不曾忽略自己的每一项责任，想到的只有子民的利益。然而，欧仁妮皇后的子民恰恰是那群曾在她面前不吝溢美之词却轻易背弃她的人。”

有一段时间，有传言称有人企图发动一场政变。然而，很快，这种传言就被人们遗忘了——这对第二帝国的敌人来说是件幸运的事。第二帝国的敌人做事从不考虑爱国主义，即如果他们能成功建立起他们亲爱的共和国，那么法兰西所遭遇的一切都是次要的。与此同时，法兰西当局开始采取措施保护立法机构，而帕利考伯爵夏尔·库赞-蒙托邦也参与其中。帕利考伯爵夏尔·库赞-蒙托邦虽然不信任路易-茹尔·特罗胥，但为了公共利益，会毫不犹豫地亲自去缓和与他为敌的民众的愤怒。

欧仁妮皇后爽快地批准了保护立法立构并且使其免受暴民攻击的建议。有人提出，杜伊勒里宫也应该采取类似措施保护自身安全，以免在夜间受到袭击。欧仁妮皇后命令军队不得攻击平民，并且说道：“我要求你们不能因保护我的性命而让法兰西人民付出血的代价。”欧仁妮皇后的一位忠诚的支持者说道：“有谁不敬佩您这般付出和不顾自己的安危呢？”欧仁妮皇后总是认为，无论什么人在她的位置上，都会像她那样做。

几乎每时每刻，大臣们都会提出一些棘手的问题。当时，总有人会担忧行政当局。有人问拿破仑三世是否还被关押着，以及有没有必要调整政府部门。在法兰西，权力完全掌握在一个女人的手中不仅是不常见的状况，而且被公众舆论普遍反对。在皇室的支持者中，有一些人认为，政府只应单独向欧仁妮皇后报告，而另一些人则认为，作为摄政王的欧仁妮皇后的权力受限过多——她甚至没有权力提名大臣。另一个政党争辩道，拿破仑三世不在时，皇室的行政权应该被削弱，而立法机构的某些代表可以通过添加法律条文来进行行政管理。欧仁妮皇后让大臣们以他们认为最好的方式重新自行安排摄政事宜，并且不断向他们强调“先考虑法兰西再考虑朝廷”。人们虽然消耗了很多宝贵的时间讨论摄政事宜，但没有得出任何结论。在制定措施应对眼下的威胁一事上，内阁认为无须急促。然而，革命者们没有在空谈中浪费一分一秒，感觉时机到了，就进行了迅速的组织和部署。原本能抢先一步行动的法兰西当局非但没有行动，反倒选择了草草开战，导致四面八方乱作一团，而其结果当然是损失惨重。

欧仁妮皇后认为，法兰西应该立刻开展应对围攻巴黎的准备工作——政府不仅要修建防御工事，而且应该尽全力保持自身的影响力、权威和力量。欧仁妮虽然想开展准备工作，但在这个问题上，没能成功地说服大臣们——内阁把所有的希望都集中在了路易-茹尔·特罗胥身上。虽然路易-茹尔·特罗胥与帕利考伯爵夏尔·库赞-蒙托邦曾发生过口角，但第二帝国的大臣们仍然认为前者是值得信赖的。由于路易-茹尔·特罗胥人气高涨又身居要职，大臣们确信在将来发生的事情中，他将拥有巨大的影响力。同样可以肯定的是，如果路易-茹尔·特罗胥表现出保卫政府的决心，那么革命分子和暴民们组成的联合体及其阴谋会遭到挫败。很早之前，欧仁妮皇后就意识到自己很依赖路易-茹尔·特罗胥的能力和友谊，并且希望能得到路易-茹尔·特罗胥的帮助。因此，欧仁妮皇后要求亨利·谢弗罗去拜访路易-茹尔·特罗胥，告诉他当时的巴黎的内外情况并且邀请他来当顾问——在当时的情况下，这是最好的办法。亨利·谢弗罗留下了关于这次拜访的记录并且在上面添加了他的说明。亨利·谢弗罗的备忘录里的说明如下：

“路易-茹尔·特罗胥如果真的想延缓革命，挽救政府和朝廷，那么会不会马上去找欧仁妮皇后讨论防御手段呢？防御将采用何种手段完全取决于路易-茹尔·特罗胥！然而，路易-茹尔·特罗胥一直是个野心勃勃、自私自利、不安于现状的人，只会盘算他在这个艰难的处境中所扮演的角色。路易-茹尔·特罗胥不关心政府和法兰西的悲惨局面。路易-茹尔·特罗胥和他的支持者抛弃了政府。虽然路易-茹尔·特罗胥坚称要拯救这个国家只能寄希望于革命，但他的这种辩护根本站不住脚——他应该遵守自己的誓言，履行他的使命，并且尽一切努力保卫他曾宣誓效忠的政府。我把欧仁妮皇后的焦虑告诉了路易-茹尔·特罗胥——不仅他应该守在欧仁妮皇后的身边，而且所有忠实的支持者和追随者都应该在欧仁妮皇后左右。简而言之，欧仁妮皇后正在盼望着路易-茹尔·特罗胥的帮助。路易-茹尔·特罗胥声称自己刚下马，不仅十分疲惫，而且没有吃饭。路易-茹尔·特罗胥表示自己在晚间会去见欧仁妮皇后。因此，我离开了——国难当头，面对这个蹩脚的借口，我一点也不奇怪。然而，我确信，路易-茹尔·特罗胥不会不履行他的职责，即像他说的那样去见欧仁妮皇后。我走后，路易-茹尔·特罗胥坐下来吃晚饭，并且在吃饭期间发出了各种有关修筑城市防御工事的命令。随后，路易-茹尔·特罗胥的命令得到了执行。睡觉前，我去杜伊勒里宫见了欧仁妮皇后，而她对我说：'路易-茹尔·特罗胥没有来。'虽然我们在等路易-茹尔·特罗胥，但他已经酣然入睡！1870年9月4日早晨，虽然路易-茹尔·特罗胥终于现身了，但任何措施都无法阻止第二帝国倾覆了。"

一位欧仁妮皇后的亲信评论道："会不会是因为不确定是否有利于自身利益，所以路易-茹尔·特罗胥在来杜伊勒里宫这件事上犹豫不决呢？无论是路易-茹尔·特罗胥还是试图为他辩护的人，都会认为他的举动完全是擅离职守和懦夫的行为。路易-茹尔·特罗胥早就决定不再效忠于摄政王，只想置身事外，想着未来可能会得到某个好位置。由于路易-茹尔·特罗胥的行为，子孙后代们将来会严厉地责骂他。"

政府忙于应对革命与暴动时，巴黎还有一个重要的政治人物本可以提供有用的帮助。我指的是阿道夫·梯也尔先生。在立法机构，阿道夫·梯也尔先生不仅拥有非常大的名气，而且非常受重视——无论是那些温和的中间派，还是那些将他视为不可或缺的支持者的左派人士，都非常重视他。此外，阿道夫·梯也尔先生对巴黎的中产阶级也有着巨大的影响。众所周知，阿道夫·梯也尔先生一直反对战争，并且因此名声大噪，变得越来越受欢迎——这种受欢迎的程度甚至有些可怕。在那些不幸的日子里，阿道夫·梯也尔如果忘记自己与第二帝国的旧日恩怨，那么可能会发挥重要的作用——在立法机构处于危难中时，他可能会在公众演讲台上出现，对公众宣布应该把战争进行到底，和平不是由任何个人去谈判的，而是由现任政府谈判的，以及摄政体系是得到了法兰西人民和欧洲认可的，一定要忠诚地维持下去。简而言之，如果阿道夫·梯也尔把旧日的仇恨放在一边，并且说出这样的话，那么我们完全能够相信他可以支撑着内阁，将反对派置于孤立无援的境地，把革命扼杀在萌芽之中，以及导致路易-茹尔·特罗胥无法倒向那些蛊惑人心的政客们并且信守诺言。在后来的几年里，谈及1870年9月的一系列事件时，拿破仑三世也认同这个观点。拿破仑三世说道："在法兰西动荡的政治局势中，政府如果不接受这来历不明的'共和国'的称号，那么组建一个坚实可靠的团体是办不到的——除非它得到一些有威信的人支持。"然而，我们无法指望阿道夫·梯也尔先生这样的人扮演伟大的角色——他不仅拥有的政治权力不大，而且喜欢阴谋诡计。

由于觉察到对第二帝国来说，阿道夫·梯也尔先生的支持非常重要，欧仁妮皇后决定看看自己能否说服他。在这场危机中，欧仁妮皇后的原则是争取让所有有能力的人——无论他们的政治观点如何，都围绕在她身边，并且准备在必要时朝这个方向迈出第一步。因此，欧仁妮皇后把她的注意力转向了阿道夫·梯也尔先生。普罗斯佩·梅里米似乎最适合充当欧仁妮皇后和所有重要议员的调解人。在一份机密报告中，普罗斯佩·梅里米总结了自己的任务：

"我对阿道夫·梯也尔先生说道：'皇后想知道你的建议——她不仅知道你是一个好公民，而且觉得你给她的建议会对国家的最大利益有好处。'

"阿道夫·梯也尔先生说道：'我虽然愿意忘记过往的委屈，但不信任这个帝国。政府都濒临崩溃了，找我又有什么用呢？我的建议还有什么价值呢？虽然皇后对我的信任让我感到非常荣幸，但我更愿意留在幕后。'

"我曾去找过阿道夫·梯也尔先生两次，而第二次是在色当沦陷后。我对阿道夫·梯也尔先生说道：'现在，皇帝已经从政坛中消失了——在帝国政府中，你可以占据主导地位。'

"阿道夫·梯也尔先生说道：'然而，这场灾难过后，我已经无能为力，做不了任何事。'"

对阿道夫·梯也尔先生这样一个野心勃勃的人来说，在政府中占据主导地位是一个很有吸引力的机会。然而，由于当时政治形势险象环生，自私又老练的政客们不敢承担重大的责任。欧仁妮皇后没有放弃说服阿道夫·梯也尔先生。普罗斯佩·梅里米的任务失败后，奥地利驻法兰西大使查理·冯·梅特涅先生虽然也尝试说服阿道夫·梯也尔先生，但仍然没有成功。阿道夫·梯也尔先生对查理·冯·梅特涅先生说道：“我正等着看事态的发展，给不了什么建议。”后来，就阿道夫·梯也尔先生的回答，查理·冯·梅特涅先生评论道：“阿道夫·梯也尔先生和路易-茹尔·特罗胥如果能够支持摄政王欧仁妮皇后，那么很可能已经拯救了第二帝国并且使其避免了灾难。然而，阿道夫·梯也尔先生和路易-茹尔·特罗胥都拒绝伸出援手，而为对抗革命而艰难斗争的人只剩下了欧仁妮皇后和大臣们。”

在当时的巴黎，反对派的标示牌随处可见。由于色当沦陷的消息到处传播，一场大规模的革命暴动正在酝酿。不仅成群结队的民众聚集在林荫大道和立法机构所在的宫殿周围，而且大量民众涌入各个街道抗议。此外，在巴黎人口稠密的地方，一些秘密社团的人士会进行巡逻。一个由一些记者们和进步党人士参与的重要会议在索迪街举行，而每个与会者嘴上都挂着“政变”一词。虽然革命者叫嚣着要求政府迅速采取行动，但朱尔斯·法夫尔和他的左派同事们似乎并不希望起义——起义可能会带来一些无法预料的危险后果。朱尔斯·法夫尔等左派人士赞成煽动民众进行示威，希望这种示威会迫使立法机构结束第二帝国的统治和并且赋予他们执政的权力——当然，这也是他们真正的目标。艾蒂安·阿拉戈、阿尔弗雷德·纳凯、吉哈缇和一些左派领导人一致认为，如果民众聚在立法机构所在的波旁宫前示威，那么一场革命就是不可避免的结果。打印1870年9月3日的告示时，《世纪报》立刻就想好了要刊登的内容：“1870年9月4日14时，成千上万的国民卫队的士兵将不会携带任何武器在立法机构所在的波旁宫前的广场上集合。”1870年9月4日早晨，革命党人在夜间的活动显示出了它的效果。所有的作坊都空无一人，而起义已经在郊区如火如荼地开始了。

由于对巴黎的形势的剧变感到焦虑，许多党派的代表都敦促欧仁·施耐德召开一次特别会议。一位杰出的代表对欧仁·施耐德说道：“造反运动已经抢先了我们一步，而我们如果要阻止这场危机，那么必须抓紧时间。参加造反运动的温和派一定会感受到政府正在保护他们。至于不安分的人，我们必须让他们知道，政府有决心并且会迅速、严厉地把他们解决掉。”由于害怕起义和政变，朱尔斯·法夫尔和他的支持者们也希望立即举行会议——实际上，几乎每个人都要求举行会议。因此，1870年9月3日午夜，欧仁·施耐德召集代表召开了会议，而这场会议竟然持续到了

阿尔弗雷德·纳凯

1870年9月4日1时。帕利考伯爵夏尔·库赞-蒙托邦对此次未经内阁批准而召开的会议表示不满，并且要求休会到中午。然而，直到朱尔斯·法夫尔提出了一个推翻第二帝国的决议，与会人员才同意休会。朱尔斯·法夫尔的决议要求立法机构任命一个全权领导政府行政部门的委员会，而路易-茹尔·特罗胥会继续担任巴黎军事首长一职——这再次证明了路易-茹尔·特罗胥与反对派之间的密切关系。

第二帝国的支持者再次寄希望于阿道夫·梯也尔先生，并且将他视为救命稻草。德艾格维夫伯爵是欧仁妮皇后的一位支持者，和阿道夫·梯也尔先生的关系很好。德艾格维夫伯爵对阿道夫·梯也尔先生说道："别跟我说那个不幸的女人在这场危机中该做什么——作为妻子和母亲，她已经承受了太多。"

阿道夫·梯也尔先生说道："我虽然在类似的情况下，可能愿意向奥尔良家族的成员提供建议，但不会向皇后提出建议。"

德艾格维夫伯爵说道："然而，你肯定可以告诉她一些消息。"

阿道夫·梯也尔先生说道："告诉皇后，我和我的支持者们不是大家说的那种政权的敌人。此外，我向你保证，皇后会受到我们的服从和尊重。"

德艾格维夫伯爵问道："嗯。你如果给不了直接的建议，那么能给我一点对我们有用的提示吗？"

阿道夫·梯也尔先生回答道："我认为，皇后在巴黎待得越久，就导致局势变得越严峻。虽然我相信皇后没有危险，但在我看来，待在巴黎似乎既不利于她，也不利于国家。"

显然，在这一点，即欧仁妮皇后是否应该离开巴黎的问题上，奥尔良派和共和党人观点一致。从奥尔良派和共和党人的谈话中，我们不难发现，只有欧仁妮皇后的离开才能拯救这个国家。虽然奥尔良派和共和党人也许是对的，但不是所有的大臣们都同意欧仁妮皇后应该离开巴黎的观点。我承认，在那个关键时刻，欧仁妮皇后不太确定什么是正确的行动方向。

1870年9月3日，欧仁妮皇后很晚才就寝。如果焦虑不安的睡眠也算是休息，那么欧仁妮皇后只睡了几个小时。起床后的欧仁妮皇后听到了小礼拜堂中乱哄哄的声音，并且准备在1870年9月4日8时30分前接见大臣们。欧仁妮皇后仍然相信革命不会真正爆发——至少不会像她的支持者们担心的那样迅速爆发。

大臣会议即将开始时，路易-茹尔·特罗胥宣布自己终于下定决心同意去见欧仁妮皇后并且和她商讨国事。由于仍然抱有一些希望，即路易-茹尔·特罗胥会帮助第二帝国，亨利·谢弗罗建议欧仁妮皇后在大臣会议前接见前者。宣布了自己的决定后，路易-茹尔·特罗胥立刻去见了欧仁妮皇后。起初，路易-茹尔·特罗胥说道："皇后，危险时刻已经来临了。我们会担负起我们的职责。"然后，路易-茹尔·特罗胥继续地说了些意思模糊的话。欧仁妮皇后很快就明白了一个事实，即路易-茹尔·特罗胥不是打算公开表态，而是想扮演一个自私的角色——他不愿意穿上他的制服，不愿意冲在军队和国民卫队的前面，更不愿站在立法机构和暴民之间。然而，如果路易-茹尔·特罗胥做出了上述举动，那么内阁可能不会被暴民入侵。

和路易-茹尔·特罗胥会面后，欧仁妮皇后走进了会议厅。亨利·谢弗罗走近欧仁妮皇后，希望知道她和路易-茹尔·特罗胥会面的结果。欧仁妮皇后做了个手势，示意不能对路易-茹尔·特罗胥抱任何希望。然后，大臣们从各种可能的角度出发，分析了局势，研究了阻止事态恶化的手段。由于1870年9月3日的骚乱，朱尔斯·法夫尔坚持罢黜拿破仑三世。最重要的是，警察的报告不断被送来，而所有的一切都表明，民众正试着发动一场起义。大臣们虽然已经采取了必要的军事措施，但仍然要考虑如果暴动者表现出比军队更强的实力，那么应该如何面对。大臣们想到的第一个计划是，为了防止失败和全力对抗巴黎的起义活动，无论是否明智，都要将政府转移去一些大的省会城市并且在那里设立立法机构。虽然这个计划很好——在几个月后爆发的巴黎公社运动中，阿道夫·梯也尔曾成功地将其付诸实践，但其最大的阻碍是普鲁士即将包围巴黎的事实。欧仁妮皇后问她的顾问采取这个计划会不会有风险，并且说道："内战像连枷一样抽打在这个饱受苦难的国家身上。削弱资产阶级中潜在的抵抗力量是否会将巴黎变成敌人唾手可得的猎物呢？我担心法兰西将来会两面受敌。我们如果失败了，那么决不能以任何方式将对抗共同敌人的工作变得复杂化。"因此，唯一有效的方法似乎是努力阻止步步紧逼的革命运动并且尽量把它扼杀在摇篮中。大臣们认为立法机构应与行政机构密切联系，并且就这一点表达了许多矛盾的意见。

在普法战争爆发前，路易·比费担任了财政大臣。路易·比费提议大臣们起草一则公告，说摄政王会将所有权力移交给立法机构并且让立法机构提名委员组成一个执行委员会。由于太过极端，路易·比费的提议遭到了强烈的反对——立法机构将与第二帝国共存亡，即如果第二帝国倾覆，那么立法机构也会随之解散。一位大臣说道："要是还有时间让我们重新实行摄政政策，那该多好啊。""然而，我们有吗？"欧仁妮皇后问道。"现在，我们只有阻碍。"那位大臣用英语回答道。最终，路易·比费的建议被修改了——大臣们决定要求立法机构提名五位委员组成一个摄政委员会，而摄政委员会将任命大臣。帕利考伯爵夏尔·库赞-蒙托邦以中将的头衔担任摄政委员会的最高领导。因此，不仅摄政得以维持，而且第二帝国及其宪法没有被改动，导致整个行政体系也可以延续下去。后来，拿破仑三世说道："这个计划是可行和明智的。"由于胆小的代表被"摄政"这个词吓到了，立法机构不情愿地受理了成立摄政委员会的决议。即将担任摄政委员会最高领导的帕利考伯爵夏尔·库赞-蒙托邦想着如何应对反对派企图发动的政变，而这让反对派感到受到了挑战。考虑到许多代表的意愿，帕利考伯爵夏尔·库赞-蒙托邦同意将"摄政"一词改为"政府"。持乐观态度的人希望修改后的决议可以获得通过。

时间飞逝，而立法机构将在1870年9月4日13时举行会议。欧仁·施耐德已经返回了波旁宫。各种报道从四面八方纷纷涌入波旁宫，宣称“暴风骤雨即将来临”。欧仁·施耐德立即采取措施应对这些报道。很快，军事办公室和警察总部派来了大批士兵和警察并且命令他们驻扎在宫殿的周围和庭院内。然而，不幸的是，防卫行动的致命弱点在于不是所有的部队都可以信任——只有包括骑警在内的警察靠得住。另一件不幸的事情是，军队没有真正的领导人，第二帝国的支持者们认为，不仅路易-茹尔·特罗胥不会采取有力的措施，而且后者手下的中尉也同样没有这个心思。此外，指挥后备部队的科萨德没有行使自己应该行使的权力——他不仅被复杂的国内形势弄得晕头转向，而且身体都有些不舒服了。科萨德既虽然担心自己要充当的角色会进退两难，但羞于不战而败。一位大臣问道：“如果起义即将爆发，军队要与暴民面对面交战，那么科萨德能发挥什么作用呢？”后来的结果表明，科萨德没有发挥自己应该发挥的作用。有一天，谈到1870年9月4日的事件时，拿破仑三世说道：“在这种情况下，法兰西非常需要一个埃斯皮纳斯式或福雷式的可堪重任的人物。”

立法机构的会议即将举行，而许多不是代表的人都想方设法进入会议厅。会议厅所在的房屋摇摇欲坠，而由于感觉到此地缺乏威严，门卫们小心翼翼地守卫着它。公共旁听席一打开，席上就坐满了面孔熟悉的警察们。会议厅里的所有事情都像是一场革命前的混乱景象，而走廊上一片混乱，废除拿破仑三世的声音此起彼伏。1848年的老山党的前成员，即现在的极端的共和党人变得直言不讳。后来，欧仁妮皇后得知，有人提到摄政体系时，艾蒂安·阿拉戈叫嚣道：“拿破仑三世在监狱里，而根据《民法典》，妻子应该和丈夫待在一起！”人们哄堂大笑，而从此以后，艾蒂安·阿拉戈的这句话便传开了。和共和党的老油条一样，在公共集会上颇受欢迎的演说者也溜了进来。游手好闲的人也设法挤了进来。一些进不来的人甚至比那些已经进去的人更加大胆——其中有个人递了一张纸条给门卫，而纸条上面写道：“我的妻子和女儿也渴望冲进议会。”

由阿道夫·梯也尔先生提出的一项决议已经在议院中传开了。这项决议内容如下：“由于帝位空缺，内阁将成立一个政府国防委员会。一旦情况允许，制宪会议将立刻召开。”阿道夫·梯也尔先生声称，如果他的计划获得通过，那么左派将与多数党站在一起。“然而，”一个议员说道，“虽然‘废除’这个词没有被写在纸上，但你的意图已经很明显了。”阿道夫·梯也尔先生回答道：“我不过是在陈述一个明显的事实。由于拿破仑三世已经成了囚犯，而皇太子又不在法兰西，帝位不就是空缺着吗？”后来，阿道夫·梯也尔先生修改了决议中的措辞，把“由于帝位空缺”改为了“鉴于当前事态”。然而，由于曾宣誓效忠拿破仑三世，许多代表都不愿投票赞成阿道夫·梯也尔先生的决议。代表们希望摄政王欧仁妮皇后赋予立法机构行政权力——这种措施不会带有篡夺皇权的色彩。代表们的建议使路易·比费在杜伊勒里宫提出的让摄政王放弃权力的提议再次引起了大家的注意。因此，路易·比费被派去见欧仁妮皇后并且劝说后者做出的巨大牺牲。阿道夫·梯也尔先生敦促路易·比费承担使命，说道：“虽然不仅民众起义的浪潮来势迅猛，而且环境越发嘈杂，但在任何时刻，你都不能迷失方向。”因此，在几个同事，包括德艾格维夫伯爵和数位与皇室关系密切的代表们的陪同下，路易·比费出发了。路易·比费一行中的一位代表曾描述了这次与欧仁妮皇后的会面。这位代表的描述虽然很有价值，对欧仁妮皇后称赞有加，但没有公开发表。

这位代表描述道：“路易·比费是第一个发言人。在路易·比费发言过程中，欧仁妮皇后表现得非常冷静。路易·比费说道，‘让摄政王放弃权力这一步比其他任何一步都更符合形势的需要。让摄政王放弃权力是一件非常重要的事，不仅能使国家决定未来的政府形式时完全自由，而且不会削弱立法机构的权威。然而，我们如果受誓言约束，即必须支持第二帝国，那么应该试着组建行使行政权的政府委员会。我们如果向革命党人的愤怒和要求屈服，那么不仅会失去民众的精神支持，而且无法长久地承受暴风雨。如果我们抵制革命党人的任何要求，那么有人会警告说我们没有法律权威并且不能图谋篡位。然而，相反，如果由摄政王邀请立法机构任命一个委员会，那么不仅我们的议员不会违背自己曾经许下的誓言，而且这个委员会也会变得完全合法——那时，我们就能寄希望于所有热爱秩序的人和全体国民都会献身于法兰西并且努力引导法兰西安全渡过可怕的危机。’

“轮到拿破仑·达鲁伯爵时，他提出了自己的观点：‘陛下，请您好好考虑一下，如果您拒绝满足我们的要求，那么立法机构会处于何种境地？我们因受誓言的约束而必须继续效忠于第二帝国。如果您向内阁写信并且授权它采取措施满足公共福祉，那么我们这些遵守誓言的人才能根据路易·比费的提议采取行动。在采取的措施方面，我们不难达成一致意见——这样一来，您也能够将法兰西从另一场革命中挽救出来。这场革命可能会让那些已经饱受侵略之苦的人更加难受，而如果您同意放弃权力，那么我们将在议会的基础上建立一个所有爱好和平的公民都认可的政府。空前的不幸需要特别的措施应对，而根据政府和立法机构之间的协商，采取这些措施是最好的做法。立法机构代表了国家。然而，立法机构虽然今天可能是万能的，但明天或许就无能为力了。此外，陛下，您从拿破仑三世那里得到的权力是有限的，不能使您有效地应付我们正在经历的可怕危机。路易·比费非常真诚地说过，一切都摇摇欲坠并且受到威胁，而外敌就在我们门口。陛下，哪怕有必要，您也无法凭借这有限的权力去组建新内阁。'

"其他人都支持他们的发言人路易·比费和拿破仑·达鲁伯爵。欧仁妮皇后平静地听着代表们的发言，没有打断，只是轻轻地说道：'每一句话都代表了一场新的危机。每一个字都像刀子一样刺入我本就疼痛不已的心。'最终，欧仁妮皇后鼓起了所有的勇气，说道：'亲爱的先生们，将来决定政府最终形式时，你们的提议不会产生任何影响。你们给我提出了一个条件，即让我在这最危险的时刻抛弃现任政府，放弃已经托付于我、由我守护的位置，而我不同意，也绝不能这么做。今天，我最不担心的就是未来——这不是指法兰西的未来，而是指我们的政府的未来。我刚刚通过的考验是如此巨大，如此可怕。现在，为拿破仑三世和我的儿子保留皇冠一事无法触动我。我现在唯一的愿望是忠实地履行我所肩负的责任。在这个关头，如果立法机构认为我是政府软弱的根源，而拿破仑三世是障碍而非力量，或者如果人民投票将我们推翻和废除，那么我将毫无怨言，带着光荣离开我的位置并且不会因放弃它而有愧疚感。然而，在我看来，代表们唯一明智的行动方针和唯一的爱国路线是靠近我并且聚集在我的政府周围，暂时把所有可能使我们分裂的内部问题放在一边，紧密团结起来击退外来侵略者。请允许我提醒你们，由于忠于被俘虏的国王，加的斯的议会在其事业最终胜利时受到了嘉奖。就个人而言，我愿意面对任何危险。无论立法机构决定采取何种措施抵抗共同的敌人，我都愿意跟随它。然而，如果立法机构无法抵抗敌人，那么我的干预是否可能更有助于从胜利者那里获得更好的条件？我要提醒你们，俄国代表曾经提出了这样的建议，即在不从法兰西夺取任何领土和保留现任政府的两个前提条件下，由中立国家帮助我们和普鲁士进行调解。我回答说，我虽然愿意接受第一个条件，但绝对反对第二个条件——保不保留帝国政府是法兰西的内政——我如果能阻止，那就绝不允许外国势力干涉我国内政。'

"欧仁妮皇后的发言非常得体，而代表们都被感动了。代表们虽然表现得非常谦恭，但不认同欧仁妮皇后的乐观。代表们认为，在这种情况，他们不应该被骑士精神动摇。在类似的情况下，匈牙利代表曾经呼喊道：'我们准备好了为我们的玛丽亚·特蕾莎女王而死！'然而，匈牙利代表的这种强烈情绪只存在于君主观念非常深厚的国家——法兰西不是这样的国家。代表们虽然一再赞美'这番出色的讲话'，同情欧仁妮皇后并且赞赏她的牺牲精神，但没有拿出为君主抛头颅洒热血的干劲，仍然冷静地劝她退位！因此，欧仁妮皇后重复了自己关于消除国内分歧和团结应对外敌的言辞，并且补充道：'如果我掌权是保卫法兰西的障碍，那么请问，我放弃权力后是否还可以留在巴黎？无论我住在哪里，地位如何，立法机构是否都会让我留在巴黎并且分担巴黎的痛苦和危险？'

"欧仁妮皇后说完这些话后，很长一段时间都没有人说话。代表们不仅非常感动，而且无法掩饰他们的情绪。恢复平静后，路易·比费回答道：'维持摄政体系确实是最好的计划。我虽然就个人而言，愿意采纳这项建议，但有责任不隐瞒这样一个事实，即我认为，在当前的局势下，维持摄政体系是绝对行不通的。然而，如果您批准我们的计划，那么我们会有很好的机会集中法兰西所有的力量，实现您和我们所有人心中的爱国目标。'"

几个月后的一天，就欧仁妮皇后与代表们的会议，拿破仑三世评论道："欧仁妮皇后是对的——路易·比费也承认了这一事实。当时的问题的唯一解决办法就是维持摄政和现状，并且把摄政体系和立法机构紧密地结合在一起——其他所有计划都肯定会导致一场革命。众所周知，无论是因为皇帝的倒台还是皇后的退位，一个由立法机构建立的政府都肯定会面临两个选择，即要么依靠参议院的保守派的支持，要么呼吁左派人士掌权。新政府会发现，依靠参议院的保守派的支持时，它将遇到与摄政王相同的困难，而左派人士掌权时，它很快就会完全被革命运动所控制。"

请允许我继续摘录代表们的话。

“拿破仑·达鲁伯爵说道：‘陛下，您拥有的权力不允许您以这种方式来保卫自己和国家。如果您今天同意与立法机构达成协议，那么我们将实现我们共同的目标——这个目标明天可能就无法实现了——民众热情高涨时，一切都有被推翻的危险。如果一个政府在市政厅成功建立，那么我们会无法与它或外来敌人作战，即无法克服国内外的困难。总之，如果新政府成立，那么我们将处于令人唏嘘的境地。虽然爱国主义要求我们牺牲一切，但不仅普鲁士士兵离巴黎只有四十里格[①]，而且国内的革命也正在慢慢酝酿。我恳请陛下同意路易·比费的提议，以免给我们大家带来不幸。’

“在代表们持续不断的呼吁后，欧仁妮皇后再也无法对立法机构关于她的安排提出疑问。此外，在欧仁妮皇后与代表们的会议期间，来自警察总部的报告不断涌来，而欧仁妮皇后把这些描述了巴黎民众的骚动的报告交给了代表们。一条示威者向协和广场行进的消息突然传来，而欧仁妮皇后说道：‘我现在意识到了一个事实，即不仅立法机构没有足够的力量处理起义问题，而且政府会突然发觉自己一方面要面对第二帝国的敌人的满腔怒火，另一方面又受制于自身的软弱无能。我虽然更愿意抵御充满怒火的人并且终结我从拿破仑三世手中获得的权力，但应该怎么做呢？作为立宪君主，没有内阁的支持，我无法单独行动。实际上，参议院一直想夺去我手中仅剩的那点权力。因此，不仅我的权力被削弱得一点不剩，而且我可能要违背自己的意愿退位。’在这个特殊的时刻，对欧仁妮皇后忠心耿耿的首席侍从的德·皮埃尔男爵真诚地说道：‘陛下，我恳求您将您的权力移交给参议院——只有内阁能把这个国家从史上最残酷的革命中拯救出来。’‘这是唯一能够保护第二帝国的未来的行动。’德艾格维夫伯爵补充道。欧仁妮皇后一直重复着自己之前说过的话：‘你难道认为我还在乎未来的权力吗？我已经失去了曾经充满荣耀的皇位及那些欢乐的日子。今后，没有东西能够减轻我对现在的痛苦记忆，而我将永远铭记法兰西的悲痛。’与此同时，从波旁宫来的信使到了。信使说，暴民愈发猖獗，并且在不久前打碎了波旁宫的柱子上的老鹰装饰。又过了一会儿，从一位叫德·加尔达

① 约等于一百二十英里。

纳斯的代表带回来的信中，我们了解到，暴民已经闯入了会议厅。因此，欧仁妮皇后屈服了，说道：‘虽然我认为这是一个错误，但先生们，如果你们希望，那么我决定放弃自己的选择并且接受你们的意见。然而，我必须让我们的行动合理化——我希望你们和内阁讨论这件事——如果我的大臣们同意，那么我也不会再反对你们的提议。’接着，在拿破仑·达鲁伯爵向欧仁妮皇后致谢和告别后，代表们返回了波旁宫。值得一提的是，在这次会议中，朱利恩·格拉维埃曾数次想让路易·比费相信，如果他们能在巴黎市外组建政府，那么第二帝国可以抵御暴动。朱利恩·格拉维埃不仅曾是拿破仑三世的随从和参谋，而且在后者离开巴黎期间，担任欧仁妮皇后摄政期间的机密顾问。路易·比费悲伤地摇了摇头，说道：‘太晚了！剩余的时间只够皇后安全逃离巴黎了。’”

与此同时，波旁宫里发生了什么呢？波旁宫里的会议即将开始时，埃米勒·德·凯拉特里伯爵撤走了宫殿周围的军队——他认为军队会妨碍他的支持者们游行示威。在讲坛上，埃米勒·德·凯拉特里伯爵说道：“我反对护卫和警察包围我们——在我们周围站着的应该是国民卫队。军事大臣为什么下达了与路易-茹尔·特罗胥完全相反的命令呢？”埃米勒·德·凯拉特里伯爵的问题不仅引起了一阵不小的骚动，而且表明反对派代表与巴黎军事首长暗中勾结，商量好了要共同阻碍立法机构进行防御。如果反对派代表与巴黎军事首长没有暗中勾结，那么埃米勒·德·凯拉特里伯爵不敢公开声称路易-茹尔·特罗胥下达的命令与帕利考伯爵夏尔·库赞-蒙托邦的不一致——除非他了解真正的情况。得知唯一的儿子在色当战役中受重伤时，帕利考伯爵夏尔·库赞-蒙托邦的心都要碎了。然而，帕利考伯爵夏尔·库赞-蒙托邦仍然打起精神捍卫自己的事业。“我坚持认为，”帕利考伯爵夏尔·库赞-蒙托邦在讲坛上呼吁，“我有权采取我认为合适的措施来保护立法机构。”“他说的完全正确。”读完帕利考伯爵夏尔·库赞-蒙托邦的演说词后，拿破仑三世评价道。在代表们面前，帕利考伯爵夏尔·库赞-蒙托邦继续完善由内阁提出的计划以应对紧急情况。“摄政委员会”一词将被“执政委员会”所取代，而执政委员会的五名成员会由立法机构提名产生。此外，执政委员会将任命各个大臣，而帕利考伯爵夏尔·库赞-蒙托邦会被授予“执政委员会陆军中将”的头衔。

帕利考伯爵夏尔·库赞-蒙托邦读完政府提出的计划以后，各议院的成员无不大为惊讶。首先，政府的计划根本没有提及摄政王，而帕利考伯爵夏尔·库赞-蒙托邦则悄悄地把有点过时却十分响亮的“陆军中将”头衔授予了自己。立法机构对政府的计划感到惊讶、犹豫和冷漠，而左派人士利用立法机构的反应大做文章，导致朱尔斯·法夫尔废除帝国的激进建议及阿道夫·梯也尔先生委托立法机构成立一个政府国防委员会的计划的实施变得更加可行。阿道夫·梯也尔先生的计划是赋予立法机构以政府国防委员会的成员的提名权。很快，作为一位精明的老牌政客，阿道夫·梯也尔先生说道：“我虽然不反对，也不支持第二帝国。我选择把未来交给上帝和当下！”后来，拿破仑三世说道：“阿道夫·梯也尔先生总是喜欢见风使舵，并且只会采取拖延性的措施。”

四十八名代表同意了阿道夫·梯也尔先生的决议。代表们认为，阿道夫·梯也尔先生的决议是当时最好的折中办法——这不仅能将暴动行为的不合法性降到最低，而且会导致人们无法指责革命的组织者们。阿道夫·梯也尔先生呼喊道：“现在，我们有可能会等到国家处于某种状态时才宣布它的真正愿望。”有人提议寻找一个能让政府国防委员会安心开会和进行选举委员长的工作的地方。然而，政府国防委员会要完成开会和进行选举委员长的工作最少需要一个小时——阿道夫·梯也尔先生有这么多时间吗？这是一个问题。代表们正在讨论时，有人看到，入侵者正从波旁宫窗下的路上穿过并且试图爬进来。起初，闯入者只有几个。随后，不仅闯入者的人数迅速增加，而且人群中呼喊着：“罢免皇帝，发动革命，建立共和国！”这个口号是不祥的征兆，显示了那些暴民的不安的性格。在思考中，代表们越发开始怀疑持续升温的暴动还能否被控制。

在波旁宫外，骚乱的情况比宫殿内和花园里还要严重。激动的人群从里沃利大街和皇家街冲过来，直奔协和广场，并且企图穿过协和桥去立法机构所在的地方。正如前面提到的，被两排骑警和有普通警察援助的卫兵阻挡着通道。然而，国民卫队的两个支队赶来并且冲破了警察和卫兵的阻拦。国民卫队的两个支队是完全自发赶来的，开始尽全力冲进波旁宫——他们的真正意图广为人知。不仅军队还没来得及制订共同行动的计划，而且本应指挥军队的科萨德当时因疾病和劳累而疲惫不堪。

虽然对公共秩序来说，国民卫队是一个实实在在的威胁，但科萨德不仅并不知情，而且认为国民卫队会遵守当局的命令。国民卫队穿过了军事防线。虽然没过多久，有人就意识到出问题了，但为时已晚——特洛伊式的围攻已经渗透进了波旁宫。

立法机构的安全取决于协和桥上的士兵能否抵挡住步步紧逼的国民卫队。国民卫队虽然被阻挡在通往波旁宫的道路上，但无论是否能达到目的，都已经下定了决心。最初，国民卫队给立法机构的官员们传话，要求批准他们成为议会的保护者。立法机构回复称，国民卫队不能越过波旁宫的城墙。后来，固执的国民卫队队员找到了科萨德。然而，由于接到了不允许发生流血事件的命令，科萨德不知道应该怎么回复这些国民卫队队员。虽然科萨德总会说“这是欧仁妮皇后的绝对命令”，但他的话确实不假。拿破仑三世曾说道：“如果将军身边的所有人都力量薄弱时，那么将军也就没什么力量了。”拿破仑三世的这番话非常正确——科萨德不仅没有鼓励警察认真维持秩序，而且最终屈服于国民卫队的要求。科萨德支持国民卫队反抗正规军，并且下令正规军撤退。虽然警察们曾彬彬有礼地请求科萨德让他们留在自己的岗位上，但科萨德的严格命令让前者只能选择遵从。警察撤退后，他们的岗位立刻被国民卫队占领了。显而易见，虽然波旁宫的铁门是立法机构和暴民之间唯一的屏障，但不断冲击的人潮很快就会把这道障碍扫除。波旁宫内值守的为数不多的士兵虽然十分忠诚，但由于铁栅栏不久后就会被拆除，非常容易制服。共和党代表开始穿过大门，对他们所谓的朋友说些什么。后来，国民卫队的队员开始挤进波旁宫。最终，波旁宫的大门已经不可能再被关上了，而立法机构的大厅就那么面朝着大街！虽然暴动的人群已经占领了波旁宫，但这只是开始。

然而，左派人士不喜欢革命团体的入侵——在这场运动中，他们希望自己可以领导，而不是被领导。后来，拿破仑三世评论道：“显然，左派问过自己，在组建政府的过程中，革命团体有什么价值呢？由于各种意想不到的情况，新组建的政府可能会在一眨眼的工夫就消失掉。如果有位英勇果断的领导能够及时站出来；如果某位军事长官能够下达积极的命令并且有庞大的武装力量支持；如果巴黎军队的领导人还记得自己的誓言，前去重建秩序，那么不仅左派会感觉斗争和流血事件不可避免，而且没有人能够预见胜利会属于哪一方。由于充分明白了这场运动的含义并且看到了其中蕴含的危险，有些左派人士开始试图安抚这群激动的可能对他们的宝贵计划造成致命打击的人。”

虽然阿道夫·克雷米厄和格拉斯·比佐恩竭尽全力地吸引着人们的注意，但他们的话语完全被周围的喧嚣淹没了。莱昂·甘必大虽然对第二帝国的倾覆感到十分激动，但警告各个党派不要过度自由化。随后，欧仁·施耐德站起来开始讲话，对莱昂·甘必大的呼吁表示赞成，并且希望人们温和理性地行事。此外，欧仁·施耐德还表达了自己对立法机构、自由和公共利益的忠诚。虽然有那么一刻，不仅那些好建议似乎会被人们接受，而且会议也好像会继续进行下去，但这只是暴风雨前的宁静而已。涌入会议厅的人越来越多。那些闯进会议厅里的人即使希望离开，也无法做到——他们被自己身后不断向前的人推搡着。

拿破仑三世曾说道：“有件事非常值得怀疑，那就是莱昂·甘必大究竟是否真正地在为恢复秩序而努力？许多人都认为，莱昂·甘必大这个未来的独裁者不仅只是希望借机提出建议树立自己光辉的形象，而且很清楚没有人会支持自己的那些建议。然而，更可能的情况是，莱昂·甘必大所说的真的就是他所想的——不仅克制起义运动符合他和他的支持者们的利益，而且起义已经进展到了令他们满足的程度。不可否认的是，有一部分冲入立法机构大会的人肯定是左派人士。意图使用暴力手段胁迫多数党成员，这些左派人士让很多局外人进入了波旁宫。虽然左派人士最终解散了议会，但这可能不是他们的本意。总之，左派人士虽然希望通过暴民的帮助来达到自己的目的，但不希望帮暴民达到目的。”由于觉得自己和莱昂·甘必大的努力没有效果，欧仁·施耐德宣布休会，并且出于对个人安全的考虑回到了他的官邸。

与此同时，一些大臣去杜伊勒里宫告诉了欧仁妮皇后这些正在发生的恐怖事件。从大臣们那里，欧仁妮皇后得知，尤其是在最后一刻，莱昂·甘必大发挥了重要的作用。明白自己无法阻止人潮后，莱昂·甘必大加入了人潮，而且领导了这场他当初想阻拦的运动。或许，莱昂·甘必大认为，以他的受欢迎程度，他能轻松掌控当下的局势，并且因此迅速起草了一项废除拿破仑三世的动议。大臣们离开立法机构去杜伊勒里宫时，莱昂·甘必大的动议就起草完成了。“然而，”一位大臣对欧仁妮皇后说道，“许多代表都在走廊，而不是会议厅。我没看到有人投票——投票人数肯定没有达到法定人数。欧仁·施耐德离开会议厅时，有人跟着他一起离开了。”然而，真实情况是入侵者投票同意了莱昂·甘必大的动议。少数代表反对由入侵者投票这种完全不合常规的议程！有一位代表是皇后的好朋友，即年迈的德·皮尔侯爵。德·皮尔侯爵拄着一根拐杖，勇敢地朝着喧闹的人群说出了谴责性的话。然而，德·皮尔侯爵这位勇敢的退伍老兵没有很多追随者，无法实现任何事。一位大臣听到了后来曾在巴黎公社担任重要职务的雷格里说的话。雷格里曾对着阿道夫·梯也尔大叫道：“你知道革命是怎么发生的吗？人们不会再等着你的行动——看起来，你没有准备好。我们要自己投票同意废除拿破仑三世。”

朱尔斯·法夫尔又出现了，而他的行为倒很果断。和许多朋友相比，朱尔斯·法夫尔知道，在无序的时局中，建立新政府是危险的。朱尔斯·法夫尔想起了一件事，即1848年5月15日，民众虽然袭击了会议厅，但后来又被击退了。朱尔斯·法夫尔只有一个想法，即像人们改变无法筑坝的河流的流向那样，敦促暴民转变方向。在“共和万岁”的呼喊声中，朱尔斯·法夫尔用自己最大的声音喊道：“这里不是呼吁共和的地方——你们应该去市政厅呼吁。跟我来，我来带路！”朱尔斯·法夫尔的这个建议立即得到了采纳。朱尔斯·法夫尔带着人群和其他共和党员沿着码头朝市政厅进发。经过杜伊勒里宫时，一些民众很想进去。然而，进入杜伊勒里宫的想法没有实现。因此，欧仁妮皇后没有受到暴民的打扰。后来，乱哄哄的人群到达了格雷沃广场。

1870年9月4日清晨，市政厅周围异常安静。由于1870年9月4日是周日，市政厅的办公室里都没有人。虽然骚乱加剧时，一支步兵分队来到了市政厅，但他们的到来给杜伊勒里宫造成了极大的恐慌。“共和万岁！”的呼喊声传到了各个连队中，导致许多士兵离开了队列。因此，朱尔斯·法夫尔及其支持者们来到市政厅时，不仅士兵们没有做出丝毫的抵抗，而且一些军官甚至对前者友好地打招呼。市政厅的情况不仅立即传到了欧仁妮皇后那里，而且加速了杜伊勒里宫事态的恶化。随后，暴民冲进了市政厅。国民卫队的队员们把花插进了他们的枪管里。而人们都互相拥抱着。虽然有人在喊叫，但没有东西被损坏。然而，一幅由贺拉斯·维梅特创作的拿破仑三世的画像被人们撕成了碎片。很快，虽然杜伊勒里宫里的人知道了拿破仑三世的画像被撕毁一事，但没有人知道它是不是含有恶意。拿破仑三世的画像被撕毁一事显示了暴民的真实情绪，极大地触动了欧仁妮皇后。就破坏自己画像的行为，拿破仑三世说道：“政治战胜了艺术。”

由于轻松地迈出了第一步，人们欢呼雀跃，非常激动。然而，紧接着，左派的代表们觉得自己有必要迈出第二步，即组建一个政府——这并不容易。拿破仑三世曾说道：“虽然左派人士的计划都已经被实施了，但这不是他们想象中的发动革命的方式。左派人士希望第一步，即在波旁宫组建一个过渡政府，而过渡内阁可能是由阿道夫·梯也尔先生、欧仁·施耐德、路易-茹尔·特罗胥——甚至帕利考伯爵夏尔·库赞-蒙托邦，包括埃内斯特·皮卡尔在内的三到四名左派人士，以及温和派组成的。在短期内，这个过渡内阁将承担国家事务。随后，处理国家事务的职责会由共和党政府承担。根据左派人士的设想，帝国和君主都将不复存在。然而，暴民们不经思考，冲动行事，大大超出了左派人士们预先制订的计划。左派们感觉到，是否能安抚人们激动的心情，以及会不会得到路易斯·查尔斯·德莱克吕兹和皮埃尔·米利埃尔这样有远见的人的鼓励都是重要的问题。而随后发生的事件表明，在这样重要的时刻，人们有理由产生怀疑。”

在聚集着代表们的市政厅的房间里，左派的极端分子漫无目的地转来转去，梦想着实现他们理想中的乌托邦社会，并且以费利克斯·皮亚特、路易斯·查尔斯·德莱克吕兹和埃米尔·弗卢朗的名义周旋着。几个月后，作为未来共和政府的成员们，这些人都与巴黎公社走到了一起。朱尔斯·法夫尔和他的支持者们感到害怕——虽然他已经向人群喊过话了，但人们只听进去了一半。有一刻，欧仁妮皇后和她的支持者们再次认为，各党派的开明人士都应该明白，应对危机的最好办法就是坚定地团结在尚未完全没落的第二帝国周围。如果市政厅的温和派无法控制局势，那么不仅“社会革命”会立即爆发，而且左派所期待的共和也会无法实现。对左派来说，幸运的是，他们想出了一个似乎能暂时避免严重危险的计划。人们一致认为，临时政府应当把在巴黎选出的代表和巴黎所在的塞纳省的代表排除在外，而通过这种办法，共和党内的大多数危险分子都被清除了——在左派的温和人士看来，这一步是十分重要的。

与此同时，“路易-茹尔·特罗胥问题”又回到了人们的视野中。和欧仁妮皇后

路易斯·查尔斯·德莱克吕兹

费利克斯·皮亚特

当初一样，朱尔斯·法夫尔和他的同事们非常担心路易-茹尔·特罗胥的立场。“路易-茹尔·特罗胥不会去杜伊勒里宫，”拿破仑三世肯定地说道，“他会不会去市政厅仍然有待观察。然而，相比夹在两者之间，更容易的做法是选择其一。讨厌做困难的事情的路易-茹尔·特罗胥自然会选择去……市政厅！”然而，在1870年9月4日的这一关键时刻，路易-茹尔·特罗胥不见了踪影。从1870年9月4日早晨开始，人民不仅在杜伊勒里宫和波旁宫都没看到路易-茹尔·特罗胥。“实际上，凡是路易-茹尔·特罗胥应该在的地方，他都不会在。”拿破仑三世说道。正如之前提到的，1870年9月4日早晨，欧仁妮皇后曾提醒路易-茹尔·特罗胥，一场暴动正在酝酿。欧仁·施耐德的秘书也曾通知路易-茹尔·特罗胥，立法机构恐怕会发生骚乱。虽然欧仁·施耐德希望路易-茹尔·特罗胥保护代表们，但后者没有行动。1870年9月4日14时左右，由于对发展迅速的暴动、态度犹豫的正规军和国民卫队的危险举动感到担心，有一位代表，即勒布雷顿想和路易-茹尔·特罗胥见面。勒布雷顿得到的回复是，由于忙碌，路易-茹尔·特罗胥无法接见任何人。然而，由于勒布雷顿一再坚持要求，路易-茹尔·特罗胥终于同意了见面。

经过一番匆忙的解释，勒布雷顿对路易-茹尔·特罗胥说道：“将军，您非常受欢迎，并且可以挽救立法机构——我们也希望您能这么做。”

路易-茹尔·特罗胥说道：“这根本不可能。在过去几天里，我没有接到任何命令。我被搁置在一边。帕利考伯爵夏尔·库赞-蒙托邦不仅试图排挤我，而且做到了。现在叫我太晚了。我帮不上忙。”

勒布雷顿说道：“将军，您错了——现在还不晚。然而，我们一刻钟也不能浪费了。”

在欧仁妮皇后面前，勒布雷顿曾经详细地描述了自己和路易-茹尔·特罗胥的对话——在此，我第一次将其公开。勒布雷顿说道：“路易-茹尔·特罗胥似乎因我的坚持而屈服了，给马装上了鞍并且准备出发。我看着路易-茹尔·特罗胥远去。当然，我认为路易-茹尔·特罗胥去了波旁宫。路易-茹尔·特罗胥为什么没有早点出现在他应该出现的地方呢？后来，路易-茹尔·特罗胥试图解释自己的行为，而围绕着他的解释又产生了无休止的争论。然而，有一件事情是肯定的，即1870年9月4日早晨，路易-茹尔·特罗胥本可以在阻止革命一事上发挥巨大作用——甚至1870年9月4日中午，他也不仅可以控制刚刚萌芽的革命，而且无疑能够拯救政府。无论有没有受到怨恨情绪的影响，路易-茹尔·特罗胥都准备好了和那些一心想推翻第二帝国的人同流合污。有一点是可以肯定的，即在这场危机中，路易-茹尔·特罗胥该做的事情一件都没有做——他抛弃了曾经发誓要保护的摄政王，站在一边，叉着胳膊，看着那些事发生，好像他只是一个毫不相关的旁观者。因此，与我分别后，路易-茹尔·特罗胥就是以这样的态度出发的，像他的那匹马一样，他根本不知道自己要去哪儿或者要做什么！然而，或许相比于帮助匡扶第二帝国，路易-茹尔·特罗胥更愿意帮助市政厅里的暴民们。

“路易-茹尔·特罗胥带着两名参谋，乘坐马车穿过卡鲁索广场，沿着杜伊勒里码头行进，最终在索尔费里诺桥的入口处停了下来。路易-茹尔·特罗胥告诉我，在索尔费里诺桥的入口处，他停留了一会，发现自己无法穿过密集的人群。然而，路易-茹尔·特罗胥的话不是真的——不久后，朱尔斯·法夫尔和左派代表们轻松地穿过了路易-茹尔·特罗胥声称无法通过的索尔费里诺桥。见过路易-茹尔·特罗胥后，在返回波旁宫的路上，我不仅轻易地通过了索尔费里诺桥，而且还在那里告知我的同事们，路易-茹尔·特罗胥会去帮忙。我一直认为，路易-茹尔·特罗胥在索尔费里诺桥短暂停留的真正原因是希望在左派代表返回市政厅的途中见到他们——不久后，他确实见到了。我有充足的理由相信，埃米勒·德·凯拉特里伯爵敦促朱尔斯·法夫尔去市政厅时，后者也想在途中见一见路易-茹尔·特罗胥。一定有人会告诉路易-茹尔·特罗胥波旁宫发生的事。因此，在索尔费里诺桥上，左派代表们找到了路易-茹尔·特罗胥。朱尔斯·法夫尔与路易-茹尔·特罗胥握手并且说道：‘现在，虽然法兰西还没有，但我和我的伙伴们将会在市政厅成立一个新政府。如果你回到你的住处并且在那里等待我们的消息，那么我们会非常高兴。’路易-茹尔·特罗胥没有说话，也没有试图去了解实情。路易-茹尔·特罗胥从不打听我们在波旁宫是不是坚定不移地为现实努力着。看起来，路易-茹尔·特罗胥没有问过自己，如果他及时出现在立法机构，那么事情的走向能不能改变。路易-茹尔·特罗胥觉得自己只有一件事要做，即返回他位于卢浮宫的寓所，让一切顺其自然。因此，路易-茹尔·特罗胥回到了卢浮宫，并又一次路过了杜伊勒里宫——在那里，有一位被不幸的时局压垮的君主，也是一位他曾许诺要用生命去保护的女士。离开时，由于想到自己已经让副官斯密特去杜伊勒里宫了，路易-茹尔·特罗胥的良心似乎感到了满足。然而，直到欧仁妮皇后离开时，斯密特才到达杜伊勒里宫，而永远没有人能解释清楚他迟到的原因。

"因此，路易-茹尔·特罗胥就待在卢浮宫，等待着收到新政府成立的通知。1870年9月4日5时，一个代表团请求路易-茹尔·特罗胥立刻去市政厅。代表团中有个叫格雷·比基恩的古怪的人对路易-茹尔·特罗胥说道：'你有足够的权力控制巴黎民众的骚乱。'路易-茹尔·特罗胥脱下自己的制服，穿上平民的衣服，对斯密特说道：'再见。我们可能再也不会见面了——我要去当阿方斯·德·拉马丁式的政治家了！'阿方斯·德·拉马丁！路易-茹尔·特罗胥比阿方斯·德·拉马丁差远了。路易-茹尔·特罗胥去市政厅的目的不是为了像阿方斯·德·拉马丁在1848年那样和不负责任的革命做斗争，也不是为了提醒代表们负起他们的责任，更不是为了唤起那些被空谈催眠的人们的意识。路易-茹尔·特罗胥去市政厅只是为了去扮演一个自私的角色，为了跟随人潮流动，为了帮助起义并且从中获得权力。实际上，路易-茹尔·特罗胥到达市政厅时，左派的领导人们不仅已经掌控了局势，而且战胜了渴望建立公社的革命党人。因此，无论如何，路易-茹尔·特罗胥都不能吹嘘说自己的出现起了作用。路易-茹尔·特罗胥走进房间，而代表们正在颁布法令组建国防政府。路易-茹尔·特罗胥提出了一个浮夸的问题：'你们想保护上帝、家庭和私有财产吗？'代表肯定地回答了这个浮夸的问题。路易-茹尔·特罗胥又继续说道：'我如果被选为新政府的领导人，那么会加入你们的行列——在现在的情况下，我对你们很有用。'代表们同意了路易-茹尔·特罗胥这个并不谦虚的要求。第一次叫路易-茹尔·特罗胥帮忙时，代表们不仅没有掌控局势，而且觉得在对作为合法机构的立法机构最后一击和在控制革命团体的有生力量两方面，前者对他们来说还是十分有用的。此外，因为没有人要求担任政府领导人这一最高位置，所以代表们很容易就将其交给了路易-茹尔·特罗胥。因此，1870年9月4日夜晚，当天上午还是巴黎军事首长和第二帝国臣民的路易-茹尔·特罗胥已经成为诞生于起义期间的非法政府的最高领导人！"

与此同时，在参议院和立法机构又发生了什么呢？虽然在名义上，参议院已经站在了第二帝国及其体制的领导位置，但其影响力已经随着“自由帝国”的建立而受到了削弱。虽然有几个参议员能力突出，刚正不阿，并且对第二帝国忠心耿耿，但在这场危机中，参议院注定只能扮演一个小角色。得知了发生在波旁宫的事后，参议员们强烈抗议，一致表示要对第二帝国效忠——虽然在这一方面，他们展示出了比1814年的参议员们更大的勇气，但这就像是荒野中的呼喊，徒劳无功。虽然参议员们做了精彩的演说，但革命者仍然不在意参议院及其成员。卢森堡宫旁边，即参议院所在地，十分平静。卢森堡宫的外围由二百名海关官员守卫。实际上，卢森堡宫根本不需要保护——似乎没有人会故意进攻此处。因此，参议员们一个接一个地回家了。查尔斯·托马斯·弗洛凯回家不久后，参议院的大门被人以市政厅政府的名义贴上了封条。1870年9月5日，新政府在官方报纸上刊登了一则简短的公告：“参议院现已废除。”

立法机构没有很快消亡。朱尔斯·法夫尔和他的同事离开几个小时后，立法机构的代表们陷入了沉思。大约两百人聚集在餐厅——会议厅仍旧被闹哄哄的暴民

查尔斯·托马斯·弗洛凯

占领着。经过一番混乱的辩论，人们决定派出一个由八位代表组成的代表团去市政厅。立法机构派出代表团不是为了去认可新政府，而是为了去和市政厅的同事们交换意见。然而，当这八位代表到达后，朱尔斯·法夫尔很容易就说服了他们并且让他们相信他们的努力是徒劳的。“虽然从上个月开始，”朱尔斯·法夫尔说道，“我和我的同事就在催促立法机构管理政府，但你们不听我们的。现在，你们已经来不及控制局势了。然而，我很乐意倾听我在波旁宫的同事们的意见。昨晚，我与新政府的同事们商议——今晚，我就会回到波旁宫。”朱尔斯·法夫尔确实和朱尔斯·西蒙一起商议过。“我们虽然被代表团的提案打动了，”朱尔斯·法夫尔说道，“但鉴于已经发生的情况，除了接受新政府，也没有其他办法了。现在，我们只考虑怎么拯救法兰西。我们体现了当前的革命形势所要求的最高秩序。我们被一群企图夺取我们的权力的狂热团体包围了。我们如果允许立法机构继续存在，那么会被赶出市政厅——就像你们被赶出波旁宫那样。”朱尔斯·法夫尔和他的同事们离开时，激烈的辩论仍然在继续。最终，阿道夫·梯也尔先生的观点占了上风。阿道夫·梯也尔先生说道：“我们待在一起的时间不多了。我们不能解散参议院，而是要安静地回到各自的家中并且在那里继续做一个对国家事业有所贡献的良好公民。我们无论接受还是反对那些与法兰西的敌人作战的人，都得不到任何好处——愿上帝助他们一臂之力！”1870年9月4日22时，签署完旨在针对当天所出现的情况的抗议书后，立法机构——或者说立法机构的剩余人员，都离开了，并且永远不会再一起开会了。

就1870年9月4日的革命，拿破仑三世曾发表过一些评论，而用下面这些概述段落作为本章的结尾非常合适：

“1870年9月4号早晨，法兰西还有一个正常的政府，而同一天的夜晚，法兰西就被交给了一群没有治国经验的人。虽然这群接管法兰西的人没有给自己的国家做出过真正的贡献，但路易-茹尔·特罗胥是个例外——未能保持忠诚的路易-茹尔·特罗胥曾为第二帝国做出了杰出的贡献。二十年来，朱尔斯·法夫尔和他的同伙总是在想方设法让第二帝国崩塌——他们搅起民众的最坏的情绪，激起阶级之间的嫉妒，缺失一种真正的爱国主义精神。总而言之，朱尔斯·法夫尔等人的爱国是一种掺杂着私利和物欲的虚假的爱国。1870年10月31日的暴动和紧接着的1871年

3月18日的暴动是巴黎公社运动的开端，而这两场暴动证明了这个新政府没能控制事态恶化。

“参与了1870年9月4日的一系列事件的人发表了一则声明，试图解释他们的行为，而除了别的事，他们还在声明中说道：‘如果一位将军的指挥失败了，那么他的指挥权就要被剥夺；一个政府如果因自己的过失而危害到国家的安全，那么应该被推翻——这就是法兰西刚刚发生的事情。在世人眼中，推翻给法兰西带来种种不幸的第二帝国不仅像执行了一次人人都赞成的判决，是一项正义的举动，而且拯救了法兰西。’

“正是通过这种声明，法兰西人民被1870年9月4日的那些暴民玩弄了。然而，在这些暴民看来，需要对所有一切担责的人正是那些被征服和推翻的人。暴民们认为，由于只投票反对给军队拨款，反对派的代表们只需要对1870年夏季发生的事负有一定责任。暴民们甚至认为，摄政王没有行使好自己的权力，而拿破仑三世没能指挥好军队。暴民们口中的巴黎实行了专制统治的说法是荒谬的——那里的政治发言人和新闻媒体享有充分的自由。起义的人获得的权力已经凌驾于国家主权之上，而国家主权已经因一小撮领导人的利益而被推到了一边。政府官员们背离了他们的誓言，而叛乱则被粉饰成了一种对民众的伟大拯救。总而言之，完全错误的观念和原则已经彻底取代了权利和正义。1870年9月4日的革命是上述的所有这些错误和巴黎民众的过激情绪的产物。虽然在那段致命的日子里，整个巴黎一片混乱，但这一事实不仅绝不能免除这场革命运动的那些领导人的责任，而且不能免除向那些领导人屈服的人的责任——他们本应该继续走爱国和爱民的正道。当法兰西遭遇外敌入侵时，废除一个使法兰西强大并且成为欧洲头号强国的政府不仅有违荣誉和公正，而且是忘恩负义的行为。

“虽然1870年9月4日的革命的领导人们一遍又一遍地重复巴黎没有发生流血事件，暗示他们只是进行了一场伟大的民族运动，但这是假话——他们的革命根本和他们说的完全不一样。巴黎是被突然占领的，而其余法兰西领土则没有被革命波及。作为第二帝国灭亡后的第一次大选，1871年2月8日的大选表明了法兰西人民对1870年9月4日的革命者的看法——法兰西人民不欢迎第三共和国。虽然1870年9月4

日的确没有发生流血事件，但我们不要忘了，新政府继续进行了斗争，不仅导致了成千上万人死亡，而且带来了屈辱的和平条约。这场革命最终的结局是血腥的巴黎公社运动。在巴黎公社运动中，法兰西人民自相残杀。如果革命的诞生不像它的结束那么悲惨，那么不是因为革命的领导人和受益者的节制，而是因为第二帝国的统治者因不想造成任何伤亡而放弃抵抗并且离开了皇位。我们不能忘记欧仁妮皇后的善良和宽厚——她不希望法兰西人民会因为她的抵抗而死亡。在最令人痛苦的情况下，欧仁妮皇后选择了放弃和服从，而由于她的行为，法兰西免遭更严重的灾难。在欧洲人眼皮底下，这场革命的领导人毫不犹豫地推翻了第二帝国，给法兰西带来了不必要的破坏。我相信，这场革命的领导人会被历史永远烙上耻辱的印记。”

第30章

欧仁妮皇后逃离巴黎

1870年9月4日，欧仁妮皇后离开杜伊勒里宫时，发生了一些事情——有几个人或多或少与这些事情有关联。关于欧仁妮皇后逃离巴黎和秘密旅居英国的故事，已经有人或简短或详细地将其写了下来。在下文中，在更改了一些其他作者的错误内容的基础上，笔者将描述欧仁妮皇后和她的同伴在艰难的日子里于旅馆套房中的所见所闻、所思所想。

1870年9月4日，暴民进攻立法机构时，有人担心杜伊勒里宫也会受到攻击。大臣们一个接着一个地从波旁宫逃到杜伊勒里宫并且报告波旁宫的情况。阿道夫·比约先生对一位代表的妻子，即布尔古安男爵夫人说："不仅参议院被入侵了，而且多数党也解散了。人们虽然以前想看到拿破仑三世的笑容，但现在提议废除他。现在已经没有希望了。我们来请求欧仁妮皇后离开。"所有的大臣都赞同阿道夫·比约先生的话。然而，欧仁妮皇后说道："我虽然同意把我的权力交给立法机构，但不想把我的位置交给起义者。"亨利·谢弗罗真诚地对欧仁妮皇后说道："在里昂，共和国已经宣告成立了。红旗已经开始飘扬，而省长也已经被逮捕了——不出一个小时，巴黎就会成立一个临时政府。杜伊勒里宫外的暴民迅速增多，而不久后，宫殿将会沦陷，总之，危险正在向各个角落蔓延。"

杜伊勒里宫中满是欧仁妮皇后的支持者、忠心的仆人和准备与君主共命运的士兵。有些人认为，如果欧仁妮皇后坚持不走，那么一场斗争将在所难免。"肯定会有死伤的，"一个人说道，"一想到发生在1792年8月10日的那次流血事件，我就浑身发抖。”虽然一些人主张守卫杜伊勒里宫，但欧仁妮皇后反对这个主张，说道：“因保护我个人而放任人民被杀害——这绝对不行。”欧仁妮皇后虽然坚决不同意勒皮克的建立防御体系的想法，但很快又妥协了——她必须得采取措施了。因此，各种计划纷纷被呈了上来。公共工程部的大臣大卫男爵不仅提出了相关部门应该安排一列特别的火车载着欧仁妮皇后离开法兰西领土的计划，而且甚至已经开始为这个计划查阅火车时刻表。朱利恩·格拉维埃建议把火车的终点站放在勒阿弗尔港。然而，有人反对道，由于公众太熟悉欧仁妮皇后，后者无法安全到达勒阿弗尔港。朱利恩·格拉维埃又提议称，欧仁妮皇后可以在普埃布拉上船并且经塞纳河到达勒阿弗尔港。然而，显然，在塞纳河上的第一个关卡，欧仁妮皇后所乘的船就可能会被拦下——这个提议仍然有待仔细考虑。又有人说，由于有法兰西舰队的船停泊，洛里昂会是最好的港口。不难看出，去洛里昂港和去勒阿弗尔港一样困难。

与此同时，从杜伊勒里宫外面传来的报道越来越令人害怕。到处都能听到“打倒帝国！”“废除君主！”“共和国万岁！”这样的呼喊。暴动者们早就开始拆毁帝国

勒阿弗尔港

雄鹰雕塑，抹去纪念碑和各种建筑上的拿破仑三世的名字的首字母，而墙上的“自由”“平等”“博爱”等词也被人们乱涂乱画。人群甚至已经开始入侵杜伊勒里宫的外围——危险近在咫尺。杜伊勒里宫已经不能对立法机构抱有任何希望了。“我们必须把路易-茹尔·特罗胥叫来。”有人说道。欧仁妮皇后轻声说道：“我们是指望不了路易-茹尔·特罗胥的。”这时，查理·冯·梅特涅先生和尼格拉伯爵科斯坦蒂诺等人来到了杜伊勒里宫，并且慷慨地帮助保护欧仁妮皇后。随后，约阿希姆·彼得里和卡莱尔也来了。“陛下，您和您身边的人真的很危险，”卡莱尔说道，“一刻钟之内，这座宫殿就会被暴民入侵。别再犹豫了。暴民可不知道自己在做什么——他们可能会犯下大罪。”指挥着皇家卫队、现驻守在杜伊勒里宫的梅利奈特提出了自己的建议：“如果欧仁妮皇后不授权我组织抵抗，那么暴民马上就会冲进宫内。”然而，

约阿希姆·彼得里

由于不想让任何一名法兰西人丧命，欧仁妮皇后再一次拒绝组织抵抗。梅利奈特虽然悲伤地回到了自己的岗位，但仍然准备在必要时为保护杜伊勒里宫而牺牲自己的生命。然后，大使们和大臣们再次努力劝告欧仁妮皇后离开杜伊勒里宫。最终，欧仁妮皇后同意离开杜伊勒里宫。大臣们从会客室走出来，对外围的人说道："欧仁妮皇后已经决定要离开杜伊勒里宫——很遗憾，她对当前局面已经无能为力。我们会返回波旁宫，看看自己能不能做点什么来挽救这个局面。"

当时的会客室内有许多欧仁妮皇后的忠实的支持者。颇受巴黎人民爱戴的玛丽亚·克洛蒂尔德王妃也来到会客室与欧仁妮一起面对危险。实际上，几个小时之后，玛丽亚·克洛蒂尔德王妃乘坐四轮马车离开了巴黎，并且在没有武装保护的情况下，安全从杜伊勒里宫抵达了里昂车站。和玛丽亚·克洛蒂尔德王妃一起在会客室的还有阿瓜多子爵夫人、马拉科夫公爵夫人、弗朗索瓦·马塞兰·德·康罗贝尔的夫人、布尔古安男爵夫人和德·索西太太、阿方斯·德·雷尼瓦尔伯爵夫人、皮泽伯爵夫人和桑西太太。直到大使和大臣们到来后，上述这些太太才都获准进入欧仁妮皇后的房间，而她们全都请求陪伴欧仁妮皇后。欧仁妮皇后发现她们都在哭泣，眼眶里满是泪水。欧仁妮皇后用最温柔的语气对这些太太们说道："不行，我不能带着你们。你们有丈夫和孩子，而我不想连累任何人。在法兰西，给别人带来不好的运气是一种罪过。"布尔古安男爵夫人说："我的丈夫领导着涅夫勒省的三千五百名志愿兵。您有什么命令吗？"欧仁妮皇后回答道："命令？现在，我已经没有任何命令要下了。我们只能屈服于现状。我永远不会忘记你们为我做的一切。谢谢你们。再见，再见！"随后，欧仁妮皇后拥抱了这些太太们，而太太们则亲吻了她的手。许多人又说道："您一定要让我们陪着您。"欧仁妮皇后再次重复道："不行。永别了——或者更确切地说，再会。""好吧，再会。"太太们齐声回答道。欧仁妮一边走，一边回头看着这些太太们，挥手告别。最终，这些太太们消失在了欧仁妮皇后的视野中。随后，这些太太们带着沉重的心情，离开了杜伊勒里宫。

几乎在同一时刻，梅利奈特回到了杜伊勒里宫内，再次请求欧仁妮皇后批准他去"清理那些包围在宫殿四周的嚣张的不法之徒"。卡斯泰尔巴雅克侯爵接见了梅利奈特，并且告诉了他欧仁妮皇后已经决定了离开的消息。英雄迟暮的梅利奈特紧紧抓住卡斯泰尔巴雅克侯爵的双手，大声说道：“然而，我们不能——不，是一定不能像老妇人一样，没有举起武器抵抗就被杀了。”“冷静点，将军，”卡斯泰尔巴雅克侯爵说道，“我这把左轮手枪里还有六颗子弹。在子弹用尽前，我们不会被杀掉。然而，我们必须等欧仁妮皇后逃得远一些——只有这样，她才不会与我们一样面临被屠杀的危险。”看到当局已经无计可施后，梅利奈特想利用一下自己的克里米亚战争英雄的名望。经卡斯泰尔巴雅克侯爵同意，梅利奈特决定去试着看看自己是否可以拖延暴乱者对宫殿的进攻——这样一来，杜伊勒里宫就能少一些危险。因此，梅利奈特下令将在第二帝国时期一直飘扬于杜伊勒里宫上空的旗子降了下来。随后，梅利奈特来到早就冲进杜伊勒里宫的花园的暴民跟前，站在一把椅子上，大声喊道：“欧仁妮皇后已经离开宫殿了。你们是法兰西人，请不要不知羞耻地去侮辱一个遭受不幸的女人。因此，我希望你们不要再制造混乱了，安静地回家去吧。”向前冲的暴民虽然停下了，但仅仅停下了一小会儿。二十处用来阻挡人们私自进入杜伊勒里宫的花园的围栏都被这些暴民拆毁了——已经没有什么可以阻挡后者了。不久后，暴民就将冲进杜伊勒里宫的宫殿里。

与此同时，欧仁妮皇后匆忙地穿戴上了帽子、面纱和旅行斗篷。在此，我或许可以引用一位贵妇人所写的未曾发表的一封信——这位贵妇人当时就在现场。这位贵妇人写道：“桌子上有一盘欧仁妮皇后未曾动过的午餐——从早晨到现在，她没有吃过任何东西。我们请求欧仁妮皇后在开始那前途未卜的‘旅行’前吃几口午餐，以免因虚弱而倒下。欧仁妮皇后接受了我们的请求，匆忙地咽下了几块面包。临走前，欧仁妮皇后再次停下，看了一眼这个她大概永远不会再看到的地方。在桌子上一堆文件中，皇后注意到了一封电报。那封电报的内容是拿破仑三世战败和被俘虏的消息。起初，欧仁妮皇后伸出手，想把那封电报带走。然而，欧仁妮皇后突然改变了想法，说道：‘不，还是把它留在这里让别人发现吧。’因此，欧仁妮皇后把那封电报放在了桌子上最显眼的地方。”查理·冯·梅特涅先生和尼格拉伯爵科斯坦蒂诺催促欧仁妮皇后快点走，并且对一些过度紧张的夫人们呼喊道：“如果实在来不及，那么我们会负责皇后的安全。”查理·冯·梅特涅先生和尼格拉伯爵科斯坦蒂诺多次向正在同欧仁妮皇后依依惜别的弗兰切斯基尼·彼得里和亨利·谢弗罗保证。随后，欧仁妮皇后一行就离开了。欧仁妮皇后再次与阿瓜多子爵夫人等人道了别。皮泽伯爵、查理·冯·梅特涅先生、尼格拉伯爵科斯坦蒂诺等人和欧仁妮皇后的私人秘书查尔斯·艾蒂安·孔蒂紧跟在欧仁妮皇后身后。欧仁妮皇后一行下到一楼，路过皇太子的房间，到达了杜伊勒里宫右侧的院落，而一辆四轮马车像平常一样停在那里——这是当天值守的副官的马车。虽然人们想到的第一个方法是利用马车出逃，但查理·冯·梅特涅先生说马车上的皇家徽章和皇冠图案会吸引暴民的注意。因此，查理·冯·梅特涅先生当即决定使用自己的马车——他的马车不仅就停在码头，而且没有会引起暴民注意的皇家徽章。一名勤务兵负责去把马车驾过来，而欧仁妮皇后一行坐在门厅的长凳上

勤务兵去驾的那辆马车就停放在离码头不远处。喧闹的人群通过卢浮宫大门叫喊着进入了卡鲁索广场。一时间，誓言声、恐吓声和革命歌曲的声音混杂在一起，导致整个杜伊勒里宫一片混乱。不久后，勤务兵回来了，并且提醒欧仁妮皇后一行不要试图从他过来的方向去码头。与此同时，朱利恩·格拉维埃直面暴民并且试图与他们理论以争取时间。虽然暴民疯狂地破坏，但把他们和朱利恩·格拉维埃隔开的围栏依然坚强地挺立着。一名中士带领着几个步兵围在朱利恩·格拉维埃四周，时刻准备着在必要时保护他免受暴民们的伤害。最终，朱利恩·格拉维埃说的话终于传进了暴民们的耳朵里："皇后已经离开了杜伊勒里宫。因此，你们没有必要在这里起哄。请你们平静下来。"然而，区区几个人怎么和一大群暴民对抗呢？很快，国民卫队的指挥官派了一个小分队来支援这几个步兵，他意识到朱利恩·格拉维埃刚才处于极大的危险中。"努力阻止他们突破围栏。"朱利恩·格拉维埃说道。随后，朱利恩·格拉维埃再次对暴民们大喊道："我说过了——皇后已经不在这里了。"国民卫队是朱利恩·格拉维埃唯一可以依赖的援助力量。国民卫队的小分队的队员们服从指挥官的命令，即在暴民们想上前时，他们必须用枪托顶着暴民，以免围栏被破坏。突然，暴民发现自己难以突破围栏，于是急忙离开，试图从别的地方闯进去。然而，朱利恩·格拉维埃和国民卫队已经无须抵抗了——回到他离开前安置欧仁妮皇后的前厅时，他发现欧仁妮皇后已经不在了。看清了杜伊勒里宫的困境后，欧仁妮皇后一行没有冒险外出，而是选择往后走。欧仁妮皇后一行沿着卢浮宫的画廊走，最

终在卢浮宫大柱廊边找到了一个安全的出口。请允许我用一些笔墨描写一下欧仁妮皇后一行是如何找到出口的。

欧仁妮皇后一行穿过呈现着一派荒凉的景象的弗洛拉展馆，到达了一个大厅。欧仁妮皇后回忆起不久前，即战争还没开始时，她曾坐在拿破仑三世和皇太子中间于此处参加了一个公众仪式。在这个大厅里，工具和材料杂乱无章地放着，就像这杂乱无章的国家秩序。这个大厅的尽头是一扇通往卢浮宫绘画艺术馆的门，而这扇门是欧仁妮皇后一行的必经之路。不幸的是，欧仁妮皇后一行发现门被锁上了。虽然欧仁妮皇后一行敲了好几次门，希望能引起卢浮宫绘画艺术馆的管理员的注意，但没有人理会他们。然而，欧仁妮皇后的侍从班中的特林先生偶然听说，欧仁妮皇后要从卢浮宫绘画艺术馆的方向逃跑，并且因此带着一把钥匙赶到了欧仁妮皇后那里。利用这把钥匙，特林先生不仅打开了第一扇门，而且打开了从卢浮宫绘画艺术馆到街上的所有挡住欧仁妮皇后去路的门。离开卢浮宫绘画艺术馆前，欧仁妮皇后命令查尔斯·艾蒂安·孔蒂和勤务兵离开自己——这样一来，他们就不会因人数太多而惹人注目了。欧仁妮皇后身边只剩下查理·冯·梅特涅先生、尼格拉伯爵科斯坦蒂诺、勒布雷顿太太和查尔斯·丹尼斯·布尔巴基太太。到达行程的终点时，欧仁妮皇后一行看到了卢浮宫前的广场，而拱道里挤满了人。欧仁妮皇后一行听到一些敌对分子高喊着“共和国万岁”和“打倒那个西班牙女人”之类的话。搀扶着欧仁妮皇后的尼格拉伯爵科斯坦蒂诺问前者是否害怕。“你正抓着我的手臂，”欧仁妮皇后说道，“你感觉我的手在颤抖吗？”突然，暴民们朝着教堂蜂拥而去，而欧仁妮皇后一行抓住这个机会，招呼了一辆出租马车——本来计划是乘坐查理·冯·梅特涅先生的马车，而现在变成了女士们乘坐出租马车。

至此，查理·冯·梅特涅先生和尼格拉伯爵科斯坦蒂诺的任务结束了。虽然在不同情况下，查理·冯·梅特涅先生和尼格拉伯爵科斯坦蒂诺总是能发挥不同的作用，但一些波拿巴主义者谴责他们，认为在他们骑士风度的行为下，隐藏的是急于摆脱欧仁妮皇后的想法——当时，欧仁妮皇后的存在会让他们的处境变得艰难。自始至终，欧仁妮皇后都很感激查理·冯·梅特涅先生和尼格拉伯爵科斯坦蒂诺，以及他们所提供的帮助，并且没有在他们提供的帮助中看到任何政治目的。对查理·冯·梅特涅先生和尼格拉伯爵科斯坦蒂诺在1870年9月4日的慷慨相助，拿破仑三世也不止一次表达了他的感激之情。“如果所有所谓的法兰西皇室的朋友有查理·冯·梅特涅先生和尼格拉伯爵科斯坦蒂诺一半的勇敢和助力，”后来，拿破仑三世说道，“那么我们大概还能待在杜伊勒里宫里吧。”

欧仁妮皇后所坐的出租马车驶过里沃利大街并且停在了圣奥古斯丁教堂附近的一所房子前。这所房子是贝松先生的，而他不在家——他“奉皇后的命令”去了杜伊勒里宫。因此，出租马车的车夫又驱车到了欧仁妮皇后的忠诚的宫廷管家皮耶内侯爵所居住的瓦格兰大街。然而，情况再次让欧仁妮皇后一行失望了——他们离开杜伊勒里宫时，皮耶内侯爵被暴民们纠缠住并且一直无法回家。时间飞快地流逝，

圣奥古斯丁教堂

而不久后，欧仁妮皇后逃离杜伊勒里宫的消息就会传开，导致她无法离开巴黎。欧仁妮皇后一行意识到，到达边境前，他们一定要找一个临时的避难所。突然，勒布雷顿太太想起，埃文斯医生非常忠于法兰西宫廷。欧仁妮皇后也觉得，埃文斯医生绝对是个可以信任的人。因此，欧仁妮皇后一行乘车去了埃文斯医生位于皇后大道的家。虽然埃文斯医生不在家，但他的仆人告诉欧仁妮皇后一行，不久后，埃文斯医生就会回来。一回到家，埃文斯医生就真诚地接待了欧仁妮皇后。欧仁妮皇后还是个孩童时，埃文斯医生就认识她了。在杜伊勒里宫，埃文斯医生一直受到欧仁妮皇后的热心款待，而他对此非常感激。因此，欧仁妮皇后很自然地想到，在这个紧要关头，埃文斯一定会向她证明他是一个绝佳的保护者——后来发生的事表明，欧仁妮皇后的判断是正确的。

欧仁妮皇后急忙告诉埃文斯医生她所需要的帮助，而埃文斯医生虽然毫不犹豫地答应了，但请求前者在行动前稍微等一会。和老朋友爱德华·克雷恩医生商讨了一番后，埃文斯医生最终决定他们二人一起陪欧仁妮皇后去海岸边。因此，欧仁妮皇后不仅在热情好客的埃文斯医生家住了一晚，而且睡的是埃文斯医生的夫人的房间——后者离家去海边了。经历了前几天的痛苦、焦虑和折磨后，欧仁妮皇后睡得很香，并且在1870年9月5日早晨起床时感觉神清气爽。整个行程中，在着装上，欧仁妮皇后唯一要做的改变就是把她从杜伊勒里宫出发以来就戴着的女士包头软帽换成了埃文斯医生的夫人的厚面纱圆帽——前者不能很好地遮住她的脸。

在临终前，埃文斯医生曾留下一本手稿，记录了他和欧仁妮皇后等人从巴黎到海岸边的值得纪念的行程。在埃文斯医生去世前几周，经爱德华·克雷恩医生精心编辑后，这本手稿被发表了。在编辑的过程中，爱德华·克雷恩医生曾与欧仁妮皇后讨论他们是何时穿过巴黎的。爱德华·克雷恩医生编辑的内容，包括乘马车从巴黎去特鲁维尔途中的一切情况，以及在欧仁妮皇后的邀请下，爱德华·克雷恩医生及其妻子在法恩伯勒度过的时光。

1870年9月5日早晨，欧仁妮皇后一行乘坐一辆棕色的四轮马车出发了。我相信，车夫和男仆们肯定不知道他们的主人身边的人是谁。欧仁妮皇后一行乘车沿着马拉科夫大道行进。首先要解决的问题是如何离开巴黎。在欧仁妮皇后一行的必经之路——马约门前，有一道路障和一群国民卫队的队员。当然，最重要的事情是不能暴露欧仁妮皇后。埃文斯医生从马车上探出身子，假装问路，而实际上是用他的身子挡住欧仁妮皇后。国民卫队的队员没有想到查看马车内部，马车得以缓缓地穿过城墙，离开了巴黎。欧仁妮皇后一行在圣日耳曼停了下来，让马儿稍做休息，然后继续向前并且抵达了芒特。抵达芒特时，马儿们几乎都已经累得筋疲力尽。因此，爱德华•克雷恩医生留下来和欧仁妮皇后待在一起，而埃文斯医生则去找精力充沛的马匹。埃文斯医生找到两匹马和一辆摇摇晃晃的马车后，欧仁妮皇后一行的行程得以继续。然而，每当要更换马匹时，欧仁妮皇后一行总会遇到各种困难。在康曼德里换马时，虽然两匹可怜的母马被吓了一跳，但村子里的车夫认为这两匹母马很好，并且说道："哇，就连皇后也会感到满意的。"这句话让欧仁妮皇后一行集体紧张了起来——他们害怕村子里的车夫会认出欧仁妮皇后。幸运的是，村子里的车夫没有认出欧仁妮皇后。法兰西北部的厄尔省的首府埃夫勒的大街上到处都是人——那里的行政长官宣布将建立共和国。虽然欧仁妮皇后一行担心他们的马车会不被允许通过，但医生们编了个理由说"马车上只是一位病弱的女士和她的医生"，并且因此得到了当地官方的特别允许。实际上，为了不被阻拦，欧仁妮皇后一直扮演一个病人。然而，欧仁妮皇后的确胃口不佳，精神不适，并且大部分时间都在沉思，因此很适合扮演一个病号。欧仁妮皇后永远不会忘记在这趟行程中她所遭受的精神折磨，也不会忘记爱德华•克雷恩医生和埃文斯医生在缓和她所受的折磨时的周到与努力。

到达特鲁维尔后，欧仁妮皇后一行去了埃文斯医生的夫人所在的酒店。随后，埃文斯医生去寻找能够帮助欧仁妮皇后渡过英吉利海峡的船。在码头上，埃文斯医生看见了约翰•伯戈因爵士的"加泽尔"号游艇。由于前几天的天气一直很糟糕，"加泽尔"号游艇无法出海。爱德华•克雷恩医生和埃文斯医生登上"加泽尔"号游艇并且给船长看了他们的名片。见到约翰•伯戈因爵士时，爱德华•克雷恩医生和埃文斯医生向他解释了来意。思考了片刻后，约翰•伯戈因爵士说道："对不起，我帮不了你们。在这种情况下，我帮不了你们——不仅我不希望掺和政治事件，而且海上现在还有暴风雨。"

埃文斯医生回复道："约翰·伯戈因爵士，我是一位美国公民。在我的国家，每一位男士都会帮助女士——尤其是女士有生命危险时。欧仁妮皇后寻求我的帮助时，我离开了自己位于巴黎的家，抛下了家中的一切，没有想过我的行为会为我带来什么损失。我注意到，港口还停泊着其他船。我会去看看我们能不能获得其他座位。"

约翰·伯戈因伯爵回复道："你千万别去——那艘美国游艇不适合航海。"

埃文斯医生说道："好。我们必须靠你了，约翰·伯戈因爵士。"

约翰·伯戈因爵士说道："好吧，我要和我妻子商量一下这件事。"

和自己心地善良的妻子商量过后，约翰·伯戈因爵士同意了埃文斯医生的请求——"加泽尔"号游艇将于1870年9月6日早晨起航，而欧仁妮皇后要在前一天的夜晚上船。1870年9月5日23时30分，似乎是得到了某些出逃计划的风声，一名警察巡视了"加泽尔"号游艇。约翰·伯戈因爵士假装淡定地带领那名警察参观了"加泽尔"号游艇。那名警察离开时，约翰·伯戈因爵士一直看着他远去。随后，约翰·伯戈因爵士去见了自己的旅客们。很快，欧仁妮皇后一行就在"加泽尔"号游艇安顿了下来。虽然约翰·伯戈因爵士的妻子让欧仁妮皇后赶紧休息一下，但由于正在认真阅读一摞约翰·伯戈因爵士带来的巴黎报纸，欧仁妮皇后表示自己不想休息。报纸讲述了欧仁妮皇后离开巴黎后，那里发生的所有事情。为了保持清醒，欧仁妮皇后一口又一口地喝着咖啡。1870年9月6日6时，爱德华·克雷恩医生离开了"加泽尔"号游艇。埃文斯医生虽然认为在约翰·伯戈因爵士的照顾下，欧仁妮皇后十分安全，但仍然陪她一起穿过英吉利海峡。由于巴黎的政治时局越来越混乱，导致必要时"加泽尔"号游艇的船员可能也需要加入保护欧仁妮皇后的队伍中来，约翰·伯戈因爵士认为有必要告诉全体船员乘客们的身份。而令人庆幸的是，全体船员都回复称自己会坚守岗位。

1870年9月7日7时，"加泽尔"号游艇停了下来——这真是一次糟糕的航行。"加泽尔"号游艇离开特鲁维尔时，猛烈的暴风雨不断地吹打着港口的树木。由于清楚自己肩负的职责，约翰·伯戈因爵士几乎一刻也没离开过驾驶台。海面上刮起一阵强风，而海浪不断地冲刷着"加泽尔"号游艇的甲板——所有人都知道船没有前进——实际上，当时的情况十分危险。德埃利松不仅曾指出从巴黎向外逃亡的过程会充满未知数，而且曾编造谎言说，在穿越英吉利海峡的途中，约翰·伯戈因爵士不仅情绪失控，而且把气撒到了埃文斯医生身上，指责他让所有人登船并且经历这样危险的航程。然而，德埃利松的说法不是实话。在穿越英吉利的航程结束后，勒布雷顿太太说道，“虽然我们周围的所有东西都破裂了，但欧仁妮皇后似乎不仅已经适应——甚至喜欢上了在海上颠簸，而且不害怕糟糕的天气。‘巴黎的暴风雨要厉害得多。’欧仁妮皇后平静地说道。”然而，在后来给一位朋友的信中提及这次穿越英吉利海峡的航行时，欧仁妮皇后写道：“这艘小船就像软木塞一样在海浪上跳动着。有那么一阵，我感到小船似乎迷失在海上了。对我来说，在这巨大混乱中，死亡似乎不仅值得羡慕，而且是甜蜜的。我以为我要消失了——不仅没有人会知道我在哪儿，而且我的生平会成为解不开的谜团。”这的确是当时的欧仁妮皇后内心的真实想法。1870年9月7日黎明时分，不仅风停了，而且海面也平静了下来。终于，“加泽尔”号游艇停靠在了莱德港。约翰·伯戈因爵士立刻告诉了英国外交大臣格兰维尔勋爵，欧仁妮皇后到达了英国。

虽然德埃利松曾表示欧仁妮皇后不感激约翰·伯戈因爵士，但这不仅是完全错误的说法，而且在《世纪杂志》上，遭到了约翰·伯戈因爵士的否认。到达黑斯廷斯后，欧仁妮皇后立即向约翰·伯戈因爵士的妻子再次表达了感谢，并且赠给约翰·伯戈因爵士夫妇一个手镯作为纪念。在此，请允许我抄录一些文字。“1903年，即我二婚时，”约翰·伯戈因爵士写道，“欧仁妮皇后给我们两个人，即我的前妻和我送了一份精制的咖啡豆和一套银质茶具。”虽然有传言说欧仁妮皇后与埃文斯医生关系紧张，但这是谣传。相反，直到埃文斯医生去世，欧仁妮皇后都一直与他保持着一种友好又温暖的关系。

第31章

拿破仑三世在威廉姆斯赫厄

虽然梅茨的灾难很早就被预见了，但拿破仑三世仍然深陷忧伤。欧仁妮皇后认为拿破仑三世的精神状况对他的身体健康很不利。欧仁妮皇后渴望见到拿破仑三世并且亲口诉说自己最近的经历。因此，欧仁妮皇后下定决心——无论有多困难，她都要去威廉姆斯赫厄。自1870年9月初，即色当战败后，拿破仑三世就被关押在威廉姆斯赫厄。然而，由于不想抛下在奇泽尔赫斯特的皇太子，在出发去威廉姆斯赫厄前，欧仁妮皇后寄了一封信给奥托·冯·俾斯麦，询问自己会不会被当作战俘关在那里，以及她还能不能回到她的孩子身边。奥托·冯·俾斯麦的回答含糊其词。欧仁妮皇后虽然得到没有通行证，但仍然决定出发。

1870年10月底的一天清晨，在克莱尔伯爵和一位女仆的陪同下，欧仁妮皇后离开了伦敦，没有携带任何行李。在没有被人认出的情况下，欧仁妮皇后一行先乘火车到达多佛，其次坐船去了奥斯坦德，接着又穿越整个比利时，然后到达了德意志。欧仁妮皇后先去了科隆，后来又去了卡塞尔。一到卡塞尔，欧仁妮皇后就要求见卡塞尔市长。几分钟后，欧仁妮皇后出现在威廉姆斯赫厄，坐着马车快速地驶向城堡。克莱尔伯爵首先进入城堡并且迅速地来到了拿破仑三世面前。克莱尔伯爵进入房间时，拿破仑三世十分惊讶，立刻喊道：“你怎么来啦？！哎呀，我刚刚还在给欧仁妮皇后写信问她会不会来这里呢！”由于有其他人在场，克莱尔伯爵回答道：“欧仁妮皇后如果知道您的心愿，那么会马上过来的。”然后，克莱尔伯爵给拿破仑三世使了个眼色，表示想与他单独说话。其他人走后，克莱尔伯爵告诉拿破仑三世，欧仁妮皇后在城堡门口的马车上。“这不可能，”拿破仑三世激动地大声说道，“快让她进来！”在克莱尔伯爵的陪同下，拿破仑三世去走廊迎接了马车。当着几名官员的面，拿破仑三世难以控制自己的情绪，然而，由于不希望在公共场合表露情绪，他尽力克制着自己。拿破仑三世的自控力非常强——悲惨的事件将他和欧仁妮皇后分隔了四个月之久后，在迎接后者时，他脸上的表情和态度就好像他和欧仁妮皇后才分开了一天而已。欧仁妮皇后虽然对拿破仑三世的性格十分了解，但不能理解拿破仑三世当时的冷淡，这导致她感到十分难过。与此同时，拿破仑三世身边的侍者们来到欧仁妮皇后面前，亲吻了她的手，甚至帮她理了理裙摆。这些都是我后来得知的。

拿破仑三世迅速带欧仁妮皇后去了他的私人书房。关上门的那一刻，拿破仑三世卸下自己无情的面具，眼眶变得湿润，一把将欧仁妮皇后拥入怀中。终于，经历了那么多精神上的折磨后，拿破仑三世和欧仁妮皇后得到了解脱。虽然经历了难以言说的痛楚，拿破仑三世和欧仁妮皇后获得了难得的放松，但他们的悲痛还是强烈得如同心碎一般。拿破仑三世和欧仁妮皇后相依相偎了几个小时，而在那几个小时里，欧仁妮皇后在战争中所有艰难的经历，以及作为妻子与母亲的痛苦都释然了。欧仁妮皇后向拿破仑三世讲述了自己在第二帝国灭亡后去英国的故事，以及和皇太子路易见面时的快乐与激动。在拿破仑三世和欧仁妮皇后的谈话中，路易这个名字是多么美好啊！欧仁妮皇后向拿破仑三世这位失望的父亲解释了他的儿子没能来威廉姆斯赫厄的原因。“我不仅不确定自己能否到达目的地，”欧仁妮皇后说道，“而且不想把孩子置于必须由我独自面对的危险中。”欧仁妮皇后告诉了拿破仑三世她是如何秘密安排自己的行程的——对她的行程，甚至皇太子也一点都不知情。欧仁妮皇后接着说道：“否则他一定会跟来的。”在和欧仁妮皇后的这次悲伤的会面中，拿破仑三世的脸上第一次露出了微笑——他们是在谈论自己的儿子啊！

欧仁妮皇后向拿破仑三世解释了已经达成的协议，以及布瓦耶利用化名去奇泽尔赫斯特找拿破仑三世的过程。欧仁妮皇后还讲述了她如何拒绝一些帮助——这些帮助是为了没落的第二帝国的利益，而不是为了正在流血的法兰西的利益。总而言之，欧仁妮皇后就像写回忆录一样，让拿破仑三世了解了整个事情的经过。

两天后，欧仁妮皇后就像来时一样悄悄地离开了威廉姆斯赫厄，并且在自己的这次行程的消息被披露之前回到了英国。拿破仑三世对这次见面感到非常满意——他和欧仁妮皇后之间的和谐关系得到了增进，变得比以前更加稳固。拿破仑三世和欧仁妮皇后看待事情的观念变得更加一致，并且决定他们一方做任何事情都要告诉另一方。

在拿破仑三世和欧仁妮皇后见面几天后，被囚禁在梅茨的军队首长们到达了卡塞尔。曾经指挥过那支倒霉军队的三位元帅和拿破仑三世见了面。可怜的弗朗索瓦·阿希尔·巴赞第一个进入拿破仑三世的房间。见到弗朗索瓦·阿希尔·巴赞后，拿破仑三世心情非常阴郁。然而，拿破仑三世仍然向弗朗索瓦·阿希尔·巴赞这位战败的士兵伸出了手，并且与他交谈了很长一段时间。拿破仑三世虽然不认可饱受批评并且应该受到严厉处分的弗朗索瓦·阿希尔·巴赞的所有行为，但至少在那一刻，也不忍心批评后者的错误、缺点和行为。后来，在弗朗索瓦·阿希尔·巴赞去世前不久，拿破仑三世毫不犹豫地对亲朋密友声明，在某些方面，弗朗索瓦·阿希尔·巴赞只是一个替罪羊而已。

拿破仑三世和弗朗索瓦·阿希尔·巴赞见面数小时后，埃德蒙·勒伯夫进入了前者的房间。埃德蒙·勒伯夫有着一张标准的军人脸庞，神色从容镇定。在梅茨战役中，埃德蒙·勒伯夫表现得非常勇敢。埃德蒙·勒伯夫走了进来，表情凝重——他知道自己要为那场亡国之战负责任。然而，由于没有充足的理由，仁慈的拿破仑三世没有批评埃德蒙·勒伯夫。与拿破仑三世亲切握手时，埃德蒙·勒伯夫近乎啜泣，而为了不让眼泪流下，他紧紧咬住自己的嘴唇直到流血。

弗朗索瓦·马塞兰·德·康罗贝尔是最后出现的人。拿破仑三世用双手拥住弗朗索瓦·马塞兰·德·康罗贝尔的脖子并且亲吻了他。弗朗索瓦·马塞兰·德·康罗贝尔也像拿破仑三世一样激动无比。后来，一位在场的人告诉我，拿破仑三世和弗朗索瓦·马塞兰·德·康罗贝尔的见面是令人难忘的一幕。

几年后，谈及那次与三位元帅的会面时，拿破仑三世仍然无法完全抑制住自己激动的心情。拿破仑三世说道：“起初，普鲁士打算把三位元帅和我一起关押在卡塞尔。后来，普鲁士改变了计划——弗朗索瓦·阿希尔·巴赞被单独关押，而其他两位元帅则被送去了别的地方。如果有一个人能被留在我身边，那么我希望是弗朗索瓦•阿希尔•巴赞——这样，我就能能更好地了解他和他的所思所想。”

后来，谈及埃德蒙•勒伯夫时，拿破仑三世说道：“不要对这位大臣和他的前任有任何指责。在1867年的卢森堡事件期间，埃德蒙•勒伯夫说道：‘如果普鲁士坚持发动战争，那么我们应该做好准备。’准备工作虽然充满了障碍并且面对着拨款被大幅削减的困难，但仍然开始了。埃德蒙•勒伯夫不能因那些他无法控制的情况而受到指责。”评价埃德蒙•勒伯夫时，我们应该始终牢记一点，即他虽然可能没有军事天赋，但不是个粗心大意的失败者。

拿破仑三世一直不厌其烦地赞扬弗朗索瓦•马塞兰•德•康罗贝尔，称后者为“我统治时期最光荣的人物”。弗朗索瓦•马塞兰•德•康罗贝尔不仅曾为弗朗索瓦•阿希尔•巴赞说过好话，而且在之后的岁月里多次提到他。另一份威廉姆斯赫厄的备忘录中收录了这段关于弗朗索瓦•阿希尔•巴赞的话：“弗朗索瓦•阿希尔•巴赞是最容易受到抨击的一位元帅。因此，弗朗索瓦•阿希尔•巴赞被关押的地方靠近他的君主。虽然人们总在设法羞辱弗朗索瓦•阿希尔•巴赞，但我已经忘记了他所有的过错，只记得他所有的不幸。第七代梅迪纳•西多尼亚公爵阿隆索•佩雷斯•德•古兹曼曾因失误导致西班牙损失了最强大的舰队，而西班牙国王腓力二世对他说道：‘我派遣你是让你去打败英国的，而不是去对抗上帝的意志。’对弗朗索瓦•阿希尔•巴赞，我可能要说和西班牙国王腓力二世类似的话。”

拿破仑三世与弗朗索瓦•阿希尔•巴赞走过威廉姆斯赫厄的公园时，只有见过前者满面愁容时的人才能理解他的话中包含的无私与隐忍。拿破仑三世十分仁慈，而即使对他最恶毒的敌人也承认他身上所具有的这种品质——在对待不幸的弗朗索瓦•阿希尔•巴赞时，这种品质表现得再好不过了。

拿破仑三世喜欢和一些受到他信任的人谈心或谈论过去的事，以及那些在政治领域举足轻重的人物。拿破仑三世在威廉姆斯赫厄当囚犯时，有人把前者的这些谈话原原本本地记录了下来，而在本章，我将引用一些这方面的材料。

谈及奥托•冯•俾斯麦时，拿破仑三世说道：“这位首相的优势在于他只是一位大臣。作为一名失败的大臣与作为一名战败的君主的区别是很大的。作为大臣，在事业上失败了后，你可以辞职，然后幸灾乐祸地看着自己的继任者和他在重建那份濒临崩溃的事业时遇到的各种困难。然而，君主刚好相反，即无论有没有高效的人辅佐，他都必须独自承担自己的所有过错，而失败后，他必须退位并且将任务交给继位者——至少法兰西的情况是这样。

“由于上述原因——当然，这个原因与人类的天性有关——君主不敢冒险，并且必须有长远的眼光。从利益而不是责任的角度看，君主必须比最优秀的大臣更加勤勉和认真。如果林肯没有取得美国内战的胜利，那么虽然他不会被再次选举为总统，但他的失败也不会成为美国的灾难。然而，如果林肯是一位君主，那么他的战败会让他遗臭万年。在做出重大决策前，对一项提议，无论是同意还是反对，君主都会比任何大臣考虑得更加周到。君主知道，他的直接继承人要么是他的儿子——一个涉世未深的年轻人，要么是亲属，而大臣、首相或总统可能将他的继任者看作竞争对手和政治敌人，甚至是不共戴天的仇敌。无论受过何种宗教和道德上的教育，人都将永远是人，而人都会爱护亲人，仇视敌人。

“因此，由于只是一位大臣，奥托·冯·俾斯麦是幸运的。由于奥托·冯·俾斯麦的君主对他非常信任，他可以冒任何风险并且不用担心后果。在1866年的普奥战争中，如果普鲁士战败，那么不仅奥托·冯·俾斯麦会辞职回到他位于波美拉尼亚的家里，而且所有事情都会结束——至少就他而言，事情都会结束。有王室帮助承担责任，加上卓越的政治才华和无与伦比的运气——有了手中的这些好牌后，奥托·冯·俾斯麦就几乎什么事都敢做。”

后来，拿破仑三世谈到了1870年9月4日发生的事——法兰西在第二帝国灭亡的地方建立了一个临时的共和政府：

“对奥托·冯·俾斯麦来说，这真是天赐良机！奥托·冯·俾斯麦能预料到这件事吗？不——确切地说，没有人能预料到。谁能想到，在统治者被沉重的命运压垮时，一个曾经如此彬彬有礼的国家会把自己的君主作为想象中的敌人并且想方设法地向他复仇？准确来说，当时，采取行动的不是法兰西，而是少数几个人——他们都是些什么人啊！”

这时，在场的一个人问拿破仑三世，如果1870年9月4日的事件没有导致政权更替，那么那场可怕的战争的结局会怎样。拿破仑三世回答道："和平条约将在一个月内被签署——如果奥托·冯·俾斯麦拒绝，那么整个欧洲会联合起来迫使他同意。虽然很难说和平条约的性质究竟是什么，但我相信结局不会太糟糕。"

继续讨论与普鲁士和奥托·冯·俾斯麦相关的话题时，拿破仑三世说道："在经历的所有事情中，奥托·冯·俾斯麦都很幸运。实际上，只有失败后，奥托·冯·俾斯麦的真实性格才能得到体现。普鲁士真是个奇怪的国家。有关奥托·冯·俾斯麦的看法真发生了彻底的改变——普鲁士人难道忘记了1866年以前的奥托·冯·俾斯麦是他们最讨厌的人吗？虽然你可能不相信我的说法，但我很容易就能找到证据。普鲁士的军事大臣奥尔布赖特·冯·鲁恩和指挥着纪律严明的士兵的军事天才赫尔穆特·卡尔·贝恩哈特·冯·毛奇赢得了战争，而奥托·冯·俾斯麦突然发现自己也受到了普鲁士人的赞赏——受赞赏的程度就和几天前他被厌恶的程度一样。奥

奥尔布赖特·冯·鲁恩

托·冯·俾斯麦为普鲁士做了一件大事。我们必须承认，幸运垂青于奥托·冯·俾斯麦，导致他轻松地克服了所有困难。奥托·冯·俾斯麦不仅拥有普鲁士国王威廉一世的绝对信任，而且在事业上不断地获得成功。因此，就像风中的芦苇，所有普鲁士人都臣服于奥托·冯·俾斯麦的意志。”

谈及社会主义时，拿破仑三世说道：“1870年的普法战争的结果是，在人口稠密的欧洲，一个迟早都要出现的问题出现了，而它出现的时间比预期至少早了十年。奥托·冯·俾斯麦虽然从未思考过这个问题，但现在不得不考虑了。一直到现在，只有我考虑到了工人。如果我能再一次登上皇位，那么工人的利益将是我关注的问题——整个未来世界都要依靠他们。你终将看到社会主义问题在德国和法兰西是如何发展的。”

在拿破仑三世的众多手稿中，有一本手稿是针对普鲁士北部的军事组织的研究。拿破仑三世拿出这本手稿向一位朋友展示时，这位朋友一言不发，似乎在通过沉默暗示，在战争爆发前，拿破仑三世就应好好研究普鲁士的军事力量。由于猜到了这位朋友的心思，拿破仑三世从桌上拿了一份《政府公报》并且读了欧仁·鲁埃的演讲中的一段话。欧仁·鲁埃十分精确地列举了普鲁士北部的军事力量，而这是战争爆发时的普鲁士的真实情况。拿破仑三世还读了阿道夫·梯也尔先生的演讲。阿道夫·梯也尔先生不仅嘲笑、讽刺和否定了欧仁·鲁埃的这段演讲的每一句话，而且指责后者捏造了一百三十万普鲁士士兵攻打法兰西的说法。“你已经说服我了。”这位朋友说道。“那么，你现在就像使徒保罗①那样去说服这个国家吧。”拿破仑三世认真地回答道。

不难想象1871年的新年对拿破仑三世来说意味着什么。欧仁妮皇后遭受着残酷的折磨，而由于无法再去威廉姆斯赫厄，她派德·巴萨诺公爵代表她去了那里。德·巴萨诺公爵与皇太子和欧仁妮皇后一起流亡奇泽尔赫斯特。德·巴萨诺公爵迅速带着欧仁妮皇后和皇太子对拿破仑三世的新年慰问赶去了威廉姆斯赫厄。终于，一天早晨，德·巴萨诺公爵看到了拿破仑三世和所有与后者囚禁在一起的人。拿破

① 即圣保罗。使徒保罗不仅被传说是神选之人，外邦人的使徒，而且被历史学家公认为是对早期教会发展贡献最大的使徒。在一生中，使徒保罗至少进行了三次漫长的宣教之旅，而他的足迹遍至小亚细亚、希腊、意大利各地。使徒保罗在外邦人中建立了许多教会，影响深远。

仑三世虽然一直都处于悲痛和沮丧中，但对有人来看望自己感到十分惊喜和欣慰。拿破仑三世虽然总是念叨这些细节，但在大多数有关他于威廉姆斯赫厄的黑暗岁月的记录中，这些细节都被忽视了。回到英国后，德·巴萨诺公爵向欧仁妮皇后详细地描述了拿破仑三世的日常生活，并且给她带来了很多温柔的回信。

欧洲各国的君主们对拿破仑三世这位被废黜的皇帝特别关注——这不仅具有很大的政治重要性，而且解释了许多先前显得模糊不清的事件。

1871年1月1日，威廉姆斯赫厄收到了大量的电报。第一封电报来自第一代奥斯塔公爵阿马德奥·斐迪南多·玛利亚。几小时前，第一代奥斯塔公爵阿马德奥·斐迪南多·玛利亚成为西班牙国王阿玛迪奥一世，并且已经在1870年12月31日夜晚到达了西班牙的阿里肯特。阿玛迪奥一世心怀善意，向他"父亲从前的战友"致以良好的祝愿，并且感慨幸运之神如此狠心地抛弃了后者。然而，一旦想起西班牙和法兰

西班牙国王阿玛迪奥一世

西的边界相接时，阿玛迪奥一世的电报的全部意义就都显露了出来。阿玛迪奥一世希望与可能复辟的法兰西统治者，即拿破仑三世友好相处。

其他电报来自维多利亚女王、沙皇亚历山大二世、意大利国王维托里奥·埃马努埃莱二世、瑞士国王、伊丽莎白女王、玛蒂尔德王妃、拿破仑·热罗姆和所有波拿巴家族的成员，以及第二帝国时期的平民家庭或军人家庭等。实际上，夜幕降临前，除了普鲁士的王子们，所有在位的欧洲君主都向狱中的拿破仑三世送上了祝福——普鲁士政府如果知道这一点，那么一定会感到些许不安。

普鲁士国王威廉一世派亚历山大·冯·蒙茨伯爵带着为他表达心意的使命去见了拿破仑三世。亚历山大·冯·蒙茨伯爵以普鲁士国王威廉一世的名义，希望"在接下来的一年中，能看到两位友谊已经存在如此长久的君主之间的新的关系面貌，以便出现一段全新、和平、共赢的时期并且驱散在过去几个月中所发生的不好的回忆"。此外，亚历山大·冯·蒙茨伯爵还带来了一封来自奥古斯塔王后的信。

拿破仑三世表达了他的谢意。几天后，欧仁妮皇后了解到了新年的威廉姆斯赫厄的情况。拿破仑三世和欧仁妮皇后觉得，这一切问候和祝福十分重要。

1871年1月2日，成千上万的信从法兰西寄来——对拿破仑三世来说，这是一种安慰。虽然事实证明，这些信让人们错误地燃起了希望，但它们的确对化解危机产生了积极影响。与此同时，我们不应该忘记，这些信对拿破仑三世的身体和精神状况也产生了有益的帮助。

这些祝福和信让拿破仑三世和欧仁妮皇后深受感动。令拿破仑三世感到更加高兴和欣慰的是被俘的法兰西军队的表现——一份有三万名士兵的签名的发言稿秘密地传播开了。在发言稿中，法兰西士兵表示，虽然灾难发生后出现了一些诽谤之词，但他们会忠于并且一直支持拿破仑三世。

成千上万的信被从国外，特别是英国——甚至还有美国，寄到了威廉姆斯赫厄。这一现象表明，在世界各国，拿破仑三世仍然占有一席之地。随信而来的还有两束从处于困境中的巴黎送来的紫罗兰，而其中一束的署名是"真诚的法兰西人"，另一束的署名是"一个感恩的劳动人民的家庭"。有人认为，这两束紫罗兰有着某种特殊的意义。

新年后的几天内，拿破仑三世显得非常有精神。有人告诉我，拿破仑三世不仅工作时带着巨大的热情，而且在给欧仁妮皇后寄去的信中也少了几分悲伤。然而，一切都将以失望告终——在未来，拿破仑三世再也无法坐上显赫的宝座了。

在威廉姆斯赫厄，拿破仑三世过着单调乏味却非常规律的生活。每天7时到8时，拿破仑三世会准时起床。沐浴后，拿破仑三世会喝一杯茶，并且在开着的窗户旁坐一会儿——无论天气如何，他每天都是如此。然而，圣诞节前后气温一般只有三十六华氏度，即约二摄氏度。拿破仑三世的窗户敞开是一种信号，会吸引半饥半饱的麻雀——它们成群结队地去获取少量面包屑。剃完胡子后，拿破仑三世会把剃刀放在一边以满足那些长着翅膀的小乞丐的需要。接下来，拿破仑三世会忙着处理私人信函，并且在大约10时左右迅速地浏览报纸。拿破仑三世非常关注《诺德报》与《议会回声》。在英语报刊中，拿破仑三世会阅读《时代》《晨邮报》《每日电讯》《蓓尔美尔街公报》《标准报》和《每日新闻》。随后，拿破仑三世会阅读马德里的《新纪元》和意大利的《毅力报》。然而，拿破仑三世最关心的还是德意志报纸——特别是《北德意志》和奥格斯堡、西里西亚和威悉河流域三地的《公报》。虽然拿破仑三世希望通过仔细阅读这些不同的报纸来准确了解法兰西发生的事件，但这不是一件容易的事——当时发表的关于他和他的意图，以及关于国际和法兰西国内正在发生的事情的报道存在很多矛盾和错误。在每天与拿破仑三世交谈的几个人中，有一名叫梅尔斯的记者也会为前者读报并且对时事进行点评。有人告诉我，经常有人建议拿破仑三世跳过一些奥地利的报纸——这些报纸常常充满了侮辱拿破仑三世这位亡国之君的言辞粗鲁的文章。

每天11时左右，拿破仑三世会坐下来吃一顿简单的午餐。在拿破仑三世用午餐期间，那些在场的人会给他讲述他们从家里听到的或从公共印刷品上读到的新闻。午餐过后，一个有阿尔萨斯血统的叫赫普的指挥官会为拿破仑三世等人翻译普鲁士报纸上的军事新闻。随后，拿破仑三世会与自己的患难之交一起闲聊和抽烟，依次排开去公园里散步。回到城堡后，拿破仑三世会在自己的书房工作到晚餐时间。用晚餐时，拿破仑三世总是穿着晚礼服。

虽然奥古斯塔王后一直很小心地派非普鲁士籍的厨师为拿破仑三世准备膳

食，但厨房有点简陋。为拿破仑三世准备膳食的厨师一定包括伯纳德。伯纳德是《烹饪艺术》的专栏作家。由于拿破仑三世只吃一点点晚餐，几乎不关心放在他面前的食物是什么，伯纳德非常伤心，并且向一位与他同住在套房的人吐露了这桩伤心事，而这件事传到了拿破仑三世的耳朵里。第二天夜晚，拿破仑三世品尝了桌上的每一道菜，并且称赞了主厨——甚至还要求他解释了一道菜的做法。这件事表明，由于注重仆人们的感受，拿破仑三世会做些力所能及的小事使仆人们开心。因此，拿破仑三世自然受到了仆人们的爱戴。

用过晚餐并且在吸烟室闲聊片刻后，拿破仑三世会将当天的最后一封信投递出去并且立即回到自己的房间里。然而，有时，拿破仑三世也可能会和他的侍从再待一到两个小时。通常，回到房间后，拿破仑三世会阅读一些通俗文学，试图从中找到慰藉以忘却白天的一些痛苦与沮丧。被流放到瑞士和比利时的法兰西朋友非常体贴，经常会给拿破仑三世寄去一些有趣的书籍，而拿破仑三世的随从参谋偶尔会从皮埃尔·高乃依、维克多·雨果、让·拉辛、阿方斯·德·拉马丁、莫里哀、阿尔弗雷德·德·缪塞的作品中挑选些段落阅读。读书时，拿破仑三世会暂时放下那些痛苦与沮丧的回忆，让自己在雄浑的节奏和美丽的文字之中待上片刻。

有时，拿破仑三世会阅读小说，而有着迷人嗓音的安德鲁·查尔斯·维克多·雷耶伯爵或者幽默的瓦伯特·德·根利斯会为他诵读。拿破仑三世不总是很专注地听书，偶尔会打断故事并且就书中的角色或这些角色所传达的思想感情表达自己的观点。拿破仑三世喜欢好的历史故事，却不太喜欢传奇故事。

每天21时许，拿破仑三世会与若阿基姆·缪拉及所有的官员握手，而官员们会恭敬地鞠躬以表荣幸。随后，拿破仑三世会回到自己的房间。拿破仑三世会缓慢地走上楼去书房——如果天气允许，那么他还会开一会儿窗户并且用沮丧的目光匆匆看一眼守卫城堡的士兵和警察。之后，拿破仑三世会坐在桌前阅读、做笔记、写信或备忘录——在上文中，我就曾引用了拿破仑三世的一些备忘录。接下来几个小时的独处是拿破仑三世每天最快乐的时光。虽然医生一直都劝拿破仑三世早点休息，但后者仍然想尽可能地延长工作时间。然而，医生担心夜晚的几个小时的脑力劳动会影响拿破仑三世的睡眠。因此，贴身仆人如果一听到拿破仑三世在房间走动，那么无论何时，都会找个借口进去。然后，拿破仑三世会问时间——即使他非常肯定当时至少已经是第二天1时。如果贴身仆人熬不住要睡了，那么会拿着一个烛台并且在得到拿破仑三世的允许后回卧室去睡觉。

拿破仑三世在威廉姆斯赫厄的一切开销都由普鲁士王室的年俸承担。因此，在奥古斯塔王后的要求下，普鲁士国王威廉一世阻止一些普鲁士报纸的吵嚷——这些报纸让人们以为关押拿破仑三世花了普鲁士人很多钱。实际上，普鲁士人没有花一分钱——普鲁士国王威廉一世负担了所有费用。

从一开始，拿破仑三世就尽可能地减少自己的侍从人员的数量。因此，拿破仑三世的一些侍从经瑞士被送回了法兰西。一些侍从对自己被解雇感到很不满，不仅十分傲慢无礼，而且做了一些影响很坏的事。得知侍从们犯了错后，拿破仑三世无奈地耸耸肩，找了一些借口为他们开脱。至于马匹，拿破仑三世只留下了自己在色当战役中骑过的欧仁妮皇后的那匹“太阳神”和在意大利战役中骑过的“英雄”。拿破仑三世虽然收到了奥古斯塔王后送来的一些马匹、四轮马车和马鞍，但只在一些特定的场合时才会使用它们。实际上，拿破仑三世不擅长马术。由于在马背上的样子不太优雅，身材也有些矮小，拿破仑三世很少骑马。

在所有被拿破仑三世遣送回法兰西的侍从中，有两位侍从拒绝离开，并且自费待在城堡酒店。所有人都被这两位侍从的忠诚感动了，而拿破仑三世让他们留在了威廉姆斯赫厄。这两位侍从分别是皇家马场的兽医泽勒和优秀的猎手甘布尔。在哈姆，拿破仑三世认识了泽勒。甘布尔是在1848年和当时还是夏尔-路易·拿破仑·波拿巴王子的拿破仑三世一起去法兰西的英国人。对泽勒和甘布尔，欧仁妮皇后印象深刻，而其原因不仅是拿破仑三世的描述，还有他们二人的个人魅力。

第三位主动回到拿破仑三世身边的侍从是查尔斯·特林。查尔斯·特林不仅一直负责拿破仑三世的个人财务，而且在后者身边工作了几乎五十年。虽然1870年9月4日，查尔斯·特林曾去过杜伊勒里宫，但自第二帝国灭亡后，没有人知道他的行踪。杜伊勒里宫被入侵当天，一些查尔斯·特林曾经以拿破仑三世之名帮助过的人认出了他并且护送他去了车站。查尔斯·特林一离开法兰西，就匆忙赶去了威廉姆斯赫厄。见到查尔斯·特林时，拿破仑三世非常高兴，完全掩饰不住他的喜悦之情。不仅拿破仑三世的套房里所有人都很兴奋，而且普鲁士官员也对查尔斯·特林的这种忠诚表示敬佩。

随着查尔斯·特林的到来，《科隆公报》开始散布拿破仑三世拥有八千万法郎的谣言，而《比利时独立报》甚至说拿破仑三世拥有八亿法郎。然而，事实是很容易查明的。在第二帝国存在的十八年里，法兰西皇室总共有九千万法郎收入，而其中七千二百万法郎被拿破仑三世以各种方式分发了出去。有一份确切的名单——列有查尔斯·特林以拿破仑三世的名义发放的各种养老金、礼物和救助金。因此，剩下的收入不仅只有一千八百万法郎，而且被长期扣押。扣除皇室成员的抚恤金后，拿破仑三世能使用的只有五百万法郎。在第二帝国灭亡后的许多年里，欧仁妮皇后都无法获得属于她的哪怕只是部分资产。住在英国时，拿破仑三世和欧仁妮一直都需要接济，直到最后法兰西政府清算了皇室的年俸账目。关于第三共和国政府如何处理灭亡的第二帝国的财产这个令人不快的话题，我们能说的内容太多了，而拿破仑三世和欧仁妮皇后一直都很反感这个话题——他们不仅不是贪心的人，而且在最辉煌时也很少想到要为灾难降临的那一天存钱。拿破仑三世和欧仁妮皇后把自己的财富用在穷人和忠实的追随者身上，以及艺术和科学事业上。拿破仑三世和欧仁妮皇后很少或从来不在无聊的娱乐上花费分毫——我可以很骄傲地对外宣布这一点。

回到拿破仑三世在威廉姆斯赫厄的生活——虽然乏味，但比上文提到的那些事令人心情愉快。1870年9月底，威廉姆斯赫厄发生了一件非常奇怪的事。这件事如果没有被及时干预，那么可能会导致严重的结果。这件事与一位着装优雅的老太太有关。一天早上，这位老太太来到威廉姆斯赫厄，径直去了城堡酒店。在城堡酒店的房间里放下一个手提包之后，这位老太太来到了关押拿破仑三世的城堡并且要求和他进行一场私人交谈。安德鲁·查尔斯·维克多·雷耶接待了这位神秘的老太太并且仔细地询问了她一些事。这位老太太表示，为了和拿破仑三世见上一面，她虽然去过很多地方，包括梅茨、查隆斯营地和色当等，但总是去晚一步。这位老太太如此强烈地要求见到拿破仑三世，引起了安德鲁·查尔斯·维克多·雷耶的怀疑。因此，安德鲁·查尔斯·维克多·雷耶告诉这位老太太，由于疾病，拿破仑三世不能接见她。安德鲁·查尔斯·维克多·雷耶向这位老太太承诺，她随后会收到拿破仑三世的信。

这位老太太虽然似乎很恼火于这种拒绝，但没有当众和安德鲁·查尔斯·维克多·雷耶争吵并且离开了城堡。

回到城堡酒店后，这位老太太吩咐服务员说她不想被打扰，并且把自己关在了房间里。几个小时后，这位老太太响铃呼叫服务员。然而，由于正在别处忙碌，一刻钟过去后，服务员也没来。在这一刻钟内，这位老太太一直在疯狂地不停响铃呼叫服务员。服务员到了这位老太太的房间后，一场争吵发生了。这位老太太严厉地斥责服务员，而服务员则不断反驳。这位老太太非常生气，给了服务员一记重重的耳光。随后，这位老太太和服务员扭打在了一起。服务员虽然年轻，但似乎敌不过这位老太太。突然，服务员撞到了这位老太太的帽子。这位老太太的帽子飞到了房间的另一头——帽子上粘着假发，而这位老太太带着些许白发的、像和尚般的光头露了出来。服务员确信自己眼前的这位力气巨大的老太太不可能是个女人，并且因此歇斯底里地大喊道："这人是个男人——一个和尚！"

城堡酒店里一片混乱。有人打电话叫来了警察，而一名警官和两名警员搜查了这位老太太的房间。"这真的是一个女人，"警官说道，"然而，我要逮捕她——我们在她的裙子下面找到了一把左轮手枪和一把匕首。"这位老太太一直强烈抵抗逮捕，导致警察们不得不将她抬到了警局。这位老太太被抬离房间时，警官用剑撬开了壁炉的炉门，而一阵浓烟立刻充满了整个房间。警察们发现，这个神秘的被捕者焚烧了大量的文件。仔细地检查了灰烬后，人们发现一份仍然有文字痕迹的文件。从残留的文字中，人们得到了一些信息——这张被烧焦的纸是某个罗马公司的债券。这位老太太被带到监狱里并且在一间秘密的牢房里接受了审问。这位老太太讲了一些夸张的故事，自称毁掉了价值十五万法郎的意大利债券。最终，警察们认为这位老太太只是发疯了，而由于没有起诉她的充分理由，警察们释放了她。然而，被释放后，这位老太太又继续在城堡附近闲逛，直到被一直监视她的侦探逮捕。

后来，柏林警方宣布，由于那些未被完全烧毁的债券上的数字清晰可读，他们成功用它兑换了五百法郎，并且用这笔钱将这位奇怪的老太太经比利时送回了法兰西。然而，这件事非常不光彩——拿破仑三世周围的人了解到，这位老太太后来被送到美国去了。通过阻止这名老太太进入城堡，安德鲁·查尔斯·维克多·雷耶救了拿破仑三世的命。无论怎样，这件事都使拿破仑三世周围的官员们更加警惕，并且比以往任何时候都更加注意保护拿破仑三世。实际上，这种高度的警觉不仅在威廉姆斯赫厄一直被保持着，而且拿破仑三世后来旅居英国时，他周围的人也同样警觉。欧仁妮皇后总是觉得自己的丈夫的生命受到威胁——他是所有那些对法兰西政权不满的人的焦点，而有些共和党的狂热分子甚至会认为杀掉已经下台的拿破仑三世是一种爱国行为。顺便一提，虽然一些波拿巴主义者认为，在英国和旅行途中的欧仁妮皇后也应该被严加保护，但后者不仅一直都觉得没有必要，而且总是像一个普通人一样到处闲逛。

在威廉姆斯赫厄，为了看一眼被俘的拿破仑三世，每天都会有许多普鲁士人聚集在城堡的楼梯和城堡酒店之间。拿破仑三世身上有太多难以想象的传奇故事。城堡被一根绳子圈了起来——这意味着“禁止入内”。在拿破仑三世被俘的六个多月中，这根绳子一直圈着城堡。虽然在某些星期天会有一万多人为了一睹拿破仑三世的风采而互相推搡，但没有人会把这根绳子推到一边或从它下面钻过去。克莱门•迪韦努瓦是第二帝国的一位杰出的记者和政治家，并且曾在拿破仑三世被囚禁期间去过威廉姆斯赫厄。克莱门•迪韦努瓦曾对我说道：“通过这根绳子，我对普鲁士人的性格的了解比读一个图书馆的书还多。现在，我可以理解奥托•冯•俾斯麦在普鲁士的权力有多大了。”

普鲁士警察非常小心地保护着拿破仑三世。在欧仁妮皇后来威廉姆斯赫厄看望拿破仑三世时，后者和他的副官告诉了欧仁妮皇后普鲁士警察对他的保护，让与他长期分离的欧仁妮皇后放心了不少。拿破仑三世和副官甚至告诉了欧仁妮皇后许多他们被保护的细节。欧仁妮皇后得知，警察等人受命要仔细提防，并且逮捕任何胆敢侮辱拿破仑三世的人。每名警察都配有两把手枪，而警队的队长是一位叫艾弗特的警察中尉。艾弗特很有礼貌，脾气很好，做事认真并且有魄力。艾弗特的眼神似乎有某种威力或魔力——只要他漫不经心地瞥一眼附近的树篱，就常常会有奇怪的面孔消失。一秒钟之内，艾弗特就能从人群中挑出一些可疑的人。一天，一个醉酒的农夫在唱一首1813年的歌，而这首歌对拿破仑一世不太尊重。此前，艾弗特曾多次提醒过这个醉酒的农夫停止这种冒犯他人的行为并且命令他离开。然而，有一天，艾弗特察觉到，这个农夫下定决心要接近拿破仑三世。因此，艾弗特在这个农夫的脖子后面猛地一击，导致后者不得不被抬到医院并且住了两周。

拿破仑三世的一位副官向我描述了前者每日散步的仪式。到出发时间后，驻守在城堡前面的哨兵们会持枪敬礼；穿着绿色制服的仆人们会打开玻璃大门；被俘的拿破仑三世的同伴们会脱帽致敬。随后，拿破仑三世出现了。拿破仑三世穿着黑色外套，深色长裤，手里拿着一根轻便的拐杖。拿破仑三世下楼时，将军们都在鞠躬，而前者举起帽子致谢并且和若阿基姆•缪拉握手。拿破仑三世会用拐杖指向他想要去散步的方向——如果他指向的是公园大门，那么官员们会下令开始击鼓。普鲁士的风俗坚持要求向君主——即使是一个被俘的君主——致以敬意。在散步期间，拿破仑三世经常会把若阿基姆•缪拉、阿基里斯•缪拉和副官们，以及和他一起关押的其他官员们集中在一起。警察们走在最前面，而艾弗特会注视着整列队伍。

许多普鲁士民众来看望被俘虏的拿破仑三世和军官们，却看见他们的眼中满是忧伤。我得知，看过拿破仑三世后，不仅那些本对他怀有恶意的普鲁士民众抑制不住自己强烈的情绪，而且女人们流下了眼泪。“拿破仑三世木然的表情和友善的眼神赢得了尊敬和同情。”在给我的信中，一位副官写道。看到拿破仑三世散步时，一位叫伯纳德•舒尔茨的普鲁士记者大声喊道：“一位真正的皇帝来了！”拿破仑三世虽然在后来的几年里一直都不喜欢谈起被囚禁的痛苦的时期，但只要提起，总是会非常感激那些曾关心照顾他的人。谁能想到，在那动乱的年代里，和平协议尚未签署，什么样的政府最终会在法兰西占上风呢？

在一些近距离接触过拿破仑三世的人中发生了一些奇闻逸事，而这些奇闻逸事只有少部分是真的，大多数都是假的。下文所选的故事都是真实的。

有人曾听到一位普鲁士教授和他的妻儿的一段对话。

“这十八年，那个人统治着法兰西，只考虑个人意愿。他有着南方人黝黑的皮肤，是个暴君。”

“然而，他的皮肤很白皙呀，爸爸。”普鲁士教授的孩子打断道。

“谁皮肤白皙呀？”

“哎呀，拿破仑三世啊！”

“不可能，科西嘉人的皮肤都是黑的。”

“亲爱的，我向你保证，”普鲁士教授的妻子说道，“他的皮肤很白皙。他的眼睛是蓝色的。我看得很清楚。”

“不可能——好吧，就算你们是对的。这也太奇怪了吧！”

拿破仑三世的头发是浅色的，而单这一点就与普鲁士教授原先的观点不相符。在第二帝国没落期间和之后的法兰西国内外，对拿破仑三世的误解是司空见惯的。虽然法兰西国内外爱探听他人私事的人都准备好了诽谤拿破仑三世，但近距离仔细审视后者的思想和行为时，和那位普鲁士教授一样，人们发现，现实生活中的拿破仑三世与他邪恶的敌人向世人展示的拿破仑三世完全不同。

请让我继续讲述这件事——这件事太典型了。

拿破仑三世注意到有人正在观察自己，很礼貌地向女士们鞠了一躬。因此，普鲁士教授的妻子不仅深深地行了个屈膝礼，而且差点被自己的裙子绊倒。在“暴君”面前，普鲁士教授也低下他的光头鞠了一躬，而孩子则模仿着他们父母的动作。

拿破仑三世走过去后，普鲁士教授一家开始继续对话。

“我即使活到一百岁，也绝不会忘记这个鞠躬。你怎么可以说他是暴君？他的面容如此精致，看起来如此忧郁！”

“这，”多愁善感的普鲁士教授说道，“是我们人生中的一个具有历史意义的时刻。我们绝不能忘记。然而，我还是想知道为什么这位君主在人们心中的形象会被如此严重地歪曲。”

“全都是谎言！”普鲁士教授的妻子激动地肯定道。

有一天，一群工人聚在一起议论拿破仑三世。其中一位工人去过巴黎几次，并且目睹了1851年前法兰西人民的悲伤和痛苦，以及第二帝国建立十年后法兰西的繁荣和安定。

这位曾数次去过巴黎的工人肯定地说道：“从来没有任何国家的工人阶级活得比在第二帝国更幸福，而这一切都归功于拿破仑三世。你们怎么这么惊讶地看着我？好吧，我在巴黎待了六年。我知道我在说什么，而那些愚蠢的文件欺骗了你们。我告诉你们，巴黎人民比我们的国民过得自由和快乐多了！”

这些关于拿破仑三世的故事是由军官或副官讲给拿破仑三世听的。由于可以通过这些故事了解各地对他的议论，拿破仑三世很感兴趣。到了夜晚，拿破仑三世就会从哲学的角度来谈论这些故事。实际上，拿破仑三世的脸皮比谁都薄——他做事总是凭着自己的良心。我的一个朋友曾真切地说道："拿破仑三世知道自己在努力做好事，而这些好事大部分都成功了。"

一位副官讲述了一个有趣的故事："一天，有三位绅士与普鲁士军官们用十二瓶香槟打赌，而赌局的内容是当拿破仑三世经过时前者不会摘下帽子或从座位上站起来。这三位绅士分别是一位施瓦本的富有的制造商，一位美国籍的普鲁士贵族和一位王子。赌局开始了，而法兰西记者梅尔斯是裁判。一天，在这三位绅士没有注意的情况下，拿破仑三世安静地来到了他们面前。拿破仑三世似乎对将要发生的事情有一种直觉——我注意到他昂着头，目光坚定而自豪，仿佛准备反抗侮辱。带着这种情绪，拿破仑三世朝三位绅士坐着的地方走去。虽然三位绅士的表情傲慢无礼，但拿破仑三世的沉稳和自信扰乱了他们的心思——他们开始坐立不安，然后用手捂住脸，仿佛是为了隐藏他们的面部表情。拿破仑三世越来越近了，离三位绅士只有十步远——只有五步了。三位绅士的情绪突然激动起来。那位美国籍的普鲁士贵族仿佛被一根弹簧弹了一下似的，突然站起来，并且本能地举起右手来敬了个军礼；那位王子摘下帽子将其拿在手中；那位制造商也低下了头并且深深地鞠了一躬。拿破仑三世庄严地回鞠了一躬，然后继续前行。当天夜晚，三位绅士讲述了这个他们都不愿意讲的故事。三位绅士看起来像小学生一样羞愧——不是因为他们鞠了躬，而是因为他们进行了这样一个赌局。三位绅士反思了自己的行为，而除了那十二瓶用于打赌的香槟酒，他们还捐赠了数百马克给被关押在普鲁士的法兰西囚犯或卡塞尔医院的病人。"

有时，拿破仑三世虽然也会平静地讲述这件趣事，但不会做任何评论。另一个故事则让拿破仑三世感触颇深。

一天，拿破仑三世在散步时，护卫队中的两位法兰西轻步兵突然出现在他面前。这两位法兰西轻步兵就在一个转角处，和拿破仑三世只隔着一小段距离。瓦伯特·德·根利斯走上前，问这两位法兰西轻步兵从哪来、为何来。这两位法兰西轻步兵虽然起初很胆怯，但后来越说越大胆。这两位法兰西轻步兵说，他们曾被关押在弗里茨勒并且给那里的军官“编造了一个故事”，使后者相信他们在卡塞尔医院有生病的亲戚。因此，这两位法兰西轻步兵得到了二十四小时的假期。瓦伯特·德·根利斯进一步质问这两位法兰西轻步兵，而后者看起来有点慌张，回答道：“实际上，我们想见拿破仑三世。”这时，拿破仑三世走了过来，友善地询问道：“有什么需要我帮忙吗？”

“不，陛下，我们仅仅是想见到您，”其中一位法兰西轻步兵回答道，“我们什么都不需要——就想见见您，仅此而已。”

“自来到威廉姆斯赫厄以来，我还是头一次这么高兴。”拿破仑三世常说道。一个在场的人告诉我，当时，拿破仑三世的眼中满是欣慰与快乐。拿破仑三世与这两名法兰西轻步兵握手并且感谢了他们的关心。这两名法兰西轻步兵再也忍不住，开始哭了起来。后来，离开威廉姆斯赫厄时，在拿破仑三世的关照下，这两名法兰西轻步兵带着各种各样的食物回去了。由于距弗里茨勒有好几英里的路，上文提及的那位美国籍的普鲁士贵族便用他的马车送了这两名法兰西轻步兵，而前者的另一个朋友还往马车上放了不少的火腿和啤酒。

一到卡塞尔，拿破仑三世就回忆起了他的童年。1813年，拿破仑三世曾在威廉姆斯赫厄拜访过他的叔叔，即当时的威斯特伐利亚国王热罗姆·波拿巴及其妻子凯瑟琳·弗雷德丽卡公主。拿破仑三世不仅仍然记着热罗姆·波拿巴当时的家族成员的名字，而且甚至没有忘记后者的几个仆人的名字。在从比利时边境到卡塞尔的悲惨旅程中，拿破仑三世曾多次与阿基里斯·缪拉聊到威廉姆斯赫厄的往事。拿破仑三世说道：“也许，黑塞的长官会在城堡里留下一些过去的纪念品。”因此，在到达的第二天，拿破仑三世虽然疲惫不堪，但仍然表示想要去参观一下城堡。大家都很担心拿破仑三世的身体状况——每个人都知道他的身体状况很不稳定。来到城堡后，拿破仑三世从一个房间走到另一个房间，并且几乎没有环顾四周——显然，他对周围发生的事情漠不关心。突然，拿破仑三世发现自己站在一幅巨大的画像前，而画像中的女士充满青春气息、美丽动人。这时，一缕阳光照在拿破仑三世面前，而画像中的女士的服饰吸引了拿破仑三世的目光。因此，拿破仑三世向前走了一步，想更近距离地端详这幅画。认出画像中的女士就是自己的母亲，即荷兰王后奥尔唐斯·德·博阿尔内时，拿破仑三世惊呼了一声，像一个被击中胸膛的人一样后退了一两步。拿破仑三世身边的阿基里斯·缪拉和几位副官连忙走上前去搀扶他。凝视了这幅画像几秒后，拿破仑三世要求独处一会儿。

几个小时后，一位目击了这一感人场景的人写信给欧仁妮皇后说道：“在母亲的肖像前，拿破仑三世待了很久，并且从他深爱的母亲那里寻求到了慰藉。拿破仑三世几乎已经被无情的命运压垮了。进入城堡的房间时，拿破仑三世不仅疲惫不堪，濒临崩溃，而且十分担心您和皇太子的命运。然而，一小时后，走出城堡时，拿破仑三世不仅变得轻松自在、精神满满，而且看起来心态乐观、冷静坚定。不难看出，拿破仑三世获得了非常大的帮助。奥尔唐斯·德·博阿尔内的出现大大抚慰了拿破仑三世的内心世界——斯人已逝，却仍然支撑着拿破仑三世的生命。因此，我们相信，靠着对母亲的记忆，以及对皇后和皇太子的爱的支撑，拿破仑三世活了下来。每隔一段时间，拿破仑三世就会问我们，他什么时候才会知道一些关于您和皇太子的确切消息。”

本章开始时所述的欧仁妮皇后还没有来威廉姆斯赫厄看望拿破仑三世时，拿破仑三世只能通过报纸上的报道了解一点关于欧仁妮皇后的消息。拿破仑三世渴望能亲耳听到欧仁妮皇后讲述她如何承受了这可怕的危机和1870年9月4日以来发生在她身上的事。后来，我了解到，拿破仑三世很晚才得知欧仁妮皇后和皇太子的消息。虽然欧仁妮皇后曾给拿破仑三世写过几封信，但由于前者把信寄给了一个已经离开卡塞尔的官员，拿破仑三世一封信都没有收到。1870年9月17日，经历了十五天的焦急等待后，欧仁妮皇后的信终于被送到了拿破仑三世手里。高兴了一会儿后，拿破仑三世立刻回信道：“昨晚和今早，我收到你在1870年9月3日、1870年9月14日和1870年9月15日写的信。我感到了一种甜蜜的安慰。由于没有你的消息，我十分担心。当然，这次不幸的事件对我们的打击很沉重。目前，除了努力驳斥众多诽谤，我们最好什么也不做。”

从此，欧仁妮皇后的信一直准时到达威廉姆斯赫厄，这对疲惫的拿破仑三世来说无疑是吃下定心丸。后来，在信中，拿破仑三世写道：“在生活中，我如果没有你和儿子的爱，那么还能找到什么慰藉呢？我听说，到伦敦后你生病了。现在，你的病好了吗？虽然人人都赞美你在恶劣的环境中的不屈不挠和刚毅坚强，但我倒一点都不意外。”

在卡塞尔，被俘虏的拿破仑三世受到了监视。拿破仑三世虽然很不喜欢被监视，但没有抱怨——他知道被监视是不可避免的。城堡信函收发部的某个官员会设法获取拿破仑三世收到的或是发送的所有电报的复印件。更过分的是，信函收发部的这个官员认为，在寄出前，拿破仑三世所有的信都必须接受检查。拿破仑三世常常会考虑一个问题，即信函收发部的这个官员的任务是普鲁士官方授意的，还是后者出于自愿，认为这是他的分内工作。

一天，拿破仑三世收到了法兰西记者梅尔斯的来信。梅尔斯写信的原因是他收到了一封来自凡尔赛宫的普鲁士总部的信。这封信的署名为“一名军官”。在信中，“一名军官”说，有人让他务必转告梅尔斯，提醒在威廉姆斯赫厄的拿破仑三世小心“隔墙有耳”——拿破仑三世所有谈话，即便是用膳时的，也会立即传到普鲁士总部。“隔墙有耳”几个字下面画了三条横线。由于梅尔斯认出了写信者的笔迹，“一名军官”的身份一下子就被解开了。随后，梅尔斯了解到，“一名军官”是代人执笔，而真正的写信人是普鲁士王储弗里德里希•威廉•维克多•阿尔伯特•冯•霍亨索伦，即后来的德意志皇帝威廉二世。普鲁士王储弗里德里希•威廉•维克多•阿尔伯

威廉二世

特·冯·霍亨索伦不仅曾多次表现出对拿破仑三世的尊敬，而且对蔑视后者的官员进行了严厉的谴责。

拿破仑三世虽然看似对收到的信函不以为意，但实际上更加谨慎了。一旦有重要信息需要传达给欧仁妮皇后或者一些亲信时，拿破仑三世会将信托付给来威廉姆斯赫厄看望他的人或找可靠的朋友直接送去英格兰。由于监视行动未能顺利进行，想监视拿破仑三世的官员感到无比失望。

在被囚禁期间，拿破仑三世一直受到普鲁士方面的监视。在拿破仑三世被囚禁后期，普鲁士人开始着重监视弗兰切斯基尼·彼得里。弗兰切斯基尼·彼得里装作不知晓普鲁士对他的监视，而拿破仑三世虽然对监视仍然显现出无所谓的态度，但与欧仁妮皇后或身处布鲁塞尔和瑞士的朋友通信时，变得更加谨慎了。用餐时，拿破仑三世也变得寡言少语——他虽然有时也说些话，但他说这些话的目的就是让监视者向上级报告。因此，报告的关于拿破仑三世的消息常常会让普鲁士总部困惑不已。有时，说完话后，拿破仑三世和他的部下还常常会发出意味深长的大笑声。几年后，回忆起这些事时，拿破仑三世觉得很欢乐。

如前所述，每天夜晚，拿破仑三世都会工作到很晚，进行政治和其他方面的研究。在被囚禁期间，拿破仑三世写了好几本小册子。一本小册子被拿破仑三世命名为《色当投降的原因》。还有在布鲁塞尔出版、由格里库尔侯爵签名的一本小册子引起了很多人的注意。在普鲁士，甚至有人说，普鲁士国王威廉一世和他的大臣展开了一场关于第二本小册子的热烈讨论。接触到第二本小册子前，普鲁士国王威廉一世只听过奥托·冯·俾斯麦对国家事务的各种分析，而这本小册子中提出的一些新问题让他感到有些惊讶——他的大臣们对某些问题的描述和这本小册子完全不一样。

看到第二本小册子中的一封信后，普鲁士国王威廉一世仿佛触电一般。第二本小册子上记录道，当时，虽然英国和奥地利坚决反对，但拿破仑三世仍然允许普鲁士参加了1856年在巴黎举行的会议。在给拿破仑三世的信中，普鲁士国王腓特烈·威廉四世写道："普鲁士和霍亨索伦王室的成员将永远铭记您的帮助。"此外，虽然这是普鲁士国王威廉一世第一次读到这封信，但奥托·冯·俾斯麦早就已经读过了。

上述的普鲁士国王腓特烈·威廉四世的那句话和普鲁士国王威廉一世在贡比涅和巴黎发表的演说曾萦绕在欧仁妮皇后的脑海中。普鲁士一直在欺骗第二帝国，直到觉得自己已经变得比法兰西更加强大。欧仁妮皇后一直认为，后来，虽然普鲁士伸开了双手，但这双手的目的不是拥抱，而是掐死法兰西。拿破仑三世也同意欧仁妮皇后的观点，而他们二人曾多次讨论过这个话题。

对这些小册子，虽然奥托·冯·俾斯麦十分抵触，但普鲁士国王威廉一世和他不一样。普鲁士国王威廉一世下令不许干扰拿破仑三世应有的自由。此外，拿破仑三世与普鲁士国王威廉一世的和平谈判没有被这些小册子影响。正如人们意识到的，在1870年的战争爆发之际及爆发后，与那些不择手段的普鲁士大臣相比，普鲁士国王威廉一世好像更擅长外交并且更具绅士风度。

1870年的战争结束后，法兰西和普鲁士进行了和平谈判。当时，在普鲁士，拿破仑三世和梅西-阿让托伯爵夫人玛丽·克鲁蒂尔德·伊丽莎白·路易丝·德·里奎特

梅西－阿让托伯爵夫人玛丽·克鲁蒂尔德·伊丽莎白·路易丝·德·里奎特

的来往信函的缩略版出版了。法兰西和普鲁士谈判时，拿破仑三世正待在卡塞尔。梅西-阿让托伯爵夫人玛丽·克鲁蒂尔德·伊丽莎白·路易丝·德·里奎特的丈夫，即梅西-阿让托伯爵阿诺德·亨利·查尔斯·弗朗索瓦·玛利虽然本是澳大利亚人，但由于在1869年前长期定居巴黎，获得了法兰西国籍。在杜伊勒里宫，梅西-阿让托伯爵夫人玛丽·克鲁蒂尔德·伊丽莎白·路易丝·德·里奎特出众的美貌和优雅的言谈举止常常会引起大家的注意。1870年，普法战争爆发后，梅西-阿让托伯爵夫人玛丽·克鲁蒂尔德·伊丽莎白·路易丝·德·里奎特和她的丈夫仍然效忠于拿破仑三世和欧仁妮皇后。拿破仑三世曾给梅西-阿让托伯爵夫人玛丽·克鲁蒂尔德·伊丽莎白·路易丝·德·里奎特写了一些带有政治色彩的信，以下是这些信的一些摘录。

1871年2月4日送达的信的内容如下："为了能在这个节骨眼上帮助我们，你不仅提出了一些问题，而且就各种问题征求我的意见——你这么做真是太善良了！然而，现在的法兰西正处于最可悲的境况中，而我至今没有看到出路。我们如果能重建秩序、抑制革命和繁荣国家，那么能弥补战争带来的一些损失。现在，对普鲁士和法兰西来说，重建秩序等三件事意义重大。不幸的是，国民议会的召开导致完成这些事情变得异常困难。如果我处在皇帝的宝座上，而议会能带来和平，那么我一定会征询人民的意见并且建立起一个有足够能力执行协议条款的政府。然而，如果议会不同意应对这些情况，那么我应该宣布我会只与合法政府打交道，并且提出比协议条款更加优厚的和平条件，而这些条件的基础会是两国的最大利益。达成这些协议和和平的条件是什么呢？如果我们的立场被充分地考虑了，那么这些协议将不难达成。其实达成这些协议的难度并不大——现在的普鲁士国王威廉一世是欧洲的霸主。我相信奥托·冯·俾斯麦不仅已经考虑过这些事情，而且一定把握了其中的深意。然而，环境经常会打乱被精心制订的计划。最伟大的政治家也不得不考虑当前的情况。现在有一件事必须完成，即缔结高贵的和平条约——一项不会留下废墟、绝望和无序的和平条约。"

1871年2月6日，在另一封信中，拿破仑三世让梅西-阿让托伯爵夫人玛丽·克鲁蒂尔德·伊丽莎白·路易丝·德·里奎特担任和平鸽的角色，将他希望缔结和平的讯息传给普鲁士当局。因此，梅西-阿让托伯爵夫人玛丽·克鲁蒂尔德·伊丽莎白·路易丝·德·里奎特用一个假身份去威廉姆斯赫厄并且成功与拿破仑三世会面。拿破仑三世给梅西-阿让托伯爵夫人玛丽·克鲁蒂尔德·伊丽莎白·路易丝·德·里奎特做了口头指示，并且让后者将一封他的亲笔签名信交给普鲁士国王威廉一世。后来，梅西-阿让托伯爵夫人玛丽·克鲁蒂尔德·伊丽莎白·路易丝·德·里奎特也见到了安排她与普鲁士国王威廉一世会面的奥托·冯·俾斯麦。梅西-阿让托伯爵夫人玛丽·克鲁蒂尔德·伊丽莎白·路易丝·德·里奎特虽然没有成功，但仍然保持着乐观的心态并且请求拿破仑三世给奥托·冯·俾斯麦写信。然而，在给梅西-阿让托伯爵夫人玛丽·克鲁蒂尔德·伊丽莎白·路易丝·德·里奎特的回信中，拿破仑三世拒绝给奥托·冯·俾斯麦去信，并且写道：

"我认为这样的信没有任何用处。首先，我委托了德·法兰库尔男爵帮我回信。其次，在我看来，法兰西希望渺茫。我的朋友们不得不预防奥尔良王子们的野心——他们有许多中产阶级的支持。此外，我觉得法兰西没有原谅我，仍然在计较着我的失利和不幸。"

下面这封拿破仑三世的信写于1871年3月2日的威廉姆斯赫厄，而当时，法兰西和德意志帝国的和平条约也即将缔结：

"给法兰西提出这样的和平条件，怎么会不让人心生愤慨呢？我们已经做好了战败的准备，而作为战败方，我们将支付战争的费用并且舍去部分国土。然而，德意志还要谴责我们——这是很过分的。物质和道德的双重重压压在我们肩膀上时，我们的政府还能保持权威吗？威廉一世不仅没有给予我们真正的和平，而且威胁了法兰西政府的存在，播下了仇恨和怀疑的种子。然而，对德意志而言，威廉一世的这种做法真的明智吗？我认为不明智。现在，欧洲各国联系紧密，并且有着共同利益，导致一国受难便会牵涉其他所有国家。威廉一世和奥托·冯·俾斯麦如果曾仔细考虑过欧洲的局势，那么会真心地希望为这个革命和战争的年代画上句号，而不会沉浸于他们所取得的胜利并且采取这样的行动。我可亲的梅西-阿让托伯爵夫人玛丽·克鲁蒂尔德·伊丽莎白·路易丝·德·里奎特，我现在写信给你，就好像你是外交大臣一样。处于焦虑之中的我对你畅所欲言——这使我得到了莫大的慰藉。"

几天后，拿破仑三世再次写信给梅西-阿让托伯爵夫人玛丽·克鲁蒂尔德·伊丽莎白·路易丝·德·里奎特，感谢她为和平所做一切，而这封信到达梅西-阿让托伯爵夫人玛丽·克鲁蒂尔德·伊丽莎白·路易丝·德·里奎特之手所用的时间比以往更久。不仅我没有这些信的副本，而且发表这些信的出版社也没有原稿。在我看来，这些信一定是那些对拿破仑三世写给梅西-阿让托伯爵夫人玛丽·克鲁蒂尔德·伊丽莎白·路易丝·德·里奎特的信感兴趣的人提供给出版社的。

第 32 章

1870 年的和平谈判

1870年秋季，奥托·冯·俾斯麦显然没有将法兰西的新政府视为一个正规的官方机构，因此他打算与身在英国的法兰西摄政王，即欧仁妮皇后进行谈判。奥托·冯·俾斯麦也可能直接与拿破仑三世进行谈判。1870年9月11日，兰斯的某份报纸上发布了一份公文，写道："在外交层面上，第二帝国的政府仍然是独立存在的。普鲁士虽然可以和拿破仑三世、摄政王欧仁妮皇后，甚至弗朗索瓦·阿希尔·巴赞商讨相关事务，但不能与前立法机构的一小部分反对派人士商讨。"这份公文不仅让奥托·冯·俾斯麦受到了启发，而且在当时的外国读者中也引起了广泛的评论。在接下来的几年里，拿破仑三世和欧仁妮皇后经常一起重温这场谈判的细节，而其中的某些事情模糊不清时，他们会共同分析得出更加明确的看法。现在，拿破仑三世和欧仁妮皇后的这些看法已经被公之于众了。

法兰西军队战败，不仅导致拿破仑三世成了囚犯，而且也使第二帝国的声誉遭到了破坏——"九月四日行动"彻底摧毁了帝国的影响力。在内乱中建立的新政府不得不与敌军正面交锋。欧洲的其他国家会有什么感受呢？发生在法兰西的革命震撼了整个欧洲，而人们害怕会出现相同的事件——人们没有忘记，1830年，比利时和波兰曾全副武装①，而1848年，意大利也爆发了声势浩大的叛乱。

不仅是统治者，而且各国人民都对法兰西的这场革命进行了深刻的思考。这场

① 1830年8月，比利时人在布鲁塞尔发动了反对荷兰统治者的武装起义并且组建了临时政府；1830年11月，俄罗斯帝国统治下的波兰人民发动了争取民族独立的起义。

革命是一些毫无廉耻的法兰西人煽动的，是巴黎的一些代表们一手策划的，也是在路易-茹尔·特罗胥的纵容之下爆发的。怀着推翻第二帝国的目的，路易-茹尔·特罗胥存心违背誓言，推卸责任。因此，1870年9月4日爆发的革命不仅应该受到谴责，而且对其他国家构成了威胁——这些国家的一些暴民可能会仿效法兰西的革命。在爱国情怀浓重的匈牙利和意大利，法兰西的革命党遭到了严厉的谴责——建立了第三共和国后，法兰西人民似乎已经忘记何为爱国主义。

使欧洲的其他国家感到惊讶的是，1870年9月，面对突如其来的灾难时，伟大的法兰西竟然只考虑推翻统治王朝，而未能保持头脑镇定。显然，普鲁士和法兰西由于这场战争损失惨重，而第二帝国的倒台怎么可能是由奥托·冯·俾斯麦一手造成呢？国家灾难怎么能都归咎于身体状况糟糕的拿破仑三世呢？拿破仑三世难道不曾思考过危机中的国家出路吗？难道拿破仑三世没有想过通过与奥地利和意大利结盟来遏制普鲁士的力量吗？"如果我没有达成这个伟大的目标，"有一次，拿破仑三世曾说道，"那么原因不全在我。"

法兰西与普鲁士开战时，奥地利拒绝给予前者任何实际帮助。奥地利不仅很难在短时间内动员军队，而且很害怕正在为加入战争做准备的俄国。法兰西驻圣彼得堡大使弗勒里很难说服俄国放弃敌对立场而保持中立立场。第二帝国覆灭后，奥地利不仅对与法兰西结盟一事不再感兴趣，而且绞尽脑汁和普鲁士保持良好关系。

至于意大利，虽然它很感激法兰西曾经给予的帮助，但罗马对其吸引力太大了。这种吸引力实在太强大了——意大利人的眼中只有圣城罗马。意大利国王维托里奥·埃马努埃莱二世可能倾向于帮助法兰西。实际上，1870年8月，灾难开始席卷法兰西时，拿破仑·热罗姆被拿破仑三世派去见意大利国王维托里奥·埃马努埃莱二世，而后者甚至同意了帮助法兰西——条件是法兰西必须允许意大利对罗马采取行动。然而，由于考虑到自己做出的保护教皇庇护九世的承诺，拿破仑三世拒绝接受意大利的条件。拿破仑三世信守承诺，导致法兰西没有得到意大利的援助。在普法战争中，意大利国王维托里奥·埃马努埃莱二世虽然仍然念及与拿破仑三世的友情，但没有采取任何实际行动来支持后者。第二帝国倾覆后，意大利国王维托里奥奥·埃马努埃莱二世没有对未给予拿破仑三世这位曾经慷慨的盟友支持而感到懊悔。恰恰相反，断开与第二帝国的联系时，意大利国王维托里奥·埃马努埃莱二世如释重负——毫无顾忌地进入罗马时，他感到无比兴奋。

另外，出于自身在欧洲利益的考虑和看到事态发生了如此出人意料的转变，俄国一定感到非常失望。俄国虽然立刻察觉到一个曾经占据次要地位的大国迅速发展可能带来的不利，但对普鲁士一直都很偏爱。君主制国家有时会将自身与其他君主制国家视为一个整体，而从这个立场来看，我们不能确定俄国是否曾为第二帝国的短暂历史而哭泣过。对可能发生在欧洲的可怕灾难的后果，沙皇亚历山大二世似乎一知半解。亚历山大二世看到了废除《1856年条约》中有关黑海航行的不利条款会为俄国带来的好处，却仍然记得1863年的法兰西对波兰问题的干涉，丝毫不关注法兰西今后采取的政府形式。沙皇亚历山大二世不想与朱尔斯·法夫尔和查尔斯·托马斯·弗洛凯之流有任何瓜葛。本着人道主义精神，沙皇亚历山大二世曾告诉弗勒里，一旦时机成熟，他就将支持法兰西。虽然一些接连不断的事导致沙皇亚历山大二世无暇来帮助法兰西，但后来在欧仁妮皇后的不断要求下，俄国兑现了自己的承诺，为法兰西做了一点事。

法兰西新任外交大臣朱尔斯·法夫尔不仅对倾覆时的第二帝国进行的外交谈判一无所知，而且面临的局面完全变了样——几天前，由于第二帝国的政府已经垮台，那些被视为法兰西的最后的盟友的国家不再遵守与第二帝国之间的约定。德·拉图尔·奥弗涅，即第二帝国的最后一位外交大臣，认为自己对通过暴动而获职的继任者没有任何义务。朱尔斯·法夫尔如果对外交事务很熟悉，那么会从与海外法兰西特工来往的信中猜出许多事情。可以说，朱尔斯·法夫尔完全不能胜任自己的职位，并且因此对第二帝国进行的谈判一无所知。朱尔斯·法夫尔即使知道谈判的内容，也会面临如何应对的问题。这个所谓的国防政府只善于诋毁被推翻的第二帝国的体制，如何能主持外交工作呢？另外，如果欧洲的其他大国利用了朱尔斯·法夫尔的无知，那么人们也不必感到惊讶——前者只是做了应该做的事。

因此，1870年秋季，法兰西彻底陷入了孤立无援的局面。没有人打算对法兰西这个被征服的国家伸出援手，都自私地保持着沉默。英国虽然同情拿破仑三世和欧仁妮皇后，但仍然相信在第二帝国倾覆一事中，是法兰西的挑衅造成了所有后果，而普鲁士只不过是被迫卷入而已，更是一个真诚的国家。此外，英国认为，巴黎建立了一个新政府，而英国和这个新政府没有任何关系。此外，英国内阁同情普鲁士人——这也不是什么秘密。

在这种情况下，带着几位大臣和忠实的追随者逃到黑斯廷斯时，欧仁妮皇后虽然决定对外表达自己的观点，但不打算提出解决措施——她认为自己没有这样的权力。欧仁妮皇后写了一封信给沙皇亚历山大二世，请求他像对待第二帝国一样对待第三共和国。

考虑到对奥地利所做出的承诺，俄国决定保持一种中立态度。由于普鲁士和俄国的统治家族之间关系密切，俄国的中立便是对法兰西的善意。1870年9月15日，就俄国保持中立一事，欧仁妮皇后写了一封信，仍旧表示希望俄国发挥自己的大国作用。在信中，欧仁妮皇后写道："如果我对弗勒里送来的信解读正确，那么事实就是陛下您对第二帝国的分崩离析也深为惋惜。命运与我们做对。拿破仑三世被监禁并且抹黑，而另一个政府承担了我们应该履行的义务。我现在请求您发挥您的最大影响，并且在适当时，能给法兰西带来和平。无论法兰西未来的政府形式如何，我都希望在这段艰难的岁月中，法兰西人民能够看到您对我们的友好。"虽然以上文字的的确确是欧仁妮皇后给亚历山大二世的信的内容，但欧仁妮皇后的这封信不仅那时常常被误传，而且此后也被误读了。

实际上，早在1870年8月的最后几天，沙皇亚历山大二世就已经开始竭尽全力按照欧仁妮皇后的建议行事。在弗勒里的迫切请求下，亚历山大二世写信给普鲁士国王威廉一世，指出如果法兰西最终被击败，那么基于屈辱的条件上的和平仅仅是可能危及所有欧洲国家的和平的休战。由于发现很难放弃继续征服一部分法兰西省份，威廉一世没有明确回复亚历山大二世。1870年8月29日，亚历山大二世告诉弗勒里说他试图再劝劝威廉一世，说道："时机成熟时，如果有必要，那么我一定会大胆发言。"

军事灾难威胁到第二帝国的存在时，俄国采取了上述这些行动。就欧洲的整体利益而言，第二帝国应该继续存在。然而，色当一役后，发生在1870年9月4日的巴黎革命完全改变了法兰西的局势，对所有欧洲国家都造成了威胁。在变化的局势下，没有人能预测沙皇亚历山大二世会如何做——他所展现的友好态度会发生转变吗？亚历山大二世对法兰西的新政府的厌恶没有改变。

1870年9月17日，欧仁妮皇后在1870年9月15日写的信被秘密送至身处圣彼得堡的弗勒里手中。弗勒里虽然不再担任法兰西驻圣彼得堡大使一职，但很快就获得了觐见沙皇亚历山大二世的机会并且把信交给了他，鼓励他对法兰西事务进行干预。在信中，欧仁妮皇后表示自己希望俄国能干预法兰西事务。就与亚历山大二世的会面，弗勒里写了一封信给欧仁妮皇后，而信中还掺杂了他的一些个人感想。在此，我第一次将这封信公开："自上次与沙皇亚历山大二世会面后，我发现他的意图发生了巨大的变化。在欧洲人民眼中，法兰西的新政府是暴徒建立的。朱尔斯·法夫尔没有寻求建立法兰西的新政府在世界外交圈的地位，并且在各种场合，如政治报道和与外交官的会谈中，都对第二帝国的体制进行辱骂和诽谤，强调新政府的革命性。朱尔斯·法夫尔开始谴责法兰西第二帝国，赞扬推翻第二帝国的革命。在公开演讲时，朱尔斯·法夫尔使用的措辞震惊了在场的外国官员们——他的言辞不仅是偏激的，而且几乎是侮辱性的。"

有一天，就朱尔斯·法夫尔的措辞，拿破仑三世说道："唉，这是一种在法兰西经常使用的特殊方法。换句话说，就是新政府通过向前一届政府扔泥巴来突出现有制度的优点。早在1830年，有些人就使用了这些卑鄙的手段。"难怪一个通过暴动建立的新政府会采用这种手段来抹黑前一届政府。拿破仑三世继续说道："然而，在和陌生人打交道时，革命者不应该这样做——需要陌生人的帮助时，情况会变得很糟糕。当着对第二帝国的倾覆感兴趣的第三者的面侮辱第二帝国的政府只会败坏新政府的名声。"

因此，亚历山大二世不支持在巴黎成立的新政府。正式回复欧仁妮皇后前，亚历山大二世召集大臣与弗勒里进行会谈，商讨干预法兰西事务的可能性。在给法兰西皇后欧仁妮的信中，亚历山大二世写道：

"我已经收到了您的来信，并且很高兴您能写信给我。通过您的信，我完全能理解您的感受，而这一系列事件使您忘记了悲伤，一心只想着自己的国家。我很关注法兰西近来发生的事。我希望贵国能早日实现和平。我不仅想让您不再悲伤，而且想终结现在存在于整个欧洲的邪恶势力。我将尽我所能，为我所期望的结果尽一分力。谢谢您的问候和对我的信心。再一次为我们的友谊喝彩！”

与此同时，弗勒里正在尽一切努力缓和沙皇亚历山大二世对1870年9月4日成立的法兰西新政府的不满情绪。在弗勒里的要求下，圣彼得堡内阁答应劝说普鲁士政府与法兰西外交大臣进行谈判。1870年9月19日，在费里埃尔城堡，朱尔斯·法夫尔获得奥托·冯·俾斯麦的接见。费里埃尔城堡原属于詹姆斯·马耶尔·德·罗特席尔德男爵，而当时，普鲁士军队的总部就设在那里。

朱尔斯·法夫尔幻想着普鲁士不会继续战争，认为建立共和制政府将足以使普鲁士国王威廉一世满意。朱尔斯·法夫尔不断地对奥托·冯·俾斯麦重复着一

詹姆斯·马耶尔·德·罗特席尔德男爵

些奇怪言论，而对前者的幻想，后者感到十分吃惊。正如我们后来看到的那样，奥托·冯·俾斯麦也有自己的幻想。奥托·冯·俾斯麦闪烁其词，拒绝谈论停战或与法兰西新政府通过谈判达成和平的可能性。然而，最终，奥托·冯·俾斯麦说道："斯特拉斯堡的存在一直威胁着我们——我们必须得到它。"朱尔斯·法夫尔问奥托·冯·俾斯麦是否想得到阿尔萨斯和洛林这两个地方时，后者立即回答道："我虽然对洛林了解甚少，但已经下定决心得到阿尔萨斯。"

后来，就朱尔斯·法夫尔和奥托·冯·俾斯麦的这次谈判，拿破仑三世曾评论道："奥托·冯·俾斯麦根本不希望和新政府进行谈判。由于受到《德意志独立宣言》的限制，原则上，奥托·冯·俾斯麦只能和第二帝国的政府进行谈判。奥托·冯·俾斯麦谨慎地和朱尔斯·法夫尔周旋着以防止谈判成功。实际上，奥托·冯·俾斯麦并不急于缔结和平条约——他希望借此机会获得更大的利益。奥托·冯·俾斯麦不仅很清楚法兰西是一个杂乱无章的国家，而且明白他如果等待，那么能得到想要的一切。换句话说，奥托·冯·俾斯麦狡猾地玩弄他的敌人于股掌之间，就像猫玩弄老鼠一般，而为的是等待时机给后者致命一击。"根据后来的事实，拿破仑三世的分析十分到位，而这也再一次显示出了拿破仑三世能够敏锐地看清复杂的政治形势的能力。

在首次会见朱尔斯·法夫尔当天，奥托·冯·俾斯麦还接见了法兰西作家雷尼耶。雷尼耶是一位臭名昭著的冒险家。1870年9月20日，在给雷尼耶发放了去梅茨的通行证后，奥托·冯·俾斯麦继续与朱尔斯·法夫尔进行谈判。征询了普鲁士国王威廉一世的意见后，奥托·冯·俾斯麦的态度似乎有所缓和。奥托·冯·俾斯麦虽然同意讨论休战事宜，但要求法兰西交出斯特拉斯堡和道尔作为停火的交换条件。朱尔斯·法夫尔当然拒绝了奥托·冯·俾斯麦的无理要求，并且再一次发表了他著名的宣言："寸土屑石，永不拱手。"朱尔斯·法夫尔提出要对巴黎的粮食进行补给。然而，奥托·冯·俾斯麦拒绝了朱尔斯·法夫尔提出的要求，并且声称，巴黎不会获得粮食补给——除非普鲁士冲锋队能够进入巴黎西郊的高地要塞，即蒙特维伦斯山。显然，就当时的情况来看，奥托·冯·俾斯麦的要求根本不可能得到同意。奥托·冯·俾斯麦虽然突然向朱尔斯·法夫尔做出了一些妥协，但是否真心渴望和平局面呢？拿破仑三世不仅从未觉得奥托·冯·俾斯麦渴望和平，而且明白后者的妥协中暗藏玄机。追随拿破仑三世多年的大臣和拿破仑三世持相同观点。奥托·冯·俾斯麦难道不是在以这次会谈为幌子，等待时机对法兰西发动攻势吗？这样的观点才是比较正确的。

拿破仑三世评论道：“毫无疑问，奥托·冯·俾斯麦的要求很过分。然而，1870年11月1日，奥托·冯·俾斯麦提出了更过分的要求——他要求法兰西割让阿尔萨斯并且赔款三亿法郎。后来，控制了巴黎后，奥托·冯·俾斯麦要求法兰西割让阿尔萨斯和洛林并且赔款五亿法郎。”由于正在英国，欧仁妮皇后没有去谈判的权利，无法代表正在衰落中的法兰西。即使能参加谈判，欧仁妮皇后也不想承认任何的割地条款——日后，如果法兰西重新振作起来，那么她在条约上的签字会让她颜面尽失，成为历史的罪人。被囚禁在威廉姆斯赫厄的拿破仑三世有着和欧仁妮皇后一样的忧虑，并且主张放弃一切可能会造成法兰西割地的谈判。然而，在把责任推卸给第二帝国一事上，法兰西的新政府没有丝毫犹豫。此外，新政府不愿与普鲁士缔结和平条约——这不仅会迫使法兰西再一次陷入不幸的战争，而且最终无疑会结成恶果。

在1870年至1871年的普法战争的第二阶段涌现了很多英雄事迹。然而，法兰西民族的伤口已经被现实划得很深，深到难以愈合，而残酷的现实使和平的梦想变得似乎遥不可及。疲惫不堪的法兰西终于接受了无情的折磨，签订了丧权辱国的《法兰克福条约》。1870年9月4日的革命者们认为身为共和党人的自己很强大，强大得无懈可击。革命者们不愿接受与提供给欧仁妮皇后相同的和平条件。拿破仑三世说道：“这帮可怜的人们认为新的政府形式可以给法兰西带来新的和平条件。然而，事与愿违，正是由于这些共和党人，普鲁士对法兰西变得更加不信任了。总之，在奥托·冯·俾斯麦眼中，法兰西的新政府会带来更多的不稳定因素。”现在，人们发现，拿破仑三世的这些话十分正确。

兰斯的几家报社将拿破仑三世的一些话公开发表后，“雷尼耶事变”立即发生了。雷尼耶是一个法兰西人，从未涉及政坛，一直默默无闻。1870年9月12日，雷尼耶写了一封信给欧仁妮皇后，详细地描述了一个他制订的细致的复辟王朝的计划。雷

签订《法兰克福条约》

尼耶的计划的核心部分有三：一是恢复法兰西的摄政王的统治；二是与普鲁士签订和平条约；三是在梅茨军队的保护下召开内阁会议。1870年9月14日，雷尼耶抵达黑斯廷斯并且要求见欧仁妮皇后。然而，欧仁妮皇后拒绝接见雷尼耶。因此，雷尼耶转向勒布雷顿并且陈述了他的计划。勒布雷顿太太曾是欧仁妮皇后的侍从班的一位贵妇人。当时，外界对雷尼耶的这些活动并不知情，不知道雷尼耶的行为究竟是一种自发行为，还是由时任普鲁士驻伦敦大使阿尔布雷希特·冯·伯恩斯托夫伯爵策划的阴谋。拿破仑三世和欧仁妮皇后认为雷尼耶的行为应该属于后者——这种做法符合奥托·冯·俾斯麦的性格，即喜欢偷偷摸摸的行为。此外，我们可以在阿尔布雷希特·冯·伯恩斯托夫伯爵的回忆录中找到证据。

被欧仁妮皇后拒绝后，雷尼耶宣称自己不应该被这样对待。随后，雷尼耶打算去威廉姆斯赫厄见拿破仑三世，并且对外宣称他将为被囚禁的拿破仑三世效力。雷尼耶甚至向别人打听接近拿破仑三世的方法。雷尼耶曾希望皇太子在照片上写几句话向拿破仑三世转达一点信息。虽然欧仁妮皇后交代了不要理睬雷尼耶，但皇太子的家庭教师皮埃尔·玛利·奥古斯丁·菲隆先生最后还是答应了雷尼耶的请求，让皇太子转达了一点信息。在一张照片下面，皇太子写了几句话："我亲爱的父皇，这是我对黑斯廷斯的看法，……希望我写的内容能让你高兴。"然后，皇太子签上了自己的名字。

雷尼耶虽然一得到照片就出发了，但没有去威廉姆斯赫厄，而是直接回到法兰西并且在菲里耶尔住了下来。菲里耶尔是一个离巴黎不远的小城。在菲里耶尔，詹姆斯·马耶尔·德·罗特席尔德男爵有座宏伟的城堡——奥托·冯·俾斯麦和朱尔斯·法夫尔正在那儿进行重要的谈判。接下来，雷尼耶是充当普鲁士还是"复辟王朝"的顾问呢？或许这可能会同时发生——不久后，他收到了来自奥托·冯·俾斯麦的信，而奥托·冯·俾斯麦赞同了他复辟王朝的想法。雷尼耶向奥托·冯·俾斯麦表达了他想为和平条约谈判效力的意愿，并且阐述了一个情况，即法兰西和普鲁士双方的政府一方有权无力，另一方有力无权。最终，奥托·冯·俾斯麦虽然给了雷尼耶一本护照，但扣下了那张照片。送走雷尼耶后，奥托·冯·俾斯麦将照片送去了朱尔斯·法夫尔处。

法兰西的新政府与普鲁士谈判失败的当晚，奥托·冯·俾斯麦和雷尼耶又进行了一次会谈。在这次会谈中，雷尼耶虽然没有提及去威廉姆斯赫厄一事，但表示将去梅茨确保弗朗索瓦·阿希尔·巴赞计划的顺利实施。奥托·冯·俾斯麦同意了雷尼耶去梅茨的想法。奥托·冯·俾斯麦告诉雷尼耶，雷尼耶拥有的护照可以让他自由地穿越法兰西境内的被普鲁士军队占领的任何地方。雷尼耶于1870年9月23日到达梅茨，并立即被德意志军队总司令弗雷德里克·查尔斯王子接见，因为奥托·冯·俾斯麦事先告知了雷尼耶要来梅茨的消息。于是，雷尼耶得以越过防线，当天晚上就与弗朗索瓦·阿希尔·巴赞见了面。

自圣普里瓦战役结束后，弗朗索瓦·阿希尔·巴赞与他的军队留在梅茨的决心愈发坚定。在格雷蒙特召开的军事会议上，各支部队的司令官们也表示想留在梅茨。然而，1870年8月30日，向蒂永维尔方向突围的计划失败了。随后，弗朗索瓦·阿希尔·巴赞得知，帕里斯特·德·麦克马洪已经开拔——一场恶战已不可避免。1870年8月30日黄昏时分，法兰西冲锋队突破了普鲁士军队的第一道防线。1870年8月31日早晨，由于普鲁士军队加强了防守，原本被法兰西夺回来的阵地又被夺走了。以上是

圣普里瓦战役

梅茨军队的情况。为什么梅茨军队不想办法逃离呢？得知色当的灾难时，为什么弗朗索瓦·阿希尔·巴赞没有选择英勇抵抗，而是开始停战谈判呢？了解这些事情的真相十分困难。随后发生的事和军事法庭的诉讼情况表明，弗朗索瓦·阿希尔·巴赞似乎趋向于保存他所率领的军队的实力，使他的军队在适当的情况下可以发挥重要的作用。然而，弗朗索瓦·阿希尔·巴赞的行为像是一种保存实力的方式吗？此外，另一个难以回答的问题是，弗朗索瓦·阿希尔·巴赞保存实力是为了法兰西，还是王室——或者只是自己呢？关于这个问题，拿破仑三世有着自己的见解。拿破仑三世的见解或许不够准确。1873年，拿破仑三世去世，而弗朗索瓦·阿希尔·巴赞于1888年去世。由于拿破仑三世和弗朗索瓦·阿希尔·巴赞二人都已经去世了，后者的目的这一议题也日益被人们淡忘了。

巴黎的革命困扰着弗朗索瓦·阿希尔·巴赞。弗朗索瓦·阿希尔·巴赞手边的报纸上都以最灰暗的色彩描述当时的局势——一方是试图阻止风暴的新政府，另一方是被囚禁的皇帝，还有一方是不愿谈判的摄政王欧仁妮皇后。对像弗朗索瓦·阿希尔·巴赞这样雄心勃勃的人来说，这种局势不正是采用心理防线战术布下一局强有力的棋局的好时机吗？在这个节骨眼上，弗朗索瓦·阿希尔·巴赞甚至毫不犹豫地咨询了普鲁士国王威廉一世的侄子弗雷德里克·查尔斯王子对法兰西局势的见解。针对法兰西第一次提出的谈判请求，普鲁士方面仅仅回复了一句话："你会发现，我已准备好给您提供任何您想要的信息。"

这时，雷尼耶出现了，并且自认为是一位谈判专家，摆出了一副军队的救世主的姿态。弗朗索瓦·阿希尔·巴赞不仅匆忙地接待了雷尼耶，而且还莫名其妙、心不在焉地向后者讲述了许多有关梅茨军队的重要情况。因此，此前一直名不见经传的雷尼耶突然获得了十分重要的地位，而他的个人观点甚至有可能影响后来的局势发展。雷尼耶能轻松地穿越普鲁士军队的防线，而这说明了他的使命的重要性。雷尼耶详细地解释了他将要参与的谈判和梅茨军队在谈判中将扮演的角色，并且坚定地认为，为了让摄政王欧仁妮皇后在和平条约上签字，弗朗索瓦·马塞兰·德·康罗贝尔和查尔斯·丹尼斯·布尔巴基有必要去英国。按照雷尼耶的说法，整个欧洲的时局都取决于谈判的结果。

一直在寻找帮助法兰西走出困境的办法的弗朗索瓦·阿希尔·巴赞认同雷尼耶的计划。弗朗索瓦·阿希尔·巴赞认为，不仅和平是法兰西最大的福祉，而且他率领的军队如果能够逃出梅茨，那么可以维持法兰西的秩序。为了表明自己赞同雷尼耶的计划和想为摄政王欧仁妮皇后效力，在有皇太子签名的来自黑斯廷斯的那张照片上，弗朗索瓦·阿希尔·巴赞提笔签下了自己的名字。因此，雷尼耶又一次去了普鲁士军队的总部。弗雷德里克·查尔斯王子把奥托·冯·俾斯麦发来的两封电报给了雷尼耶并且告诉他，奥托·冯·俾斯麦与朱尔斯·法夫尔之间的停战协定还没有签署，而弗朗索瓦·阿希尔·巴赞应该派一位法兰西将军去英国见欧仁妮皇后并且阐明所需要解决的问题。虽然弗朗索瓦·马塞兰·德·康罗贝尔拒绝去英国，但查尔斯·丹尼斯·布尔巴基同意这样做。最终，查尔斯·丹尼斯·布尔巴基假扮成医生去了英国。后来，拿破仑三世说道："弗朗索瓦·马塞兰·德·康罗贝尔拒绝参加这样的野蛮又滑稽的阴谋不足为奇，恰恰说明他智力超群。真正令人吃惊的是，查尔斯·丹尼斯·布尔巴基竟愚蠢得能做出这样的事。"

与此同时，欧仁妮皇后已经离开黑斯廷斯并且去了伦敦附近的奇泽尔赫斯特。1870年9月27日，到达奇泽尔赫斯特并且出现在流亡的皇室人员面前时，查尔斯·丹尼斯·布尔巴基发现，看到他后，所有人都是一副很惊愕的表情。大家告诉查尔斯·丹尼斯·布尔巴基，雷尼耶不当地使用了有皇太子签名的照片，"你被欺骗了"。接待垂头丧气的查尔斯·丹尼斯·布尔巴基时，欧仁妮皇后再次告诉他"你被欺骗了"。查尔斯·丹尼斯·布尔巴基花了很长时间告诉欧仁妮皇后各种各样的事，包括梅茨军队的悲惨现状。然而，欧仁妮皇后似乎不仅不为所动，而且拒绝与查尔斯·丹尼斯·布尔巴基长谈。1870年9月28日早晨，虽然查尔斯·丹尼斯·布尔巴基再次兴致勃勃地去见欧仁妮皇后，但后者的态度没有改变，觉得自己无权介入谈判。欧仁妮皇后已经下定决心不干扰新政府的工作，并且因此拒绝了查尔斯·丹尼斯·布尔巴基的请求。

欧仁妮皇后虽然知道很多人都会谴责她的决定，但仍然回复称她不仅不认为自己有这样的权力，而且不相信自己拥有这样的能力，更不想给现在的局面添乱。与此同时，欧仁妮皇后隐约觉得，拿破仑三世虽然是囚犯，但仍然有着很英明的观点和想法，而如果有人给予他谈判的机会，那么他一定会挺身而出。换句话说，拿破仑三世虽然不再拥有法兰西最高统治者的地位，但仍然会用自己的方式为了法兰西的自由和胜利而战。欧仁妮皇后的一位挚友写道："欧仁妮皇后的态度体现了现代君主应当具备的风范。在欧仁妮皇后眼中，法兰西的利益高于一切。"正因为如此，欧仁妮皇后虽然很关注发生在法兰西的所有事，但不会擅自行动。听完查尔斯·丹尼斯·布尔巴基对梅茨糟糕的现状的描述后，欧仁妮皇后觉得自己最后的希望也破灭了——在此之前，人们普遍认为梅茨军队能发挥重要作用，治愈法兰西的外伤和内伤。

正因为时刻都在为法兰西及新政府的利益着想，欧仁妮皇后不能参与和平谈判。与此同时，阿道夫·梯也尔先生正在欧洲进行外交访问，希望盟国能够救法兰西免于水火之苦。值得注意的是，阿道夫·梯也尔先生这位令人尊敬的政治家虽然在欧洲各国都受到了热烈欢迎，但没有为法兰西找到任何实质性的援助。因此，欧仁妮皇后觉得，她也许能够帮得上忙。1870年9月28日，在给奥地利皇帝弗朗茨·约瑟夫一世的信中，欧仁妮皇后写道："陛下，我们正被厄运困扰着。现在，身陷囹圄的拿破仑三世无法为法兰西效力，而我身处法兰西的土地之外。我非常痛心，而时局也变得越来越艰难了。在痛苦和灾难面前，我不能保持沉默。我知道，收到我的信时，您会理解我为法兰西而担忧的心情。现在的法兰西充满着残忍和战争。我希望在这个紧急关头，您能出手帮助法兰西及其人民——请帮助我们获得和平，一种尊重我国领土完整的和平。"

就欧仁妮皇后给奥地利皇帝弗朗茨·约瑟夫一世去信一事，她的一位朋友曾做过一些评论，而我这里首次公开评论的内容："阿道夫·梯也尔先生正在努力让欧洲接受法兰西的新政府。实际上，阿道夫·梯也尔先生本可以很好地利用欧仁妮皇后的信来做些文章。例如，阿道夫·梯也尔先生可以通过欧仁妮皇后的这封信指出，法兰西新政府得到了前最高领袖的支持，将是一个长存的政府，一个能够真正代表法兰西人民的政府。欧仁妮皇后被迫承认新政府的存在，这难道不是出于慷慨无私的爱国主义吗？如果欧仁妮皇后已经准备给予帮助，那么她的帮助为什么会被拒绝呢？一直以来，阿道夫·梯也尔先生只顾着攻击和诋毁第二帝国，没能注意到欧仁妮皇后的慷慨和无私。在对外访问期间，阿道夫·梯也尔先生穷尽一切手段去摧毁人们对第二帝国的尊敬，然后躲在门后，窥视着后者土崩瓦解。”

1870年9月的头几天，第二帝国摇摇欲坠。有人提出帮助第二帝国时，阿道夫·梯也尔先生犹豫了一下，说道：“一切都太迟了。”然而，正如前文叙述的，在这次危机中，第二帝国的另一个反对者尼古拉·安·德奥杜尔·尚加尼耶采取了与阿道夫·梯也尔先生完全不同的态度。我们不应该忘记的是，对早期的灾难，阿道夫·梯也尔先生和参议院的反对派负有直接责任。有人提议修改法律、增强军队力量时，阿道夫·梯也尔先生反对时任战争大臣阿道夫·尼埃尔提出的法案，引起了一片哗然。1870年9月和10月，阿道夫·梯也尔先生一直在进行破坏工作。最重要的是，阿道夫·梯也尔先生最害怕的无疑是第二帝国卷土重来并且再次掌权。因此，阿道夫·梯也尔先生集中精力以使他领导的新政府成为正式的国家政府，并且让法兰西人民相信在他的领导下法兰西土地上的人民能够改变厄运。阿道夫·梯也尔先生就采取了这样强硬的政策——这实在是个错误。与此同时，即欧洲的其他国家都在各自的帝制政府下有条不紊地运转着时，为什么法兰西却非得将帝制扔向泥潭呢？这种做法实实在在地伤害了拿破仑三世的感情——虽然他对国家、人民和政府都十分尊敬，但形势已经越来越不利于他了。

虽然有着皇太子和弗朗索瓦·阿希尔·巴赞的签名的照片成功地骗过了朱尔斯·法夫尔，但这个诱饵很快就会失效——奥托·冯·俾斯麦需要更有用的东西。因此，普鲁士当局知道了查尔斯·丹尼斯·布尔巴基见欧仁妮皇后的结果后，雷尼耶就接到了离开的通知。奥托·冯·俾斯麦虽然没有放弃与昔日的第二帝国的统治者谈判的想法，但知道与摄政王欧仁妮皇后不可能达成任何协议。因此，奥托·冯·俾斯麦将目光转向了囚禁在威廉姆斯赫厄的拿破仑三世。

拿破仑三世虽然表示将接受谈判，但希望在谈判前能讲明自己与普鲁士谈判的立场。因此，1870年9月26日，拿破仑三世给普鲁士国王威廉一世写了一封信。在信中，拿破仑三世明确表示：要解决这次冲突，要么彻底摧毁其中的一方，要么使双方达成妥协。虽然支付赔款和拆除堡垒可以成为和平的条件，但领土决不可割让；可将某些可能导致报复性战争的防御工事夷为平地，保障未来的持久的和平。虽然拿破仑三世提出的似乎是一个切实可行的解决方案，但法兰西国内是否能够接受这个方案仍然存疑。拿破仑三世的方案很可能会遭到第二帝国的敌人的反对——他们会把党派的利益凌驾在爱国主义之上。然而，据说，朱尔斯·法夫尔认为自己可以得到更有利的条件，根本没有将这个方案告诉法兰西的新政府。

毋庸置疑，色当一役后，奥托·冯·俾斯麦原本会同意拿破仑三世提出的和平条件。为了结束这场灾难性的冲突，以及拯救六万名士兵的性命，拿破仑三世折断了自己的剑，导致他已经不能再站在前线了。色当战役结束三周后，再次与拿破仑三世交涉时，奥托·冯·俾斯麦提出了更加苛刻的条件。普鲁士对巴黎步步紧逼，导致梅茨的投降不再只是一种可能性，而只是时间的早晚，而奥托·冯·俾斯麦不会同意放弃割占法兰西的土地。与此同时，梅茨军队的情况对这场战争变得越来越至关重要。1870年10月10日，军事委员会决定与普鲁士进行谈判，希望通过虽败犹荣的投降来拯救军队。与此同时，军事委员会决定，如果法兰西不能获得合理的和平条件，那么梅茨军队绝不会放下武器。博耶尔被选为法兰西军队的指挥官，并且因此可以决定法兰西军队离开梅茨的条件。

1870年10月14日，弗朗索瓦·阿希尔·巴赞的特使抵达凡尔赛宫，即当时普鲁士军队的总司令部所在地。奥托·冯·俾斯麦告诉博耶尔，赫尔穆特·卡尔·贝恩哈特·冯·毛奇已经决定要求法兰西军队投降，而条件与在色当时一样苛刻。博耶尔强烈抗议赫尔穆特·卡尔·贝恩哈特·冯·毛奇的决定，并且宣布梅茨军队不会接受后者的条件。听完博耶尔的话后，奥托·冯·俾斯麦的口气稍稍温和了些，说道："好吧，我们会与普鲁士国王威廉一世协商并且充分考虑当前的局势。"奥托·冯·俾斯麦接着解释道："现在是签署和平条约最佳时机——这是普法双方都希望的结果。然而，为了能有效落实和平条约，我们必须与有执行力的政府谈判。普鲁士国王威廉一世不愿意和法兰西的新政府合作——后者说的话很不中听。"实际上，普鲁士国王威廉一世决定不与法兰西的新政府谈判，更不用说与图尔政府谈判了——需要说明的是，1870年10月，巴黎被普鲁士军队包围，而法兰西的新政府的一部分机构转移去了图尔。

奥托·冯·俾斯麦表示，普鲁士政府对第二帝国没有敌意。在奥托·冯·俾斯麦看来，帝制是一种最适合法兰西的民族特点的政体。然而，不久前，奥托·冯·俾斯麦宣布普鲁士不是在与法兰西，而是在与第二帝国作战！值得一提的是，奥托·冯·俾斯麦懂得一个技巧，即在谈判过程中面对不同的人时，如何巧妙地调整自己的讲话内容和风格。奥托·冯·俾斯麦进一步补充道："我们不希望重蹈1815年的覆辙——当时的法兰西被迫接受了敌人建立的政府。这一次，我们认为，无论如何，法兰西应该建立一个属于自己的政府。"

奥托·冯·俾斯麦继续分析了法兰西自1870年9月4日以来黑暗的国内局势，指出是时候让梅茨军队支持第二帝国的立法机构重建秩序和正规的政府。然而，奥托·冯·俾斯麦表示，在和平条约签署前，普鲁士不可能接受梅茨军队的自由身份。因此，摄政王欧仁妮皇后签署和平条约成为第二帝国复辟的必然条件。另外，如果欧仁妮皇后签署和平条约，那么梅茨军队必须同意支持第二帝国。就这一方面，奥托·冯·俾斯麦询问了博耶尔梅茨军队对拿破仑三世的忠诚度。博耶尔回答称，梅茨军队一直宣誓誓死效忠拿破仑三世，不会向新政府妥协，并且从来没有承认新的政府形式。博耶尔坚持认为，梅茨军队绝对有必要公开支持摄政王欧仁妮皇后。奥托·冯·俾斯麦继续说道："欧仁妮皇后如果觉得自己没有得到军队的支持，那么自然会拒绝公开谈判。因此，梅茨的法兰西军队有必要声明支持摄政王欧仁妮皇后。首先，你必须让欧仁妮皇后在和平条约的初步文件上签字。然后，梅茨的法兰西军队就可以带着武器、大炮和弹药光荣离开。梅茨这座城市也将再不会受到打扰。"我想说的是，奥托·冯·俾斯麦对欧仁妮皇后的看法纯粹是他的推测。

结束与博耶尔的谈话后，奥托·冯·俾斯麦见了普鲁士国王威廉一世。之后，奥托·冯·俾斯麦再次与博耶尔见面并且表示，普鲁士国王威廉一世已经放弃了让梅茨军队投降的想法，并且同意与摄政王欧仁妮皇后签署前一天所列的各项和平条款。奥托·冯·俾斯麦重复道："请让欧仁妮皇后签署和平条约的初步文件，并且让梅茨军队表明自己拥护欧仁妮皇后的坚定立场。随后，我们会优待你们。"博耶尔重复了他已经对奥托·冯·俾斯麦说过的话，即他确信军队会拒绝发表这样的声明。虽然奥托·冯·俾斯麦拒绝向除欧仁妮皇后以外的任何人透露和平的条件，但从过去几周发生的事情及奥托·冯·俾斯麦的一些主张来看，人们会很容易猜出奥托·冯·俾斯麦开出的条件。

当时，普鲁士会满足于得到阿尔萨斯和三十亿法郎，即欧仁妮皇后如果签署和平条约，那么可以挽回洛林和二百亿美元——也许还能拯救阿尔萨斯的一部分土地。然而，摄政王欧仁妮皇后能接受奥托·冯·俾斯麦的条件吗？这可以在即将发生的与梅茨的事情中找到答案。

带着奥托·冯·俾斯麦的最后通牒，博耶尔回到了梅茨并且立即召集了一个战争委员会。虽然没有人赞成发表公开支持摄政王欧仁妮皇后的宣言——恰恰相反，与会的所有将军一致认为，发表宣言非常危险，但大家仍然希望知道梅茨军队对第二帝国的忠诚度和对命令的服从度。因此，战争委员会召开了第二次会议，听取了关于这一重要问题的报告。虽然弗朗索瓦·马塞兰·德·康罗贝尔、埃德蒙·勒伯夫、查尔斯·奥古斯特·弗罗萨尔和德沃毫不犹豫地宣布了一个事实，即所有的军官都准备服从上级，但第二帝国的敌人却毫不犹豫地对外宣称，1870年秋季，军官和军队抛弃了第二帝国。然而，如果全体法兰西人民在这一关键时刻都站在唯一的合法政府的一边，那么会发生什么事呢，第二帝国会倾覆吗？

对派遣一名军官去摄政王欧仁妮皇后处执行任务是否明智这一问题，这个战争委员会中存在很大的分歧。有些将军反对给他们的行动增加任何政治色彩，而另一些人指出，如果谈判失败，那么一切问题都将被诉诸武力。战争委员会虽然有着各种不同的观点，但没有做出最后的决定。尼古拉·安·德奥杜尔·尚加尼耶慷慨陈词："不仅对军队，而且对法兰西来说，唯一能获救的手段就是所有的人都公开团结在欧仁妮皇后周围。"尼古拉·安·德奥杜尔·尚加尼耶虽然自1840年开始就一直反对第二帝国，但当时清楚地看到了真正的局势。在梅茨，尼古拉·安·德奥杜尔·尚加尼耶是无私和献身精神的光辉榜样，带来了宝贵的意见和丰富的经验。不久后，尼古拉·安·德奥杜尔·尚加尼耶被委以重要的谈判任务并且全身心地投入到了自己的使命中。

战争委员会最终讨论的结果是博耶尔必须立即动身去奇泽尔赫斯特。1870年10月22日，博耶尔抵达了奇泽尔赫斯特。然而，时间分秒不可浪费——梅茨坚持不了多久了。博耶尔迫不及待见了欧仁妮皇后并且请求她干预法兰西的国内事务。“只有您才能拯救这个国家，”博耶尔大声说道，“只要您立即接受奥托·冯·俾斯麦的提议。您如果同意签署和平条约，那么可以得到梅茨军队的支持。弗朗索瓦·阿希尔·巴赞和将军们特别委托我向您保证这一点。”

欧仁妮皇后深知，在如此危急的时刻，她必须干预法兰西的国内事务。然而，在做出任何承诺之前，欧仁妮皇后都需要了解奥托·冯·俾斯麦的想法，以免为了梅茨军队而牺牲了法兰西的利益。因此，欧仁妮发电报给奥托·冯·俾斯麦表示她愿意进行谈判。在电报中，欧仁妮皇后虽然没有说明自己的意图，但要求停战十五天并且允许为梅茨军队补给粮食。欧仁妮皇后还询问了奥托·冯·俾斯麦缔结和平条约的初步条件。与此同时，欧仁妮皇后召开了一次会议，而与会者有欧仁·鲁埃、德·佩尔西尼伯爵让-吉尔伯特·维克托·菲林、德·拉瓦索莱特侯爵、亨利·谢弗罗和杰罗姆·大卫男爵。在欧仁妮皇后主持的这次会议上，博耶尔出现并且再次敦促迅速采取行动。“奉梅茨统帅之命，”博耶尔大声说道，“我恳请摄政王通过同意接受奥托·冯·俾斯麦的条件来拯救军队。”有人问道：“这些条件的内容是什么？”然而，不仅博耶尔，而且普鲁士驻伦敦大使阿尔布雷希特·冯·伯恩斯托夫伯爵也不知道这些条件的内容。时间一点点地过去了，欧仁妮皇后仍然没有收到奥托·冯·俾斯麦的回电。欧仁妮皇后如果对普鲁士的要求一无所知，那么只会断然拒绝签字。当时，欧仁妮皇后住在考利勋爵借给她的阿尔伯马尔街的一所房子里。第二帝国时期，考利勋爵曾作为英国驻巴黎大使在法兰西住了十五年。阿尔布雷希特·冯·伯恩斯托夫伯爵专程拜访了欧仁妮皇后，说道：“我可以向您保证，普鲁士与任何其他形式的政府打交道都肯定比与您更加严苛。”阿尔布雷希特·冯·伯恩斯托夫伯爵的话语不仅鼓舞人心，而且甚至有些恭维成分——但欧仁妮皇后想要的只是一些明确的答复。因此，欧仁妮皇后直接写信给普鲁士国王威廉一世，以便从两个来源得到答案。在信中，欧仁妮皇后恳求普鲁士国王威廉一世拿出他的仁慈心肠和军人气概。欧仁妮皇后措辞谨慎，最后重申道：“了解您的要求是谈判不可缺少的条件。”

1870年10月24日，欧仁妮皇后收到了奥托·冯·俾斯麦的回电。然而，在停战期间，奥托·冯·俾斯麦不仅拒绝让梅茨军队获得粮食补给，而且没有明确给出缔结和平条约的条件。因此，欧仁妮皇后又发了一封电报，而这封电报的内容只关于和平条约。欧仁妮皇后仍然觉得，我们完全处于黑暗中时，她什么也做不了。奥托·冯·俾斯麦仍然重复着他对博耶尔所说的话，没有给出进一步解释。奥托·冯·俾斯麦是想利用这个初步文件得到比预期更多的东西，还是想将它作为与法兰西的新政府谈判的一种手段？虽然没有确凿的证据可以证明，但后者很可能是奥托·冯·俾斯麦的目的。唯一可以肯定的是，奥托·冯·俾斯麦不会对他拟定的条款发表积极的声明——这可能会使他在实现他所设想的真正目标时感到尴尬。在1870年10月25日给欧仁妮皇后的第二封电报的回复中，奥托·冯·俾斯麦说道："您提出的要求不能保证和平。迄今为止，弗朗索瓦·阿希尔·巴赞什么也没做。也许我们应该拿起武器攻打梅茨军队。普鲁士国王威廉一世只会听我的解释。"同一天，普鲁士国王威廉一世也回复了一封电报："如果梅茨军队保持沉默，那么我什么也做不了。"

第二帝国的一位资深政客评论道："显然，奥托·冯·俾斯麦希望完全左右摄政王欧仁妮皇后。奥托·冯·俾斯麦认为，如果他为摄政王欧仁妮皇后保住了王位，那么后者会感到满意。然而，奥托·冯·俾斯麦没有想到，欧仁妮皇后不仅十分在乎法兰西人民的福祉问题，而且绝不会牺牲任何东西来获取私利，毫不让步。奥托·冯·俾斯麦几乎不可能和欧仁妮皇后达成协议。更糟糕的是，欧仁妮皇后觉得自己活在阴谋、圈套和谎言之中，不断地问自己事实的真相到底如何，以及奥托·冯·俾斯麦到底想要什么的问题。总而言之，是否存在一种不仅可以实现和平，而且不损害国家荣誉的办法呢？欧仁妮皇后一直在问自己。"

在与奥托·冯·俾斯麦和普鲁士总部通信期间，欧仁妮皇后比以往任何时候都更急于得到可靠的消息。因此，欧仁妮皇后决定派一位特使去凡尔赛宫，希望能从那里得到一些信息。最终，欧仁妮皇后选定了西奥菲尔·戈蒂埃作为特使。西奥菲尔·戈蒂埃曾担任过高级官职，是欧仁·鲁埃的密友，非常聪明，做事谨慎，值得信赖，并且对第二帝国的事业忠心耿耿。西奥菲尔·戈蒂埃带着一封给普鲁士国王威廉一世的信，而这封信要被交至奥托·冯·俾斯麦的手中，为即将到来的谈判铺平道路。欧仁·鲁埃已经向西奥菲尔·戈蒂埃仔细说明了欧仁妮皇后面对的情况，而后者已经想好了如何应对奥托·冯·俾斯麦的反对意见。一位随行人员向欧仁妮皇后报告了西奥菲尔·戈蒂埃这次出访的情况。

1870年10月10日，西奥菲尔·戈蒂埃从伦敦出发，经多佛和奥斯坦德到了布鲁塞尔，然后继续去了布永——在布永，西奥菲尔·戈蒂埃不仅将得到一本可以通过普鲁士军队的防线的护照，而且会拿到要转交给普鲁士国王威廉一世的信。然而，西奥菲尔·戈蒂埃了解到，拿到护照需要四十八小时，这使他有时间去一次色当再回到布永，并且在布永遇到了与皇太子关系密切的克拉里伯爵。在布永，等待着西奥菲尔·戈蒂埃拿护照和信的是埃文斯医生——这位美国牙医曾在1870年9月帮助欧仁妮皇后逃离巴黎。穿过普鲁士军队的防线的这段旅程令人悲伤又乏味。一路上，西奥菲尔·戈蒂埃一行要么搭乘火车，要么搭乘马车。1870年10月23日，在障碍重重的情况下，西奥菲尔·戈蒂埃终于抵达了凡尔赛宫。西奥菲尔·戈蒂埃住进了一个法兰西家庭中——在普鲁士总部逗留期间，西奥菲尔·戈蒂埃得到了这个法兰西家庭的热情款待。1870年10月24日，用过早餐后，西奥菲尔·戈蒂埃立即找到了奥托·冯·俾斯麦。在奥托·冯·俾斯麦的寓所，哈茨菲尔德伯爵接待了西奥菲尔·戈蒂埃。1870年普法战争爆发前，哈茨菲尔德伯爵曾是普鲁士驻巴黎公使馆的秘书。哈茨菲尔德伯爵安排西奥菲尔·戈蒂埃在1870年10月25日16时与奥托·冯·俾斯麦会面。

在凡尔赛宫的房间里曾经进行过许多谈判，例如朱尔斯·法夫尔和阿道夫·梯也尔先生的谈判。后来，欧仁妮皇后也曾去过凡尔赛宫。如今，凡尔赛宫已经成为历史名胜，四周环绕着一座大花园，与街道之间隔着一堵高墙。

1870年10月25日16时，在一名士官的陪同下，西奥菲尔·戈蒂埃进入凡尔赛宫的前厅，然后又进了一间装饰得很整齐的小房间。西奥菲尔·戈蒂埃刚坐下，奥托·冯·俾斯麦就从隔壁房间里走了过来。看到奥托·冯·俾斯麦后，西奥菲尔·戈蒂埃的第一印象就是前者虽然肩膀宽阔，身材高大，脸又红又胖，并且有宽宽的下颌骨，但看起来仍然很亲切。奥托·冯·俾斯麦声音粗哑，言辞谨慎，用清晰的语言表达着自己的思想。

西奥菲尔·戈蒂埃把要转交给普鲁士国王威廉一世的信交给了奥托·冯·俾斯麦。在奥托·冯·俾斯麦询问了西奥菲尔·戈蒂埃的旅行情况，特别是是否在穿越普鲁士哨站时受到了应有的礼遇后，奥托·冯·俾斯麦和西奥菲尔·戈蒂埃立即就他们最关心的问题进行了谈话。奥托·冯·俾斯麦不仅把博耶尔自1870年10月10日离开伦敦后发生的一切都告诉了西奥菲尔·戈蒂埃，而且简短地描述了博耶尔的使命，总结了其结果。奥托·冯·俾斯麦还讲述了博耶尔第一次访问凡尔赛宫时的情况，以及博耶尔怎样宣布梅茨军队的统帅对拿破仑三世的忠心。

奥托·冯·俾斯麦接着说，博耶尔提议的条件之一就是让法兰西军队撤退至中立国家，而在那儿，政府的各个机构将共同决定未来的法兰西采取何种政府形式。然而，奥托·冯·俾斯麦坚称，如果他提出的和平条款不能得到执行，那么他不会接受任何解决方案。目前，和平条约能够得到执行的唯一保证只有梅茨军队，而此时的梅茨军队正处于普鲁士军队的包围中，无法逃脱。显然，所有的讨论似乎都成了恶性循环，无法找到真正的解决办法。此外，奥托·冯·俾斯麦还声称，阿尔布雷希特·冯·伯恩斯托夫伯爵发来电报说博耶尔认为自己的使命已经结束，问弗雷德里克·查尔斯王子应该应该如何继续行事。由于梅茨军队的情况越来越糟，奥托·冯·俾斯麦自然反对达成任何协议。显然，不久后，梅茨军队就会投降。因此，奥托·冯·俾斯麦不会进行任何的和谈——他不会延缓灾难降临至敌人的时间——这不仅是摆在谈判面前的不可逾越的障碍，而且是身在凡尔赛宫的西奥菲尔·戈蒂埃和身在伦敦的欧仁妮皇后无法取得进展的原因。有人可能会问，是否奥托·冯·俾斯麦似乎希望与摄政王达成的谈判并不只是为了避开巴黎的新政府？实际上，奥托·冯·俾斯麦知道，虽然1870年9月4日的革命者曾愤怒地拒绝了他的所有提议，但在不久后的某一天，他不仅可以轻松对付后者，而且可以利用后者曾经的反对开出更加苛刻的条件。虽然拿破仑三世的友人们很清楚，但那些顽固的共和党人不明白奥托·冯·俾斯麦的想法。

如果奥托·冯·俾斯麦是真的想谈判，那么西奥菲尔·戈蒂埃从伦敦去凡尔赛宫的路上就不会费那么多的时间。此外，西奥菲尔·戈蒂埃如果能获得普鲁士当局的护送，那么能快速通过层层阻碍并且更早到达凡尔赛宫。西奥菲尔·戈蒂埃下定决心不遗余力地执行自己的重要使命。因此，当奥托·冯·俾斯麦让西奥菲尔·戈蒂埃再复述一次欧仁妮皇后提出的条件时，西奥菲尔·戈蒂埃就立即开始着手准备。欧仁妮皇后做出了一些让步，而由于在不同的书中不太一样，这些让步引起了很多人的兴趣。欧仁妮皇后做出的让步如下：斯特拉斯堡周围的防御工事将夷为平地，而城堡内的各种军事设施也将被用于其他用途；斯特拉斯将成为一个自治市，不仅不依赖法兰西，而且不依附普鲁士，其周边将作为中立领土以便满足当地居民的经济和物质需求；下莱茵省的其他地区，默尔特、摩泽尔，以及上莱茵省将仍然是法兰西的领土；法兰西将向普鲁士赔偿二十亿法郎——在这方面，西奥菲尔·戈蒂埃提醒奥托·冯·俾斯麦，法兰西已经支付了巨额赔款，请求处于征服者地位的普鲁士不要采取报复性的行动。然而，正如人们预料的，普鲁士不满足于仅从法兰西得到一小块土地。当时，有人提议让法国割让法属越南殖民地交趾——这是一个繁华的殖民地，而其价值远超赔款。听到"交趾"一词时，奥托·冯·俾斯麦假装吃惊，装腔作势地说道："什么！交趾！为什么？对我们来说，那是一块难以消化的大东西。我们不够富有，不能拥有殖民地这样的奢侈品。"

奥托·冯·俾斯麦和西奥菲尔·戈蒂埃第一次会面就这样结束了。会面结束时，奥托·冯·俾斯麦被普鲁士国王威廉一世叫走了。然而，离开前，奥托·冯·俾斯麦说他会于1870年10月25日20时30分再来与西奥菲尔·戈蒂埃会面。1870年10月25日20时30分，在住所门口，西奥菲尔·戈蒂埃发现了要送他去普罗旺斯街的别墅的一辆马车和一位车夫。到了普罗旺斯街的别墅后，西奥菲尔·戈蒂埃被领进了一楼的对着花园的饭厅。桌子上有两个大烛台，而每个烛台有三个分支——显然，晚餐刚刚结束。西奥菲尔·戈蒂埃到达时，别墅里的军官和秘书们立即离开了。奥托·冯·俾斯麦对西奥菲尔·戈蒂埃说道："我已经见过了普鲁士国王威廉一世，而我们一致认为，欧仁妮皇后所提的条件完全不可接受。我们特别反对与阿尔萨斯有关的那条条款——在未来，这将可能使法兰西或多或少地对普鲁士采取进攻态度，而普鲁士的军事组织纯粹是防御性的。"

随后，西奥菲尔·戈蒂埃又做出了让步，即承诺构成阿尔萨斯的上莱茵省和下莱茵省将在五年内建立一个中立国，而当地居民将投票决定他们的未来，以及他们是愿意保持法兰西国籍，还是愿意被并入普鲁士，抑或成为一个独立的国家。然而，无论在何种情况下，阿尔萨斯都将拆除军事堡垒，只留下足够的军事力量来维持公共秩序。西奥菲尔·戈蒂埃不仅强调了阿尔萨斯自治的可能性，而且指出，在短期内，后者会像普鲁士的邻国兼前盟友瑞士一样友善。然而，奥托·冯·俾斯麦似乎不同意西奥菲尔·戈蒂埃的观点，认为阿尔萨斯只会成为法兰西的后备力量并且对普鲁士构成持续的威胁。奥托·冯·俾斯麦觉得普鲁士很难获得阿尔萨斯的中立保证——没有任何政府能保证这一点。因此，奥托·冯·俾斯麦换了一种口气，对西奥菲尔·戈蒂埃说道："你必须知道，如果我和普鲁士国王威廉一世得不到阿尔萨斯的话，那么在普鲁士，等待我们的将是一堆乱石！"

普鲁士想吞并阿尔萨斯的意图已经表现得很明显了，而现在，由于奥托·冯·俾斯麦明白无误地将其表达了出来，这一事实也更加毋庸置疑。正如西奥菲尔·戈蒂埃所说的，虽然奥托·冯·俾斯麦说话的口气似乎很同情法兰西，但他真正想说的其实是："我虽然很尊敬欧仁妮皇后，为法兰西的不幸感到遗憾，但无能为力，帮不上忙。我们受到命运操控，不得不做这件事——虽然这让我们感到苦恼，但我们必须去做。"勾画了自己关于阿尔萨斯和洛林的计划后，奥托·冯·俾斯麦补充道："失去这些省份无法削弱法兰西的实力。法兰西仍然会是一流强国。"一番长谈后，虽然西奥菲尔·戈蒂埃打算离开，但奥托·冯·俾斯麦请求前者不要立刻离开法兰西，表示他还想与前者交流。1870年10月26日，即将吃完晚餐时，西奥菲尔·戈蒂埃听到了军队用来表达喜悦的号声。一番询问后，西奥菲尔·戈蒂埃得知，普鲁士军队正在庆祝成功占领梅茨！因此，不仅西奥菲尔·戈蒂埃的使命结束了，而且法兰西和普鲁士的和平谈判也结束了。

关于博耶尔的使命的消息曾传到图尔政府，引起了极大的焦虑。图尔政府自然不希望和平谈判——这会削弱其力量。图尔政府担心和谈会重新把拿破仑三世扶上皇帝的宝座，并指望着欧仁妮皇后的爱国热情，希望她能阻止事态复杂化。我们获悉，卢瓦尔省的军队规模已经非常大了。欧仁妮皇后表示自己不会做任何会使法兰西的新政府难堪的事，而就这一点，我的一位朋友说道："毋庸置疑，1870年9月4日的革命者被欧仁妮皇后的高尚品行打动了。一位法兰西的新政府驻伦敦的

19世纪70年代的奥托·冯·俾斯麦

事务负责人，即蒂索先生，也奉命去对欧仁妮皇后表示了感谢。虽然欧仁妮皇后不能接待由暴动而产生的政府派来的使者，但蒂索先生奉命去见她一事已经说明了一切。”

因此，1870年秋季，欧仁妮皇后不再为和平谈判做努力。1871年3月，拿破仑三世抵达了英国。拿破仑三世完全赞成欧仁妮皇后在复杂情况下的所作所为。我很高兴地发现，长大成人并且认真研究了普法战争的过程的皇太子也非常赞同欧仁妮皇后的行为。得到来自家庭的支持让欧仁妮皇后深感慰藉——她的做法遭到了波拿巴主义者的各种批评。由于在危急情况下，不同的人会有不同的行动方案，欧仁妮皇后一直尊重波拿巴主义者对她的批评。欧仁妮皇后认为，她的选择虽然也许不是正确的，但至少没有违背她的良心。欧仁妮皇后决心让历史这位公正的法官来裁定她的选择是否正确——我坚信，即使她做错了，后者也会裁定她不是故意的。

译名对照表

Alonzo Perez de Guzman	阿隆佐·佩罗兹·德·古兹曼
Montijo	蒙蒂若
Medina Coeli	梅迪纳·科尔里
Medina Sidonia	梅迪纳·西多尼亚
Las Torres	拉斯·托雷斯
Olivares	奥利瓦雷斯
Count-Duke of Olivares	奥利瓦雷斯伯爵－公爵
Gaspar de Guzmán	加斯帕尔·德·古兹曼
Philip Ⅳ	腓力四世
Leon	莱昂
Castille	卡斯蒂尔
Alphonse X	阿方索十世
Luiza Francisca de Guzman	路易·弗朗西斯·德·古兹曼
Braganza	布拉干萨
John IV	若昂四世
Portocarrero	波托卡雷罗
Charles II	理查二世
Jansenist	扬森主义者
Marquise Lage de Volude	拉格·德·瓦卢德侯爵
Paca de Alba	帕卡·德·阿尔瓦
James II	詹姆斯二世
Duke of Alba and Berwick Jacobo	阿尔瓦兼博维克公爵哈科沃·菲
Fitz-James	茨－詹姆斯
Eugenio de Montijo	尤金尼奥·德·蒙蒂若

Ferdinand VII	费迪南七世
Aranjuez Palace	阿兰胡埃斯宫
Joseph Bonaparte	约瑟夫·波拿巴
Buttes Chaumont	肖蒙高地
Prosper Mérimée	普罗斯佩·梅里米
Cecile Delessert	塞西尔·德莱塞茨
Maria Manuela Kirkpatrick	玛丽亚·马纽埃拉·基尔巴特里克
Carmen	《卡门》
Louis Philippe	路易·菲利普
Napoléon Bonaparte	拿破仑·波拿巴
Bonapartist	波拿巴主义者
Henry Beyle	亨利·贝尔
Stapfer	斯塔普费尔
Pyrenees	比利牛斯省
Oloron	奥洛隆
Gaius Julius Caesar	盖乌斯·儒略·恺撒
Duchesse d'Albe	德阿尔瓦公爵
Marquise Pasquier	帕斯基耶尔侯爵夫人
Charles de Mazade	查尔斯·德·马扎德
Albert de Broglie	阿尔伯特·德·布罗伊
Dr. Véron	维伦博士
Moniteur	《政府公报》
Hohenzollern	霍亨索伦
Odilon Barrot	奥迪隆·巴罗
Charles Sainte-Beuve	查尔斯·圣－佩韦
Adolphe Thiers	阿道夫·梯也尔
Pierre-AntoineBerryer	皮埃尔·安托万·贝里耶
Jules Armand Stanislas Dufaure	朱尔·阿曼德·斯坦尼斯拉斯·杜弗尔
Comte de Falloux Frédéric Alfred Pierre	法卢伯爵弗雷德里克·阿尔弗雷德·皮埃尔
Duc de Mortemart	德·莫特马尔伯爵
Nicolas Anne Theodule Changarnier	尼古拉·安·德奥杜尔·尚加尼耶
Comte Louis Mathieu Molé	路易·马修·莫莱伯爵

Champlâtreux	查普莱觉克思城堡
Journal des Débats	《辩论》
Dijon	第戎
Alexis de Tocqueville	亚利克西斯·德·托克维尔
Beauvais	博韦
Jeanne Hachette	珍妮·阿谢特
Louis Juchault de Lamorcière	路易斯·朱托尔特·德·拉莫西埃
Saint Arnaud	圣阿诺德
Martin Nadaud	马丁·纳多德
Gazette de France	《公报》
Henri de la Eochejacquelin	亨利·德·拉·伊尔扎克林
Vendean insurrection	旺代叛乱
Carnot	卡诺
Prince de Joinville	茹安维尔亲王
Versailles	凡尔赛
Satory	萨托里
Eugène Cavaignac	尤金·卡瓦尼亚克
Fleury	弗勒里
Kabylian	卡拜尔
Trazegnies	德特拉塞格涅斯
De Place	德·普雷斯
De Séricourt	德·塞勒科特
Aimé Marie Gaspard de Clermont Tonnerre	艾梅·加斯帕德·德·克莱蒙特·唐纳雷
Boyer	布瓦耶
De Chavarrier	德·查瓦瑞尔
Constantine	康斯坦丁
Bosquet	博斯凯
d 'Ablonville	德·阿布若威尔
De Lourmel	德·洛梅尔
Jacob François Marulaz	雅各布·弗朗索瓦·门如拉兹
Renault	雷诺
Jean-Gilbert Victor Fialin	让－吉尔伯特·维克托·菲林
Boulogne Fiasco	布洛涅惨案

Charles de Morny	查理·德·莫尼
Hortense de Beauharnais	奥尔唐斯·德·博阿尔内
François Pierre Guillaume Guizot	弗朗索瓦·皮埃尔·纪尧姆·谷佐特
Lord Malmesbury	马姆斯伯里勋爵
Vincennes Dungeon	文森斯地牢
Catiline	喀提林
Bordeaux	波尔多
Carlier	卡莱尔
Bernard Pierre Magnan	本纳德·皮埃尔·马格南
Baraguay d'Hilliers	巴拉盖·海耶尔
Boniface de Castellane	博尼法斯·德·卡斯特拉
Leflǒ	莱夫洛
Marie Alphonse Bedeau	玛利－阿方斯·贝多
M.Gavini	加维尼先生
Jerome Bonaparte	热罗姆·波拿巴
Invalides	荣军院
Faubourg Saint Antoine	圣安东尼郊区
Deputy Lagrange	拉格朗日代表
Princess Mathilde Bonaparte	玛蒂尔德·波拿巴公主
Rue de Courcelles	鲁代库尔瑟莱
Rue de Berri	鲁代贝里
Belgian Legation	比利时公使馆
Würtemberg	符腾堡
Castle of Elvangen	伊凡根城堡
Baroness Reding	雷丁男爵
Strasbourg Fiasco	斯特拉斯堡惨败
Prince of San Donat	圣多纳托亲王
Comte de Chambord	尚博尔伯爵
Jules Janin	朱尔斯·雅南
Tuileries	杜伊勒里宫
Duc d' Aumale	奥马勒公爵
Chantilly	尚蒂伊
Princesse d'Essling	埃斯灵女公爵

Duperré	盖－维克多·迪佩雷
	巴约勒赫
	塞弗尔
	蒙特勒
	韦尔内大厅
Bœuf	埃德蒙·勒伯夫
ai	费利克斯·杜埃
	勒布伦
	德·费利
is Bourbaki	查尔斯－丹尼斯·布尔巴基
	马洛尔管家
	萨尔布吕肯
	格拉韦洛特
hille Bazaine	弗朗索瓦·阿希尔·巴赞
	凡尔登
	东库尔
	玛圭特
	查隆斯
	兰斯
her	欧仁·鲁埃
	勒泰勒
	贝特尼维尔
	图尔特龙
	克拉里伯爵
	拉梅
Aure	欧尔子爵
	梅济耶尔
Watrin	瓦特兰
	勒舍斯恩
	阿威斯纳
	伦德里希
	阿登高地
Augustin Filon	皮埃尔·玛利·奥古斯丁·菲隆

Bonnat	邦纳特
Condé	孔代
Duc de Chartres	沙特尔公爵
Camille Doucet	卡米尔·杜赛特
Antoine Auguste Ernest Hébert	安托万·奥古斯特·厄内斯特·赫伯特
Claudius Popelin	克劳迪乌斯·波佩林
Comte Horace de Viel Castel	贺拉斯·德·维尔·卡斯特伯爵
Goncourts	龚古尔兄弟
Lockroy	洛克罗伊
Sommerard	索姆拉德
Joseph Primoli	约瑟芬·普里莫莉
Jules Espinasse	朱尔·埃斯皮纳斯
Marie Abbatucci	玛丽·阿巴图奇
Fontainebleau	枫丹白露
Flaubert	福楼拜
Maupassant	莫泊桑
Hyppolyte Taine	伊波利特·泰纳
François Coppée	弗朗索瓦·柯比
Gautier	戈蒂埃
Amédée Pichot	阿米蒂·皮切特
Yrairte	亚雷特
Augier	奥吉尔
Henry Harrisse	亨利·哈里斯
Lake of Enghien	恩戈恩湖
Catinat	卡特尼特
Marquis de Custine	德·卡斯丁侯爵
Alboni	阿尔博尼
Henri Jules Bataille	亨利·朱尔·巴塔耶
Mme.Conneau	康诺女士
Navarre	纳瓦拉
Marguerite	玛格丽特
Julie Bonaparte	朱莉·波拿巴
Marquis of Roccagiovine	罗卡西奥维奇侯爵

Henriette Maréchal	《亨利特・玛丽查尔》
Odéon	奥德翁
Vicomte de la Gueronnière	德・拉・哥罗尼子爵
Viollet	维奥尔特
Pierrefonds	皮耶枫城堡
Rue Montparnasse	鲁蒙帕纳斯街
Professor Zeller	泽勒教授
Saint Gratien	圣格莱蒂恩
Rue Vivienne	鲁维维恩街
Madame Bruat	布吕阿夫人
Madame Bizot	比佐夫人
Madame Brancion	布兰希恩夫人
Sèvres Medallions	塞夫勒奖章
Salle du Trône	御座厅
Duchesse de Bassano	巴萨诺公爵夫人
Green Salon	格林沙龙
Prince Lucien Murat	吕西安・缪拉王子
Charles Abbatucci	查尔斯・阿坝图斯
Marie Antoinette	玛丽・安托瓦内特
Sebastopol	塞瓦斯托波尔
Inkerman	英克曼
Pavilion de Marsan	马桑馆
Basilica	巴西利卡
Alphonse de Rayneval	阿方斯・德・雷尼瓦尔
Gaëta	加埃塔
Portici	波蒂奇
Belmontet	贝尔蒙泰
Théophie Gauthier	泰奥菲尔・高杰
Pavillion de l'Horloge	时钟馆
Rue de Rivoli	里沃利大街
Place de l'Hotel de Ville	城市公馆广场
Pont d'Arcole	阿尔考桥
Rue d'Arcole	阿尔考街

De Lawoestine
Regnaud de Angély
Comtesse de Montebello
Maroness de Malaret
Marchioness de la tour Maubourg
Mme. De Sauley
Vivat
Baroness Haussmann
Adolphe Yvon
Louis Conneau
Magenta
Abbé Degueery
Georges Darboy
Bishop of Adras
Joachim Murat
Madeleine
Miss Shaw
Place du Carrousel
Empress Winterhalter
Bouton d'Or
Hugues Merle
Bédoyère
Poèzes
Ernest Lavisse
Biarritz
Chamois
Fontarabia
Saint Jean de Luz
de la Gravière
M.Bachon
Gascony
Trocadéro
Antoni Berezowski

Guy-Vi
Bailleha
Sévres
Montret
Salon V
Edmond
General
Lebrun
De Faill
Charles-
Du Man
Sarrebru
Gravelot
François
Verdum
Doncour
Margueri
Chalons
Reims
Eugène R
Rethel
Bétheniv
Tourteron
Comte Cl
Lamey
Viscomte
Mézières
Lieutenan
Le Chesn
Avesnes
Landrecie
Ardennes
Pierre Ma

Maubeuge	莫伯日
Mme Marchant	马查特夫人
Avesnes	阿威斯纳
Richebé	里什贝
Belgium	比利时
Feignies	菲利亚斯
Crown Hotel	皇冠酒店
Louis Napoleon	路易・拿破仑
Lacken	拉肯
Marie Louise	玛丽・路易莎
Verviers	韦尔维耶
Namur	那慕尔
Cassel	卡塞尔
Ostend	奥斯坦德
Dover	多佛
Comte de Baillet	贝勒伯爵
Goffinet	戈菲内
Beretzy	贝雷齐
Hótel d'Alleméne	阿勒曼酒店
Count Dumonceau	迪蒙奇伯爵
Gérard	杰勒德
Count Flanders	佛兰德斯伯爵
John Burgoyne	约翰・伯戈因
Deauville	多维尔
WilhelmshÖhe	威廉姆斯赫厄
Marquis de Lavalette	德・拉瓦索莱特侯爵
Duc de Gramont	格拉蒙公爵
Chislehurst	奇泽尔赫斯特
Woolwich	伍尔维奇
Duke of Padua	帕杜阿公爵
Arenberg	爱伦堡
Pierrefonds	皮耶枫
Bellagio	贝拉焦

Milan	米兰
Verona	维罗纳
Solferino	索尔费里诺
Florence	佛罗伦萨
Tuscan	托斯卡纳
Manzi	曼兹
Father Goddard	戈达德神父
Southampton	南安普敦
Newdigate	纽迪吉特
Zululand	祖鲁兰
Paul Déléage	鲍尔·德力格
Harrsion	哈里森
Montgomery	蒙哥马利
Trench	特伦奇
Kaffir	卡菲尔
Mauritius	毛里求斯
Dr. Scott	斯科特医生
Molyneux	莫利纽克斯
Durban	德班
Koppei-Allein	科培－阿雷
Ityotyosi	伊迪蒂斯
Natal	纳塔尔
Shepstone	谢普斯通
Basuto	巴苏陀人
Martini Carbine	马提尼卡宾枪
Wood	伍德
Willis	威利斯
Imbazani	伊巴丹河
Grub	格拉博
Rogers	罗杰斯
Letoga	雷托格
Cockrane	科克雷
Aldershot	阿德肖特

Farnborough	法恩伯勒
Redvers Buller	雷德弗斯・布勒
Labanga	拉巴嘎
Ullmann	尤里曼
Franceschini Pietri	弗兰切斯基尼・彼得里
Clarke	克拉克
Cape Town	开普敦
Natal	纳塔尔
Pietermaritzburg	彼得马里茨堡
Garnet Wolseley	伽奈特・沃斯雷
Maritzburg	马里茨堡
Botha's Hill	博塔斯希尔
Transvaal	德兰士瓦
Draper	德拉普
Netley Hospital	奈特雷医院
Savoy	萨瓦
Nice	尼斯
Corsica	科西嘉岛
Verdière	凡尔提
Saint Malo	圣马洛
Saint Sebastian	圣塞巴斯蒂安
Coligny	"科依尼"号
Aix	艾克斯
Valence	瓦朗斯
Tarascon	塔拉斯孔
Arles	阿尔勒
Orange	奥兰治河
Avignon	阿维尼翁
Loire	卢瓦尔
Amboise	安博瓦兹
Cher	谢尔河
Tours	图尔市
Blois	布卢瓦市

Crimean War	克里米亚战争
Champs Elysées	香榭丽舍
Boulogne	布伦
Windsor	温莎
De Loewenstein	德・罗温斯特
Grands Boulevards	格兰斯大道
Bois de Boulogne	布罗涅森林大道
Louis Boulanger	路易斯・布朗热
Faustin Besson	福斯丁・贝松
Salon de Diane	戴安娜大厅
Castle of Neuilly	纽利城堡
Aimable-Jean-Jacques Pélissier	艾玛布勒－让－雅克・佩利西耶
Rue le Pleletier	佩尔蒂埃街道
Marietta Alboni	玛丽埃塔・阿尔伯尼
Sophie Cruvelli	索菲・克鲁韦利
Noor	伊诺尔
Champ de Mars	战神广场
Ornano	奥拉诺
Saint Helena	圣赫勒拿
Saint Germain	圣日耳曼
Galerie des Glaces	镜厅
Balmoral Castle	巴尔莫勒尔堡
Von Schreekenstein	冯・施莱肯斯坦
Marquis de Toulongeon	杜隆根侯爵
Comte de Riencourt	里库尔伯爵
Calais	加来
Jean-Baptiste Philibert Vaillant	让－巴蒂斯特・菲利贝尔・怀兰特
Countess of Hatzfeld	哈特菲尔德伯爵夫人
Marquis de Castlellane	卡斯特莱拉内侯爵
Regnaud	雷尼奥
Rosati	罗萨蒂
Constantine Nicolaievitch	康斯坦丁・尼古拉耶维奇
Toulon	土伦

Charlemagne	查理曼大帝
Capetian	卡佩
Valois Kings	瓦卢瓦国王
Bourbons	波旁王朝
Count Lutke	卢特科伯爵
Baltie	波罗的海
Vomcennes fortress	文森特城堡
Duke of Nassau	拿骚公爵
Adolf I	阿道夫一世
Hector Lefuel	埃克托尔·拉斐尔
Française	弗兰兹
Bavaria	巴伐利亚
Maximilian II	马克西米利安二世
Comte de Tascher	塔谢尔伯爵
Place Bellecour	贝拉克广场
Galerie François I	弗朗索瓦一世画廊
Gorge of Apremont	阿普雷蒙峡谷
Dresden	德累斯顿
Magdebourg	马格德堡
Von Brand	冯·布兰德
Von Trreskow	冯·特雷斯科
Marquis de Moustier	德·莫斯特侯爵
Potsdam	波茨坦
Pilnitz	皮尔尼茨
Moritzbourg	莫里茨堡
Isle of Wight	怀特岛
Lord Charendon	克拉伦登勋爵
Alexandre Colonna-Walewski	亚历山大·科隆纳－瓦莱斯基
Sublime Porte	高门
Moldavian Elections	摩尔达维亚选举条款
Harve	哈维
Chalons	查隆斯
Richard Cobden	理查德·科布登

Austerlitz	奥斯特里茨
Stuttgart	斯图加特
Lorraine	洛林
Lunéville	吕内维尔镇
Place Kléber	克莱贝尔广场
Manheim	曼海姆
Kehl	凯尔市
Rastatt	拉施塔特
Bruchsal	布鲁萨尔
Maria Alexandrovna	玛丽亚・亚历山德罗芙娜
Amelia	米莉亚
Weimar	魏玛
Mohomedans	穆罕默德
Cherbourg	瑟堡
Sir Theodore Martin	西奥多・马丁爵士
Sophie Valera	索菲・巴莱拉
Comtesse Bédoyère	贝都因伯爵夫人
Saint Cecil Glee Club	圣塞西尔合唱团
Camillo Benso	卡米洛・本索
Plombières	普隆比耶尔
Prince Edward Augustus	爱德华・奥古斯都亲王
Ville de Nantes	南特镇
Brittany	布列塔尼
Brest	布雷斯特
Saint Louis	圣路易斯教堂
Quimper	坎佩尔岛
Breton	布列顿
Borda	博尔达
Landernau	兰德诺
Marquis de Cadore	德・卡多雷侯爵
Lorient	洛里昂
Port Louis	路易斯港
Saint Michel' Fort	圣米歇尔堡垒

Vauban	沃班
Ploermeur	普罗尔墨
Groix	格鲁瓦岛
Porreaux	波莉欧可斯
Henri IV	亨利四世
Calvados	“卡尔瓦多斯”号
Saint Anne	圣安妮
Hennebont	埃讷邦
Saint Gilles	圣吉尔
Branderion	布兰德希昂
Kermingny	科鸣尼
Auray	欧赖镇
Carnac	卡纳克镇
Druids	德鲁伊教
Jean de Montfort	让·德·蒙福特
Charles de Blois	查尔斯·德·布卢瓦
Du Guesclin	杜·格斯克林
Duke of Brittany	布列塔尼公爵
Quiberon	基伯龙镇
Blavet	布拉韦河
Plumeret	普兰玛瑞特
Bocenno	博森诺
Ker-Anna	科安娜
Nicolazic	尼克拉兹克
Henrietta Maria	亨丽埃塔·玛丽亚
Carmelite convent	加尔默罗修道院
Vannes	瓦讷
Mencon	门肯
Grandchamp	格朗尚
Elisa Napoléone Baciocchi	艾丽莎·拿破仑·巴乔基
Locmariaquer	洛克马里亚凯镇
Pontivy -Napoleonville	庞蒂维－拿破仑维尔
Cotes-du-Nord	北海滨

Loudeac	卢代阿克县
Goarec	格拉克市
Corlay	科尔莱市
Pontgamp	彭特甘普
Plouguenast	普卢格纳斯特村
Moncontour	蒙孔图尔
Baden	巴登
Hanover	汉诺威
Saxe-Coburg-Gotha	萨克森－科堡－哥达
Alcazar	阿尔卡扎
Anna Murat	安娜・缪拉
Adolphe Barrot	阿道夫・巴罗
Tiepolo	蒂耶波洛
Avenue Kléber	克莱贝尔街道
Hôtel de Castille	卡斯蒂尔莱昂宾馆
Duke of Cadiz	加的斯公爵
Drouynde Lhuys	杜兰德・卢伊斯
Issturzz	伊斯图斯
Andrew Jackson	安德鲁・杰克逊
Xavier	谢威尔
Princess Czartoryska	莎多利卡公主
Duke of Rianzares	安扎赫公爵
Ile Saint Louis	圣路易岛
Lepautre Lebrun	勒伯特尔・利伯恩
Lesueur	罗西埃
Voiltaire	伏尔泰
Star	星喷泉
Colonnade	克罗纳德喷泉
Apollo	阿波罗喷泉
Latone	勒托喷泉
Neptune	海神喷泉
Flora	弗洛拉喷泉
Molière	莫里哀

La Princesse d'Elide	《罗马森林公主》
Pierre Corneille	皮埃尔·高乃依
Queen Maria Christine	玛丽亚·克里斯蒂娜王后
Princess Ampara	安帕哈公主
Duchesse d'Uzé	乌泽斯公爵
Emmanuel de Crussol	埃马纽埃尔·德·克吕索尔
Mortemart	莫尔塔马尔
Anne de Rochechouart	安妮·德·罗什舒阿尔
Umberto	翁贝托
Turin	都灵
Chevalier Nigra	尼格拉爵士
Maria Clotilde	玛丽亚·克洛蒂尔德
Schwalbach	施瓦尔巴赫
Comtesse de Pierrefonds	皮耶枫伯爵夫人
Wiesbaden	威斯巴登
Rochelambert	霍施兰博
Evian	埃维昂
Schleswig-Holstein	石勒苏益格－荷尔斯泰因
Lauenburg	劳恩堡
Queen Augusta	奥古斯塔王后
Schlangenbad	施朗根巴德
Kurhaus	休闲宫
La Platte	拉普拉特
Tyroleans	提洛尔人
Jurien de Gravière	朱利恩·格拉维埃
Foneier	房尼尔
Frémy	费米
Vicomte Le Pie	皮尔子爵
Darmstadt	达姆施塔特
Marie Amelie Elisabeth Karoline	玛莉·阿美莉埃·伊丽莎白·卡洛琳
Comte de Cossé Brissac	克赛·布里萨克伯爵
Carlsruhe	卡尔斯鲁厄
La Reine Hortense	《奥尔唐斯·德·博阿尔内王后》

Countess of Lynar	莱娜伯爵夫人
Madame Pauline Viardot	波林·维亚多夫人
Port-Said	塞得港
Macedonia	“马其顿”号
Sultan	苏丹
Bosphorus	博斯普鲁斯海峡
Palace of Beyler-bey	贝利宫
Emir Abd-el-Kader	阿卜杜勒－卡迪尔埃尔－埃米尔
Mgr. Bauer	鲍尔主教
De Lesseps	德·莱赛普斯
Ismailis	伊斯梅利亚
Bengal Lights	孟加拉彩灯
Riou	里翁
Serapeum	塞拉比尤姆
Assouan	阿苏昂
Hussein Pacha	侯赛因·帕查
De Castex	德·卡斯特
Bachon	贝肯
Heuscar	惠斯卡
Jean-Nicolas Corvisart	让－尼古拉·科维沙
Salon de Mars	火星沙龙
Gondinet	贡迪内
Galerie d 'Apollo	阿波罗画廊
Bourgogne	勃艮第
Prince of Asturias	阿斯图里亚斯亲王
Porte Dorée	金门
Oval Courtyard	椭圆庭院
Charles Quint	查理五世
Decamps	德康斯
Imperial Hunt	《皇帝捕猎》
Rosa Bonheur	罗莎·邦贺
Siamese	暹罗
Shahs	沙赫

Arabian Nights	《天方夜谭》
Henri II	亨利二世
Denecourt	丹尼科德
Prince Moskowa	莫斯科瓦亲王
Heeckeren	赫克伦
Octave Feuillet	奥特维・富伊叶
Arsène Houssaye	阿塞纳・侯赛叶
Alfred Vigny	阿尔弗雷德・维尼
Victor Duruy	维克多・杜鲁伊
Labiche	拉比奇
Paul Féval	保罗・费瓦尔
Edmond About	埃德蒙・阿布
Pasteur	巴斯德
Leverrier	勒维里耶
Gounod	古诺
Meyerbeer	迈尔贝尔
Hébert	赫伯特
Gerǒme	杰罗姆
Ambroise Thomas	昂布卢瓦慈・托马斯
Gabriel	加布里埃尔
Leopold I	利奥波德一世
Eugène Emmanuel Viollet-le-Duc	欧仁・埃马纽埃尔・维奥莱－勒－迪克
Comte d’Andlau	安德罗伯爵
Massa	马萨
Mellinet	梅利奈特
Albéric	阿尔韦里克
Villefernoy	费诺城
Marly	马尔黎
Saint Germain	圣日耳曼
Rambouillet	朗布依埃
Ourscamp	奥斯堪布
Duc de Bassano	德・巴萨诺公爵
Napoléon Hugues Joseph Maret	拿破仑・胡格斯・约瑟夫・马雷特

Duc de Cambacérès	德·康巴塞雷斯公爵
Comtesse de Boulaincourt	德·布兰库尔女伯爵
Jardin	雅尔丹
Lubersac	路贝尔克萨
Chenelles	切耐尔
Achille Fould	阿希尔·福德
Delarue	德拉鲁
Mme. Thayer	泰尔夫人
Baron Lambert	兰伯特男爵
Doctor Aubin	奥宾医生
Sylvanecte	思凡尼克
La Cour à Compiègne	《贡比涅的庭院》
Confidences d'un Valet de Chambre	《宫廷男仆的尊严》
Court of Honor	荣耀庭院
Abbé Bauer	阿比·鲍尔
Blue Salon	蓝色沙龙
Dove	多福
Vingt Mars	温特·马斯
Isaure	伊索尔
Hélène	海琳
Baron de Pierres	德·皮埃尔男爵
Marquis de la Grange	德·拉·格朗热侯爵
Phabus	法布施
Chevreuil	谢弗勒伊
Langewicz	朗基维斯
Elastic	伊拉斯提
Montmartre	蒙特马
Necker	内克
Mme. Serrano	塞拉诺夫人
Vatimesni	瓦迪门斯尼尔
Viscomte de Bresson	德·布列松子爵
Comte Armand	阿尔芒伯爵
Baron de Chassiron	德·西龙男爵

Comte Chaillou	查里欧伯爵
Comtesse Gustave de Montabello	古斯塔夫·德·蒙特贝洛女伯爵
Kheredine	吉尔迪
Tunis	突尼斯
Sardinia	撒丁岛
Juno	朱诺
Comte de Fleurieu	德·弗勒里厄伯爵
Comtesse Edmond de Pourtalès	爱德蒙·德·普塔莱斯伯爵夫人
Avenue Friedland	弗里德兰大道
Villafranca	比亚弗兰卡
Thérésa	特丽莎
Count Sandor	桑德尔伯爵
Wagner	瓦格纳
Tannhauser	《汤豪舍》
Costantino Count Nigra	尼格拉伯爵科斯坦蒂诺
Piedmontese	皮埃蒙特
Count Vimercati	威马凯迪伯爵
Count Paul Schouwaloff	保罗·舒沃尔夫伯爵
Belosselsky	贝雷萨斯艾
Lord Lyons	里昂勋爵
Von Moltke-Hoitfeld	冯·蒙特－霍迪福
Colonel Bonaparte	波拿巴上校
Count von Goltz	冯·戈尔茨伯爵
Dorothea von Benckendorff	多萝西娅·冯·本肯多夫
Mme. Pollet	波莱太太
Debelle	德贝尔
André Masséna	安德烈·马塞纳
Marquis d'Espeuilles	伊斯皮琉斯侯爵
Comtesse Gustave de Montebello	古斯塔夫·德·蒙特贝罗伯爵夫人
Mr. Thorne	索恩先生
Comtesse de Lourmel	德·洛梅尔伯爵夫人
Baronne de Malaret	德·玛拉雷特男爵夫人
Lefévre-Desnoettes	莱弗夫尔·诺蒂斯

Madame de Sancy-Parabère	德·桑西-帕拉贝雷夫人
Laurent	劳伦特
Jean	基尼
Edgar Ney	埃德加·内伊
Comtesse de la Poèze	普安则伯爵夫人
Marquise Tour Maubourg	图尔·蒙伯格侯爵夫人
Édouard Mortier	爱德华·莫蒂尔
Fieschi	菲埃斯基
Baroness de Viry-Chendier	维里-科恩迪尔男爵夫人
Viscomtesse Aguado	阿瓜多子爵夫人
Macdonell	麦克唐纳
Talleyrands	塔列朗
Montmorencys	蒙莫朗西
Mme. Carette	卡雷特太太
Neufchâtel	纽夏特
Mlle. Marion	马里恩太太
Comte de Tascher de la Pagerie	塔契·德·拉·帕热里伯爵
Martinique	马提尼克
Comtesse Waldner-Freundstein	瓦尔德纳-弗罗因多斯坦伯爵夫人
Comtesse Stephanie	斯蒂芬妮伯爵夫人
Paul Gaulot	保罗·格罗特
Comte Charles de la Pagerie	查尔斯·德·拉·帕热里伯爵
Due de Dalberg	德·达尔贝格公爵
Viscomte de Lézay	雷扎子爵
Marquis d'Havrincourt	哈沃瑞库侯爵
Marquis de Piennes	皮耶内侯爵
Comte de Cosse-Brissac	德·库涩-布黑萨克伯爵
Auguste Person	奥古斯特·博森
Worth	华斯
Mme. Virot	怀莱特女士
Ophelia	奥维利亚
Rachel Félix	拉谢尔·费利克斯
Jean Racine	让·拉辛

Phédre	《费德尔》
Duke of Oporto	奥波尔托公爵
Adelaide Ristori	阿黛拉伊德·里斯托里
Alphonse de Lamartine	阿方斯·德·拉马丁
Theatre Français	法兰西戏剧院
Maffei	玛菲
Maria Stuardo	《玛丽亚·斯图亚特》
Lebrun	勒不伦
Andromaque	《安德罗玛克》
Moineau de Lesbie	《女同性恋者》
Canova	卡诺瓦
Lefuel	勒菲埃尔
Pavilion Sully	萨利看台
Pavilion Richelieu	黎塞留看台
Pavilion Denon	德宁看台
Carrousel	卡鲁索
Hamelin	哈梅林
Perceval Deschène	珀西瓦尔·德舍纳
De Plaisance	德·普雷赛恩斯
Commentaries	《恺撒传》
Reynier	雷尼耶
Renan	勒南
Auxonne	奥克松
Baron Stoffel	斯托费尔男爵
Vercingetorix	维钦托里
History of the Civil War	《内战历史》
Victor Duruy	维克多·杜鲁伊
Theodor Mommsen	特奥多尔·蒙森
Fröhner	弗罗纳
Felix	费利克斯
Anselme Pététin	安塞尔姆·佩特廷
Pranceschini Pietri	弗兰切斯基尼·彼得里
Henri Plon	亨利·普隆

Mommsen	莫姆森
Journal des Savants	《学者杂志》
Silvestre Sacy	西尔维斯特雷 · 萨西
Prévost	普雷沃斯特
George Sand	乔治 · 桑
Ximénès	西梅内斯
Droz	德罗兹
Vitet	维泰
Halévy	哈勒维
Francois Arago	弗朗索瓦 · 阿拉戈
Elie	艾力
Mercier-Dupaty	莫西尔－德百迪
Fortoul	法图尔
Sylvestre	斯沃斯特
Biot	比尔特
Victor de Borglie	维克多 · 德 · 博吉利
Alexis de Tocqueville	亚历克西 · 德 · 托克维尔
Cousin	卡辛
Joseph Autran	约瑟夫 · 奥特朗
Cuvillier-Fleury	卡维利尔－弗勒里
Prevost-Paradol	普乐沃斯特－帕拉戴尔
Gratry	格雷特
Jules Favre	朱尔斯 · 法夫尔
Comte d' Haussonville	哈森威尔伯爵
Comte de Champagny	切帕格尼伯爵
Hauranne	豪朗南
Theophile Gautier	西奥菲尔 · 戈蒂埃
Auguste Barbier	奥古斯特 · 巴比尔
Iambes	《艾比斯》
Emile Ollivier	埃米勒 · 奥利维耶
Arthur Ranc	亚瑟 · 兰克
Tournay	图尔奈
Giuseppe Mazzini	朱塞佩 · 马志尼

Giovanni Pianori	基亚凡尼·皮亚农瑞
Giacomo Antonelli	贾科莫·安东尼黎
Cayenne	卡宴
Amedee Deleau	阿米迪·迪里欧
Tibladi	提布拉迪
Bartoletti	巴托拉第
Grilli	哥瑞里
Ledru-Rollin	勒德鲁－罗林
Maasol	马索
Wilhelm Tell	《威廉·退尔》
La Mueta de Portici	《波尔蒂契的哑女》
Duke of Saxe-Cobourg	萨克森－科堡公爵
Roguet	罗格特
Palais Royal	巴黎皇宫
Gomez	戈麦斯
Rudio	鲁迪欧
Pieri	皮瑞
Raymond-Theodore Troplong	雷蒙－西奥多·特罗普隆
Cuisin	库森
Prudhomme	普吕多姆
Princess Victoria	维多利亚公主
Moelot	莫洛特
Duc de Malakoff	德·马拉科夫公爵
Baroche	巴罗切
Law of Public Safety	《公共安全法》
Derby-Disraeli	德比－迪斯拉里
Lord Clarendon	克拉伦登勋爵
Greco	格列柯
Trabuco	特拉武科
Scaglion	西格里尼
Imperatori	伊佩拉托里
Victor Noir	维克多·诺尔
Prince Lucien Bonapart	吕西安·波拿巴亲王

Gull	高尔
Henry Thompson	亨利·汤普森
Forster	弗斯特
Glover	格洛弗
Lebreton	莱布顿
Eugène Delessert	尤金·德莱塞茨
La Petite Roquette	小丘监狱
Nuits	纽伊
Saint Lazare	圣拉扎尔监狱
Hotel Dieu	蒂尔医院
Dupré	杜普雷
Beaujon Hospital	博容医院
Lariboisiere	拉瑞博希尔医院
Saint Antoine	圣安托万医院
Villeneuve	维尔纳夫
Schoenbrunn	美泉宫
Malmaison	马尔迈松
Osiris	奥米西斯
Marquis of Herford	赫特福德侯爵
Sicardy	斯卡迪
Duc de Doudeauville	杜多维尔公爵
Hotel Continental	欧陆酒店
Duke of Alba	阿尔瓦公爵
Maria del Rosario	玛丽亚·德尔罗萨里奥
Grand Dukes of Russia	俄国大公
Cap Martin	马丁岬
Villa Cyrnos	希尔诺别墅
Ischl	伊舍
Corfu	科孚岛
Elisabeth Amalie Eugenie	伊丽莎白·艾米利·欧根妮
Baroness Mary Vetsera	玛丽·维特拉男爵夫人
Hofburg	霍夫堡皇宫
Archduchess Marie Valerie	玛丽·瓦莱丽女大公

Archduke Franz Salvator	弗朗茨·萨尔瓦大公
Baltazzi	巴尔塔齐
Farnborough	法恩伯勒
Paul Alexandre Protais	保罗·亚历山大·普罗泰
Comtesse Edmond	爱德蒙伯爵夫人
Gobelin tapestry	哥白林挂毯
Abergeldie	亚伯格尔代
Jacques-Louis David	雅克-路易·大卫
Ernest Meissonier	埃内斯特·梅索尼埃
Alexandre Cabanel	亚历山大·卡拜那
Marquis de Turenne	德·蒂雷纳侯爵
Sèvres	塞夫勒
Froment Meurice	弗劳门特·莫里斯
Carnavalet Museum	卡纳瓦莱博物馆
Paul Kisseleff	保罗·基斯列夫
De Castelbajac	德·卡斯泰尔巴雅克
Eastern Question	东方问题
Salamis	萨拉米斯
Drouyn de Lhuys	德律安·德·鲁斯
Hamilton Seymour	汉密尔顿·塞慕尔
Lajos Kossuth	拉约什·科苏特
Karl Nesselrode	卡尔·内斯尔罗德
Earl John Russell	约翰·罗素侯爵
Holy Sepulchre	圣墓
Ozerof	欧兹洛夫
Alexander Sergeyevich Menshikov	亚历山大·谢尔盖耶维奇·门吉柯夫
Grand Vizir	格兰·维兹
Fuad Effendi	福德·阿帆迪
Rifaat Pacha	瑞法特·帕查
Vincent Benedetti	樊尚·贝内代蒂
De Lacour	德·拉柯
Count Brunow	布鲁诺伯爵
Stratford de Redcliffe	斯特福德·德·瑞德克里夫

Dardanelles	达达尼尔海峡
Saint Arnaud	圣阿诺德
Lord Reglan	热格兰勋爵
Adolphe Niel	阿道夫・尼埃尔
Treaty of Paris	《巴黎条约》
Kars	卡尔斯
Bessarabia	比萨拉比亚
Piedmont	皮埃蒙特
Daniel François Esprit Auber	丹尼尔・弗朗索瓦・埃斯普雷特・奥柏
Louis Gueymard	路易斯・盖马尔
Saint Georges	圣乔治
Schmidt	斯密特
Mincio river	明乔河
Tuscany	托斯卡纳
Signor Buoncampagni	西格诺尔・本康帕尼
Grand Duke Leopold	雷奥普多大公
Ferriére le Vayer	费列雷・勒・威以尔
Sardinian Party	撒丁党人
Baron Ricasoli	瑞卡索利男爵
Salvagnoli	萨尔瓦诺里
Parma	帕尔马
Modena	摩德纳
Romagna	罗马涅
Louise Marie Thérèse	路易丝・玛丽・特丽丝
Placentia	普拉森提尔
Francesco V	弗朗西斯科五世
Brescello	布鲁塞罗堡
Bologna	博洛尼亚
Marquis Joachim Pepoli	若阿基姆・佩勃利侯爵
Cardinal Antonelli	枢机主教安东尼黎
Spree	施普雷
Main	美茵
Massimo D'Azeglio	马西莫・达泽里奥

Lombardy	伦巴底
Peschiera	佩斯基耶拉
Mantua	曼图亚
Verona	维罗纳
Legnago	莱尼亚戈
Peschiera	佩斯卡拉镇
Prince Windischgraetz	温迪施格蕾茨亲王
Cialdini	恰耳迪尼
Garibaldi	加里波第
Valeggio	瓦罗奇奥
Somma Compagna	索马・坎帕尼亚山
Captain de Verdières	理德・韦迪埃斯
Villafranca	比利亚弗兰
Signor Gaudin-Morelli	西格诺尔・伽丁－莫来利
Venetia	威尼西亚
Baron Ricasoli	贝蒂诺・瑞卡索利
Duke of Berry	贝利公爵
Charles Ferdinand	夏尔－斐迪南
Charles III	理查三世
Ravenna	拉文那
Ferrara	费拉拉
Forli	福尔利
Faenza	法恩扎
François-René de Chateaubriand	弗朗索瓦－勒内・德・夏多勃里昂
Count de Saint Aulaire	德・圣奥莱尔伯爵
Tarbes	塔布斯
St. Sauveur	圣索维尔
Gavarnie	加瓦尔尼
Giberto Borromeo Arese	吉贝托・博罗梅奥・阿雷塞
Strasburg Affair	斯特拉斯堡事件
Arenenberg	阿伦堡
Baron de Bourqueney	德・伯奎尼男爵
Count Buoncompagni	本康帕尼伯爵

Ferdinando II	费迪南多二世
Eternal City	永恒之城
Roman Journal	《罗马日报》
Duke of Montebello	德·蒙特贝罗公爵
De Goyon	德·戈水
Thouvemel	索维默勒
Adriatic	亚得里亚海
Saint Francis	圣弗朗西斯
Carlo Alberto	卡洛·阿尔贝托
Verceil	韦尔切利
Il Risorgimento	《复兴报》
Comte d'Hausonville	豪森维尔伯爵
Comtesse de Circourt	锡尔库尔伯爵夫人
Mont Cenis	仙尼斯峰
Chambéry	尚贝里
Gazette of Piedmont	《皮埃蒙特公报》
Marquis de Villamarina	德·威拉马瑞那侯爵
Giuseppe Benso	朱塞佩·本索
Bougival	布吉瓦尔
Pressinge	布拉森吉
Béville	贝维尔
Lo Marmora	拉玛莫拉
Prince de la Tour	德·拉·图尔王子
Ancona	安科纳
Umbria	翁布里亚
Vosges	孚日山脉
Grisons	格劳宾登州
Zurich	苏黎世
Constance	康斯坦斯
Lake Locarno	洛卡诺湖
Brofferio	布罗菲里奥
Italian notes	《意大利笔谈》
Presse	《新闻报》

Siecle	《世纪报》
Mortara Incident	莫尔塔拉事件
National Society	国民协会
Massa-Carrara	马萨－卡拉拉
Giuseppe Garibaldi	朱塞佩·加里波第
Jacques Louis Randon	雅克·路易·兰登
Maximilian I	马克西米利安一世
Tunis	突尼斯
Madagascar	马达加斯加
Boer Republic	布尔共和国
President Buchanan	詹姆斯·布坎南
Queretaro	克雷塔罗州
François de La Rochefoucauld	弗朗索瓦·德·拉罗什富科
William Henry Seward	威廉·亨利·西华德
John Bigelow	约翰·毕格罗
Benito Pablo Juárez	贝尼托·胡阿雷斯
Monroe Doctrine	门罗主义
Juan Prim	胡安·普里姆
Havana	哈瓦那
Vera Cruz	维拉克鲁兹
Élie Frédéric Forey	埃利·弗雷德里克·弗莱
Leopold I	利奥波德一世
Tyrolese	蒂罗尔
Brussels	布鲁塞尔
Henri-Pierre-Abdon Castelnau	亨利－皮埃尔－阿卜敦·卡斯泰尔诺
Warsaw	华沙
Adolphe Billault	阿道夫·比约
Stuttgart	斯图加特
Marquis Wielopolski	波尔斯基侯爵
Gustave von Alvensleben	古斯塔夫·冯·阿尔文斯莱本
Grand Duchy of Posen	波森大公国
Alvensleben Agreement	《阿尔文斯莱本协议》
Wieloposki	威鲁普斯基

Baron de Talleyrand	德・塔列朗男爵
Vendean Struggle	文德斯战役
Baltic	波罗的海
Jean-Martial Bineau	让－马夏尔・比诺
Trent affair	特伦特事件
Abyssinian	阿比尼西亚
Frederick William IV	腓特烈・威廉四世
Holstein	荷尔斯泰因
Schleswig	石勒苏益格
Danubian principalities	多瑙公国
Two Sicilies	两西西里
Ionian Islands	爱奥尼亚群岛
Treaty of Prague	《布拉格条约》
Frederick the Great	腓特烈大帝
Duchy of Luxembourg	卢森堡公国
Triest	的里雅斯特
Trent	特伦特
Adige	阿迪杰河
Koniggratz	柯尼格拉茨
Prevost Paradol	普雷沃斯特・帕拉多尔
Emile Ollivier	埃米勒・奥利维耶
Napoléon Daru	拿破仑・达鲁
Hungarians	匈牙利人
Czechs	捷克人
Slavs	斯拉夫人
Hohenstaufens	霍恩斯陶芬王朝
Brandenburg	勃兰登堡
Frederick II	腓特烈二世
Maria Theresa	玛丽亚・特蕾莎
Cadiz	加的斯
Andalusia	安达卢西亚
Progressionists	社会进步党
Democrats	民主党

Unionists	工会党
Francisco Serrano Dominguez	弗朗西斯科・塞拉诺・多明格斯
Juan Bautista Topete	胡安・鲍蒂斯塔・托佩特
Republicans	共和党
Alfred Ernest Albert	阿尔弗雷德・恩斯特・阿尔伯特
Duke of Aosta	奥斯塔公爵
Amedeo Ferdinando Maria	阿马德奥・斐迪南多・玛利亚
Karl Anton	卡尔・安东
Salustiano de Olozaga	萨卢斯蒂亚诺・德・奥洛扎加
Luigi Oreglia	路易吉・俄勒利亚
Elise Countess of Edla	埃德拉女伯爵爱丽丝
Bucharest	布加勒斯特
Friedrich von Bernhardi	弗里德里克・冯・伯恩哈迪
Viscount de Seyssal	德・塞萨尔子爵
Los Rios	洛斯・里奥斯
Oldoini	奥尔多尼
Guerreso	格雷索
Northern Confederation	北德意志联邦
Salazar y Mazarredo	萨拉查・里・玛扎勒多
Weinher	威勒
Major von Versen	冯・维尔森少校
Nauheim	瑙海姆
John Lemoine	约翰・莱莫恩
Sigmaringen	锡格马林根
Vichy	维希
Almannac de Gotha	阿尔曼尼亚・德・戈萨
Cochary	科查理
Glais Bizoin	格雷斯・毕左林
Adolphe Cremieux	阿道夫・克来米厄斯
Von Beust	冯・比斯特
Von Solms	冯・索恩斯
Bernsdorff	伯恩斯多夫
Temps	《尝试报》

Henry IV	亨利四世
Siecle	《西克尔报》
Victor Hugo	维克多·雨果
Soir	《索尔报》
Gaulois	《高卢报》
Universe	《世界报》
L'Opinion Nationale	《国家观念报》
Correspondant	《通信报》
Arago Incident	阿拉戈事件
François Arago	弗朗索瓦·阿拉戈
Comte de Saint Vallier	圣瓦里埃尔伯爵
William Henry Waddington	威廉·亨利·沃丁顿
Count von Bray	冯·布雷伯爵
Due de Nemours	德·内穆尔公爵
Clement Duvemois	克莱门特·杜维莫伊斯
Lord Loftus	洛夫图斯勋爵
Constitutional	《宪政》
Robert Mitchell	罗伯特·米切尔
Palais Bourbon	波旁宫
Jerome David	杰罗姆·大卫
Silvella	西尔维拉
Marseillaise	《马赛曲》
Alfred Duquet	阿尔弗雷德·杜凯
Albrecht Friedrich Rudolf	阿尔布雷希特·弗里德里希·鲁道夫
Custozza	库斯图萨
Moselle	摩泽尔河
Mourmelon	穆尔默隆
Reichshoffen	雷什奥芬
Émile Flourens	埃米尔·弗卢朗
Rue de la Sourdiere	沙特莱大街
Eudes	欧德斯
La Villette	拉维莱特
Louis-Jules Trochu	路易－茹尔·特罗胥

Jean Auguste Berthaut	让–奥古斯特·伯索特
Belleville	贝尔维尔
Montmartre	蒙马特尔
Edmond-Charles de Martimprey	爱德蒙–查尔斯·马坦普雷
Malakoff	马拉科夫
Notes on the Crimean Campaign	《克里米亚战役札记》
Charles Cousin-Montauban	夏尔·库赞–蒙托邦
Carignan	卡里尼昂
Mézières	梅济耶尔
Bouillon	布永
Bazeilles	巴泽耶
Auguste-Alexandre Ducrot	奥古斯特–亚历山大·迪克罗
Failly	法伊
La Moncelle	拉蒙塞勒
Gose	戈斯
Givonne	吉瓦尼
Floing	弗洛因河
Charles Paul Victor Pajol	夏尔·保罗·维克多·帕若尔
Staatsanzeiger	《策略家》
Jeannerod	詹尼诺德
Mont Saint Jean	蒙圣让
Balan	巴朗
Frémois	弗雷莫伊斯
Léon Gambetta	莱昂·甘必大
Illy	伊利
Faverot de Kerbrech	法弗若特·德·科布瑞齐
de Saint Haouen	德·圣霍恩
Maurice Pelle	莫里斯·佩莱
von Bronsart	洪·布伦萨特
Montmedy	蒙梅迪
Journal Official	《官方杂志》
Bellevue	贝尔维尤
Longchamp	隆尚

Émile Zola	埃米尔・左拉
Vulcan	伏尔甘
Libramont	利布拉蒙
Recogne	勒科涅
Jemelle	捷梅勒
Pierre Bonaparte	皮埃尔・波拿巴
Marloie	马洛伊
Liege	列日
Verviers	韦尔维耶
Chazal	沙扎尔
De Casssagnac	德・卡萨尼亚克
Argonne	阿尔贡
Bitche	比奇
Neufchateau	讷沙托
Belfort	贝尔福
Marne	马恩河
Aisne	恩河
Vitry	维特里
Duc d'Abrantes	阿布朗泰斯公爵
Vitry le Francois	维特里－勒弗朗索瓦
Varennes	瓦雷纳
Busancy	布桑兹
Grandpré	格朗普雷
Stenay	斯特奈
Remilly	勒米伊
Thomas W.Evans	托马斯・W. 伊万斯
Thomas Robert Bugeaud	托马斯・罗伯特・比诺
Antun	欧坦
Wisembourg	维桑堡
Faulquemont	福尔克蒙
Vionville	维翁维尔
Gravelotte	格拉沃洛特
Langes	朗厄湖

Justin Clinchant	朱斯坦·克兰尚
Rossel	罗塞尔
Prince Frederick Charles	弗雷德里克·查理王子
Maria Anna	玛丽亚·安娜
Alexandre Florian Joseph	亚历山大·弗洛里安·约瑟夫
Charles Levert	查尔斯·勒韦尔
Eugène Schneider	欧仁·施耐德
Duc de Richelieu	黎塞留公爵
Armand-Emmanuel de Vignerot	阿尔曼－伊曼纽尔·德·维格纳罗
Comte Olympe Aguado	奥兰普·阿瓜多伯爵
Comte de Bouville	德·布维尔伯爵
Comte Adolphe Clary	阿道尔夫·克拉里伯爵
Waubert de Genlis	瓦伯特·德·根利斯
Henri Chevreau	亨利·谢弗罗
Saint Mandé	圣曼德
Ernest Picard	埃内斯特·皮卡尔
Jules Ferry	朱尔斯·费里
La Villette Quarter of Paris	巴黎的拉维莱特区
Dupuy de Lome	迪皮伊·德·洛姆美
Jules Simon	朱尔斯·西蒙
Emmanuel Arago	伊曼纽尔·阿拉戈
Charles Ferry	查尔斯·费里
Etienne Arago	艾蒂安·阿拉戈
Arthur Picard	亚瑟·皮卡尔
Jules Vallès	朱尔斯·瓦莱斯
d'Exea	德艾克萨
Joseph Vinoy	约瑟夫·维诺伊
Joseph Fouché	约瑟夫·富歇
Duc d'Otrante	奥特兰托公爵
Toulouse	图卢兹
Rouen	鲁昂
Marseilles	马赛
Childe Harold	《恰尔德哈罗德游记》

Havas	哈瓦斯
Rue de la Sourdiere	索迪街
Alfred Naquet	阿尔弗雷德·纳凯
Kiratry	吉哈缇
Siècle	《世纪报》
Louis Buffet	路易·比费
Caussade	科萨德
Espinasse	埃斯皮纳斯
Forey	福雷
Queen Maria Theresa	玛丽亚·特蕾莎女王
Place de la Concorde	协和广场
De Gardanes	德·加尔达纳斯
Royale	皇家街
Adolphe Crémieux	阿道夫·克雷米厄
Glais Bizoin	格拉斯·比佐恩
Marquis de Piré	德·皮尔侯爵
Régère	雷格里
Place de Grève	格雷沃广场
Horace Vemet	贺拉斯·维梅特
Louis Charles Delescluze	路易斯·查尔斯·德莱克吕兹
Pierre Millière	皮埃尔·米利埃尔
Lebreton	勒布雷顿
Solferino Bridge	索尔费里诺桥
Glais Bizion	格雷·比基恩
Charles Thomas Floquet	查尔斯·托马斯·弗洛凯
Bourgoing	布尔古安
Lepic	勒皮克
Lorient	洛里昂
Joachim Pietri	约阿希姆·彼得里
Nièvre	涅夫勒
Marquis of Castelbajac	卡斯泰尔巴雅克侯爵
Piennes	皮耶内
Avenue del'Impératrice	皇后大道

Trouville	特鲁维尔
Maillot Gate	马约门
Mantes	芒特
Commanderie	康曼德里
Evreux	埃夫勒
John Burgoyne	约翰·伯戈因
d'Hérisson	德埃利松
Ryde	莱德
Century Magazine	《世纪杂志》
Comte Clary	克莱尔伯爵
Luxembourg affair	卢森堡事件
Alicante	阿里肯特
Von Monts	冯·蒙茨
Nord	《诺德报》
Echo du Parlement	《议会回声》
Pall Mall Gazette	《蓓尔美尔街公报》
Norddeutsche	《北德意志》
Augsburg	奥格斯堡
Silesia	西里西亚
Gazettes	《公报》
Mels	梅尔斯
Hepp	赫普
Alfred de Musset	阿尔弗雷德·德·缪塞
Schombardt Hotel	城堡酒店
Gamble	甘布尔
Ham	哈姆
Charles Thelin	查尔斯·特林
Cologne Gazette	《科隆公报》
Indépendence Belge	《比利时独立报》
Clement Duvernois	克莱门·迪韦努瓦
Eiffert	艾弗特
Bernard Scholtz	伯纳德·舒尔茨
Subia	施瓦本

Fritzler	弗里茨勒
Comtesse of Mercy-Argenteau	梅西－阿让托伯爵夫人
Baron de Farincourt	德・法兰库尔男爵
De la Tour Auvergne	德・拉图尔・奥弗涅
Ferriers Castle	费里埃尔城堡
James Mayer de Rothschild	詹姆斯・马耶尔・德・罗特席尔德
Independent Remois	《德意志独立宣言》
Regnier	雷尼耶
Toul	道尔
Mont Valérien	蒙特维伦斯山
Treaty of Frankfort	《法兰克福条约》
Regnier incident	雷尼耶事变
Albrecht von Bernstorff	阿尔布雷希特・冯・伯恩斯托夫
Ferrieres	菲里耶尔
St. Privat	圣普里瓦
Grimont	格雷蒙特
Thionville	蒂永维尔
Boyer	博耶尔
Tours	图尔
Desvaux	德沃
Albemarle Street	阿尔伯马尔街
Dover	多佛
Count Hatzfeldt	哈茨菲尔德伯爵
Meurthe	默尔特
Moselle	摩泽尔
Cochin	交趾
Rue de Provence	普罗旺斯街
Tissot	蒂索